Patrick Bahners

*Helmut Kohl*

Der Charakter
der Macht

C.H.Beck

Dieses Buch erschien zuerst 1998 unter dem Titel
«Im Mantel der Geschichte.
Helmut Kohl oder Die Unersetzlichkeit»
im Siedler Verlag Berlin.
Es wurde für die Neuausgabe vollständig überarbeitet und erweitert.

© Verlag C. H. Beck oHG, München 2017
Satz: Janß GmbH, Pfungstadt
Druck und Bindung: CPI – Ebner & Spiegel, Ulm
Umschlagabbildung: Helmut Kohl, 2008 © SZ Photo
Umschlaggestaltung: Kunst oder Reklame, München
Printed in Germany
ISBN 978 3 406 70886 2

*www.chbeck.de*

*Für meinen Vater,
einen parteilosen
Staatsdiener*

Ein eigentümlicher,
persönlich gewichtiger,
wenn auch undeutlicher
Mann.

*Thomas Mann, Der Zauberberg*

# Inhalt

1. Größe . . . . . . . . . . . . . . 11

2. Aufstieg . . . . . . . . . . . . 21

3. Opposition . . . . . . . . . . . 51

4. Regierung . . . . . . . . . . . 95

5. Einheit . . . . . . . . . . . . . 115

6. Europa . . . . . . . . . . . . . 153

7. Sturz . . . . . . . . . . . . . . . 189

8. Überleben . . . . . . . . . . . 259

Nachwort . . . . . . . . . . . 309

## 1.
# Größe

In den Jahren der ersten deutschen Einigung, zwischen 1868 und 1873, hielt Jacob Burckhardt dreimal eine Vorlesung über das Studium der Geschichte, die sein Neffe 1905 unter dem Titel «Weltgeschichtliche Betrachtungen» drucken ließ. Den Schluss des Manuskripts bildet eine Untersuchung des Begriffs der historischen Größe. Burckhardts Definition ist eine negative. «Größe ist, was wir nicht sind.» Der große Mann ist ein Fremder unter den Normalsterblichen. Sein Lebensentwurf ist von anderen Dimensionen als die Hoffnungen und Pläne der Bürger. Es fällt ins Auge, dass sein Charakter sich den Konventionen des zivilisierten Lebens nicht fügt. Ein Evidenzerlebnis stiftet die Autorität des großen Mannes: An ihm kommt niemand vorbei. Sein Anspruch auf Dominanz muss sich nicht weiter ausweisen. Er will absolut gelten, losgelöst von jeder Begründungspflicht. Bei objektiver Betrachtung entpuppt sich die Größe freilich als relativer Wert. Schlechthin überlegen erscheint der Riese nur den Zwergen. «Dem Käfer im Grase kann schon eine Haselnussstaude (falls er davon Notiz nimmt) sehr groß erscheinen, weil er eben nur ein Käfer ist.» Größe ist, was wir nicht sind, und bleibt eben deshalb an unsere Maßstäbe gebunden. Anhänger und Opfer findet der Große nur unter den Kleinen. Die Haselnussstaude muss sich schon zum Käfer hinunterbeugen, wenn er von ihr Notiz nehmen soll, muss ihm Nahrung, Aufstiegschancen oder das Glück im Schatten gewähren. Der Traum vom Helden ist eine Unterwerfungsphantasie, in der sich das Geltungsbedürfnis des Träumers verbirgt:

Wir sind «unwiderstehlich dahin getrieben, diejenigen in der Vergangenheit und Gegenwart für groß zu halten, durch deren Tun unser spezielles Dasein beherrscht ist und ohne deren Dazwischenkunft wir uns überhaupt nicht als existierend vorstellen können». Es macht dem eigenen Dasein Ehre, dass fremdes Tun es beherrscht; der Held hat gearbeitet, damit wir es uns gut gehen lassen. So gilt auch für die welthistorische Machtverteilung die Dialektik von Herr und Knecht: Der Anführer lebt von der Anerkennung seiner Gefolgschaft.

Es ergibt sich noch eine zweite, wiederum negative Definition: Größe ist das, ohne das wir nicht wären. Die Frage nach der Größe verlangt ein gleichsam transzendentales Gedankenexperiment, sie zielt auf die Bedingungen der Möglichkeit der gegenwärtigen Weltlage. Wer ist beim besten Willen aus der Geschichte nicht wegzudenken? Bundestagspräsident Norbert Lammert zitierte Burckhardt am 22. Juni 2017, als das deutsche Parlament Abschied nahm von Helmut Kohl, der sechs Tage vorher im Alter von 87 Jahren gestorben war: «Kein Mensch ist unersetzlich – aber die wenigen, die es eben doch sind, sind groß.» Durfte man auf den ersten Blick glauben, das große Individuum stehe über dem historischen Prozess, sei frei, wo jeder andere durch Zeit und Raum gebunden ist, so erweist es sich nun als «wesentlich verflochten in den großen Hauptstrom der Ursachen und Wirkungen». Auch diesen Gedanken Burckhardts zitierte Lammert in seiner Gedenkrede auf Kohl, der dem Bundestag von 1976 bis 2002 angehört hatte. Der Held ist kein Gesandter einer besseren Welt, der ein höheres Gesetz verkündet; der Schwanenritter taugte nicht zum Herzog. Das Einmalige, sieht man es nur nüchtern an, lässt sich immer wegdenken; der Zauber der genialen Begabung oder der bezwingenden Erscheinung liegt darin, dass der Himmel dieses Geschenk ebenso gut hätte für sich behalten können. Wirklich unersetzlich ist, was nicht aus dem Rahmen fällt, die beharrliche Arbeit an der Stabilisierung der Verhältnisse. Gerne würde man im großen Handelnden einen Ausnahmemenschen verehren. Aber er steht ein für die Normalität. Auf Schritt und

Tritt begegnet man seinen Einrichtungen; dauerhaft und gleichförmig, nehmen sie sich zwangsläufig langweilig aus. Die Alternativlosigkeit der bestehenden Ordnung kränkt den Verstand, der seinen Ehrgeiz daransetzt, nichts als gegeben hinnehmen zu müssen und alles wegdenken zu können.

Burckhardts Definition der historischen Größe ist formal. Er legt in dieses Prädikat kein Werturteil. Dass jemand unersetzlich ist, heißt nicht, dass es nicht wünschenswert wäre, ihn zu ersetzen. Größe ist bei Burckhardt tatsächlich eine quantitative und keine qualitative Einheit. Gemessen wird sozusagen die Zahl der Berührungen eines Individuums mit dem Weltgeschehen, die Dichte seiner Beziehungen zum historischen Prozess. Groß ist, wer sich mit dem Gang der Dinge so eng verbündet hat, dass seine Absichten von den geschichtlichen Tendenzen nicht mehr zu unterscheiden sind. Die Regeln des Spiels begünstigen den Teilnehmer, der es lange betreibt. Die «momentane Größe» ist ein Sonderfall; wer dauerhaft seinen Platz auf der historischen Bühne behauptet, hat den Verdacht der Größe für sich. Die Allgegenwart des Unersetzlichen bedingt, dass er keine einnehmende Erscheinung sein wird. Er hat es nicht mehr nötig, um Sympathie zu werben. Trotzdem erlebt man ihn als aufdringlich, denn es ist gar nicht möglich, ihm aus dem Weg zu gehen.

Burckhardt ist sein eigener Begriff nicht geheuer. Wenn wir einen Handelnden daran messen, wie viele Wirkungen er ausgelöst hat, riskieren wir, «Macht für Größe zu nehmen». Im Reich des Politischen ist diese Gleichsetzung fast unvermeidlich, da die «politische Größe egoistisch sein muss und alle Vorteile ausbeuten will». Unproblematisch erscheint die Verehrung der großen Künstler und Philosophen. Sie kann man aber genau deshalb «gelten lassen», weil man «nichts von ihnen zu wissen» braucht: Dem Werk sieht man die Gewalt nicht an, der es seine Entstehung verdankt. Die Qualitäten eines Staatsmanns oder Feldherrn zeigen sich dagegen nicht in dem Erbe, das er seinen Nachfolgern hinterlässt, sondern in seinem Handeln. Die «großen Männer der historischen Weltbewegung» sind interessante Individuen, gerade weil sie im Zwielicht operieren. Die politische Tätigkeit verleitet zur Haltlosigkeit. Während der Künstler die Zeit anhält und der Philosoph die Zeit überwindet, geht der Politiker mit der Zeit. Es gibt die Sache nicht, an der er sich orientieren könnte. Man mag glauben, dass Schönheit und Wahrheit sich immer gleichbleiben. Die Macht ist kein solches Ideal jenseits von Wettbewerb und Streit; sie wird im politischen Prozess gewonnen und verloren. Der Politiker ist auf sich selbst angewiesen; andere Ressourcen hat er zunächst und zuletzt nicht. Die Ethik verpflichtet zur Selbstlosigkeit; zur Selbstbezüglichkeit nötigt die Politik. «Die historische Größe betrachtet als erste Aufgabe, sich zu behaupten und zu steigern; und Macht bessert den Menschen überhaupt nicht.»

Weshalb aber legt Burckhardt der nackten Macht überhaupt den Umhang der Größe um? Was hat Napoleon, dieser «mangelhaft ausgestattete Mensch», in der Gesellschaft des göttlichen Raffael zu suchen? Wie in den großen Werken der Kunst einer darstellt, was alle fühlen, oder in den Sternstunden der Philosophie einer beweist, was alle denken, so geschieht es auch in der Politik, dass einer tut, was alle wollen. Es mag sogar sein, dass er tut, was niemand selbst getan hätte, aber jeder getan sehen möchte. «Die Bestimmung der Größe scheint zu sein, dass sie einen Willen vollzieht, der über das Individuelle hinausgeht und der je nach dem Ausgangspunkt als Wille Gottes, als Wille einer Gesamtheit, als Wille eines Zeitalters bezeichnet wird. Hierzu bedarf es eines Menschen, in welchem Kraft und Fähigkeit von unendlich vielen konzentriert ist.» Als Beispiele nennt Burckhardt die Eroberung Persiens durch Alexander und die Einigung Deutschlands durch Bismarck.

Die Willensstärke des großen Staatsmanns ist «abnorm»; sie zerbricht jede Vorstellung vom Maß und Gleichgewicht des gesitteten Verhaltens. Diese ins Übermenschliche gesteigerte Kraft bewährt sich auf Dauer nur in der Arbeit an Zielen, die jenseits des Horizonts eines bürgerlichen Einzellebens liegen. Wer reich werden will oder dem Namen seiner Familie Respekt verschaffen möchte, gehe besser nicht in die Politik. Die unsichtbare Hand der welthistorischen Ökonomie hat es so gefügt, dass derjenige seinen Willen durchsetzen wird, der mit der Entwicklung paktiert. «Es zeigt sich, scheint es, eine geheimnisvolle Koinzidenz des Egoismus des Individuums mit dem, was man den gemeinen Nutzen oder die Größe, den Ruhm der Gesamtheit nennt.» Dem Politiker wird seine Selbstsucht nachgesehen; ihn schützt «die merkwürdige Dispensation von dem gewöhnlichen Sittengesetz», eine Immunität gegen moralische Zensuren. Der Begriff der historischen Größe bezeichnet für Burckhardt weniger ein metaphysisches als ein moralisches Rätsel. Ob das Individuum oder die Gattung als letzte Ursache der historischen Bewegung anzusehen ist, möchte er nicht entscheiden. Ihn fasziniert, dass die Ausnahmemenschen durch solche Handlungen Bewunderung auf sich ziehen, die bei gewöhnlichen Sterblichen verachtet werden.

Burckhardts Überlegungen zur Natur der politischen Tätigkeit schreiben eine realistische Soziologie fort, die auf Machiavelli zurückgeht. Der Staat kommt nicht allein durch freie Vereinbarung zustande; es ist immer Zwang im Spiel. Wer Herrschaft auf gute Absichten und edle Prinzipien gründen möchte, übersieht, dass es Mittel geben muss, die in den Dienst dieser Zwecke gestellt werden können. «Es ist tatsächlich noch gar nie Macht gegründet worden ohne Verbrechen. Und doch entwickeln sich die wichtigsten materiellen und geistigen Besitztümer nur an einem durch Macht gesicherten Dasein.» Die Unsicherheit der Gründerjahre, die drakonische Maßnahmen rechtfertigte, hält für den Politiker an. Wer einem bürgerlichen Gewerbe nachgeht, hält den Fortbestand des Gemeinwesens für selbstverständlich. Dem Politiker ist der eigene Erfolg so ungewiss, wie es in der Anfangszeit die Existenz des Staates war. Die permanente Bewegung, die Normen und Institutionen stillzustellen suchen, dauert im Binnenbereich des politischen Systems fort. Der Politiker muss auf alles gefasst sein und ist daher zu allem fähig. Das Anforderungsprofil für seinen Beruf ist diffus. Wo ein Künstler oder Handwerker ein bestimmtes Material zu einem bestimmten Zweck bearbeitet, da ist dem Repräsentanten der Allgemeinheit jedes Mittel recht. Die

Übung der Verwertung als solche bestimmt sein Handeln, eine Zweckorientierung, der die einzelnen Zwecke gleichgültig sein können. Dieser amoralische Pragmatismus lässt sich auch als moralische Haltung beschreiben, als Utilitarismus, der sich den Reichtum seiner Optionen nicht durch Vorgaben oder Rücksichten einschränken lässt.

Die Fertigkeit des Politikers, in der Instinkt und Kalkül, Vorbereitung und Improvisation zusammentreffen, nennt Burckhardt den «Machtsinn». Er ist ein Gespür für das Konkrete, für die handfeste Gelegenheit, die ein greifbares Resultat verspricht. Zugleich ist es eine Leistung der Abstraktion, alle Verhältnisse wie Konstellationen im Schachspiel zu betrachten, allein auf die von ihnen eröffneten Machtchancen hin. Burckhardt spricht dem Umgang mit der Macht eine erzieherische Wirkung zu: Er ist eine Schule der Disziplin, da der Politiker auch seine eigenen Wünsche daraufhin prüfen muss, ob ihre Erfüllung seine Macht mehren oder mindern würde. So wird zum Mittel der Machtsteigerung, was Machtlosen als Zweck des Machterwerbs erscheinen mag. Es ist nicht der Ehrgeiz, sondern «der Machtsinn, der als unwiderstehlicher Drang das große Individuum an den Tag treibt». Die Ehrungen der Mitwelt sind für die Mächtigen nicht Belohnung, sondern bestenfalls Bestätigung. Auch lieben sie «eher die Schmeichelei als den Ruhm; letzterer huldigt nur ihrem Genie, wovon sie ja ohnehin überzeugt sind; erstere aber konstatiert ihre Macht». Wer sich vom Machtsinn treiben lässt, muss an seine Unersetzlichkeit glauben; sonst verliert er den festen Punkt, auf den alle seine Berechnungen bezogen sind. Der Ruhm kann ihm schon deshalb im Ernst nichts bedeuten, weil er von der Urteilsfähigkeit der Menschen keine hohe Meinung hat. Er achtet allein «auf ihre Unterordnung und Brauchbarkeit», hält alle für austauschbar.

Die Politik ist ein Spiel, in dem jeder Teilnehmer sich anstrengt, gegen alle Wahrscheinlichkeit die eigene Unersetzlichkeit zu beweisen. Den freiwilligen Rückzug darf es nicht geben, denn er kommt dem Eingeständnis der eigenen Ersetzbarkeit gleich. Caesar nannte daher Sullas Niederlegung der

Diktatur einen Fehler. Kein deutscher Bundeskanzler ist aus freien Stücken aus dem Amt geschieden. Kein Mensch ist unersetzlich: Die Demokratie erhebt auch deshalb den Anspruch auf den Titel der besten Staatsform, weil sie diese ungeschriebene Lebensregel als Verfassungsprinzip ausbuchstabiert. In der Demokratie gilt jeder Amtsträger jederzeit als austauschbar. In festen Abständen erhält der Souverän Gelegenheit, einen Ersatzmann an die Stelle des bisherigen Amtsinhabers zu setzen. Aristokratische Regierungen regeln den Zugang zur Macht. Magistrate nehmen nach dem Ende ihrer Amtsperiode als Senatoren oder Ratsherren weiter an der Herrschaft teil. Demokratische Verfassungen sorgen dafür, dass das Volk eine Regierung wieder loswerden kann. Bei Monarchen ist eine lange Regierungszeit Anlass für Dankgottesdienste; in der Demokratie wird die Erfolgsserie einer Regierung irgendwann zum Argument für einen Wechsel. Lässt die Volksherrschaft dem großen Mann keinen Spielraum? Burckhardt sah mit der Massengesellschaft düstere Zeiten für das Individuum heraufziehen. Demokraten sind neidisch, Bürokraten sind kleinlich; gemeinsam bewirken sie «die polizeiliche Unmöglichkeit alles großartig Spontanen». Dieselbe Verfassung, die den Mächtigen nicht dulden kann, der auf Formen nichts gibt, bedarf aber auch seiner Dienste. Jener Gesamtwille, dem ein Prophet oder ein Usurpator Wirkung in einem historischen Augenblick verschaffte, soll dauerhaft zu seinem Recht kommen; das Volk braucht Sprecher, und es braucht einen Sprecher, wenn es sich als eines fühlen soll.

Die Theorie der großen Männer in der deutschen Geschichtsschreibung gilt heute zumeist als antidemokratisches Erbteil, als literarisches Abbild des Obrigkeitsstaates. Übersehen wird, dass die welthistorischen Individuen mit der Exekution eines Willens beauftragt werden, der in der politischen Theorie Alteuropas keinen Ort hatte. Wo der Konservatismus Herrschaft als rechtlich und statisch dachte, da verkörperten Nationalhelden wie Reformatoren und Bürgerkönige eine moderne, dynamische Legitimität: Der allgemeine Nutzen war ein Produkt der historischen Bewegung, die über alte Rechte hinwegschritt. Fiktionen wie der Nationalgeist oder die Stimme der Geschichte hielten den Platz des souveränen Volkes frei. In der Demokratie gehen der Eigensinn des Volkes und der Machtsinn seiner Repräsentanten eine dauerhafte Verbindung ein. Nicht in Revolutionen, sondern in Wahlen und Abstimmungen artikuliert sich der Volkswille; er wird berechenbar und scheint kaum noch gewaltsam. Burckhardt sah das «Verhältnis der großen Männer zu ihrer Zeit» als «heilige Hochzeit», als mystische Übereinstimmung, die keiner deutlichen Worte bedarf. Diese Vermählung wird heute alle Tage gefeiert, wenn ein Politiker den Ton seiner Worte und die Farbe seiner Haare den in Umfragen ermittelten Stimmungen des Publikums anpasst.

Seit das Volk selbst zur Institution im Verfassungsstaat geworden ist, scheint sein Wille kanalisiert. Aber er hat die Kraft behalten, über die Ufer zu treten. Es widerstrebt ihm, Grenzen anzuerkennen; daher bleibt das Verhältnis von Demokratie und Rechtsstaat heikel. Wenn das Bundesverfassungsgericht Minderheitsrechte in Schutz nimmt, findet sich selten ein Politiker, der öffentlich erklärt, dass es Freiheiten gibt, die keine Mehrheit außer Kraft setzen kann. Es ist nicht bloß Opportunismus, der die Volksvertreter die Partei des Volksempfindens ergreifen lässt. Ihnen selbst sind die rechtlichen Beschränkungen ihrer Handlungsfreiheit lästig. Der Berufspolitiker darf hoffen, dass sein Egoismus mit dem allgemeinen Nutzen zusammenfällt. Dem Gemeinwohl wahrt er gerade dann die Treue, wenn er es mit den rechtlichen Grenzen seiner Macht nicht zu genau nimmt. Die Demokratie hat kein Verhältnis zur Form. Quelle aller Autorität ist die Spontaneität des Volkes; jeder Rückgriff auf die Traditionen wirkt willkürlich. Der demokratische Staat macht sich kein Bild von sich; im Staatsvolk gibt es keine Unterschiede. Das Amorphe demokratischer Politik gehört zu ihrem Wesen. Verfahren können im Interesse der Allgemeinheit unterlaufen werden. Die formelle Kommunikation in Gremien und Organen ist nur der anstrengende

Sonderfall einer informellen Verständigung, die allemal dem Ganzen dient, wenn ein Kompromiss herauskommt.

Die großen Männer waren Parvenus auf dem welthistorischen Parkett, auch die Erbfürsten unter ihnen, wie Peter und Friedrich der Große. In der Demokratie besteht das gesamte politische Personal aus *homines novi*. Schafft ein Prinz es einmal, dazuzugehören, tut er gut daran, seinen Rang zu verschweigen. Kein adliger Verhaltenskodex, keine bürokratische Staatsgesinnung bietet diesen Aufsteigern Orientierung. Sie müssen selbst die Strukturen schaffen, in denen sie sich einrichten können. Gegen das Votum der Mehrheit gibt es keine Berufung; kein Argument gibt es gegen den Politiker, dem es gelingt, sich Mehrheiten zu verpflichten. Seit den Usurpatoren der Renaissance gilt die persönliche Herrschaft als instabil. Ein Staat, der sich einem Glauben oder einem Gedanken verschreibt, kann sein Interesse auf den Begriff bringen; wer seine Loyalität einem Herrn schenkt, liefert sich dessen Launen aus und muss zudem fürchten, dass er von heute auf morgen durch einen anderen ersetzt wird. In der Demokratie ist dagegen stets mit einem Wertewandel zu rechnen, der Prinzipien außer Kraft setzt. Hier sind persönliche Verbindungen dauerhafter als sachliche Gemeinsamkeiten. Es schafft Vertrauen, dass auf Wahlplakaten für die neuen Ideen das alte Gesicht wirbt. Wo eine Sache verloren ist, wenn ihre Unterstützer in die Minderheit geraten, da kann ein Politiker, der an Zuspruch verliert, sich eine neue Mehrheit suchen.

In modernen Demokratien wird nicht mehr durch das Los ermittelt, wer aus dem Volk zur Verwaltung der Angelegenheiten des Volkes berufen wird. Der Präsident der Vereinigten Staaten kann nur einmal wiedergewählt werden. Eine Ausdehnung dieses Prinzips auf die Volksvertretung begegnet dem Einwand, dass das Volk seine eigene Souveränität beschränken würde, wenn es sich das Recht nähme, einen bewährten Repräsentanten nicht zu ersetzen. An die Forderung nach «term limits» knüpft sich die Hoffnung einer Hebung des ethischen Niveaus im politischen Geschäft: Politiker, die ins bürgerliche Leben zurückkehren müssten, wären nach dieser Vorstellung nicht darauf angewiesen, um jeden Preis ihren persönlichen Vorteil zu verfolgen. Wahrscheinlich stabilisiert es hingegen die Demokratie, dass ihre moralischen Kosten den Berufspolitikern zugerechnet werden. Stellte sich unter einem Regiment der Ärzte, Anwälte und Professoren heraus, dass auch sie nicht immer sagen, was sie meinen, und nicht immer tun, was sie sagen, litte das Vertrauen in sämtliche Institutionen. Indem die Bürger die Politiker vom gewöhnlichen Sittengesetz dispensieren, dürfen sie sich einbilden, sie selbst hielten sich daran. Das Grundgesetz begrenzt nur die Amtszeit des Bundespräsidenten, bei dem Machtmissbrauch am wenigsten zu befürchten ist. Alle anderen Politiker fordert es auf, an ihrer Unersetzlichkeit zu arbeiten.

Im Jahre 62 vor Christus bekleidete Caesar die Prätur, das zweithöchste Amt in der Ehrenlaufbahn der römischen Republik. Nach dem Ende seines Amtsjahres wurde er als Statthalter nach Spanien entsandt. Als er die Alpen überquerte, kam er durch ein armseliges Barbarenstädtchen. Scherzhaft fragten seine Begleiter, ob es wohl auch hier die Konkurrenz um die Ämter und den Neid unter den Mächtigen gebe. Da sagte Caesar, wie Plutarch erzählt, in vollem Ernst: «Ich wenigstens wollte lieber hier der Erste sein als in Rom der Zweite.» Helmut Kohl hat seine Karriere unter denselben Anspruch gestellt, der dem Ehrgeiz ein hohes Ziel und ein strenges Maß setzt. Er hätte sich eher auf den kleinsten Fahnenmast der Welt gesetzt, um dem Volk zu beweisen, dass er das Zeug zu Höherem habe, als einem anderen beim Aufstieg geholfen. Der Zweite mag sich nützlich machen, unabkömmlich ist er nie, denn der Erste kann ihn abberufen. Den Ersten kann allein die Geschichte ersetzen.

2.

# Aufstieg

Zwei Wochen nach der knapp verlorenen Bundestagswahl 1976 verkündete Kohl vor Journalisten: «Ich bin bereit, jede Wette zu halten, dass ich vor Ablauf von zwei Jahren Kanzler sein werde.» Als Horst Teltschik, Mitarbeiter der CDU-Bundesgeschäftsstelle und vorher Assistent des Politologen Richard Löwenthal an der Freien Universität Berlin, 1972 ein Vorstellungsgespräch in der Mainzer Staatskanzlei hatte, sagte ihm der Ministerpräsident, der im Jahr zuvor in der Wahl des CDU-Bundesvorsitzenden unterlegen war: «Sie werden für mich arbeiten, weil ich eines Tages Kanzler sein werde.» Er redete, als hätte er keinen Referenten rekrutieren wollen, sondern einen Apostel. Der Fernsehjournalist Peter Hopen berichtet, im Frühjahr 1968 habe Kohl, Landesvorsitzender seiner Partei, aber noch nicht einmal Ministerpräsident, nach einer durchzechten Bonner Nacht mit schwerer Zunge die Prophezeiung hervorgebracht: «Ich sage Ihnen, ich werde Bundeskanzler der Bundesrepublik Deutschland.» Der Prophet, der im eigenen Land die Macht anstrebte, hatte schon früher Glauben gefunden, wenn wir einer Anekdote glauben, die Otto Graf Lambsdorff 1985 erzählte. Beim Bundesgeschäftsführer der FDP gaben sich 1962 zwei Besucher die Klinke im Bonner Bundeshaus in die Hand. Der zweite fragte seinen Gastgeber, wer denn der erste gewesen sei. «Das ist Helmut Kohl. Der wird einmal Bundeskanzler.» Zwanzig Jahre später sorgte Hans-Dietrich Genscher dafür, dass sein Wort wahr wurde.

Heinz Korbach, der erste Landessekretär der rheinland-pfälzischen Jungen Union, lernte den fast zehn Jahre jüngeren

Helmut Kohl 1947 kennen. «Wer damals mit ihm sprach und ihn nach seinen späteren politischen Absichten fragte, erfuhr unverblümt und ohne Wenn und Aber: Ich werde einmal der erste Mann in diesem Lande.» Der Wortlaut klingt authentisch; man darf annehmen, dass der Kriegsheimkehrer sich die selbstbewussten Worte des Schülers genau gemerkt hat. Alle Umschreibungen der Ambition hätten das Unschickliche einer um Jahrzehnte vorgreifenden Bewerbung um das Amt des Ministerpräsidenten nicht getilgt. Hätte der wortmächtige Plakatkleber angegeben, er wolle für sein Land tun, was in seiner Kraft stehe, hätte er die Frage provoziert, ob er sich nicht übernehme. Aber derjenige zu werden, der niemanden mehr vor sich hat: Im Bekenntnis zu diesem Ziel lag eine Frechheit, die auf den Sieg setzen mochte, weil sie sprachlos machte. Im Unverblümten des Machtwunsches spricht sich zugleich eine Art von Bescheidenheit aus, die sich nicht in Floskeln erschöpft. Nur auf die Position kommt es an, nicht auf die mit ihr verbundenen Titel, Pfründen und Annehmlichkeiten. Der erste Mann im Lande ist ein Abkömmling Friedrichs II., des ersten Dieners seines Staates – nur dass er in der Demokratie, die den Herrscher abgeschafft hat, nicht die Rolle des Dieners spielen muss.

Wenn der Ehrgeiz sich nicht tarnen muss, wirkt er versachlichend. Die Politiker finden zur Gemeinsamkeit, weil sie um dieselben Posten kämpfen. Wer seinen Anspruch auf den ersten Platz nicht mit einem philosophischen Programm begründet, kann seine Mitbewerber nicht als ideologisch unzuverlässig abtun. Nur Chancengleichheit am Start macht den Sieger unangreifbar. In einem Fernsehgespräch mit Günter Gaus erklärte Kohl 1970, er traue sich das Amt des Bundeskanzlers durchaus zu, doch der Fraktionsvorsitzende Rainer Barzel sei «von seiner Position her ganz einfach dran». Man unterstellte Kohl damals, er beschreibe den Status quo, um ihn zu untergraben; das Treuebekenntnis, das nur die faktische Situation des Älteren erwähnte, nicht dessen Leistungen, Fähigkeiten und Aussichten, las man als Variation auf die Versicherung, die Barzel am 4. Oktober 1966 namens der Fraktion abgegeben hatte, Ludwig Erhard sei und bleibe Bundeskanzler. Diese Deutung verkannte, dass Barzels Positionsvorteil Kohl echten Respekt abnötigen musste. Wer vorne ist, ist vorne: Diese Tautologie regiert den politischen Wettstreit, sobald er auf ein Wettrennen reduziert wird. Der Erfolg spricht für sich. Der Spitzenmann ist von jedem Legitimationszwang entlastet. Er hat nur die eine Pflicht, sich an der Spitze zu behaupten.

Als Nachfolger von Barzels Nachfolger im Fraktionsvorsitz hat Kohl von 1976 an einem immensen moralischen Druck getrotzt; mehrfach schien der Sturz nahe. Dass seine Gegner ein Idealbild des in Wort und Geste beeindruckenden Oppositionsführers entwarfen, dem Kohl nicht genügte, bestärkte ihn nur darin, sich im Besitz der Macht durch Erwartungen nicht beirren zu lassen. Die Demütigungen wurden ihm zur Kraftquelle, weil sie seine Unabhängigkeit bestätigten: Dass er die Spitzenstellung verteidigte, wurde immer erstaunlicher. Man ließ ihn im Amt, weil man ihn geschwächt glaubte; aber auf den moralischen Kredit, den er verloren hatte, gab er nichts. Ihm kam es nur darauf an, für alle Fälle der Erste zu sein. Als die Union im Oktober 1982 einen Kanzler benennen musste, war Kohl von seiner Position her ganz einfach dran.

Nach Einschätzung von Hanns Schreiner, den der Fraktionsvorsitzende der CDU im rheinland-pfälzischen Landtag 1964 zu seinem Sprecher machte, wäre Kohl nie als Minister von Mainz nach Bonn gegangen. «Das hätte seiner Maxime, lieber der Erste im zweiten Glied als der Zweite im ersten Glied zu sein, nicht entsprochen.» In Kohls Provinzialismus steckte machtökonomisches Kalkül. Den Bezirk, den er überschauen und beherrschen konnte, zog er einem Reich vor, in dem er einem anderen Augen und Hände hätte leihen müssen. Er schlug Kurt Georg Kiesingers Angebot aus, als Innenminister in die Regierung der Großen Koalition einzutreten.

«Noch lieber als Ministerpräsident von Rheinland-Pfalz wäre Kohl vielleicht Oberbürgermeister von Ludwigshafen», vermutete 1971 sein Vertrauter in der Bonner CDU-Zentrale, der Journalist Ludolf Hermann. Indem Kohl seinen Aktionsradius beschränkte, konnte er den ganzen Kreis der Politikfelder ausschreiten. Der Provinzfürst durfte Generalist sein. 1968, als Kohl noch mit dem «Spiegel» sprach, pries der designierte Ministerpräsident von Rheinland-Pfalz das Glück, sich nicht festlegen zu müssen. «Ich erlebe hier das ganze Tableau der Politik, nicht nur ein Stück. Deshalb hat es mich nie gereizt, Minister zu werden ...» Der Interviewer nahm den Ball auf und warf ihn in Richtung Bonn: «... sondern gleich jemand, der die Richtlinien der Politik bestimmt». Die leise Ironie in der schmeichelhaften Anspielung auf Artikel 65 des Grundgesetzes ist dem selbstbewussten Kohl damals womöglich entgangen. War es nicht anmaßend, wenn jemand gleich die Richtlinien eines Geschäfts bestimmen wollte, das er selbst nie betrieben hatte? Glich er nicht dem Schwiegersohn, der die Leitung der Firma übernahm, ohne sich vorher in die Buchhaltung einweisen zu lassen?

Wie Pompeius sich vor dem Volk rühmte, jede Ehrenstelle früher als erwartet erlangt zu haben, so strich Kohl gerne heraus, er sei in allen Ämtern der Jüngste gewesen. Nicht zuletzt deshalb malt man sich seine Ablösung des Patriarchen Peter Altmeier leicht als überstürzte Palastrevolution aus. Klaus Dreher weist darauf hin, dass sich der Koadjutor, der sich selbst das Recht der Nachfolge zusprach, acht Jahre Zeit ließ. 1961 wurde Kohl gegen den Willen des Ministerpräsidenten Altmeier in Mainz zum stellvertretenden Fraktionsvorsitzenden gewählt, 1969 zog er in die Staatskanzlei ein. Kohls Verlobungszeit hatte fast so lange gedauert, von 1953 bis 1960. Erst hatte er seine berufliche Existenz zu sichern, ehe er die eigene Familie gründen konnte: Nicht nur für Kinder von Finanzbeamten galt, dass die Mittel für das bürgerliche Leben angespart werden mussten. Als Politiker erweckte Kohl den Eindruck des unziemlichen Drängens, indem er sich als Ministerpräsident im Wartestand benahm, seit 1963 als Fraktions-, seit 1966 als Landesvorsitzender. Er dachte nicht daran, sich einbinden zu lassen und ein Ministeramt zu übernehmen, obwohl seine Förderer ihn gerne in die Schule der Verwaltung geschickt hätten. Heiner Geißler, den Kohl Altmeier als Sozialminister aufzwang, hatte diese Lektion nicht vergessen, als er im Frühjahr 1989 eine Rückkehr in die Bundesregierung ablehnte. Kohl versprach sich mehr davon, unbequeme Reformen zu befürworten als zu verantworten. Er nahm sich den Freiraum, den er drei Jahrzehnte später seinem eigenen erwählten Nachfolger Wolfgang Schäuble nicht gönnte: Als Regierungschef in Reserve verhieß er zugleich Wechsel und Kontinuität, und das Publikum sollte sowohl seine Ungeduld als auch seine Geduld bewundern. Schon neben Altmeier hatte Kohl die Richtlinien der Politik in die Zukunft ausgezogen. Dass sich hier jemand auf das Allgemeine spezialisierte, wurde nicht als Mangel an Solidität wahrgenommen, sondern als Beweglichkeit, die in bewegter Zeit erwünscht war. Einer der Kollegen aus der CDU-Landtagsfraktion charakterisierte den Redner Kohl anerkennend mit den Worten, in Momenten der Verwirrtheit habe er «mit dem großen Bügeleisen alles glatt gestrichen». Die Unbestimmtheit von Kohls Visionen, die in den düsteren Anfangsjahren seiner Kanzlerschaft als Zeichen der Ratlosigkeit erschien, harmonierte in den sechziger Jahren mit einem Optimismus, der sich die Zukunft nicht zu genau vorstellen wollte.

Sozial konnte man Kohl ebenso wenig lokalisieren wie geistig: Er hatte seine Ursprünge hinter sich gelassen. Der alte und der junge Mann blickten auf eine ähnliche Herkunft zurück, waren aber durch ein Lebensalter und zwei Kriege getrennt. Kohls Vater war Steuersekretär, Altmeier war der Sohn eines kleinen Funktionärs der Zentrumspartei. Der weite Weg, den der kriegsversehrte Altmeier zurückgelegt hatte, macht verständlich, dass er wie der Gründer eines Familienunternehmens seinen Platz nicht räumen wollte, solange er bei Kräften war. Der Aufstieg war in Kohls Generation keine Ausnahme mehr und begründete nicht länger moralische Rechte. Wer der Austauschbarkeit trotzen wollte, dem Schicksal des Angestellten, musste sich wie die Gesellschaft alle Möglichkeiten offenhalten. Weder auf der Universität noch im Berufsleben hatte Kohl Qualifikationen erworben, die ihn als Fachmann auswiesen.

*Staatsmannskunde*

Die Jahre, in denen er der Landtagsfraktion vorstand, hat er als «harte Schule» bezeichnet. Er habe «unendlich viel» gelernt, «weil über den Tisch eines Fraktionsvorsitzenden im Landtag nahezu alle Probleme der Politik gehen, und wenn er daraus etwas macht, dann erfährt er einfach zwangsweise eine ungewöhnlich instruktive Ausbildung». Der Unterricht, selbst die freiwillig belegte Staatsmannskunde in der Schule des Lebens, wird hier mit der Vorstellung des Zwangs verbunden: Bildung erscheint nicht als Chance, sondern als Schicksal des Aufsteigers, der sich einen Überblick verschaffen will. Eine ähnlich aufschlussreiche Bemerkung ließ Kohl in der Fernsehdiskussion der Parteivorsitzenden vor der Bundestagswahl 1976 fallen: Studieren solle «jedes Kind, das begabt ist, gleich wie sein Elternhaus, seine soziale Herkunft aussieht, und das bereit ist, das Opfer des Lernens zu bringen». Das Versprechen sozialer Mobilität durch Bildung wird an eine Gegenleistung gebunden, die pathetischer nicht benannt werden könnte. Früher forderte der Staat von den jungen Männern im Ernstfall das Opfer des Lebens; passt dasselbe Wort wirklich auf die Unbequemlichkeiten eines Universitätsstudiums?

Den Schulbesuch nannte Kohl 1972 im Rückblick «eine Pflichtübung, die einfach zum Weiterkommen notwendig war». Auf Spitzennoten hatte er es nie angelegt; dafür erfuhr er früh, dass seine Begabung die Menschenführung war. Sehr früh: Am ersten Schultag kam er nicht allein nach Hause. Klassenkameraden, die er gerade erst kennengelernt hatte, bildeten sein Gefolge. Später bewährte sich der Klassensprecher nicht nur als Organisator. Vertrat er die Schüler vor der Direktion, fiel ihm oft ein unerwartetes Argument ein, das die Lehrer sprachlos machte. So soll auch Themistokles als Schüler in den Unterrichtspausen Reden ausgearbeitet haben, in denen er Kameraden verteidigte; sein Lehrer sagte ihm voraus, aus ihm werde etwas Großes – im Guten oder im Bösen. Während Themistokles sich eifrig in den Fächern betätigte, die auf das praktische Leben vorbereiteten, machte er nur zögernd mit, wenn es darum ging, sich die Anmut des gebildeten Menschen anzueignen. Die Folge war, berichtet Plutarch, «dass er später von Leuten verspottet wurde, die auf der Höhe zu sein glaubten in allem, was feine Bildung und gesellschaftlichen Schliff betraf».

Viele von Kohls Klassenkameraden studierten Naturwissenschaften und technische Fächer. Dieses nüchterne Interesse am Fassbaren und Begreiflichen, das charakteristisch für den Abiturjahrgang 1950 gewesen sein mag, war Kohl nicht fremd, vielleicht aber eine Disziplinierung des Denkens, die den Menschen als einsamen Beobachter einer Natur gegenüberstellt, in der er nie heimisch werden darf. Der Beamtensohn nahm zunächst an der Universität Frankfurt ein Studium der Rechte auf. Dieser klassischen Vorschule des Staatsdienstes, in der man mit der Herrschaftstechnik den Regelgehorsam erlernt, kehrte er nach drei Semestern den Rücken. Das Staatsrecht führte er als Nebenfach weiter, als Hauptfach wählte er nach dem Wechsel an die pfälzische Heimatuniversität Heidelberg Geschichte. Sein Vater war enttäuscht, dass er ihm nicht auf den Weg der Sicherheit und der Pflicht folgte. Obwohl Hans Kohl den Kreisverband der CDU Ludwigshafen mitgegründet hatte, litt er darunter, dass sein Sohn die ganze Hoffnung auf die Partei setzte, in die er 1946 eingetreten war. Das Beamtenethos band den Dienst am Gemeinwohl an die Fähigkeit, die eigene Person zurückzunehmen; wo es um der Sache willen geboten war, die Aufmerksamkeit der Öffentlichkeit zu wecken, musste die Solidität der Lebensführung dem Verdacht der Wichtigtuerei vorbeugen. Den Finanzbeamten schmerzte es, dass der Sohn durch sein lärmendes Auftreten einen Kredit verlangte, der noch durch kein persönliches Verdienst gedeckt war.

Der Student sah sich bei einigen derjenigen Fächer der philosophischen Fakultät um, die zur Kommentierung des Weltlaufs anregen und ihre Absolventen in den Stand setzen, für gute Zwecke gute Worte zu finden. 1959 wurde Kohl vom Landesverband der chemischen Industrie als Referent angestellt, zuständig für die Pflege von Kontakten zu den Bundesbehörden, zur Landesregierung und zur Stadtverwaltung von Ludwigshafen. Zehn Jahre lang blieb er in den Diensten des Verbandes. Berufspolitiker im förmlichen Sinne wurde er erst, als er das Amt des Ministerpräsidenten übernahm. Hätte Kohl den ersten Platz im zweiten Glied des Regierungssystems der Bundesrepublik nicht erreicht, wäre aus ihm womöglich der Kommunikationschef bei einem Verbandsmitglied geworden, dessen wolkige Rhetorik bei Gelegenheit giftige Dämpfe hätte einhüllen müssen. Als Kohl später selbst junge Leute suchte, die seine Taten der Welt erläutern sollten, griff er mit Vorliebe auf Politologen zurück, die meist im Bonner Seminar von Karl Dietrich Bracher gesessen hatten. Die Politikwissenschaft war eine Nachkriegsgründung wie die CDU, zusammengehalten nicht von einem großen Gedanken, sondern von einer guten Absicht. Dem strengen Begriff zog das junge Fach die wirksame Meinung vor. Der Staat war ihm nicht nur Gegenstand der Betrachtung, sondern Objekt der Fürsorge. Karriere wurde zur ersten Bürgerpflicht.

Die von Kohl beanspruchte Allzuständigkeit trotz oder gerade wegen fehlender Fachkompetenz kam jenem Recht zur Kritik an allem und jedem sehr nahe, das seine Intimfeinde für sich reklamierten, die Intellektuellen. Die Berufspolitiker bilden wie die Intelligenz eine freischwebende Schicht, deren Mitglieder sich ihres sozialen Status nie sicher sein können. Macht respektive Aufmerksamkeit wird ihnen nur auf Zeit zuteil; Beziehungen untereinander gehen sie ad hoc ein, ohne Rückhalt an einem Standesethos. Dem Mainzer Korrespondenten der «Frankfurter Allgemeinen Zeitung» erschien der Landesvorsitzende der CDU 1967 als selbstsicherer Intellektueller, dem man ansehe, dass er einmal Universitätsassistent gewesen sei.

Als Kohl sich noch unter Geistesarbeitern bewegte, hatte er sich andersherum als Mann der Praxis in Szene gesetzt, als Botschafter aus der wirklichen Welt. Seiner politischen Erfahrung verdankte er auch die Anstellung als Forschungsassistent – nach heutigen Begriffen studentische Hilfskraft – in der Heidelberger Politologie. Er untersuchte die Auswahl der Bundestagskandidaten 1957, an der er selbst beteiligt war. Als er in Dolf Sternbergers Seminar seine Ergebnisse vorstellte, bat er die Kommilitonen um Diskretion. Freimütig schilderte er die «erbitterten» Auseinandersetzungen um die Landesliste seiner Partei. Mit der Intensität des innerparteilichen Wettbewerbs stand die CDU nach der Einschätzung des teilnehmenden Nachwuchsforschers «wohl für eine deutsche Partei einzig» da: Schon auf dem Höhepunkt der Macht des Bundeskanzlers Konrad Adenauer wagte sie mehr Demokratie als ihre Konkurrenz. Und das bedeutete mehr Ungewissheit: Kohl berichtete, dass «niemand vorher wissen» könne, «wie die Abstimmungen ausgehen speziell mit Bezug auf die strittigen Plätze». Bei der Bundestagswahl am 15. September 1957 trat der SPD-Vorsitzende Erich Ollenhauer zum zweiten Mal vergeblich als Spitzenkandidat gegen Adenauer an. Der junge Parteienforscher Kohl hatte einen Rat für Deutschlands älteste Partei: Er warnte sie in einem seiner Seminarvorträge davor, «Ollenhauer zum Sündenbock zu stempeln» und «einem Schmid-Mythos zu verfallen». Kohl hatte in Frankfurt völkerrechtliche Vorlesungen bei Carlo Schmid gehört, der den Wahlkreis Mannheim I als direkt gewählter Abgeordneter im Bundestag vertrat. Wie später Richard von Weizsäcker verkörperte Schmid, der Machiavelli und Baudelaire übersetzt hatte, das Versprechen einer Staatskunst kraft der Macht des wohlgesetzten Wortes. Auch Weizsäcker wurde von seiner Fraktion zum Bundestagsvizepräsidenten bestimmt, auch Schmid wurde von seiner Partei einmal vergeblich als Bundespräsident vorgeschlagen, zwei Jahre nach dem von Kohl improvisierten Gutachten über Schmids Eignung als Parteiführer. Kohl äusserte Zweifel daran, dass Schmid «der Härte der Auseinandersetzung gewachsen» wäre und den «Willen» mitbrächte, «sie zu bestehen». Die Entmythologisierung des Gelehrtenpolitikers Schmid, verbunden mit der Ehrenrettung des wackeren Parteifunktionärs Ollenhauer, war auch ein Lehrstückchen für Kohls Mitstudenten und seinen Professor, eine kleine Lektion über die Grenzen der Macht des Geistes.

Mit der Dissertation ließ Kohl sich Zeit, obwohl er vor der Promotion keinen anderen akademischen Abschluss erwarb. Er besuchte noch Lehrveranstaltungen, als er schon dem Landesvorstand seiner Partei angehörte. In dessen Sitzungen konnte er freilich auch mehr über den Gegenstand der Doktorarbeit lernen als in der Universitätsbibliothek. Der Titel der 1958 eingereichten Arbeit: «Die politische Entwicklung in der Pfalz und das Wiedererstehen der Parteien nach 1945». Erwin Faul, Assistent Sternbergers, promoviert mit einer Arbeit über «Die Situation des modernen Machiavellismus», später Professor in Bochum und Trier, berichtet, Kohl habe im Seminar den Platz gegenüber dem Professor eingenommen. Weniger durch Worte als durch Blicke kommentierte er es, wenn die Wissenschaft von der Politik zu wissenschaftlich oder zu politisch wurde. Schon damals trat er öffentlich als Pfeifenraucher auf, mit dem Accessoire des Manns, der Zeit hat. Kommilitonen erzählen, dass er an seinem Stammplatz eine ganze Pfeifensammlung vor sich ausgebreitet habe. Er hielt sich für zwei Rollen bereit: Er war fähig, die Diskussion in die Hand zu nehmen, und verhielt sich gerade dann schon wie der Seminarleiter, wenn er zunächst nichts sagte, aber er verkörperte zugleich eine andere Ordnung, in der am Ende nicht das Wort den Ausschlag gab. Das Universitätsseminar war ein Ort, an dem Helmut Kohl nicht der Erste sein konnte. Auf Zeit spielte er den Zweiten, weil er damit rechnete, anderswo der Erste zu werden. Ein politikwissenschaftliches Seminar, in dem Kohl Arkana der Parteienfinanzierung offenlegte, war eine Art großer Koalition von Theorie und Praxis. Da Kohl hier wirklich der Jüngere war, konnte ihm der Part des Juniorpartners genügen.

*Karriere in der Honoratiorenpartei*

Der Ton, in dem Kohl als Bundeskanzler einen Feldzug gegen die «Akademisierung» des Berufslebens ankündigte, verriet die gemischten Gefühle, die seinen Rückblick auf ausgedehnte

Studienjahre an einer berühmten Universität in geistig bewegter Zeit bestimmten. Ihn störte an der Bevorzugung von Akademikern, die im Staatsdienst vorgeschrieben und in Unternehmen üblich war, sowie an der Angleichung nichtakademischer Ausbildungswege an das akademische Modell, dass der quasi natürliche Prozess des Aufstiegs der Begabten und Fleißigen durch künstliche Hierarchien gehemmt wurde. Wenn er Ratschläge seines Rivalen Kurt Biedenkopf als Meinungen eines Professors abtat, sprach daraus die Verachtung einer Lebensform, die Sozialprestige aus formalen Qualifikationen zog, aus Titeln und Abschlussarbeiten. Die Ordinarienuniversität hatte im rheinland-pfälzischen Ministerpräsidenten der Jahre 1969 bis 1976 keinen Schutzherrn. 1976 nannte Kohl es eine «sozialistische Überlegung, dass nur das, was ein Dokument ist und ein Zertifikat und einen Stempel hat, Glück verheißt».

Ein Landtagsmandat erhielt auch Kohl erst, als er einen akademischen Grad erworben hatte; diesen Tribut musste er dem Fachmenschentum zollen. Dass Journalisten ihn zwei Jahrzehnte lang mit Herr Doktor Kohl anredeten, zeugte vom Überleben einer bürgerlichen Welt der Prüfungen und Berechtigungen, der er selbst innerlich nicht mehr angehörte. Der Doktortitel als Namensbestandteil, der gleichsam beglaubigt, dass der Träger durch das Studium ein neuer Mensch geworden ist, war der Kohlschen Anthropologie, die von der Konstanz der Charaktere ausging, eigentlich fremd. Als Kohl sich zur Doktorprüfung meldete, hatte er nicht alle notwendigen Scheine erworben. Seine Persönlichkeit musste ersetzen, was er auf dem Papier nicht vorweisen konnte. Walther Peter Fuchs, der Doktorvater, erinnert sich: «Was zunächst für Helmut Kohl einnahm, war sein Auftreten. Klar und offen legte er seinen Werdegang, seine Studienleistungen und seine Absicht dar, ohne die fehlenden Testate in seinem Studienbuch zu verschweigen.» Wer sich in der Politik um Vertrauen bewarb, hatte keine Vorleistungen zu erbringen. Es war denkbar, mochte auch niemand daran zu denken gewagt haben, dass ein Student gegen einen Oberbürgermeister für einen Platz im Bezirksvorstand kandidierte. Kohl tat es 1953 und gewann mit einer Stimme Mehrheit. Bei der Bundestagswahl am 6. September 1953 blieb die Ludwigshafener CDU 11 Prozent hinter dem Bundesergebnis zurück. Fünf Tage später machte Kohl Vorschläge, wie sich «Parteiarbeit besser leisten» lasse. Der Kreisvorstand solle einmal im Monat zusammentreten und nicht nur einmal im Jahr. Die «Parteidemokratie», deren Ausbau Kohl forderte, brauchte also Parteifunktionäre, die bereit waren, zwölfmal mehr Zeit zu investieren als bisher. Über die lokalen Sonderbedingungen in der Industriestadt wie die alte soziale Frage griff die organisatorische Phantasie des Dreiundzwanzigjährigen hinaus: Kohl schwebte eine «Partei neuen Stils» vor.

Wenn er der erste Mann im Land werden wollte, durfte die CDU keine Honoratiorenpartei bleiben, denn er hatte keine gesellschaftlichen Ehren zu erwarten, die seinen politischen Ehrgeiz hätten rechtfertigen können. Solange in der Führungsschicht einer bürgerlichen Gesellschaft geistige Autorität und wirtschaftlicher Einfluss zusammenfielen, führten die Wohlhabenden und Gebildeten, Verleger oder Notare, wie selbstverständlich auch die politischen Geschäfte. Soziales Ansehen verlieh politische Legitimation: Nur wer in der Welt etwas war, konnte im Staat etwas darstellen. Mit der Demokratie scheint sich die Beschränkung der politischen Möglichkeiten durch die soziale Wirklichkeit schwer zu vertragen. Aber darin kam die Vorstellung zum Ausdruck, dass die Macht der Honoratioren nur geliehen war. Sie waren Treuhänder einer Schicht, die wiederum im Interesse des Ganzen zu handeln glaubte. Das bürgerliche politische Denken misstraute jener Handlungsfreiheit, die zuerst die absoluten Fürsten für sich in Anspruch genommen hatten. Es wollte die Politik auf die Moral verpflichten, die im Alltag galt, auf Treu und Glauben, Argument und Rechenschaft. In England büßt der Bankrotteur sein Unterhausmandat ein. Wie sollte den Versuchungen der Macht widerstehen, wer keine bürgerliche Sicherheit hatte?

In der bürgerlichen Geschichtsschreibung gibt es den Typus

des korrupten Ratgebers, des Spekulanten und Projektemachers, der keinen Namen und kein Vermögen hat und sein Glück am Hof machen muss. Diese Abenteurer waren die ersten Berufspolitiker. Günter Gaus porträtierte Kohl 1967 als Repräsentanten seiner Generation und möglichen Kanzler der siebziger Jahre; er charakterisierte ihn als einen Mann, der von sich selbst sage, er habe Fortune. Nicht dass Kohl Glück hatte, ist bezeichnend, sondern dass er sich dieser Gabe brüstete, als wäre er ein Spieler. Die bürgerliche Ethik war auf das Gegenteil des Glücks gegründet, auf das Verdienst. Die Ehre der Honoratioren war der Zins, den die Gesellschaft ihnen für ihre akkumulierten Dienste zahlte. Doch wer noch keine Zeit hatte, sich um das Vaterland verdient zu machen, erkennt im gestrigen Verdienst leicht die Entschuldigung für heutiges Nichtstun. In diesem Sinne hielt Kohl der CDU 1955 auf dem Landesparteitag in Ludwigshafen vor, zehn Jahre nach Kriegsende habe sie «Elan» und «Dynamik» verloren. Die «Laxheit», die der stellvertretende Landesvorsitzende der Jungen Union beklagte, brachte er auf einen soziologischen Begriff: Es sei «so etwas eingetreten wie eine Verbürgerlichung unserer Partei». Mancher der 350 Delegierten mag bei sich gedacht haben, dass der Bürgerschreck doch besser bei der SPD Radau machen solle. Schwang in der Rede auf heimatlichem Boden nicht womöglich Bewunderung mit für Disziplin und Enthusiasmus der in Ludwigshafen so mächtigen Partei der Arbeiterbewegung? Wer eine Versammlung der Sozialdemokraten besuchte, trat in eine Gegenwelt zu den herrschenden Verhältnissen ein. Insofern die CDU eine bürgerliche Partei sein wollte, hatte sie keinen Grund, durch Rituale der Kommunikation ihre Distanz zur Gesellschaft zu markieren.

Kohl beschwerte sich über den Zeitplan des Parteitags: Obwohl Landtagswahlen bevorstanden, sollten «in nur zwölf Arbeitsstunden alle Probleme endgültig und einigermaßen schlüssig» gelöst werden. Sieht eine Partei ihre Aufgabe darin, die Ordnung der Dinge zu erhalten, wird ihr Diskussionsbedarf begrenzt sein. Es liegt ihr nichts daran, die Aufregung der

Gründerjahre künstlich zu verlängern; das erste Bürgerrecht ist Ruhe. Wird dagegen die Bewegung zum Ideal erhoben und die Stille als Krisenzeichen gedeutet, sind die Tage der Honoratiorenpolitik gezählt. Die permanente Diskussion kann man nicht im Nebenamt leiten. Je mehr Zeit die Politik fordert, desto weniger nützen die Erfahrungen in einem ordentlichen Beruf. So machte sich schon der junge Parteirebell, der bei den Vorstandswahlen in Ludwigshafen vergeblich gegen Adenauers Familienminister Franz-Josef Wuermeling als Bewerber um den Posten des stellvertretenden Landesvorsitzenden antrat, die Sache der Partei zu eigen. Er vertrat die Logik eines Apparats, der noch fast gar nicht existierte, und damit den Eigensinn der Politik gegenüber philosophischen Vorurteilen, konfessionellen Rücksichten und ökonomischen Interessen.

Kohls Forderung, die Mitgliederwerbung zu verstärken, war geeignet, im Namen der Annäherung von Regierenden und Regierten die Autonomie der Partei zu befördern. Dass nur ein geringer Anteil der CDU-Wähler daran dachte, in die Organisation einzutreten, war bedenklich allein im Lichte eines emphatischen Politikbegriffs, der den ganzen Einsatz des ganzen Menschen verlangte. Solon erließ ein Gesetz, das demjenigen Athener das Bürgerrecht aberkannte, der sich bei einem Bürgerzwist keiner Partei anschloss. In Seminaren der politischen Wissenschaft mochte man glauben, das Gelingen der zweiten deutschen Demokratie hänge von der republikanischen Tugend der Bürger ab. Sah man die Politik hingegen nicht als Lebensinhalt, erwartete man von ihr nicht mehr als die Gewährleistung bestimmter rechtlicher Verhältnisse, dann musste man einer Partei nicht beitreten, die man durch die Wählerstimme an der Macht halten konnte. Kohl bezeichnete den niedrigen Mitgliederstand als «Gefahr für die sogenannte innerparteiliche Demokratie». Dem informellen Konsens, der die Verteilung von Pfründen trägt, wo man sich kennt, sprach er implizit die demokratische Legitimität ab. Auch innerhalb der Partei sollte Macht nur durch Wahlen vergeben werden. Je mehr Mitglieder gewonnen wurden, desto weniger fiel ins Gewicht, was jemand in seinem Leben vor und außerhalb der Partei zustande gebracht hatte. Erst in der Partei lernte man sich kennen, in den Gremien und Arbeitskreisen, die der Masse Form gaben. Nicht länger rechtfertigte gesellschaftliches Ansehen die Übertragung politischer Verantwortung. Umgekehrt brachte die politische Tätigkeit einen neuen sozialen Typus hervor. Die sogenannte innerparteiliche Demokratie brauchte den hauptamtlichen Funktionär.

*Ein expansiver Politikbegriff*

Das Bewusstsein eilte den Tatsachen voraus. Lange konnte die Partei den Aktivisten, die alles für sie gaben, noch nicht alles zurückzahlen. Kohl kündigte beim Chemieverband erst, als er zum Ministerpräsidenten gewählt wurde. 1960 hatte der Südwestfunk in einer Sendereihe über junge Landtagsabgeordnete auch Kohl zehn Minuten lang zu Wort kommen lassen. Der Dreißigjährige, der gerade ein Jahr vorher seine erste ordentliche Stelle angetreten hatte, beklagte, dass die Abgeordneten «in ihrer Freizeit» ihrem Beruf nachgehen müssten. Es wäre zu wünschen, dass sie sich «voll und ganz den zahlreichen Aufgaben widmen könnten», die sich aus «der Verpflichtung gegenüber der gesamten Bevölkerung» ergäben. Nicht erst der Fraktionsvorsitzende oder Regierungschef erhielt eine Generalvollmacht, jeder Abgeordnete hatte den Auftrag, sich überall um alles zu kümmern. Hier artikulierte sich ein expansiver Politikbegriff, der keine unpolitischen Räume anerkannte, ein Imperialismus des guten Willens. Der Politiker braucht Platz, um sich auszudehnen: Das ganze Deutschland soll es sein, dem er seine ganze Kraft widmet, oder zunächst einmal das ganze Rheinland-Pfalz.

Die Bürger, die ihren Beruf nicht zur Nebenbeschäftigung machen dürfen, können der Politik nicht ihre ungeteilte Aufmerksamkeit schenken. Die modernen Republiken unterscheidet von den antiken, dass die Bürger nicht mehr die Muße haben, sich täglich auf dem Forum zu versammeln. Für den

Politiker, der dieser Arbeitsteilung seinen Beruf verdankt, liegt eine Kränkung darin, dass man im Volk als Nebensache betrachtet, was ihm Lebensinhalt ist. Die Radiohörer mussten sich von Kohl sagen lassen, «dass leider viel zu wenig Mitbürger Anteil nehmen an der Tätigkeit der Landesregierung, der Verwaltung und des Parlamentes». Nur «dramatische Ereignisse» wie der Streit um Adenauers Gründung eines Bundesfernsehens weckten «das Interesse an Politik auch in breiteren Schichten der Bevölkerung». Aber selbst der Held durfte sich der Anteilnahme seiner Mitmenschen nicht sicher sein. 1953 hatte Kohl als Abgesandter der Jungen Union eine Sitzung der Bundestagsfraktion in Bonn besucht. Ihn schockierte, dass sich Abgeordnete während der Rede von Bundeswirtschaftsminister Ludwig Erhard unterhielten: Diesen Mangel an Respekt vor historischer Größe hatte der Geschichtsstudent nicht erwartet.

Als Bonner Oppositionsführer bemühte sich Kohl in den siebziger Jahren nicht ohne Erfolg, den Eindruck zu vermitteln, Politik sei für ihn nicht alles. Taktische Erwägungen, welche die Lage der Union nahelegte, trafen zusammen mit einem Stimmungswandel in der Wählerschaft. Die CDU konnte es kaum fassen, als sie 1969 die Macht verlor. Die Politik wurde plötzlich zur Sache der Gegenseite, und man musste sich etwas anderes einfallen lassen. Es schlug die Stunde der Programmatiker. Kurt Biedenkopf und Heiner Geißler – beide wurden von Kohl entdeckt, gefördert, emporgehoben und fallen gelassen. John Stuart Mill hat die Tories die «stupid party» genannt. Dem Philosophen, der alle Institutionen auf ihre Nützlichkeit prüfte, musste es als Symptom geistiger Trägheit erscheinen, dass die Verteidiger von Königin, Adel und Kirche gar kein Bedürfnis spürten, sich intellektuell zu rechtfertigen. Man kann es auch Schlauheit nennen, dass sie sich keiner Debatte stellten, solange sie die Wahlen gewannen. Die Erneuerung der CDU nach 1969 hatte manches mit jener «Tory Democracy» gemein, die Benjamin Disraeli und Lord Randolph Churchill nach dem Verlust der natürlichen Mehrheit der Konservativen erfanden. Eine Oppositionspartei braucht zweierlei, was die Regierung nicht nötig hat, der die Menschen nachlaufen und die Aufgaben zufallen: eine Organisation und eine Ideologie. Biedenkopf und Geißler wie Disraeli und Churchill warben mit neuen Methoden und neuen Wörtern um neue Wählerschichten. Kohl war für diese Doppelstrategie bestens vorbereitet. Seit er als Student den pfälzischen Frieden gestört hatte, hatte er einer Modernisierung das Wort geredet, durch welche die Partei so schlagkräftig wie schlagfertig werden sollte.

Problem und Lösung zogen sich für Kohl im Begriff der «Masse» zusammen. Auf dem Bundesparteitag in Hannover ging er 1964 mit dem Fortgang der Parteireform ins Gericht. Die «Organisation der CDU» sei weithin «über die Situation einer Wählervereinigung» noch nicht hinausgekommen. Es fehlten Leitlinien für die Zeit jenseits der laufenden Legislaturperiode, man scheue die kontroverse Diskussion mit Wissenschaftlern und Schriftstellern. Den «Fragen unserer modernen Massengesellschaft» dürfe die Union nicht ausweichen. Nachdem Kohl zum Landesvorsitzenden und zum Mitglied im Bundesvorstand gewählt worden war, vermisste er immer noch die lebendige Diskussion als Ausweis geistiger Freiheit. In einer zweistündigen Rede vor christlich-demokratischen Studenten in Saarbrücken gab er im Juni 1967 einen Rückblick auf die Parteigeschichte und deutete den Tod Adenauers als Ende der Nachkriegszeit. Die Zukunft der CDU liege in der Entfaltung zu einer «modernen Massenpartei», die geschickt mit dem Instrumentarium der öffentlichen Meinung operieren müsse. Moderne und Masse gehörten zusammen in der Sprache einer kulturkritischen Soziologie, die in der Gegenwart überall Nivellierung und Orientierungslosigkeit wahrnahm. Unter dem Zug zur Masse fasste Kohl auch Phänomene, die auf Raumgewinn der Individuen deuteten: die Strafrechtsreform, den Fortschritt der Medizin und den Rückgang des Einflusses der Kirchen. Um so bemerkenswerter ist es, dass er die Massenherrschaft nicht zum Verhängnis stilisierte. Die Masse könnt ihr nur durch Masse zwingen: Nüchtern stellte Kohl fest, dass die Massengesellschaft die Massenpartei brauchte. In einer Welt von Großorganisationen war auch die Politik Sache des allgegenwärtigen Verbandes, der sich nicht als Traditionskompanie oder Interessenvertretung den eigenen Spielraum nehmen durfte. Die Partei sollte sich nicht gegen die Bewegung der Gesellschaft stemmen, sondern mit der Zeit gehen.

Die Kehrseite der Medaille, auf der die Soziologie die Parole vom unaufhaltsamen Vormarsch der Masse eingraviert hat, zeigt den lorbeerbekrönten Kopf ihres Bezwingers. Für Max Weber spitzte sich im Zeitalter der «aktiven Massendemokratisierung» das Problem der «Führer-Auslese» zu, und schon Friedrich Nietzsche hatte in den «Massen» das «Werkzeug» der «großen Männer» gesehen. Wenn Kohl sich in den Gremien zur Führungsfrage äußerte, beschrieb er eine Entfremdung zwischen der Partei und der Bevölkerung, die Personalentscheidungen einen Signalcharakter zumaß, der sich mit dem herkömmlichen Auswahlverfahren hinter verschlossenen Türen schlecht vertrug. Die «steigende Führungslosigkeit» datierte Kohl von der Präsidentschaftskandidatur Adenauers im Frühjahr 1959, die dem Publikum nicht hatte plausibel gemacht werden können. In der Aussprache im Bundesvorstand, die 1966 den Sturz des Bundeskanzlers Erhard einleitete, stellte Kohl die Frage, ob die CDU in der Lage sei, «ihre Führungspotenzen, die sie zweifellos hat, so zusammenzufassen, dass sie die dynamische Führungskraft der deutschen Politik bleibt». Führung in der Massendemokratie ist danach die Herstellung und Darstellung von Einheit.

Im fröhlichen Bild der bewegten, aber nie aus dem Takt geratenden Massenpartei fallen diese beiden Aufgaben, Wort und Tat, zusammen: Einigkeit entsteht im permanenten Gespräch. Nach der Ablösung der Regierung Kiesinger gab der neue Ministerpräsident von Rheinland-Pfalz so viele Interviews, dass die «Zeit» ihn ironisch fragte, ob er mit dieser Serie ein Führungsvakuum füllen wolle. In der Tat war es Kohls Führungsmethode, Worte zu machen. Damals schrieb man ihm noch ein ungewöhnliches Rednertalent zu; seine Lieblingsbeschäftigung

war nach dem Eindruck des Mainzer Korrespondenten der
«Frankfurter Allgemeinen Zeitung» die intellektuelle Diskussion im Kaffeehaus. Und wirklich hatte er von den Intellektuellen die Kunst gelernt, Begriffe zu setzen, um Tatsachen zu schaffen. Indem er jahrelang den Diskussionsbedarf beschwor, erzeugte und vergrößerte er ihn. Er provozierte seine Parteifreunde, um dann die erregten Gemüter selbst wieder zu beruhigen. In seinen Analysen des Zustands der Partei blieben die sachlichen Ziele der Absicht des Machterhalts respektive Machtgewinns untergeordnet; bei seinen Fürsprechern in der liberalen Publizistik stieß dieses strategische Denken nicht auf Kritik, weil es als Beweis intellektueller Beweglichkeit gelten konnte.

### *Die Schaffung einer «modernen Volkspartei»*

Die CDU, die Helmut Kohl entworfen hat, hält sich nicht zu Unrecht einiges auf ihre Modernität zugute. Sie hat die Lehre der neuzeitlichen Geschichte verinnerlicht, dass die Veränderung der Normalzustand ist. Kohl beschrieb die CDU gerne mit einem nautischen Bild, für das er sich auf Abraham Lincoln berief: «Sie sieht nicht wie ein elegantes Segelschiff aus, das über die Meere dahinjagt, aber am ersten Riff, auf das es aufläuft, sofort sinkt. Die Partei ähnelt vielmehr einem Floß, auf dem man manchmal bis zum Bauch im Wasser steht. Aber das Floß ist unsinkbar. Und darauf kommt es an!» Der trotzige Überlebenswille sollte das Pathos der Endlichkeit in dieser Metapher nicht übertönen. Wer auf einem Floß fährt, sucht seinen Weg in einer Welt der transzendentalen Obdachlosigkeit. Alles an seinem Gefährt ist Notbehelf. Es ist ein ewiges Provisorium. Das Floß ist das Emblem einer skeptischen Moderne, die bezweifelt, dass der Mensch je festen Boden unter den Füßen gewinnen wird. In «Die Sorge geht über den Fluss», einem Breviarium der Gelassenheit aus den frühen Jahren von Kohls Kanzlerschaft, zitierte Hans Blumenberg den Wissenschaftstheoretiker Otto Neurath, einen der Gründer des Wiener Kreises: «Wie Schiffer sind wir, die ihr Schiff auf offener See umbauen müssen, ohne es jemals in einem Dock zerlegen und aus besten Bestandteilen neu errichten zu können.» Ganz so unbehaglich erschien Kohl die Lage seiner Mannschaft nicht. Er behauptete, wie Adenauer dem Anblick des Rheintals die Gewissheit zu verdanken, dass die Dinge die richtige Richtung nahmen: Die CDU befuhr nicht das Meer, sondern einen Fluss.

Streit über den Kurs gab es trotzdem. Während auf Flößen aus Holz die Lebensgefahr absoluten Gehorsam erzwingt, sagte Kohl von sich, er habe als Kapitän «keine Kommandogewalt, ich muss überzeugen, und das ist eine mühsame Sache». In der Regel mussten die Matrosen einsehen, dass es sinnvoll war, mit dem Strom zu schwimmen. Wer im Fluss nicht untergehen will, braucht eine Identität, die so stabil ist, dass sie ihn trägt, und so leicht, dass er sich treiben lassen kann. Die CDU weiß nicht genau, wohin ihre Reise geht, und will nicht mehr zu genau wissen, wo sie herkommt. An ihrem Willen zur Selbsterhaltung lässt sie keinen Zweifel aufkommen. Als überall in der Bundesrepublik Zöpfe abgeschnitten und Altbauten abgerissen wurden, pries Kohl seine Partei wegen ihrer Traditionslosigkeit an. Höhnisch hob er sie 1968 von der SPD ab: «Uns hemmt keine hundertjährige Geschichte, wir müssen uns nicht kümmern um die Jahresringe alter Funktionäre.» Hier wurde das Bild der Partei zum Selbstporträt: Wer nichts hinter sich wusste, hatte alles noch vor sich.

Gegenüber dem «Bayernkurier», dem Parteiorgan der CSU, äußerte sich Kohl 1967 zum Begriff der christlichen Politik. Als er merkte, dass die Rede vom «Dienst gegenüber jedermann» nicht zur Abgrenzung von den «Sozialisten» taugte, versuchte er noch einmal, «die Grundlage des für uns verbindlichen Systems» zu bestimmen. «Man kann es salopp ausdrücken, wenn man vielleicht sagt, dass unser Koordinatensystem, in dem wir die Landschaft durchfahren und durchfliegen, durcheilen und durchlaufen, durch das ‹C› justiert ist.» Man mag fragen, wieso die geometrische Metapher ein salopper Ausdruck sein soll.

Man darf aber auch fragen, wie die Metapher gemeint ist. Durchfährt man die Landschaft wirklich in einem Koordinatensystem und nicht in einem Automobil? Schaffen die Koordinaten nicht ein Raster, in dem man die Bewegungen des Fahrzeugs festhalten kann, wie erratisch sie auch sein mögen? Wohin die Reise ging, war dem Sprecher wohl nicht deutlich; am ehesten entfernte man sich vom C im Zentrum des Koordinatensystems. Hauptsache, man fuhr und flog, eilte und fuhr so schnell wie möglich. Im Zweifelsfall galt: Augen zu und durch.

Der Barbar, der sich seiner Jugendkraft brüstete, sollte im gesetzten Alter Klage über die Geschichtslosigkeit seiner Stammesbrüder führen. Einstweilen ging er mit Riesenschritten der Zukunft entgegen, weil ihn keine Herkunft festhielt. In den langen pfälzischen Lehrjahren hatte er die Rolle des kommenden Mannes eingeübt. Ironischerweise kam ihm die Unbeweglichkeit der Verhältnisse zugute, unter der er zu leiden vorgab. Wenn Anciennität nichts mehr gilt und der neue Name als Zauberwort jedes alte Versprechen löscht, dann stürzen Nachfolgekandidaten so schnell, wie sie aufgestiegen sind. Kohl genoss die Vorteile beider moralischer Welten: Er blieb immer jung und besaß irgendwann alte Rechte. So stand er mit einem Bein in der Gegenwart und mit dem anderen schon in der Zukunft. Niederlagen durfte er in Kauf nehmen, solange man ihnen ablas, dass seine Zeit noch nicht gekommen war. Er konnte den Parteioberen die Unverbindlichkeit ihrer Verlautbarungen vorwerfen; drückte er selbst sich unscharf aus, war das ein kluger Verzicht auf vorzeitige Festlegungen. Seine Einlassungen zur Lage der Partei waren nicht so deutlich, wie sie klangen. Es war nie verkehrt, eine Verbesserung der Organisation und eine Erneuerung des Programms einzuklagen; beide Forderungen liefen auf eine Auffrischung des Bildes der Partei hinaus, gegen die niemand etwas einwenden konnte. Wenn er unter Adenauer, Erhard und Kiesinger solche Gemeinplätze äußerte, dachte er das Undenkbare, die Möglichkeit des Machtverlusts, ohne es herbeizureden. Beizeiten sollte man sich des Mahners erinnern.

Auf dem Düsseldorfer Parteitag im Januar 1971 stimmte Kohl überraschenderweise gegen einen Vorstandsantrag zur paritätischen Mitbestimmung, den er selbst auf den Weg gebracht hatte. Buchstäblich in der Pfeife rauchte er das Konzept einer von Kurt Biedenkopf geleiteten Kommission: Walther Leisler Kiep hielt die Szene im Tagebuch fest. «Kohl, der Vater des Fortschritts, qualmt wie eine Güterzuglokomotive, ohne sich zu seinem ‹Kind›, den Entwurf der Kommission, zu bekennen!» Als Kohl später im selben Jahr dem Fraktionsvorsitzenden Barzel den Parteivorsitz streitig machte, trat er als Modernisierer an, der sich auf nichts verpflichtet hatte. Umkämpft war nicht die Seele, sondern das Gesicht der Partei. Er weigerte sich, auf einen Begriff zu bringen, was ihn von Barzel unterschied. Einen «eigenen Stil» nahm er für sich in Anspruch, der für sich selbst sprechen sollte. Die Führungsfrage stellte Kohl als Kommunikationsproblem hin: «Die Partei begreife ich als eine offene, zur Diskussion bereite politische Gemeinschaft, deren Handlungsfähigkeit entscheidend von der Bereitschaft zur Mitarbeit abhängt. Dies setzt möglichst viel Transparenz und möglichst viel Kommunikation von oben nach unten, von unten nach oben voraus.» Wie mochte der Stil des Gegners aussehen? Geheimsitzungen, Machtsprüche, einsame Entscheidungen. Kohl bewarb sich um den Vorsitz der Partei, strebte nicht in die Fraktion. Sein leuchtendes Bild von der Partei als der freien Assoziation der Vernünftigen rückte die Fraktion in den Schatten, deren Handlungsfähigkeit auch davon abhing, dass Diskussionen beendet wurden und mancher seine Bereitschaft zur Mitarbeit zurückstellte. Die neue Ostpolitik stellte die Einigkeit der Opposition auf die Probe. Staatsräson und Parteiräson wollten bedacht sein, außenpolitische und innenpolitische Folgen der Verhandlungen. Es verwundert nicht, dass der Fraktionsvorsitzende Barzel in dieser diffizilen Lage nicht mit allen über alles kommunizieren konnte.

1969 war Kohl zum Vorsitzenden einer Kommission bestimmt worden, die das Programm der CDU überarbeiten sollte. Er konnte die von ihm redigierte «Deidesheimer Fassung» im Bundesvorstand nicht durchsetzen, wo man «Soziologensprache» und «Intellektualismus» rügte. Das Befremden galt weniger dem Inhalt des Programms als dem Umstand, dass dieser Inhalt so leicht nicht auszumachen war. Die Partei wurde aufgefordert, sich an gesellschaftspolitischen Zielvorgaben hoher Allgemeinheit auszurichten, deren Konkretisierung sich in permanenter Diskussion ergeben sollte. Die Überarbeitung durch den Vorstand rückte die klassische Sphäre der definierten Interessen und begrenzten Optionen wieder an den Anfang: die Außenpolitik. Eine der Deidesheimer Prägungen blieb erhalten: die «moderne Volkspartei», die in Kohls Analysen an die Stelle der modernen Massenpartei trat. Die Korrektur war kein Euphemismus: Das Volk, wie Kohl es sich vorstellte, war in Interessengruppen, Landsmannschaften und andere Personenverbände vielfältig gegliedert, wo in der Masse alles eins war. Gleichwohl blieben Parteivolk und Staatsvolk in Kohls Wahrnehmung zu jener spontanen Willensbildung fähig, die bürgerliche Beobachter an der Masse faszinierte. Im Wahlkampf 1998 leitete Kohl die Hoffnung, dass die Demoskopen sich täuschten, aus dem Massenandrang bei seinen Auftritten ab – wie achtzehn Jahre später in den Vereinigten Staaten der Präsidentschaftskandidat Donald Trump. Der Wahlkämpfer badet in der Menge wie Siegfried im Drachenblut. So sollte sich die Partei regenerieren, indem sie mit dem Volk verschmolz.

Kohls Bemühungen um die Identität der CDU setzten nicht auf Definition, sondern auf Entgrenzung. Was die Partei will, muss so allgemein wie möglich formuliert werden, damit möglichst viele es ebenfalls wollen. Kohl trieb die Programmarbeit voran, wenn sie Barrieren niederzulegen und Horizonte zu erweitern versprach; er ließ sie leerlaufen, wenn sie Gräben auszuheben und Hürden aufzurichten drohte. Die Mitte, in der er seine Partei lokalisierte, scheint ein unmöglicher Ort, soll doch rechts von ihr nichts mehr sein. Dennoch kann man sich diese Utopie räumlich vorstellen: Sie ist der Platz, wo die Menschen von selbst zusammenlaufen. Es gehört Eigensinn, Missmut oder Arroganz dazu, sich von der Menge abzusetzen und die Ränder aufzusuchen. Die Richtungsdebatten in Kohls Union blieben folgenlos, weil er nicht bereit war, diesen Platz zu räumen oder auch nur einzuzäunen. Er enttäuschte die Konservativen, die seine Ankündigung einer geistig-moralischen Wende nach der Kanzlerwahl 1982 als politischen Marschbefehl missverstanden, und er entzog den Progressiven seinen Schutz, sobald sie den Wandel der sozialen Landschaft zu genau beschrieben. Die Gründung einer vierten Partei konnte er schon deshalb nicht billigen, weil die CDU sich neben einer bundesweit operierenden CSU als liberalkonservative Richtungspartei hätte in Stellung bringen müssen. Mancher Intellektuelle bewunderte von ferne Franz Josef Strauß, den Virtuosen der maßlosen Zuspitzung. Man übersah, dass auch Kohl die Anstrengung des Begriffs auf sich nahm, nur dass seine Energie dahin ging, alle Kanten der Worte abzuschleifen. Die Gesprächstherapie, die er seiner Partei verschrieb, sah anderen Modellen der Integration durch Kommunikation, die in den siebziger Jahren Mode wurden, zum Verwechseln ähnlich. Den Philosophen hatte der Veteran der Gremienkriege freilich die Erfahrung voraus, dass es selten Argumente sind, die Konsens stiften. Einverständnis stellt sich durch Erschöpfung her; dem Bruch zieht man den Formelkompromiss und die Absichtserklärung vor.

Ironisch notierte Kohls Biograph Hans-Peter Schwarz, Kohl habe auch nach seiner Wahl zum Parteivorsitzenden 1973 «weiterhin fest an die integrierende Wirkung jahrelanger Programmpalaver» geglaubt. Dass Kohl 1981 erklärte, für ihn sei die Partei kein Palaver-Club und er werde nicht zulassen, dass sich daran etwas ändere, darf man nicht wörtlich verstehen, sondern als weiteren Beitrag zum Palaver. Der Schriftsteller Eckhard Henscheid, der in seinen Erzählwerken mit der schöpferischen Kraft der deregulierten Sprache experimentiert, hat Kohl seine Anerkennung für eine Rhetorik ausgesprochen, die Wirkung durch den Bruch aller Kunstregeln erzielte, durch die schiere Wucht der Worte: «Es kommt ja nicht immer auf den Glanz von Formulierungen an, sondern auch darauf, dass einer zuweilen zwei bis drei Stunden palavert.» Kohl war dafür verantwortlich, dass die Partei weit mehr Mitglieder aufnahm, als sie Ämter zu vergeben hatte. Was sollten sie anderes tun als reden? In der CDU gab es keine Tradition des Chorgesangs oder der gemeinsamen Leibesübung. Dass die Parteipolitik Menschen anzieht, die sich gerne reden hören, ist nicht verwunderlich. Seltsamer ist es schon, dass sich so viele Menschen finden, die andere Leute gerne reden hören. Jede Parteigliederung fasst mehr Beschlüsse, als sie umsetzen kann. Würde sie alle umsetzen, könnte sie weniger fassen. Denn die Umsetzung stiftet Zwietracht, doch bei der Beschlussfassung ist man sich einig. Der Sinn vieler Tischvorlagen, Resolutionen und Aktionspläne ist also, dass nichts aus ihnen folgt. Gleichwohl dürfte der Satz, die Partei sei kein Palaver-Club, auf jeder Clubsitzung beifälliges Trommeln auslösen.

*Innerparteiliche Gewaltenteilung*

Die Selbsthypnose, welche die triste Wahrheit der Zweckfreiheit des eigenen Handelns auszublenden erlaubt, ist eine der wichtigsten Fertigkeiten des Politikers. Wenn Kohl nach dem Geheimnis seines Erfolgs gefragt wurde, zitierte er mit Behagen Papst Johannes XXIII., der beim Blick in den Spiegel zu sich gesagt haben soll: «Giovanni, nimm dich nicht so wichtig.» In Wirklichkeit dürfte Kohls Beharrungskraft gerade aus seiner Fähigkeit zu erklären sein, sich ohne Einschränkung wichtig zu nehmen. Ein Volksvertreter, der zu seiner Rolle ironische Distanz wahrt, weckt kein Vertrauen. Da in der Demokratie ohnehin jeder Gewählte austauschbar ist, muss der Politiker demonstrieren, dass wenigstens er selbst sich für unentbehrlich hält. Wie sollen Arbeitskreisleiter und Ortsbezirksvorsitzende in verrauchten Kneipen und auf verregneten Plätzen durchhalten, wenn sich nicht einmal der Parteivorsitzende sicher ist, ob Ruhm so viel Unbequemlichkeit lohnt? Unter Kohls Konkurrenten wurde der niedersächsische Ministerpräsident Ernst Albrecht dadurch gehemmt, dass ihm wegen seiner philosophischen Anwandlungen nicht die letzte Entschlossenheit zugetraut wurde; und als Kohls Finanzminister Theo Waigel im Sommer 1997 in einem Fernsehinterview enthüllte, dass er gerne eine angenehmere Tätigkeit annähme, zog er nicht nur Spott, sondern auch Zorn auf sich. Es gehört sich nicht, dass ein Minister zu verstehen gibt, nicht das Volk erweise ihm eine Ehre, indem es ihm seine Sache anvertraut, sondern er tue dem Volk einen Gefallen. Mit seiner Plauderei in Ferienlaune folgte Waigel zwar dem Vorbild seines Chefs, der, zumal zu Urlaubszeiten, in lockerer Kleidung und Stimmung dem Volk seine Befindlichkeiten darzulegen liebte. Aber bei Kohl stellte sich immer heraus, dass er sein Amt beim Baden genauso ernst nahm wie im Bundestag.

Es ist bemerkenswert, dass sich Kohl zum Ausdruck seiner Bescheidenheit auf einen Papst berief. Der Nachfolger Petri ist zuständig für die Seelsorge aller Menschen: Ein ernsteres Amt gibt es nicht auf Erden; unter den Generalisten ist der Papst der Weltmarschall. Er hat keinen irdischen Richter über sich und muss in den Spiegel blicken, um jemandem von gleich zu gleich in die Augen zu sehen. Der Nachfolger Adenauers fasste seine Aufgabe gleichfalls als universales Hirtenamt auf. Er war ein Menschenfischer, der ein Heil versprach, das er nur in Formeln umschreiben konnte. Wenn er vor der Welt über die Last seines Amtes meditierte, unterstellte ihm niemand, er wolle die Kanzlerbürde abwerfen. Seine Demut bewies, dass er der Pflicht gewachsen war. Die Letzten werden die Ersten sein: Er war der Diener der Diener der guten Sache. Wie die Kirche, das pilgernde Gottesvolk, mit irdischen Waffen für das Himmelreich kämpft, so will die Partei ewigen Werten Geltung in der Zeit verschaffen.

Die überschießende Erwartung wird immer wieder von der Erfahrung des Unvollkommenen eingeholt. Zum Stachel im Fleisch wird diese vorhersehbare Enttäuschung, wenn der Dualismus institutionelle Gestalt erhält, wenn *imperium* und *sacerdotium* auf verschiedene Schultern verteilt werden. Der Inhaber des weltlichen Schwerts führt die Truppe und sichert das Terrain, der Hüter des geistlichen Schwerts wacht über die Lehre und blickt voraus. Als Kohl 1970 gefragt wurde, ob Kanzlerschaft und Parteivorsitz künftig wieder zusammengeführt werden sollten, wandte er sich dagegen, diese Frage zu «dogmatisieren». Die theologische Redewendung ist charakteristisch für ein Prozessdenken, das sich weniger durch den Buchstaben als durch den Geist des Zweiten Vatikanischen Konzils inspirieren ließ. Das von Johannes XXIII. verkündete «aggiornamento» sollte sich Tag für Tag in einem ewigen Palaver erneuern. Die Kritik des Dogmas in Glaubensdingen rechtfertigte den Zweifel an allen festen Ansichten in Meinungsfragen; auch Erfahrungsregeln, um die es in Organisationsfragen allenfalls gehen kann, wurden dubios. An die Stelle des Glaubenssatzes, aber eben auch der bis zum Beweis des Gegenteils für wahr gehaltenen Hypothese trat ein Prozess der Konsensbildung, in dem die Durchsetzungschance einer Behauptung davon abhing, von wem und wann sie geäußert wurde. In diesem Sinne erklärte Kohl, die Koordination der Spitzenämter sei «zum Teil eine Personalfrage oder eine Frage, die situationsgebunden sein kann». Hier verdoppelte die Wortwahl das Denken des Unverbindlichen: Nicht nur zum Teil war die Strukturfrage für Kohl eine Sache der richtigen Personen und des richtigen Moments, sondern ganz und gar. Wenig später trat die Situation ein: Kohl bewarb sich nur um den Parteivorsitz, nicht um die Kanzlerkandidatur. Als der Saarbrücker Parteitag am 4. Oktober 1971 Barzel mit Zweidrittelmehrheit zum Vorsitzenden wählte, war die Ablehnung der von Kohl vorgeschlagenen Ämterteilung auch ein Votum gegen die Trennung von Theorie und Praxis, Planspielen und Parlamentsarbeit. Die Delegierten entschieden sich im Sinne von Kohls eigener Forderung in der Krise von 1966 für die einheitliche Führung, bekräftigten noch einmal den Primat der Handlungsfähigkeit gegenüber der Kommunikation.

Aber Barzel einte die Partei weder in der Sache noch hinter seiner Person. Bei der Abstimmung über die Ostverträge enthielt sich die Fraktion, weil sie sich nicht entscheiden konnte, beim konstruktiven Misstrauensvotum brachten Abweichler den Kandidaten zu Fall. Der doppelten Blamage folgte die Niederlage bei der Bundestagswahl 1972. Den Sturz ins Nichts musste das doppelte Netz verhindern, an dem Kohl und seine Verbündeten geduldig gestrickt hatten, während die Bonner Artisten ihre Drahtseilakte vorführten: Programmatik und Organisation. «Eine Strategie für die Opposition» entwarf Kurt Biedenkopf, der von Kohl als Generalsekretär ausersehene Wissenschaftler und Manager, in den Spalten der regierungsnahen «Zeit», also auf dem Terrain des Gegners, den man mit dessen eigenen Waffen zu schlagen gedachte, durch die Verbreitung einer «politischen Philosophie». Biedenkopf forderte ein «Zurück zu den Grundsätzen» und «mehr Spielraum für die Partei».

Der Ausbau des Parteiapparats sollte die materielle Basis für die geistige Herrschaft der Partei über die Fraktion schaffen. Für «unerlässlich» erklärte der Stratege die Trennung von Fraktionsvorsitz und Parteivorsitz. Kohl, der frühestens 1976 in den Bundestag gewählt werden konnte, empfahl sich erneut als Advokat der innerparteilichen Gewaltenteilung. Aber unter den Händen seines philosophischen Ratgebers verwandelte sich die pragmatische Maßregel in ein Dogma. Die Unzulässigkeit der Personalunion war für den Gelehrten, den Parteigänger der Objektivität, «eine Sachfrage, nicht eine Personalfrage». Biedenkopf erzählt, das Gespräch bei Kaffee und Kuchen, in dem Kohl ihn als Generalsekretär verpflichtet habe, sei «interessant, aber oberflächlich» gewesen. Jahrelang konnte Biedenkopf Kohl aus nächster Nähe beobachten. Aber ihm widerfuhr dasselbe wie Gegnern und Kritikern, die ihn nur aus dem Plenarsaal des Land- oder Bundestages oder nur aus dem Fernsehen kannten: Er unterschätzte ihn. Schon bald nach der Kaffeestunde meldete sich in Kohl der Verdacht, dass Biedenkopf es auf den ganzen Kuchen abgesehen hatte. Wie Horst Teltschik berichtet, gab der Generalsekretär zu vielen Leuten zu verstehen, «dass er eigentlich die Nummer 1 sei». Biedenkopf hat womöglich nie anerkannt, dass Kohl stark war, weil er sich an der Oberfläche zu halten verstand. Wer in die Tiefe dringt, schlägt Wurzeln, wirft den Anker aus oder gräbt sich ein; Kohl vermied es, sich mit einer Sache so intensiv zu beschäftigen, dass er sich aus intellektueller Redlichkeit auf ein bestimmtes Vorgehen festlegen musste. Der Wissenschaftler glaubt, dass mit dem Wissen die Freiheit wächst; zumal in den siebziger Jahren gewann dieser Glaube Anhänger. Der Politiker will gar nicht alle Informationen haben, damit sie seine Optionen nicht einschränken. Kohl, der sich rühmte, er lese Menschen wie andere Leute Bücher, zog dem Aktenstudium die mündliche Unterrichtung vor. Er musste sich nicht auf eigene Verantwortung ein letztes Urteil über die Dinge bilden. Sein Wissen blieb unverbindlich, weil es von der Verlässlichkeit des Gewährsmanns abhing. Musste es korrigiert werden, konnte der Fehler der Subjektivität des Informanten zugeschrieben werden. Schon aus diesem Grund war für Kohl jede Sachfrage eine Personalfrage.

3.
# Opposition

Ein Porträt des Politikers als junger Mann: «Der war der Lümmel, der auf Ärger aus war.» Das sagte Helmut Kohl über Oskar Lafontaine, und das gilt auch für ihn. Als Nachwuchspolitiker der CDU in den fünfziger Jahren hatte sich Kohl sowohl in den Landesgremien bemerkbar gemacht als auch in der Kommunalpolitik. In seiner Heimatstadt Ludwigshafen verfolgte er eine Strategie der außerparlamentarischen innerparteilichen Opposition. Unter dem Oberbürgermeister von der SPD durfte die CDU in der Arbeiterstadt einen Bürgermeister stellen. Die Stadtratsfraktion war auf Kooperation mit der Mehrheit ausgerichtet. Kohl gehörte ihr nicht an. Er machte den Kreisvorstand zum Instrument, mit dem er Druck auf die CDU-Minderheit im Stadtparlament ausübte. Die Partei sollte die Fraktion zur Konfrontation mit der Stadtregierung treiben. Den Erfolg der Fraktion maß Kohl personalpolitisch, an der Durchdringung der Verwaltung mit Vertrauensleuten der Partei. Wo es möglich war, bestand Kohl auf Postenvergaben an Inhaber des CDU-Parteibuchs. In Kohls Umgang mit den Institutionen der Ortspartei erkennt Hans-Peter Schwarz ein Muster, das sich in den siebziger Jahren auf der Bundesebene wiederholte. Als Kohl begriff, dass sich die Fraktion nicht fernsteuern ließ, entschied er sich, selbst die Führung der Fraktion anzustreben, um sie wirklich in die Opposition zu führen, in den Kampf gegen die Mehrheitspartei. Seit 1959 Vorsitzender des Kreisverbands, wurde Kohl 1960 in den Stadtrat gewählt und sogleich zum Vorsitzenden der Fraktion gemacht.

Als Kohl nach der verlorenen Wahl von 1976 den Vorsitz der Bundestagsfraktion übernahm, vereinigte er in seiner Hand die Kontrolle der parlamentarischen Partei und die Führung der Partei draußen im Lande. Schon als sein Vordenker die Ämtertrennung als unerlässlich ausgab, hatte Kohl wohl den Hintergedanken, sie zurückzunehmen. Auch den Mainzer Landesvorsitz hatte er als Ministerpräsident ja nicht aufgegeben. Er stellte in Bonn die Verhältnisse von Westminster her, war aber noch mächtiger als ein englischer Parteiführer, der traditionell von den Abgeordneten bestimmt wird, die ihren Sitz den Wählern in ihren Wahlkreisen verdanken und nicht der Partei. Mit dem Weggang aus Mainz, dem Tausch der Regierungsmacht im Land gegen die Oppositionsführung im Bund, folgte Kohl dem Rat von Wilhelm Hennis, der während der langen Regierungszeit des Kanzlers Kohl zum schärfsten Kritiker von dessen System der Umschmelzung von Staatsgewalt in Parteimacht werden sollte. Das verfassungspolitische Interesse des Freiburger Politikwissenschaftlers galt der Handlungsfähigkeit der politischen Organe. Den Verehrer Max Webers störten an den politischen Verhältnissen der frühen Bundesrepublik die Überhänge einer Honoratiorenpolitik, welche die Zuspitzung der politisch zu entscheidenden Fragen ebenso erschwerte wie die Zurechnung der Antworten. Ein Ministerpräsident, der zurücktrat, um den Bundeskanzler im Bundestag leibhaftig herauszufordern, statt ihn in absentia über das Fernsehen zu attackieren, hatte verstanden, was es hieß, dass die Bundesrepublik parlamentarisch regiert werden sollte. Anfang 1973, als Kohl sich nach der gescheiterten Kanzlerwahl Barzels auf eine zweite Kandidatur als Parteivorsitzender vorbereitete, legte ihm Hennis nahe, einen Sitz im Bundestag anzustreben, um Barzel auch im Fraktionsvorsitz zu beerben. Zwar hatte Kohl auch als Ministerpräsident Rederecht im Bundestag. Hennis sagte ihm aber voraus, dass «über ein stärkeres rhetorisches Engagement vonseiten der Bundesratsbank» auch die Unionsfraktion nicht «entzückt» sein würde. Dadurch käme nämlich «ein im Grunde unpassendes Element in die Bonner Parteiendemokratie hinein»:

Auch ein engagiert polarisierender Redner mit Bundesratsmandat müsste, da er die Redebefugnis aus seiner Verantwortung für die Bürger von Rheinland-Pfalz bezöge, die Klarheit des Parteigegensatzes durch föderalistische Rücksicht verwässern. Hennis brachte in seinen Briefen an Kohl aber nicht nur eine solche subtile Metaphysik der Institutionen ins Spiel, sondern konnte auch ganz pragmatisch argumentieren, im direkten Duktus des Adressaten: «Die Parteifäden in Rheinland-Pfalz könnten Sie doch sicher auch von Bonn aus in der Hand behalten.»

Auch Kohl konnte sich über das Verhältnis von Partei und Fraktion im metaphysischen Register äußern. Nachdem er zum Bundesvorsitzenden gewählt worden war, griff er nach einer Metapher aus dem Leben beziehungsweise aus der Wissenschaft vom Leben, die schon in der antiken Mythologie zur Sortierung der kosmischen Machtverhältnisse gedient hatte: «Die Partei erzeugt die Bundestagsfraktion und nicht umgekehrt.» Der Zeugungsakt wirkte legitimierend fort: Die innerparteiliche Demokratie beruhte auf einem patriarchalischen Prinzip. «In allen Fragen, die von langfristiger großer Bedeutung sind, müssen Parteigremien auch abschließend sprechen.» Was Biedenkopf vorschwebte, blieb auch nach 1976 möglich: die Partei gegen die Fraktion auszuspielen, um die Abgeordneten auf den rechten Weg zurückzurufen; aber dieses Manöver lag selten in Kohls Interesse, da es die Fraktionsmitglieder hätte veranlassen können, sich gegen ihren Vorsitzenden zusammenzuschließen.

Biedenkopf, der die Seiten gewechselt und das Amt des Generalsekretärs mit einem Sprecherposten in der Fraktion getauscht hatte, setzte zu Weihnachten 1978 seine alte Idee wieder in Umlauf: Er verschickte ein Memorandum, in dem er als Rationalisierungsmaßnahme ein Ausscheiden Kohls aus einem von dessen beiden Ämtern empfahl. Kohl wird diese Affäre auch in seiner Skepsis gegenüber der schriftlichen Kommunikation bestätigt haben. Indem Biedenkopf eine Papierspur legte, lieferte er Beweismaterial für eine Anklage wegen Verschwörung. Zwei unterschiedlich deutliche Versionen der Ausarbeitung kursierten, was die Frage aufwarf, wie sicher der Autor seiner Sache war. Kohl sorgte dafür, dass eine von Biedenkopf autorisierte Fassung publiziert wurde; nun sprachen dessen Worte für sich. Biedenkopfs Vorwurf, Kohl habe durch die Veröffentlichung die Krise herbeigeführt, fiel auf den Urheber zurück: Was waren Argumente eines Wissenschaftlers und erst recht eines Reformers wert, die das Licht des Tages nicht vertrugen? Kohl nutzte die Vorteile der mündlichen Verständigung: Sie erlaubt das offene Wort und die schnelle Antwort. Über Nacht sondierten seine Mitarbeiter telefonisch die Stimmung an der Basis; dann rief er selbst die Landesvorsitzenden und Ministerpräsidenten an und stellte die Loyalität des Parteivolks fest oder her. Hätte Biedenkopf Kohl in der Oppositionsführung abgelöst, hätte die Fraktion die Position der Avantgarde eingenommen, die er als Generalsekretär der Partei zugedacht hatte. Als die Union 1982 die Regierungsmacht zurückgewann, erweiterte sich der Dualismus von Partei und Fraktion um ein drittes Element. Generalsekretär Geißler wollte Biedenkopfs Linie fortsetzen und die Eigenständigkeit der Partei erst recht auch gegenüber der Regierung zur Geltung bringen. Nach Geißlers Entmachtung musste sich die Hoffnung auf eine Instanz der organisierten Irritation wieder auf die Bundestagsfraktion richten.

*Das «fleischgewordene Godesberg» der CDU*

Im Mai 1966, in den letzten Tagen der Kanzlerschaft Ludwig Erhards, hatte Kohl als frischgewählter Landesvorsitzender seinen Antrittsbesuch bei Heinrich Krone gemacht, dem früheren Fraktionsvorsitzenden im Bundestag. Krone notierte in seinem Tagebuch: «Ganz bin ich mir dessen nicht gewiss, wer und was er ist.» Der sechsunddreißigjährige Besucher hatte betont, ihn interessierten «Verantwortung und Amt» nicht um des Aufstiegs willen, sondern «von der Sache her». Aber allzu sachhaltig wirkten die Ausführungen offenbar auf Krone nicht; deutlich äußerte sich Kohl nur im Personalpolitischen, indem er sagte, «Barzel dürfe nicht der kommende Kanzler werden». Krone hatte zum Zeitpunkt von Kohls Besuch sein letztes Regierungsamt inne, war Bundesminister für die Angelegenheiten des Bundesverteidigungsrates. Bei diesem Hüter der Staatsgeheimnisse und der Kniffe der Regierungskunst Adenauers hinterließ Kohl den Eindruck, er könnte ein unsicherer Kantonist sein. Als mit der Verbannung in die Opposition für die CDU mit einem Schlag alles ungewiss wurde, war es gerade Kohls Talent für das Unverbindliche, das der Masse der Parteifunktionäre Vertrauen einflößte. Indem er sich viele Optionen offenhielt, erhielt er seiner Partei die wichtigste: die Option auf die Macht. So erklärte Johannes Gross 1977 in der «Frankfurter Allgemeinen Zeitung», dass Kohl nach der verlorenen Wahl von 1976 die Funktion des Oppositionsführers behaupten konnte: Er war «gewissermaßen das fleischgewordene Godesberg seiner Partei».

Wie Kohl im Reiche des Gedankens Grenzziehungen vermied, die seine Bewegungsfreiheit zu beschränken drohten, so suchte er auch im sozialen Raum die Herausbildung fester Ordnungen zu verhindern, die ihm gegenüber Selbständigkeit gewinnen konnten: Er hielt alles im Fluss. Dieser anti-objektive Zug seines Denkens und Handelns war mit hohen Kosten verbunden. Es lag in der Natur dieser Präferenz für das Diffuse, dass sie keine symbolische Gestalt gewinnen konnte, weder in der schlagenden Formulierung noch in der eindrucksvollen Geste. So kam es, dass gerade diejenigen Züge, durch die Kohl seine Möglichkeiten wahrte, den Eindruck der Überforderung erzeugten. Biedenkopfs Klage über die unzulängliche Selbstdarstellung von Fraktion und Partei stieß auch bei den Kommentatoren der «Frankfurter Allgemeinen Zeitung» auf Verständnis, die gewöhnlich die prosaische Praxis gegen den Sirenengesang der Theoretiker verteidigten. Auf die Dauer werde die Kritik der Freunde tödlich sein, prophezeite Fritz Ullrich Fack. Zu Unrecht tröste sich Kohl damit, dass es zu ihm keine Alternative gebe, befand Karl Feldmeyer. Die nie um ein klares Wort verlegenen Leitartikler verkannten die Vorteile der Undeutlichkeit. Wer keine Erwartungen mehr weckte, konnte sie auch nicht enttäuschen. Zu Kohl gab es keine Alternative, weil er sich der zweiwertigen Logik der Politik entzog. Kein Gegner konnte aufstehen und das Gegenteil von dem fordern, was Kohl wollte – denn was Kohl wollte, ließ sich nicht in einem Satz sagen, den man hätte verneinen können. Es blieb möglich, statt anderer Programme eine andere Präsentation zu verlangen. Doch ein eloquenter Vorsitzender hätte die Frage provozieren können, was die CDU eigentlich zu sagen hatte. Wie viel Klarheit wollte die Partei über ihre Grundsätze gewinnen?

Solange das vielbeklagte Defizit in der Vermittlung bestehen blieb, konnte man an der Fiktion festhalten, in der Sache gebe es keinen Revisionsbedarf. Kohl selbst nahm den Kritikern seiner rhetorischen Fähigkeiten das Wort aus dem Mund. «Bei der Semantik», gestand er 1981, «also bei der Vermittlung von Politik durch Sprache, hapert es bei uns in der Tat gewaltig. Wir müssen lernen, ohne unsere Grundsätze aufzugeben, das, was wir für richtig halten, in einer verständlichen Sprache darzustellen.» Aufschlussreich ist die Vorstellung, das Bemühen um Verständlichkeit könne überhaupt das Risiko des Grundsatzverrats mit sich führen. Hier verriet sich Kohls instinktiver Widerstand gegen das isolierende und fixierende Denken in Begriffen. Hätte man die christdemokratischen Werte in einem Lexikon erläutert, hätten Leser gefragt, inwieweit sich mit diesen Vokabeln tatsächlich vernünftige Sätze bilden ließen. War das christliche Menschenbild vereinbar mit einer absolut gesetzten Freiheit? Wie vertrug sich die Kritik am Machbarkeitsglauben linker Sozialreformer mit dem Enthusiasmus für den technischen Fortschritt? Warum erklärte man den Nationalstaat des neunzehnten Jahrhunderts für tot und hielt am Wiedervereinigungsgebot fest? Das alles war nicht theoretisch, sondern bestenfalls praktisch zusammenzubringen. Mit seinem sprachkritischen Pragmatismus schwamm Kohl im Hauptstrom der modernen Sprachphilosophie. Mit Recht nahm er für seine Handlungen in Anspruch, dass «die ja mehr sagen, als man mit Wörtern ausdrücken kann». Als die jungen Wissenschaftler älter wurden, die Biedenkopf ins Adenauer-Haus gerufen hatte, haben viele von ihnen dem Vorsitzenden vorgeworfen, er habe das Versprechen einer gedanklichen Erneuerung der Politik gebrochen. Man darf freilich annehmen, dass Kohl Biedenkopfs Theorie der modernen Volkspartei von Anfang an anders verstanden hatte als ihr Autor.

Doch was hatte Biedenkopf in dem genannten «Zeit»-Artikel mit der Rückkehr zu den Grundsätzen gemeint? Laut Machiavelli muss eine Republik von Zeit zu Zeit auf die Prinzipien ihres goldenen Zeitalters zurückgeführt werden. Der Staatsmann, der in diesem *ricorso* die Bürger in den Stand der Tugend zurückversetzt, darf als zweiter Gründer des Gemeinwesens gelten. Zu einem solchen Helden war Kohl nicht gemacht. Barthold Georg Niebuhr hat in seiner «Römischen Geschichte» die Landreform des Tiberius Gracchus als Neuschöpfung des Staates im Sinne Machiavellis dargestellt. Die Stärke des Volkstribunen lag darin, dass er der korrupten Republik als freier Mann gegenüberstand, der sich mit niemandem gemein machte. Die Gracchen waren von ihrer Mutter fern von der Welt erzogen worden und hatten nie gelernt, Kompromisse zu schließen. Da Tiberius ein Fremder in der Gegenwart war, der sich nur dem Ideal des Bürgerstaates verpflichtet fühlte, konnte er die Heimat zur Vernunft rufen und das Recht der Stunde Null wiederherstellen. Kohl hingegen suchte die Moral in der Welt, im Ausgleich der Interessen, in der Übereinstimmung mit Freunden, in der Bestätigung der Intuition durch den handfesten Erfolg. Opposition, der Protest gegen die Verhältnisse, fiel ihm als politische Übung schwer, weil sie ihm als moralische Haltung fremd war. Wo die Gracchen laut Niebuhr ein reiner Wille beseelte, der im Sinne Kants von allem Vorteil absah, erwartete Kohl den Lohn der guten Tat. Leistung müsse sich wieder lohnen: So lautete Kohls Forderung nach der Wiederherstellung eines naturgegebenen sittlichen Zustands. Er leistete sich Gelassenheit, weil er auf die Gerechtigkeit der Welt vertraute: Man kriegt nichts geschenkt, aber es ist auch nichts umsonst. Wo der klassische Republikanismus Bürger und Politiker eine Selbstbeherrschung lehrte, die sie befähigen sollte, auch die Ereignisse zu beherrschen, erlaubte sich Kohl, die Dinge treiben zu lassen, damit er selbst sich gehenlassen konnte. Einer Moral, die mit den Üblichkeiten bricht, um zur Umkehr aufzurufen, konnte er nichts abgewinnen.

1996 bekannte sich Kohl in einem Interview mit der «Welt» zu seiner Kämpfernatur: «Die andere Backe hinzuhalten war nie meine Art.» Darf man es erstaunlich finden, dass ein christlicher Politiker zugab, er genüge dem Liebesgebot nicht? Verblüffend ist, dass er sich keineswegs reumütig äußerte. Kohl machte nicht etwa geltend, eine hartnäckige Neigung zum Jähzorn hindere ihn zu seinem Unglück immer wieder daran, Jesu Auftrag zu erfüllen. Vielmehr gab er gar kein Sündenbewusstsein zu erkennen. Von Zerknirschung über die Verstocktheit des Herzens kann keine Rede sein. Es ist niemandes Art stillzuhalten, wenn man geschlagen wird: Man muss sich überwinden, muss alle eingeübten Regeln der Selbstbehauptung vergessen, um sich so zu erniedrigen. Der wiedergeborene Baptist Jimmy Carter gestand im Präsidentschaftswahlkampf 1976, er habe in seinem Herzen viele Male Ehebruch begangen und vertraue auf Gottes Vergebung; er sagte nicht etwa, es sei nie seine Art gewesen, unkeusche Gedanken zu vermeiden. Die christliche Moral mutet dem Menschen zu, den Instinkt durch die Disziplin und den Reflex durch die Entscheidung zu ersetzen. Kohl hielt sich lieber an die Ausstattung, welche die Evolution dem Menschen mitgegeben hat: Es wäre verrückt, den Panzer des Eigeninteresses abzuwerfen.

In der Nachrüstungsdebatte versuchten einzelne Theologen mit aberwitzigen Konstruktionen zu begründen, weshalb man seine Feinde auch und gerade dann lieben könne, wenn man sie mit der atomaren Vernichtung bedrohe. Kohl hatte solche Spitzfindigkeiten nicht nötig. Für ihn verstand sich das Richtige von selbst, und wenn die christliche Sittenlehre eine Bedeutung haben sollte, musste sie Auslegung und nicht Kritik der Alltagsmoral sein. Wie Kohl im November 1983 der britischen Premierministerin Margaret Thatcher eröffnete, der Tochter eines methodistischen Laienpredigers, verbarg sich «ein theologisches Problem» hinter der Ablehnung der Nachrüstung durch die große Mehrheit der evangelischen Pfarrer. «Im Grunde genommen glaubten sie an nichts mehr.» Kohl dachte in Bildern der Kraft und des Wachstums. Überall, wo sich etwas regte, nahm er einen Lebenswillen an, gegen den Argumente nichts ausrichteten. Der Pazifismus widerlegte sich selbst, da er mit dem Überlebensinteresse unvereinbar war. Wer die andere Backe hinhält, ist aus der Art geschlagen. Die Erfahrung, dass man nach seiner Gewohnheit leben kann, ohne sich anpassen zu müssen, gab diesem Sozialdarwinismus einen optimistischen Zug. Nicht der begrenzte Raum, der zur Besinnung auf die eigenen Tugenden zwingt, war das Urerlebnis, sondern das Hochgefühl der Expansion. Die Harmonisierung der Interessen scheiterte nicht an der Begrenztheit der Ressourcen. Wer sich so benahm, wie es seine Art war, wurde berechenbar für die anderen, die sich ihrer Art gemäß verhielten.

Ein Naturalismus, dem zufolge alles, was geschieht, seine Richtigkeit hat, lässt keinen Platz für die Sünde, die Handlung, die natürlich und dennoch falsch ist. Nur scheinbar widerspricht diesem Befund die Bedeutung, die Kohls Anthropologie der Erbsünde zuwies. Bei der Verleihung des Kunstpreises des Landes Rheinland-Pfalz an Joseph Breitbach lobte Kohl 1975 den illusionslosen Blick des Schriftstellers auf die menschliche Gattung: «Er macht sich nichts über das normale menschliche Verhalten seit der Erbsünde vor, deshalb steht er auch über allen Ideologien.» Das Normale war bei Kohl nie nur das tatsächlich Vorherrschende, statistisch Dominante; von der emphatischen Bedeutung des Vorbildlichen blieb zumindest das Moment des Regelhaften und Unausweichlichen. Die Norm stiftet eine Ordnung, der man sich nicht entziehen kann. Normal ist, was sich nicht ändern lässt. Man mag die Normalität missbilligen und wird sich normalerweise doch mit ihr arrangieren. So nannte der Kanzler im März 1993 die Ablehnung des Koalitionsbeschlusses zur Mineralölsteuer durch die Unionsfraktion einen «völlig normalen Vorgang».

Hier gebrauchte Kohl das Wort nicht im quantitativen Sinne; es war nicht im Ernst gemeint, dass es sich um ein Geschehen handele, das alle Tage vorkomme und insofern nicht der Rede wert sei. Vielmehr sprach laut und überdeutlich der brave Demokrat: Die Abgeordneten hatten ihr verfassungsmäßiges Recht ausgeübt. Leiser ließ sich zugleich der nüchterne Menschenkenner vernehmen: Es kommt vor, dass eine Gruppe sich übergangen glaubt und ihr Unmut sich im Protest entlädt; damit kann man leben, denn wer einmal brüllen durfte, wird sich beim nächsten Mal wieder ruhig verhalten. Nur Ideologen wollen sich nicht damit abfinden, dass der Mensch unverbesserlich und sein Fehlverhalten normal ist. Damit verkehrte Kohl den Sinn der Lehre von der Erbsünde ins Gegenteil. Jeder ist nicht länger schuldig, sondern unschuldig. Von der Sorge um das Heil der einzelnen Seele bleibt ein grenzenloses Mitgefühl, das jedem Individuum das Schlimmste zutraut, aber nicht übelnimmt. Das Böse entzieht sich der Philosophie und der Soziologie, es fällt in die Zuständigkeit der Psychologie, die aber nur zu sagen weiß, dass es aus dem dunklen Grund der Persönlichkeit aufsteigt.

*Helmut Schmidt*

Diese Individualisierung des Moralischen bedingte, dass Kohl nicht anerkennen konnte, was Johann Gustav Droysen in seiner Theorie der historischen Wissenschaft die sittlichen Mächte nannte: Lebenssphären mit eigenen Verbindlichkeiten und besonderen Ansprüchen. Institutionen waren für Kohl nur Zusammenballungen der Willenskraft; sie fanden ihre Einheit nicht in Standards des korrekten Verhaltens, die strenger waren als die Privatmoral. Für den symbolischen Sinn von Regeln hatte Kohl kein Organ; da die Erbsünde sich allein in der bösen

Absicht zeigt, ist jeder entschuldigt, der guten Willen bewiesen hat. Politiker sind völlig normale Menschen; es wäre nicht fair, sie auf eine besonders strikte politische Moral zu verpflichten. Im «Deutschen Allgemeinen Sonntagsblatt» wurde Kohl im Juni 1982 zu seinen Erfahrungen mit Loyalität und Illoyalität befragt. Er wollte hier nur «eine allgemein menschliche Frage» erkennen, nicht das Grundproblem politischer Führung. «Wenn Sie so wollen: Da ist die Erbsünde präsent. Ehrgeiz, Eifersucht, Prestigedenken sind doch menschliche Eigenschaften, keine spezifischen Politikereigenschaften.»

Wenige Monate später beherrschte die Parole vom Verrat den Streit der Parteien. Helmut Schmidts Kampagne gegen die FDP, welche die Zusammenarbeit mit ihm aufgekündigt hatte, war demagogisch, insofern sie darauf hinauslief, dem Bundestag sein verfassungsmäßiges Recht zur Wahl eines neuen Kanzlers zu bestreiten. Aber die Resonanz, die der Rächer des angeblich verletzten Volkswillens fand, bewies, dass Schmidt erkannt hatte, was Kohl leugnete: die besondere Dignität politischer Treuepflichten. Wo Privatleute, die einen Vertrag schließen, für die Welt gleichsam unsichtbar bleiben, da werden Verabredungen im öffentlichen Raum vor aller Augen vollzogen. Ihre Verbindlichkeit erschöpft sich nicht im Buchstaben des Rechts; ihrem moralischen Sinn genügt nur, wer sich des Vertrauens der Öffentlichkeit würdig erweist. Um die Zustimmung des Bundespräsidenten zur Auflösung des Bundestags zu erwirken, musste Kohl sich selbst das Argument zu eigen machen, die neue Regierung bedürfe der Bestätigung durch den Wähler, um den Zweifel an ihrer Legitimität zu tilgen.

Die Redensart, dass Politiker auch nur Menschen seien, soll ihrem Streit die Schärfe nehmen. Wo allerdings die Verständigung von Mensch zu Mensch nicht gelingt, spitzt sich der politische Gegensatz zur persönlichen Feindschaft zu. Im Bundestagswahlkampf 1976 schaukelten sich die Attacken von Kanzler und Kandidat wechselseitig hoch. Auf Helmut Schmidts kühle Provokationen reagierte Kohl zunehmend hitzig. In der Fernsehrunde am Donnerstag vor der Wahl beschimpfte er den Kanzler als einen «Mann, der offensichtlich gar nicht mehr bereit ist, das menschliche Miteinander unter führenden Repräsentanten der deutschen Politik zu üben».

Schmidt hatte sich der rhetorischen Technik der wohlkalkulierten Übertreibung bedient. Er nahm die Herausforderung des Gegners an, den Wahlkampf als ideologischen Grundsatzstreit zu führen, und zog aus einzelnen Äußerungen von Unionspolitikern die weitestgehenden Konsequenzen. Die Forderung eines CSU-Abgeordneten, der Bundesgrenzschutz sollte DDR-Flüchtlingen «Feuerschutz» gewähren, legte Schmidt als Ankündigung aus, nach einem Wahlsieg der Union werde an der innerdeutschen Grenze zurückgeschossen. Die böse Anspielung auf die Entfesselung des Zweiten Weltkriegs sollte nicht zu genau genommen werden; Schmidt wollte nicht unterstellen, ein von der CDU kommandierter Grenzschutz werde unter Vortäuschung der Gegenwehr das Feuer eröffnen wie die Wehrmacht 1939. Es ging ihm nur darum, so drastisch wie möglich das Risiko eines Regierungswechsels zu beschwören. Der Schockeffekt war ein rhetorisches Mittel: Gerade wegen ihrer Maßlosigkeit fiel Schmidts Äußerung nicht aus dem Rahmen der symbolischen Sprache der Politik. Kohl versteifte sich freilich darauf, nicht die Sache der Union, sondern die Ehre ihrer Politiker zu verteidigen. Selbst die Warnung, CDU und CSU gefährdeten den Frieden, fasste Kohl als persönliche Kränkung auf.

In Wahrheit hatte sich Schmidt gerade nicht mit Kohls Person abgegeben. Mit Herablassung hatte er seinen Herausforderer behandelt, der sich nun rächte, indem er den Kanzler aus der Gemeinschaft der anständigen Menschen ausschloss: «Seit Bestehen dieser Bundesrepublik gab es keinen Regierungschef, der mit der Ehre und mit dem selbstverständlichen Respekt und mit der menschlichen Substanz seiner Mitbewerber und Mitbürger so umgegangen ist wie Sie.» In der Rede von der menschlichen Substanz wurde die Würde des Individuums materiell gedacht, als Vorrat, der verkümmern oder geraubt werden konnte. Dass ein Gegner durch Worte in die Substanz eines

Menschen einschneiden könnte, ist eine schreckliche Vorstellung. Hier blitzte plötzlich eine Urangst auf: Schutzlos liefert sich der Politiker dem Kampf aus, und es kann ihm passieren, dass er in Stücke gerissen wird.

Schmidts Selbstbeherrschung brachte Kohl in Rage. «Die Zuschauer erkennen Ihre kaum mehr überbietbare Arroganz. Dessen dürfen Sie versichert sein.» Den Zuschauern entging aber auch nicht, wie wirkungsvoll Schmidt seine Arroganz einsetzte. Er verleitete Kohl dazu, den Streit von der politischen auf die menschliche Ebene zu ziehen. Kohl entblößte sich, Schmidt ließ seine Maske nicht fallen. Vom Staatsmann wird Selbstdistanz erwartet; Kohl wollte für alle Menschen sprechen, indem er über seine eigene Verletztheit Klage führte. Doch maß Kohl Schmidts Worte an einem Maßstab, dem seine eigenen Äußerungen nicht genügen konnten; er selbst hatte im Wahlkampf eine Rolle spielen müssen und nicht einfach Mensch sein können, mochte ihm das Geschäft der Polarisierung auch nicht behagen. Die Wahlkampfstrategien entsprachen einander spiegelbildlich wie die Atomwaffenarsenale der Großmächte: Wenn die SPD-Parole «Den Frieden wählen» ein Anschlag auf die Menschenwürde war, dann war es das CDU-Plakat «Die Freiheit wählen» nicht minder.

Floh Kohl vor seinen Zweifeln an der harten, von Strauß erzwungenen Wahlkampflinie in die Selbstgerechtigkeit? Durfte er die Ähnlichkeit der Methoden nicht zugeben, wenn er stark bleiben wollte? War es für den Prediger der menschlichen Gemeinsamkeiten eine psychische Notwendigkeit, sich nicht in den Gegner hineinzuversetzen? Dreimal schleuderte Kohl in jener Fernsehrunde dem Kanzler wie eine Beschwörungsformel die Frage entgegen: «Was geht eigentlich in Ihrem Kopf vor?» Schmidt hätte diese Frage nie gestellt. Er spekulierte nicht über Gemütszustände, sondern kalkulierte mit Interessenlagen. Politik war für ihn die Kunst, die Außenwelt zu ordnen. Sollte sie berechenbar sein, musste sie von aller Innerlichkeit abstrahieren. Es war diese Objektivität der vom Leben gelösten, verselbständigten Politik, die Kohl an Schmidt befremdete.

Kohl hatte in seinem Leben nie nennenswerten Widerstand erfahren. Stets hatten die Verhältnisse seinem sanften Druck nachgegeben, über jedes Hindernis triumphierten schließlich Willenskraft und Geduld. Er hatte es nie nötig gehabt, sich auf sich selbst zurückzuziehen. Was ihn Niederlagen ertragen ließ, war kein Stoizismus. Für den Stoiker war jedes Ereignis gleichgültig, für Kohl vorläufig; wo der Stoiker sich in die innere Festung seines Geistes zurückzog, blieb Kohl auf dem Schlachtfeld, weil er sich seines Sieges sicher war. Seine Erwartung, die Dinge unter Kontrolle zu bekommen, erklärte sich aus einem gleichsam intimen Verhältnis zur Welt. Wie für das Kind im Mutterleib waren für ihn Ich und Nicht-Ich nicht getrennt. Äußere Verhältnisse erlebte er als Ausdehnung innerer Zustände. Die Stimmungen, die ihn umtrieben, hielten auch die Welt in Bewegung. Politik war der Instinkt, sich dem Rhythmus des Lebens anzuschmiegen. Im Gefühl für den eigenen Körper fielen für den großen, schweren und kräftigen Mann Welterfahrung und Selbsterfahrung zusammen. An der eigenen Physis beobachtete er die Gesetze der physikalischen Welt. Die Partei, die er beseelte, stellte er sich als Wucherung seines Leibes vor. Über seine liberalen Unterfürsten wie Richard von Weizsäcker und Walther Leisler Kiep sagte er 1982: «Das ist alles Fleisch von meinem Fleische. Dass die CDU in Berlin und Hamburg so gut dasteht, verdankt sie Helmut Kohl.»

Das Urerlebnis des Weltkriegsoffiziers Schmidt war die Ohnmacht. Der gute Wille, der gegen den Vormarsch des Bösen nichts ausrichtete, war nach dem Zerfall aller Institutionen die letzte moralische Instanz. Dass auf der Welt möglicherweise überhaupt nichts geschieht, was gut genannt zu werden verdient, folgte für Kant aus dem Gegensatz zwischen der Bedingtheit der Tatsachen und der Unbedingtheit des Guten; für Schmidt war es ein unwiderleglicher Satz der Erfahrung. Sollte die Möglichkeit der Freiheit bewahrt werden, musste der Handelnde sich von den Dingen losreißen. Der Kanzler sah in einen Spiegel, als er die Betrachtungen las, die Mark Aurel nachts im Feldherrnzelt niedergeschrieben hatte. Schmidt machte es sich zur Maxime, Abstand zu halten; er war ein kritischer Rationalist im existentiellen Sinne, der im Misstrauen gegenüber der Welt die erste Pflicht der Vernunft sah.

Von seinem Parteifreund Oskar Lafontaine musste sich Schmidt sagen lassen, dass er mit seinen formalen Moralbegriffen auch ein KZ hätte führen können. In Wahrheit hatten die sogenannten Sekundärtugenden gerade den Sinn, die gedankenlose Identifikation mit vermeintlich primären Werten zu verhindern. Nichts sollte sich von selbst verstehen, weder der Krieg noch der Frieden. Die Institutionen mussten neu konstruiert werden; wie belastbar sie waren, musste die Praxis weisen. Keinen perfekten Bauplan versprach der Sozialingenieur, nur Notlösungen. Als im Nachkriegsdeutschland die Gewissheiten wieder Raum gewannen, geriet diese Skepsis gegenüber den ersten Gefühlen und letzten Schlüssen in den Ruch der ethischen Gleichgültigkeit, zumal sie in einem Habitus der Nüchternheit und einer antipathetischen Rhetorik Ausdruck fand. Sachlichkeit galt nun als unmenschlich, dem Technokraten traute man alles zu.

Auch Kohl beherrschte schon als Landespolitiker das Gestenrepertoire des Fachmanns für das Allgemeine, der sich zum Herrn jedes Verfahrens machte: das Entwerfen und Entscheiden, Durchsetzen und Durchgreifen, Schalten und Walten. Aber sein eigener Erfolg war ihm unheimlich; er fürchtete, als Berufspolitiker werde er am Ende die Verbindung zum Leben verlieren. Je höher er aufstieg, desto dünner wurde die Luft. Er wollte der Erste im Land werden und hatte sich auf die Einsamkeit einzustellen. Bonn zog ihn an und stieß ihn ab. In dem Fernsehgespräch mit Gaus, in dem er seine Ambition zu erkennen gab, Kanzler zu werden, sprach er von einem «Amt voller Schrecken, voller Eiseskälte der Distanz», dessen Inhaber der «menschlichen Wärme» und «menschlichen Nähe» entbehren müsse. Das Bundeskanzleramt als Eispalast, das kalte Herz des Staatskörpers, ist ein Ort aus dem Märchen: Der Alleinherrscher, der alle überlebt hat, erfriert. Das Zentrum von Kohls Lebensplan war ein Todesbild.

Wer sich unentbehrlich machen will, muss alles als austauschbar behandeln, muss Themen, Standpunkte und Verbündete wechseln. Jeden Konkurrenten muss er zu ersetzen bereit sein, und er läuft Gefahr, dass er sich selbst schließlich gleichgültig wird. In Schmidt, dem er vorwarf, dass er «sich selbst ohne Alternative» sehe, glaubte Kohl einen Unglücklichen zu erkennen, der dem Zauber erlegen war und die Gemeinschaft der Menschen verlassen hatte. «Schmidt lebt in allen menschlichen Bezügen auf einem anderen Stern.» Wohl auf dem Planeten des Kriegsgottes, wo die durchschnittliche Oberflächentemperatur fünfzehn Grad unter Null beträgt. Indem Kohl seinen Gegner auf eine drahtlose Marsreise schickte, ließ er auch das Problem der Lebensform des Berufspolitikers verschwinden. Abstraktion, Indifferenz und Funktionalismus bezeichneten nur noch ein psychologisches Rätsel, nicht mehr die moralischen Kosten der autonomen Politik.

Dass Kohl die Eigengesetzlichkeit der Politik nicht anerkennen wollte, der er doch seine soziale Existenz verdankte, hatte die merkwürdige Konsequenz, dass ihm für seine eigenen politischen Fähigkeiten die Worte fehlten. Nach seiner Darstellung stand er 1982 als Anwärter auf das Kanzleramt bereit, weil er gegen ehrgeizige Rivalen obsiegt hatte wie jeder beliebige Vorstandsvorsitzende oder Vereinspräsident. In Wahrheit ist es unwahrscheinlich, dass ein Manager oder Sportfunktionär sich hätte behaupten können, dessen Leistungen so negativ beurteilt worden wären wie die des Oppositionsführers Kohl. Gerüchte über den bevorstehenden Sturz eines politischen Spitzenmannes pflegen sich in der Frage zu verdichten, wer unter seinen Getreuen den Mut zum Königsmord aufbringen werde. Tatsächlich liegt auf dem demokratisch legitimierten Anführer noch ein Abglanz des Königsheils. Die Gemeinschaft hat ihr Schicksal mit seinem Glück verbunden. Zwar muss sie bereit sein, ihn in der äußersten Not zu opfern, aber sie wird das Eingeständnis hinauszögern, dass auf ihrer Wahl kein Segen lag. Der demokratische Politiker kann jederzeit ohne Angaben von Gründen in den einstweiligen Ruhestand versetzt werden.

Diese theoretische Austauschbarkeit garantiert ihm in der Praxis gerade seinen Platz. Die Wähler zahlen eine Prämie auf den legalen Machtbesitz, denn nichts spricht dafür, dass der Nachfolger seine Sache besser machen würde. Das Faktum des Machtbesitzes rechtfertigt sich selbst, der Zufall gilt als Notwendigkeit; so las man in der Antike aus dem Losentscheid den Willen der Götter. Diese Unersetzlichkeit, das paradoxe Resultat eines Systems der Ersetzbarkeiten, wird derjenige Politiker am besten für sich nutzen können, der sich durch nichts empfiehlt als dadurch, dass er gewählt worden ist. Frei von allen besonderen Eigenschaften, repräsentiert er ein System, das ohne Repräsentation auskommt.

*Grenzen neu ziehen*

Wer repräsentiert wird, lässt sich durch einen anderen vertreten: der Untertan durch den König, der Laie durch den Priester. In der Demokratie vertritt das Volk sich selbst; man muss dem Volksvertreter ansehen, dass er aus dem Volk stammt und ins Volk zurückkehren wird, oder, wie der Bonner Staatsrechtler Josef Isensee einmal über Kohl bemerkte: «Politiker sind vom Fleisch des Volkes. Und nirgendwo steht, dass es die besten Stücke sein müssen.» Kohl hat sich mit Erfolg als normaler Mensch präsentiert, der einer normalen Tätigkeit nachgehe, wie andere Normalbürger in ihren Lebenssphären. Ironischerweise konnte er aber diesen Erfolg nur in seiner Sphäre erringen: Allein in der Politik ist die Normalität, das Verwechselbare, auch die Norm. Was aus der Aufhebung der Grenze von Politik und Leben folgt, ist zweideutig. Die Alltagsweisheit verdrängt die politische Philosophie um den Preis, dass die Politik den Alltag durchdringt. Die Nachtseite einer Menschlichkeit, die allerorten Sünder und nirgendwo Böses sieht, ist die dunkle Ahnung von der Übermacht des Willens zur Macht. Ehrgeiz, Eifersucht und Prestigedenken kommen unter guten Freunden und selbst in der eigenen Familie vor.

Der Oppositionsführer zog in den siebziger Jahren Sympathie in der Bevölkerung auf sich, weil er die Herrschaft des Lebens über die Politik wiederherzustellen versprach. Der Landespolitiker hatte sich in den sechziger Jahren als Hoffnungsträger der Partei empfohlen, weil er der Politik den Durchgriff auf das Leben zu ermöglichen schien. Wenn der Politiker des neuen, von Kohl verkörperten Typs genug zu tun haben sollte, musste der Staat mehr zu tun bekommen. Kohl beherrschte die Kunst, Zustände so zu beschreiben, dass sie als Missstände erkannt wurden, die nach dem Eingriff des Staates riefen. Das Wohl des Landes Rheinland-Pfalz fasste er als etwas Herzustellendes auf. Der künstliche Charakter der von den Besatzungsmächten geschaffenen Einheit kam ihm dabei entgegen; die Expansion der Regierungstätigkeit konnte als Fortsetzung der Staatsgründung ausgegeben werden. Den Standard, an dem die Verhältnisse gemessen wurden, gab ein Ideal des Zeitgemäßen und Modernen ab, das nicht definiert wurde, weil es Evidenz beanspruchte. Eilte man den Dingen nur weit genug voraus, konnte man jeder Einrichtung attestieren, sie werde einmal hinter ihrer Zeit zurückbleiben. Liebend gern hatte der große Zerstörer die Zwergschulen abgerissen. Hier bewies der Staat, dass sein langer Arm bis ins letzte Dorf reichte. Die großen neuen Schulgebäude machten den Fortschritt augenfällig. Die Kinder, die der Schulbus ins Mittelzentrum transportierte, wurden zugleich in die Gegenwart geholt. Die Modernisierung konnte man auf der Landkarte messen: Zum Raum wurde hier die Zeit.

Für Kohl mussten die Resultate von Reformen sichtbar und greifbar sein. Er wollte buchstäblich Spuren hinterlassen, träumte davon, die Landkarten neu zu zeichnen. Eines seiner Lieblingsprojekte war die Neugliederung der Bundesländer. Diese Aufgabe müsse «ganz undogmatisch angepackt werden», erklärte er dem «Spiegel». Wo es um den Zuschnitt von Verwaltungsbezirken ging, standen der Phantasie des Konstrukteurs gewachsene Meinungen über die Zusammengehörigkeit historischer Landschaften entgegen. Sie waren die unbegründeten

Glaubenssätze, die der Planer aus dem Weg zu räumen gedachte; es kam ihm nicht in den Sinn, das rationalistische Dogma «je größer, desto besser» zu bezweifeln. Ihn stimulierte die Aussicht, per Federstrich die Ergebnisse des Zweiten Weltkriegs zu revidieren.

1969, im Jahr seines Amtsantritts als Ministerpräsident, sorgte Kohl dafür, dass Walter Hallstein, bis 1968 der erste Präsident der EWG-Kommission, im Wahlkreis Neuwied in den Bundestag gewählt wurde, als Nachfolger von Franz-Josef Wuermeling, dem Familienminister von 1953 bis 1962, den Kohl 1955 auf dem Landesparteitag in Ludwigshafen herausgefordert hatte. Hallstein brachte wenige Tage nach der Wahl ein europapolitisches Manifest in Gestalt eines Memoirenbuchs heraus, dessen Titel auch Kohls Vision der Weiterentwicklung der Gemeinschaftsinstitutionen umschrieb: «Der unvollendete Bundesstaat». Kohls Europapolitik war ein Projekt der Kontinentalgebietsreform. Nicht nur in den christlichen Kirchen kam der Lobpreis des Undogmatischen damals in Mode, sondern auch bei solchen Marxisten, die mit Kohl den Voluntarismus teilten, die Ungeduld gegenüber Gedanken und Überlieferungen, die den Raum für politische Aktionen beschränkten. Kohl habe keine ideologischen Einwände gegen die SPD, berichtete Günter Gaus 1967, sondern halte sie schlicht für zu konservativ. Für die Verwaltungsreform, deren Vollendung mit seiner Wahl zum Ministerpräsidenten zusammenfiel, nahm er in Anspruch, sie habe «das zynische Wort» eines seiner Staatsrechtslehrer widerlegt, nur Diktaturen könnten territoriale Veränderungen der Verwaltungskompetenz durchführen. So hatte sich die Reform als staatsbürgerkundliches Experiment schon durch die Durchsetzung, nicht erst in der Umsetzung bewährt.

Den Schüler Sternbergers muss dieser Beweis für die Lebenskraft des demokratischen Staates erfreut haben; dennoch hat ihm wohl die Vorstellung geschmeichelt, dass er die Freiheit eines Alleinherrschers genossen hatte. Auf der Bürgerversammlung eines Eifelstädtchens schleuderte ein Pfarrer ihm einen Bannfluch entgegen: «Sie sind Luzifer!» Dr. Johnson, der schlagfertige Champion des kerngesunden Menschenverstands im London des achtzehnten Jahrhunderts, nannte den Teufel den ersten Whig, also den Begründer der Fortschrittspartei im englischen Parlament, was Johnsons Biograph James Boswell mit dem Wort Luzifers bei Milton illustrierte, er wolle lieber in der Hölle herrschen als im Himmel dienen. Ein funktionalistisches Politikverständnis, die Entkoppelung von Mitteln und Zwecken, wurde in der Beschreibung der Whigs durch die Tories in der Pamphletistik, die der englische Parteienstreit hervorbrachte, buchstäblich verteufelt, als diabolisch charakterisiert. Ungefähr sagte das der Pfarrer auch zu Kohl. Dessen Beschreibungen der Rolle des Ministerpräsidenten kreisten um die Idee eines von Rücksichten freien Handelns, das seine Bewährung nicht im Erreichen vorgegebener Zwecke suchte, sondern in einer Veränderung, die sich selbst genügte. Kohl hatte eine abstrakte und gleichwohl sinnliche Vorstellung von der politischen Tätigkeit. «Es reizt, bestimmte Markierungen setzen und gestalten zu können.» Bestimmt waren die Markierungen erst, wenn sie gesetzt wurden. Welche er setzen wollte, ließ er gerade unbestimmt: Das Markieren selbst war der Reiz, das Anbringen eines unverwechselbaren Zeichens, wie es die Signatur des Künstlers ist. Helmut Schmidt flößte Kohl Respekt ein, weil er, wie Kohl im CDU-Vorstand nach dem Kanzlerwechsel 1974 sagte, «ein Mann» war, der «das Flair des Handelnden» hatte. Statt des Begriffs der Aura verwendete Kohl ein Synonym aus der Ästhetik des Alltags. Das Flair umgab Schmidt wie eine Kultfigur aus der Zigarettenwerbung, machte ihn zu einer Ikone der Politik. Kohl gewährte das Gestalten als solches Befriedigung; der plastischen Kraft des Politikers war ihr Material gleichgültig. In Mainz ergriff Kohl «die Chance, einmal zu zeigen, dass ich etwas bewirken kann». Was er bewirkte, war für das Gelingen des Beweises unerheblich. In der politischen Welt galten die Gesetze der Physik; Kohl wollte etwas bewegen, um am eigenen Leib die Kausalität zu spüren.

Als er voraussagte, die Bundesländer würden sich in den siebziger Jahren ihrer Neuordnung nicht verweigern können, überschätzte er die Möglichkeiten der Politik. Nach einem Aufschub von drei Jahrzehnten wurde allerdings diejenige Neuregelung verwirklicht, die nach Kohls Planungen aus dem Epochenjahr 1968 Schul-, Verwaltungs- und Justizreform komplettieren sollte: die Reform der deutschen Rechtschreibung. Die Unordnung des neuen Regelwerks ist ein erhabenes Denkmal für Kohls Misstrauen gegenüber allen Schranken der Gestaltungskraft und für seinen kreativen Gebrauch der Sprache.

Solange Kohl danach strebte, seine Konkurrenten in der Partei zu überholen, verbesserte er seine Chancen, indem er Tatendrang demonstrierte. Er packte zu, machte den Eindruck eines Mannes, der mit den Händen gearbeitet hatte und in Kontakt mit den Dingen geblieben war, dem Lebendigen, der Natur. Ein Kollege aus der Landtagsfraktion, der Kohl auf seinem Eifelbauernhof empfing, als das Amt des stellvertretenden Fraktionsvorsitzenden zu vergeben war, bezeugte hinterher, wie Kohl gerne erzählte: «Der kann auch melken!» Seine Kraft konnte auch einem Parteifreund imponieren, der die Reformen, die er ins Werk setzte, mit gemischten Gefühlen betrachtete. Fast schien er zu stark für ein kleines Bundesland, wenn er Gemeinden zusammenwarf und Ministerien auseinandernahm; aber die Partei in Bonn konnte eine Energiezufuhr gebrauchen. Was der Wille erstrebt, erreicht er: Diese innerweltliche Heilsgewissheit war der Tradition der christlichen Demokratie fremd, doch in der Not der Opposition versprach sie Trost. Der Antreiber, der sein Land in Bewegung gebracht hatte, musste es auch schaffen, seine Partei zu mobilisieren. Er hatte Rheinland-Pfalz in die Moderne befördert und sollte die CDU zurück an die Macht führen. In den Augen von Johannes Gross verkörperte Kohl eine reformistische Sozialpartei, die nicht genau sagte, was sie wollte, aber genau wusste, was sie nicht wollte: Er sei der einzige Politiker, der unbedingt wolle. So soll schon Brutus von Caesar charakterisiert worden sein: Man wisse nicht, was er wolle, doch was er wolle, wolle er mit Nachdruck.

Nach Gross ermöglichte die Klarheit im Negativen Kohls Pragmatismus. Dem Publikum versuchte die CDU zu zeigen, dass sie auch im Positiven sicher sei. Die Programmarbeit des Generalsekretärs Biedenkopf stand zunächst noch in der Kontinuität jener wortreichen Selbstdarstellung, durch die Kohl schon als rheinland-pfälzischer Fraktionsvorsitzender die schreibenden Beobachter für sich eingenommen hatte. Die CDU erwartete nicht mehr, dass die Wähler sie gottgeben als naturnotwendige Regierungspartei ansahen, sondern legte ihnen Gründe vor, präsentierte Konzepte, Entwürfe und Visionen. Kohl, im Landtag ein unermüdlicher Debattenredner, der sich nur mit Mühe daran gewöhnte, dass dem Regierungschef im Parlament Zurückhaltung ziemte, erntete Lob für seinen argumentativen Wahlkampfstil. Der Modernisierer, der in seiner Partei Bewegung symbolisierte und organisierte, schickte sich als Bundesvorsitzender an, die sozialliberale Regierung auf ihrem eigenen Terrain herauszufordern: Die moderne Volkspartei wollte moderner sein als die alten Klassenparteien, deren Fortschrittsbegriffe wie ihre Fußvölker – evangelische Industriearbeiterschaft und laizistisches Bürgertum – aus dem vorigen Jahrhundert stammten. Der Vorsprung der CDU sollte ins Auge stechen.

*Dynamische Demokratie*

Kohl reklamierte für seine Partei eine ästhetische Modernität, die sich angeblich im gesamten Lebenszuschnitt ihrer Mitglieder zeigte. Im «Spiegel» mokierte er sich 1968 über die «Lebensumstände» der sozialdemokratischen «Fortschrittskämpfer»: Wer ihre Wohnzimmer betrete, wende sich mit Grausen angesichts der «Bilder an den Wänden» und der «Sehnsucht nach dem Gelsenkirchener Barock». Die Einheit von Politik und Existenz forderte, dass das private Verhalten die öffentliche Gesinnung beglaubigte. Hier entdeckt man wieder Kohls zweideutiges Verhältnis zur bürgerlichen Tradition. Das Bürgertum nahm für seine Helden in Anspruch, dass ihre Worte in ihren Taten anschaulich wurden. Die Öffentlichkeit war eine Veranstaltung der Sichtbarkeit; man zog die Geheimpolitik der Fürsten ans Licht, die schäbigen Gedanken in den Kabinetten, die schändlichen Handlungen in den Schlafgemächern. Der bürgerliche Politiker empfahl sich daher durch seine sittsame Lebensführung, als zärtlicher Gatte und sparsamer Hausvater. Die Form, die er seinen Verhältnissen gab, befriedigte das Interesse des Volkes an der Würde seiner Repräsentanten und zog der Neugier zugleich eine Grenze. Wer nichts zu verbergen hatte, musste auch nichts enthüllen. Früher besaß nur der Fürst Räume, in denen er sich unbeobachtet wusste; im bürgerlichen Zeitalter herrscht jedermann über sein eigenes Reich.

Die bürgerliche Moral legt Wert auf korrektes Benehmen, weil sie tugendhaftes Verhalten durch Symbole markiert, statt es zu überwachen. Kohl, der als Geschmackspolizist die Wohnungen seiner Gegner inspizierte, passte nicht in diese Welt. Er nahm seine Kollegen in die Pflicht der ununterbrochenen Repräsentation und machte dadurch die Repräsentation zunichte, die den Alltag als Hintergrund benötigt. War im Gesamtkunstwerk dieses Politikerlebens für die Privatsphäre noch Platz? Kohls Sympathie für die aufbegehrende junge Generation war nicht geheuchelt. Er teilte mit ihr den Traum von der grenzenlosen Politik: Für ihn war das Persönliche politisch.

Eine Avantgardebewegung kann ihre Mitglieder dafür begeistern, den Zielen der Gruppe zuliebe alle Lebensgewohnheiten zu reformieren. Wenn dagegen eine Mehrheitspartei ihre Kraft aus einem Lebensgefühl ziehen will, wird sich der Mehrheitsgeschmack behaupten. Der Moment, da die CDU auf ihrem Parteitag ein Freudenfeuer aus Gelsenkirchener Schnitzarbeiten hätte abbrennen können, ging rasch vorüber. Absolut modern zu sein war bald nicht mehr modern und verbot sich auch für die moderne Volkspartei. Dass sich die grellen Farben und schrägen Muster auf den Krawatten und Tapeten ihrer Funktionäre nicht lange halten würden, konnte man aus einer Stelle in Kohls «Spiegel»-Gespräch schließen, wo er die Philosophie der Partei mit einem Bild aus der Malerei umschrieb. Lebensfremd schien ihm ein Politikstil, der Zuspitzung und

Entscheidung statt Mäßigung und Vermittlung sucht: «Die Pastelltöne ermöglichen uns doch erst ein glückliches Dasein.» Wurden Farben gemischt und Konturen verwischt, musste in Kohls großer abstrakter Komposition namens Versöhnung von Politik und Leben der Hintergrund dominant werden. Da die Politik durch keine klare Linie hervorstach, bestimmte die große Fläche des Lebens das Bild.

Der CDU-Vorsitzende stellte sich dem Wettstreit mit der Regierung auf dem Feld der Reformpolitik, doch ist fraglich, ob er wirklich auf einen Sieg spekulierte und nicht auf die Erschöpfung des Gegners. In seiner Rede auf dem für seine Wahl einberufenen Bonner Sonderparteitag erklärte er die Partei 1973 zum Motor der Veränderung: Ihre Umdrehungen sollten die Gesellschaft auf Touren bringen. «Wir sehen, welche Dynamik in unseren Grundsätzen steckt; wir müssen diese Dynamik fortentwickeln, und zwar mutiger und entschlossener. Wir bekennen uns in unserem Parteiprogramm zur dynamischen Demokratie, das heißt: zu einer Fortentwicklung dieser Demokratie.» Nicht nur die Grundsätze galt es fortzuentwickeln, sondern ihre Dynamik: Ihre Entwicklungsfähigkeit sollte selbst noch einmal entwickelt werden; fasste man die dynamischen Grundsätze dynamisch auf, wurden sie immer dynamischer. Nun könnte man grundsätzlich fragen, ob es überhaupt wünschenswert ist, dass Grundsätze sich entwickeln. Sollten sie nicht unverrückt bleiben, während alles andere sich bewegt? Fasst man nicht Grundsatzbeschlüsse, wenn einem die Dynamik ringsumher nicht recht geheuer ist? Eine moderne Volkspartei kann sich nicht leisten, in Bewegungslosigkeit zu verfallen. Ein Weltanschauungsbund oder ein Milieuverein können einen Schritt zurücktreten und eine Zeitlang stillhalten, wenn die Dinge eine Richtung nehmen, die ihnen missfällt. Dann glaubt man, das Programm oder der Rechtsstandpunkt sei ein Fels in der Brandung. Die Volkspartei kann sich gegen die Brandung nicht schützen, denn sie ist die Welle selbst.

Ihr einziger echter Grundsatz ist die Dynamik: Den Ausgleich zwischen den von ihr proklamierten Werten und die

Versöhnung der von ihr vertretenen Interessen erwartet sie von der künftigen Entwicklung. Wenn sie ihre Grundsätze fortschreibt, kann sie das nur im Licht ihrer Grundsätze tun. Dynamik besteht insofern darin, auf der Stelle zu treten. Die Partei schreibt ihr Programm fortwährend um, sagt immer wieder dasselbe in anderen Worten. Diese Selbstbezüglichkeit rechtfertigt den Namen der Volkspartei. Das Volk ist die Gesamtheit, es kann sich nur mit sich selbst beschäftigen. Die Partei kommt immer wieder auf sich selbst zurück; wie mutig sie sich auch der Dynamik aussetzen mag, jedes Mal stellt sie fest, dass sie die alte geblieben ist. Wer zur Entwicklung entschlossen ist, kann Veränderungen vermeiden. Der Zweck der Dynamisierung der Demokratie ist Stabilität. Man kann jede Institution dazu verleiten, sich mit sich selbst zu befassen: Dann versetzt man sie in Unruhe, um sie ruhigzustellen. Das «Demokratieverständnis» der CDU, erklärte ihr neuer Vorsitzender, gebot es, die «Frage nach der demokratischen Gestaltung und Willensbildung in allen Bereichen unseres Staates und unserer Gesellschaft» zu stellen. Die Formulierung der Frage nahm die Antwort vorweg. Es verbot sich die Erwägung, ob es überhaupt wünschenswert war, den Willen überall auf demokratischem Wege, also durch Mehrheitsbeschluss zu bilden. Die Dynamik der Demokratie trieb sie über die Grenzen der Politik hinaus.

Das Mehrheitsprinzip ist eine Austauschregel. Die Mehrheit kann nur dort den Ausschlag geben, wo die Wahrheitsfrage suspendiert wird. Es ist gleichgültig, welche Meinung heute gewinnt, sofern die Gegenmeinung sie morgen ablösen kann. Der regelmäßige Wechsel des Personals wird befördert; um dieser kontinuierlichen Bewegung willen wird in Kauf genommen, dass gelegentlich der Bessere abgewählt wird. 1968 legte ein Parteitag der rheinland-pfälzischen CDU neue Maßstäbe für Kandidaten fest, die unter anderem ihre Fähigkeit zur Kommunikation mit der Presse beweisen mussten. Alle vier bis fünf Jahre sollten die Kreisverbände nach neuen Mandatsträgern Ausschau halten. Lange vor den Grünen proklamierte die

CDU das Prinzip der Rotation. Kohls Sprecher Schreiner hob das Neuartige der Maßregel hervor: «Diese Aufforderung zum Wechsel – das hat bisher noch keine Partei gewagt.» Antike Republiken wollten durch Losentscheid und Wiederwahlverbot verhindern, dass sich die Sphäre der Politik zum Staat im Staat entwickelte. Aber wo ein athenischer Ratsherr sich von seinem Nachbarn nicht mehr unterschied, sobald er in die Volksversammlung zurückgekehrt war, da blieb ein ehemaliger Kreistagsabgeordneter Parteimitglied. Für jeden Bürger, dem Kohls CDU einen Sitz auf ihrem Mandatskarussell gab, schickte sie einen Funktionär zurück in die Gesellschaft.

Was sprach dafür, diese Kontingenz in alle Sphären der Gesellschaft zu exportieren? Waren nicht beispielsweise die Kirchen und die Universitäten einer Wahrheit verpflichtet, die es ihnen untersagte, Personen und Positionen als austauschbar zu behandeln? Mit dem dynamischen Ideal einer Demokratie, die über die Grenzen der Politik tritt und die Gesellschaft überschwemmt, konkurriert in der Geistesgeschichte das Bemühen, Dämme gegen diese unkontrollierte Bewegung zu errichten und dem Volkswillen durch seine Kanalisierung Richtung und Wirkung zu verschaffen. Auf Montesquieu geht ein Demokratiebegriff zurück, der dem Volk die Herrschaft durch Zerteilung und Begrenzung der Macht sichern will, durch Gewaltenteilung und Fundamentalgesetze. Auf Rousseau kann sich berufen, wer die Macht im Namen des Volkes konzentrieren und entgrenzen will: Der allgemeine Wille lässt sich durch Verfahrensregeln und Institutionen nicht beschränken. Kohl stand auf der Seite Rousseaus. Sein mit allerlei Fetischen angefülltes Arbeitszimmer schmückte eine einzige Ikone, die ein politisches Glaubensbekenntnis ausdrückte: Seit den Mainzer Tagen hing dort ein Porträt von Joseph Görres. Der zum Konservatismus übergetretene Jakobiner verkörpert die verborgene revolutionäre Tradition der christlichen Demokratie. Die römische Kirche, die das Erbe der Kaiser angetreten hatte, wollte der politischen Welt eine objektive Ordnung geben: Herrschaft sollte Form annehmen, im Recht und in der Institution. Als sich im revolutionären Europa das Kirchenvolk zur politischen Aktion zusammenfand, musste es die Freiheit der Assoziation gegen die Obrigkeiten durchsetzen. Der Heilige Geist wanderte aus der Rechtsordnung aus und offenbarte sich im Volkswillen.

Für Kohl war die Mehrheit mehr als die Summe der Einzelvoten, eher eine metaphysische als eine mathematische Größe. Er musste nicht erst nachzählen, um zu wissen, dass die Mehrheit auf seiner Seite war. Wenn Margaret Thatcher die Beförderung eines Abgeordneten erwog, pflegte sie die Einpeitscher zu fragen: «Is he one of us?» Als Bewegung der philosophisch Entschiedenen war der Thatcherismus eine Minderheit in der eigenen Partei. Wer sich zu Kohls Fahne meldete, musste sich keinem ideologischen Eignungstest stellen, der die klaren Denker von den Wirrköpfen unterschieden hätte. Als der neugewählte Kanzler 1982 um sich blickte, sah er auf jeder Seite Getreue: «Das sind alles meine Leute.» Dass die Mehrheit fortwährend ihre Zusammensetzung änderte und jederzeit auseinander fallen konnte, bedachte er nicht, wenn er sich von ihr getragen fühlte. Das millionenköpfige Monster, das sich von Ängsten und Hoffnungen ernährt und sich immer nur auf Zeit materialisiert, war ihm der Inbegriff der Realität. Alle festen und dauerhaften Institutionen nahmen sich im Vergleich künstlich und brüchig aus. Die Frage nach der demokratischen Gestaltung in allen Bereichen der Gesellschaft begriff Kohl nicht als Aufgabe, in Universitäten oder Unternehmen komplizierte Verfahren der Kontrolle und Balance zu installieren. Vielmehr sollte die Spontaneität des von sich selbst begeisterten Volkes die Beamten und anderen Fachleute bekehren, die durch Zugangsbeschränkungen und Verhaltensstandards ihre Kompetenzen hüteten, aber ihren Part nicht mit letztem Eifer spielten, weil sie auf Distanz zur eigenen Rolle bedacht waren. Kohl folgte auch darin Rousseau, dass er den Menschen von den Fesseln der Konvention erlösen wollte: Diese Freiheit von allen Vorgaben war der anthropologische Sinn der dynamischen Demokratie.

Gefährdet wird die Dynamik, die Bewegung, die sich selbst verstärkt, durch die Reflexion: Wer in Gedanken von der Mehrheit Abstand nimmt, gehört bald auch körperlich nicht mehr dazu. Der reine Enthusiasmus ist die vollkommene Gedankenlosigkeit. Wenn Kohl sich zu einer Hymne auf die Hochstimmung hinreißen ließ, kam unvermeidlich etwas Unbedachtes heraus. Seine Mahnung an die deutschen Bankiers, der Optimismus, der Dietrich Bonhoeffer im Konzentrationslager Flossenbürg möglich gewesen sei, müsse auch auf dem Bankentag oder anderswo möglich sein, ist als groteske Fehlleistung legendär. Während Kohls Kritiker aus ihr ableiten wollten, dass sein Verstand nicht richtig arbeite, belegt sie in Wahrheit die Geschlossenheit seiner Anschauungswelt. Er trug einen logischen Schluss von schrecklicher Schlichtheit vor: Was im KZ nicht unmöglich war, ist überall möglich. Kohls Welt hatte keine Ecken; ihm rundete sich alles, was er dachte und fühlte. Der Optimismus war für ihn eine natürliche Energie, die sich unter den schwierigsten Bedingungen Bahn bricht, aber gerade von denjenigen schlecht genutzt wird, denen es gut geht. Seinem Blick wurde alles vergleichbar, weil er das Leben als gewaltigen Prozess begriff, der keine Grenzen respektierte. Als er vor den versammelten Geldverwaltern stand, hatte er die Chance, sie aus der habituellen Skepsis zu reißen, zu der eine berechnende Existenz verführt. In diesem Moment mag die Beschwörung der Selbstüberwindung des Märtyrers unwiderstehlich gewesen sein; so sehr fürchtete Kohl die Verzagtheit der Routine, eine seinem eigenen Dasein völlig fremde Erscheinung der Erbsünde, dass ihm jedes Mittel recht war, um Stimmung zu machen.

Seine eigene Erfahrung lehrte ihn: Was man zuwege bringt, hängt davon ab, wie einem zumute ist. Für die Gesellschaft folgte daraus, dass jede Bewegung eine veränderte Gemütslage voraussetzte. Die Philosophen hatten die Welt nur verschieden interpretiert; es kam aber darauf an, sie anders zu fühlen. Indem die Demokratie Traditionen beseitigt, Vorschriften aufhebt und Institutionen schleift, bricht sie dem Gefühl Bahn. Sie erzieht die Staatsmänner nicht dazu, die eigenen Leidenschaften abzutöten und die Launen des Volkes zu bändigen. Es ist ihr

Vorteil im welthistorischen Wettbewerb, dass sie ihren Erfolg durch einen kollektiven Willensakt herbeiführen kann: Die Republik ist so stark, wie sie sich fühlt, und wie sie sich fühlt, hat sie in der Hand. Wo im klassischen Republikanismus die heroische Phantasie die Heldentaten vorbereitete, gilt heute der Traum der Größe schon für die Wirklichkeit. Wenn das Volk in gehobener Stimmung zu sein scheint, kann der Politiker sich auf seine Wiederwahl freuen.

*Subjekt und Mentalität*

Man darf Kohls Metaphysik nicht auf die Formel bringen, das Bewusstsein bestimme das Sein. Bewusstsein und Sein waren eins; Kohl fasste die Realität idealistisch und den Geist somatisch auf. Der argumentative Überredungsstil der sechziger und frühen siebziger Jahre war nur eine Methode seiner Kunst der Seelenführung. Wenn er um Zustimmung warb, wollte er den ganzen Menschen ergreifen. «Die Hälfte des Geschehens in einer modernen freien Gesellschaft ist Psychologie.» Nicht das Geschehen selbst, sollte man meinen, besteht aus Psychologie, der Lehre von den Seelenvorgängen; die Psychologie erklärt lediglich die seelischen Ereignisse, die fünfzig Prozent der Vorkommnisse in einer freien Gesellschaft ausmachen. Aber der Politiker ist Psychologe, wenn er Herzen gewinnt und Zungen löst. Dass jede zweite Handlung ein solcher Akt der sanften Beeinflussung sein soll, zeigt noch einmal, wie sich Politik und Leben in Kohls Denken verschlangen. Die Politik als Kunst, Menschen in Bewegung zu bringen, wird auch vom Priester und vom Unternehmer praktiziert. Sie wirkt auf das Leben ein, aber sie geht auch im Leben auf; sie kann auf äußeren Zwang verzichten, greift auf die Körper nur über die Seelen zu. Die Weltbildproduktion durch Rhetorik und Werbung gefährdet die Freiheit nicht etwa, sondern garantiert sie. Kohl befand sich durchaus auf der Höhe der soziologischen Theoriebildung, die mit Begriffen wie Wissensgesellschaft oder Erlebnisgesellschaft umschreibt, dass die Vergesellschaftung im Kopf oder im Bauch anfängt.

Unter Kohls Kanzlerschaft ging ein humanwissenschaftlicher *terminus technicus* in die Alltagssprache ein: der Begriff der Mentalität. Die Geschichtswissenschaft bezeichnet damit ein Ensemble von Überzeugungen, Gefühlslagen, Einstellungen und Verhaltensweisen in einer Gruppe, das sich nicht beliebig zergliedern lässt: Materielle Lage und ideeller Drang, Gewohnheit und Reflexion, Anpassung nach innen und Abgrenzung nach außen spielen zusammen. In den achtziger Jahren wurde es üblich, Schwierigkeiten der Verständigung nicht nur zwischen Nationen oder Schichten, sondern auch zwischen Einzelnen damit zu begründen, das Gegenüber habe eben eine andere Mentalität. Der Abbruch der hermeneutischen Bemühungen brachte hier Toleranz hervor: Wer mental anders verfasst war, dem war nicht zu helfen; den musste man nehmen, wie er war. Seelengeschichtliche Prägungen wurden naturalisiert: Darin drückte sich das Ende des pädagogischen Optimismus aus, freilich auch die gelassene Einschätzung, dass die Errungenschaften der Aufklärung in Deutschland nicht mehr gefährdet waren; es lohnte die Mühe nicht, jemandem seine Mentalität ausreden zu wollen.

Es ist allerdings paradox, einem Individuum eine Mentalität zuzuschreiben: Dass eingefahrenes Denken und reflexhaftes Verhalten zusammengehen, ist charakteristisch für Gruppen, in denen der eine am anderen Halt findet. Man hat eine Mentalität nicht, sondern hat an ihr teil. Am Individuum soll der Begriff aber gerade das Individuelle benennen, einen Eigensinn, der für den gemeinen Verstand undurchsichtig bleibt. So werden am Individuum Züge bezeichnet, die man mit dem Kollektiv verbindet: die Abhängigkeit von Stimmungen, das Schwanken zwischen Öffnung zur Welt und Selbstbespiegelung, der Umschlag vom Zögern zum Entschluss. Es ist, als wäre sich das Individuum seiner Grenzen zur Welt nicht sicher, als suchte es Berührungen und Reize, um ein Gefühl seiner selbst zu bekommen. Einen solchen Menschen muss man aus seiner

Geschichte verstehen; er hat im Kontakt mit der Welt seine Eigenarten ausgebildet wie eine Tierart, die sich über unzählige Generationen ihrer Umgebung anpasst.

Der fachhistorische Begriff der Mentalität ist ein Konstrukt des nachträglichen Beobachters; die Bergbauern oder Hexenverfolger hätten nie von ihrer Mentalität sprechen können, weil sie ihnen selbstverständlich war. Hat der einzelne eine eigene Mentalität, dann kann er sie auch selbst in den Blick nehmen; er meint dann diejenigen seiner Eigenschaften, die zu ändern er nicht fähig oder willens ist: Autobiographie wird zur Naturgeschichte. Ähnlich naturalisiert den Geist das Adjektiv mental. Verstand und Gefühl sollen eins sein; Geistesstärke zeigt sich als Selbstsicherheit. Wer mentale Probleme hat, dem ist der Intellekt nicht zum Instinkt geworden; wer seinem Körper das Denken überlassen kann, der ist, wie es Boris Becker, ein Heros der Ära Kohl, für sich in Anspruch nahm, «mental gut drauf».

Wie im gesunkenen Kulturgut des Begriffs der Mentalität der Gedanke der diffusen und dennoch stabilen Gruppenidentität das Modell eines so vagen wie harten Persönlichkeitsbegriffs abgab, so deutete Kohl umgekehrt gesellschaftliche Prozesse nach dem Vorbild seelischer Vorgänge. «Eine freie Gesellschaft lebt eben entscheidend vom psychologischen Umfeld.» Zwar hat die Gesellschaft eigentlich keine Umwelt, denn sie ist schon alles; außerhalb ihrer gibt es höchstens die Natur. Aber diese Variante von Kohls sozialpsychologischem Grundgesetz war nicht einfach eine elliptische Formulierung der Regel, dass alle Bürger einer freien Gesellschaft auf Anregungen und Anreize angewiesen sind. Kohl stellte sich die Gesellschaft selbst als Individuum vor, als sensiblen Riesen. Für Hobbes bilden die Individuen erst im Staat eine Gemeinschaft; er ist der künstliche, aus Menschen zusammengesetzte Mensch. Für Kohl hatte der Staat keine Persönlichkeit; er war nur ein Organ der Gesellschaft.

Neben dem Kunstprodukt des hobbesianischen Zwangsstaates nimmt sich Kohls freie Gesellschaft wie ein Naturkind aus. Doch sie wächst nicht einfach in heile Verhältnisse hinein;

Kohl restaurierte nicht den von Hobbes zerschlagenen Kosmos natürlicher Beziehungen, in dem die menschliche Gemeinschaft ihren Weg nicht verfehlen konnte. Orientierung erwartet die freie Gesellschaft von ihrem psychologischen Umfeld: Sie verdoppelt sich gleichsam; der Welt der Tatsachen, Interessen und Machtbeziehungen tritt eine Welt der Ziele, Hoffnungen und Geistesverwandtschaften gegenüber.

Ein Umfeld schreibt man gewöhnlich jemandem zu, der in ungeordneten Verhältnissen lebt, einem jugendlichen Straftäter aus zerrütteter Familie oder einem Berufspolitiker, den mit seinen Beratern Vertrauensverhältnisse jenseits bürgerlicher Formen verbinden. Im Februar 1997 lehnte Kohl eine Erklärung über seine Absichten im Blick auf die Bundestagswahl 1998 mit der Begründung ab, er müsse zunächst mit seinem «persönlichen Umfeld» sprechen. Das Überleben der Gesellschaft hängt, wie Kohl darzulegen nicht müde wurde, von der Familie ab; als es um seine eigene Zukunft ging, sagte er nicht, dass er mit seiner Frau und seinen Söhnen Rücksprache halten müsse, obwohl auch sie gewiss gemeint waren. Er war auf sein Umfeld angewiesen, das freilich nur existierte, weil er in der Mitte des Feldes stand. Ein Umfeld ist keine Institution, die als solche Bestand hat. Gerade das informelle Arrangement verpflichtet beide Seiten zur Loyalität. Wenn Kohl von jemandem in seinem «persönlichen Umfeld» den «Eindruck» hatte, «der hat mich verraten», wollte er «mit dem nichts mehr zu tun haben». Eine Neigung zum Allgemeinen trat in Kohls Aussagen zur eigenen Person hervor. Er verwischte die Konturen seiner Persönlichkeit, als wollte er mit seinem Umfeld verschmelzen.

In Kohls Epoche diskutierten die Philosophen ausführlich die Krise des Subjekts. Die Verwandlung des Geistes in die Mentalität ging einher mit der Ersetzung des Willens durch unwillkürliche Vermögen der Orientierung. Kohl war doppelt stark, weil er sich nicht in den Anzug des Subjekts zwängte und weil er damit rechnete, dass seine Zeitgenossen ihn ungern trugen. Er wollte unersetzlich sein, aber nicht unverwechselbar. Seine Kollegen konnte er zur Verzweiflung treiben, wenn er die

Forderungen der Neuzeit an den vernünftigen Menschen nicht erfüllte. Er trat nicht mit Descartes aus der Welt heraus und musste daher auch nicht mit Kant seine Maximen auf ihre Verträglichkeit mit der idealen Weltordnung überprüfen. Die Bestätigung seines Selbstgefühls, den Beweis, dass auf seine Existenz etwas ankam, suchte er im Gruppenerlebnis, im Beifall der Partei, im Andrang der Menge. Er war mit seinen Absichten nie allein; so erübrigte sich der Test auf ihre Verallgemeinerbarkeit. Wenn er häufig nicht klar darlegen konnte, was er wollte, lag das daran, dass viel davon abhing, was die anderen wollten. Kohl rechnete damit, dass auch andere lieber im Verein Erfolg hatten, als einsam zu scheitern.

Er unterschätzte nicht den Stolz desjenigen, der sich seines eigenen Verstandes bediente, und wusste ihm zu schmeicheln; aber er rechnete damit, dass er den Eigensinn vernachlässigen durfte, wenn das psychologische Umfeld stimmte. Ein jeder ist, wie er ist, hat seine Mentalität; aber nur gemeinsam kommt man weiter. Peter Radunski, einem der theoretisch versierten Köpfe der Berliner Jungen Union, mit dem in die deutsche Politik der amerikanische Typus des akademisch geschulten Parteimanagers einzog, fiel Kohl in den Jahren von dessen Aufstieg als «ein unglaublich offener Menschensammler» auf. «Jeder Mensch, der irgendwie neu war, war interessant für ihn.» So zog Kohl in den Mainzer Jahren auch Persönlichkeiten an sich, die ihn an Wissen und Sprachgewandtheit übertrafen. Sie gaben der CDU eine Stimme, die Bildungsbürger mit Wohlgefallen vernahmen. Zwei von ihnen, Richard von Weizsäcker und Roman Herzog, wurden Bundespräsidenten, Oberredner der Nation und Richter des politischen Geschmacks. Kohl nahm ihren intellektuellen Vorrang hin, weil er wusste, dass der politische Wettbewerb nicht wie eine Abiturprüfung verläuft. Er erkannte, wie es Plutarch vom athenischen Strategen Nikias berichtet, «dass das Volk sich der Erfahrung redegewandter oder durch Einsicht ausgezeichneter Männer zwar für gewisse Zwecke bediente, dabei aber stets die geistige Überlegenheit beargwöhnte».

Die Schwäche seines großen Gegenspielers Franz Josef Strauß war der Glaube, ihm werde der Platz vorenthalten, der ihm als Auszeichnung seiner Intelligenz gebühre. Dieselbe Selbstüberschätzung des Verstandes, der verkennt, dass er zur Wirkung ein Umfeld braucht, beobachtete Kohl am Musterschüler und Nachfolger von Strauß im Amt des bayerischen Ministerpräsidenten, Edmund Stoiber. In Stoibers Gegenwart erinnerte Kohl sich 1997 öffentlich, er habe es «früher in der Schule genossen, wenn der Primus mal 'ne schlechte Note heimbrachte und auf die Nase fiel». Unangenehm berührt an dieser Reminiszenz das Bild vom Sturz aufs Gesicht. Zu nahe liegt es, sich auszumalen, dass der schon als Schüler hünenhafte Helmut auch dann lachend daneben stand, wenn der gewiss mit weniger Muskelmasse als Gehirnschmalz ausgestattete Klassenbeste nicht nur metaphorisch stolperte.

Erträglich wird die Schadenfreude im Rahmen eines optimistischen Weltbilds: Niemandem soll alles gelingen, aber jedem etwas. Kohl setzte nach der Erinnerung seiner Mitschüler schon als Klassensprecher das Interesse der Gesamtheit gegen den Egoismus der Fleißigen durch. Die besseren Schüler überredete er, die schlechteren abschreiben zu lassen, Streber schüchterte er ein. Der Langsamste soll das Tempo des Lernens bestimmt haben, zugleich aber verpflichtet gewesen sein, sich zu steigern. Wenn diese soziale Marktwirtschaft des Wissenserwerbs wirklich funktionierte, hat Kohl wohl mehr mit psychologischem Einfluss gearbeitet als mit den handfesten Druckmitteln, die ihm ebenfalls zu Gebote standen. Auch später als Wirtschaftspolitiker hat Kohl sich mit der ausgleichenden Gerechtigkeit identifiziert und ihr gegebenenfalls nachgeholfen. Er stützte die Sozialausschüsse – und ihren Vorkämpfer Nordert Blüm –, ohne ihnen je beizutreten.

Schon das Regime des Klassensprechers hätte dynamische Demokratie heißen können. Das Klassenvolk wählte nicht bloß durch Mehrheit einen Sprecher, der das Interesse der Gesamtheit gegenüber den Lehrern vertrat und auf die Gleichbehandlung aller achtete. Vielmehr wurde mit informellen Mitteln auch solches Verhalten im Sinne des Gesamtinteresses reguliert, auf das Mehrheitsbeschlüsse keinen direkten Einfluss hatten. Nicht nur die Politik der Klasse wurde durch das von der französischen Besatzungsmacht eingeführte Spracheramt demokratisch organisiert; das Prinzip strahlte auf alle Bereiche des Schullebens aus.

*Ambivalenzen des Unpolitischen*

Was Kohl 1973 in Bonn über die fortwährende Fortentwicklung der Demokratie ausführte, hätte auch Willy Brandt einem SPD-Parteitag darlegen können, sieht man einmal davon ab, dass Kohl seinen Vortragsstil so dynamisch gestaltete, dass sein verschlungener Satzbau die Unübersichtlichkeit einer auf allen Ebenen demokratisch verfassten Gesellschaft voraussahen ließ. Tatsächlich war der Begriff der dynamischen Demokratie eine Prägung des sozialdemokratischen Politikwissenschaftlers Richard Löwenthal, bei dem Kohls Mitarbeiter Teltschik studiert hatte. Wer mehr Demokratie wagen wollte, hatte aber damit noch nicht gesagt, wozu er die sich vermehrenden Volksvertreter in der Sache ermutigen wollte. Im Namen der Dynamik ließen sich die umständlichen Verfahren der repräsentativen Demokratie als formal kritisieren, ohne dass man die vermissten Inhalte benennen musste. Die von der sozialliberalen Regierung betriebene Demokratisierung aller Lebensbereiche lief auf eine Politisierung der Gesellschaft hinaus: Wo nach Sachgesichtspunkten oder aus Machtvollkommenheit entschieden worden war, sollte die Mehrheit den Ausschlag geben. Jede Mehrheit für die Expansion der Politik produzierte freilich eine Minderheit, der die Politik zu weit ging. Und diese Minderheit wird in der Demokratie unweigerlich irgendwann zur Mehrheit. Der Opposition lag nichts näher, als sich auf die Seite der Ernüchterten zu stellen und den Gezeitenwechsel abzuwarten.

Dass die Ära der Reformen sich dem Ende zuneige und das Leben sich erst einmal von der Politik erholen müsse, konnte niemand mit derselben Autorität verkünden wie Kohl. Mit

Schwung hatte er das Rad der Modernisierung angeworfen; ihn konnte man nicht verdächtigen, er wolle es zurückdrehen. «Luzifer» hatte ihm der Hirte der frommen Dörfler nachgerufen, deren Kinder er entführt hatte; nun stellte sich der Höllenfürst an die Spitze der Schutzgemeinschaft des Paradieses der Unpolitischen. Schon 1971 hatte Kohl ein Büchlein publiziert, in dem er das Ende der Reformeuphorie feststellte. Der Wille der Obrigkeit genüge nicht, um die Verhältnisse zu verändern; «gesellschaftspolitische Erfolge» setzten «die Beteiligung und Leistung von Millionen Menschen» voraus. Geschickt kehrte der Autor die Rhetorik der Partizipation gegen ihre Erfinder und bot das Volk gegen die Volksbeglücker auf. So konnte der CDU-Vorsitzende zwei Jahre später einer dynamischen Demokratie das Wort reden, welche die Dynamik der Demokratisierung bändigen sollte. Gelang die Mobilisierung des eigenen Anhängerpotentials, konnte das Tempo der gesellschaftlichen Veränderung gebremst werden. Diese Strategie ging etwa in der Schulpolitik auf, wo imposante Manifestationen des Elternwillens die vorgeblich demokratischen Erziehungsziele der Lehrplanbauer diskreditierten.

Doch die Verteidiger privater Entscheidungsspielräume litten unter einem taktischen Nachteil: Es war paradox, in der Politik gegen die Politik zu argumentieren. Die Union gab die Rhetorik der Modernisierung nicht auf; im politischen Wettstreit ging es immer darum, den Gegner zu überholen. In die Programmsprache zog Doppeldeutigkeit ein; die Schlüsselbegriffe konnten politisch und unpolitisch gelesen werden. Wenn etwa die Deidesheimer Fassung des CDU-Programms verkündete, die Partei trete für die «Selbstverwirklichung der Person und der Freiheit des einzelnen» ein, dann wurde damit zum einen ein Individualismus proklamiert, der staatliche Aktionen etwa zur Herstellung der Chancengleichheit notwendig machen mochte; zum anderen konnte man die Verwirklichung des persönlichen Lebensentwurfs in der Freiheit vom Staat suchen. Schon Solon soll diese Rhetorik der Zweideutigkeit kultiviert haben. Sein Ausspruch, Gleichheit führe zu keinem

Streit, fand Plutarch zufolge sowohl bei den Besitzenden als auch bei den Besitzlosen Beifall. Die einen verstanden ihn als Bestätigung des Status quo, da sie das gleiche Recht der Tüchtigen schon verwirklicht glaubten. Die anderen lasen aus ihm die Ankündigung einer grundstürzenden Reform heraus, da sie von der Gleichheit nach Köpfen träumten.

Die wichtigste Wortschöpfung des Generalsekretärs Biedenkopf war die «Neue Soziale Frage», über die sich der Bundesvorstand 1975 in der Mannheimer Erklärung verbreitete. Sie ließ zwei gegensätzliche Antworten zu. Beschrieben wurde ein Konstruktionsfehler des Sozialstaats: Er sollte Gerechtigkeit herstellen, indem er zwischen den organisierten Interessen vermittelte, produzierte aber auch Ungerechtigkeit, insofern alle zu kurz kamen, die ihre Interessen nicht organisiert hatten. Wie konnte Alten, Arbeitslosen, Müttern mit Kindern geholfen werden? Sollten sie sich ebenfalls zusammenschließen, um erhöhte staatliche Zuwendungen zu erwirken? Das war die Antwort der Sozialpolitiker. Oder sollte der Staat den Interessenverbänden seine Gunst entziehen und sich auf seine Kernaufgaben zurückziehen? Das war die Antwort der Ordnungspolitiker.

Die CDU sollte sich der Reformrhetorik bedienen, so Biedenkopfs Erwägung, der Sprache der Fragen und Antworten, Ziele und Pläne, um eine Reform der Reformen anzukündigen. Auch diese Reform, die den Staat entlasten sollte, wäre freilich dem Schicksal nicht entgangen, ungeplante Nebenfolgen hervorzubringen. Die Mannheimer Erklärung verlangte von den Verbänden, ihre Organisation auf demokratische Grundsätze zu stellen. Dahinter stand die Erwartung, habe die Mehrheit der Mitglieder das Sagen, werde sie den Funktionären keine politische Eigenmächtigkeit gestatten. Wenn aber entlang parteipolitischer Linien gewählt worden wäre, wären die Verbände, denen doch ihre Privilegien genommen werden sollten, nur noch näher an den Staat gezogen worden. Strebte die moderne Volkspartei, die das Volk am besten vertreten konnte, wenn sie mit ihm verschmolz, die Befreiung des Bürgers von der Politik an oder die Politisierung aller Lebensbezüge?

Diese Ambivalenz kulminierte in der apokalyptischen Kampagne des Jahres 1976: Die Union stellte die Wähler vor die Entscheidung zwischen Freiheit und Sozialismus, als wäre die Bundestagswahl die Entscheidungsschlacht des Kalten Krieges. Diese Unterwerfung der Innenpolitik unter das Gesetz der Außenpolitik zeigte einerseits noch einmal, dass im Nachkriegsdeutschland die Politik das Schicksal war. Die Logik der Freund-Feind-Unterscheidung duldete keine unpolitischen Zonen. Andererseits war die behauptete Verbindung zwischen der äußeren Bedrohung des Staates durch die Sowjetunion und der inneren Veränderung des Landes durch die sozialliberale Regierung so unwirklich, dass das Gegenangebot der Union nicht realistisch ausfallen konnte. Wenn alle Wege der Reform nach Moskau führten, lag das Heil im Ausbruch aus der Politik. Die Parole der Freiheit wurde zur utopischen Verheißung einer Welt ohne Pädagogen, Gewerkschafter und Steuerbeamte.

Im Kampf um Begriffe und Gefühle profitierte die CDU von den Folgen der Kulturrevolution von 1968, die sie zu bekämpfen behauptete. Dem verbreiteten Gefühl, keine Institution könne den Individuen vorschreiben, wie sie ihr Leben einzurichten hätten, kam die Union entgegen, indem sie den Reichtum zu schaffen versprach, der jedermann den Griff nach dem Glück gestatten sollte. Im klassischen Republikanismus gelten Freiheit und Luxus als unvereinbar; wer sich der Sinnlichkeit hingibt, vergisst die Politik. Nicht asketische Selbstbestimmung, sondern grenzenlose Wunscherfüllung war der Gegenbegriff zum Sozialismus. Signale der moralischen Lässigkeit setzte auch die Wahlkampfästhetik. Auf einem Plakat forderte eine leichtgeschürzte Blonde den Gegner zum Boxkampf: «Komm aus deiner linken Ecke».

In Wahrheit waren es die Anhänger der Union, die sich am Rande des Kampfplatzes drängten. Das Misstrauen gegenüber dem politischen Prozess, an das CDU und CSU appellierten, durften sie ihren Sympathisanten nicht nehmen. Viele von diesen ließen sich auf Argumente gar nicht erst ein; sie sagten nichts, beklagten sich nur darüber, dass ihnen niemand zuhöre. Elisabeth Noelle-Neumann stellte diesen Sachverhalt auf den Kopf, als sie zur Erklärung von Kohls Wahlniederlage 1976 die Theorie der Schweigespirale entwickelte. Die Distanz breiter sich für bürgerlich haltender Kreise zur bürgerlichen Öffentlichkeit deutete sie um zu einer Benachteiligung der rechtdenkenden Mehrheit durch die Minderheit der berufsmäßigen Wortproduzenten. Die Zustimmung, die Kohl entgegengeschlagen sei, habe keinen Widerhall in den Medien gefunden; die Unterstützung für die CDU sei dadurch in den Ruch des Anstößigen geraten, man habe sich lieber bedeckt gehalten, so dass sich die Journalisten ihrerseits mit noch weniger Worten hätten begnügen können. So habe sich die fatale Spirale gedreht, bis der totgeschwiegene Retter schließlich um den Sieg betrogen worden sei.

Die Verlierer ließen sich dazu verleiten, die Legitimität demokratischer Entscheidungen namens einer angeblichen schweigenden Mehrheit in Zweifel zu ziehen. Weshalb die Rechte dieser Mehrheit verletzt sein konnten, wenn sie von ihnen keinen Gebrauch gemacht hatte, blieb dunkel. Wieder fiel der Schatten Rousseaus auf den Feldherrntisch der Christdemokraten: Im Namen des souveränen Volkes konnte jeder Akt seiner Organe für nichtig erklärt werden. Man kennt diese Verabsolutierung des aus den eigenen Wünschen deduzierten Volkswillens aus der linken Kritik an den Formen der bürgerlichen Demokratie. Auch die herabsetzende Redensart von der veröffentlichten Meinung hätte aus dem Repertoire einer Ideologiekritik stammen können, die überall sinistre Absichten vermutete. Für welche reinere öffentliche Meinung die Missvergnügten sprachen, konnten sie nicht angeben, da auch sie ihre Ansichten zwangsläufig veröffentlichten. Wer dem Veröffentlichten nicht traut, glaubt, dass das Wahre geheim gehalten wird. Die Union, die sich mit der Mehrheit einig wusste und dennoch die Rückeroberung der Macht verfehlte, nahm ihre Zuflucht zu Verschwörungstheorien.

Nicht nur die These vom Regiment der Linken in Funk und Fernsehen, sondern auch die Warnungen vor einem Vormarsch der Marxisten an Schulen und Hochschulen drückten die

Angst aus, eine Minderheit entschlossener Ideologen könne die Verhältnisse umstürzen. Dieses Feindbild lässt Rückschlüsse darauf zu, wie es um das Selbstbewusstsein der Christdemokraten unterhalb des Panzers der von ihrem Vorsitzenden beschworenen Normalität bestellt war. Sie überschätzten die Gefährlichkeit revolutionärer Doktrinen, weil sie vor dem Hintergrund der christlichen und konservativen Traditionen, die Politik auf geschlossene Weltbilder gegründet hatten, ihren eigenen Pragmatismus als Schwäche empfinden mussten. Und sie fürchteten die Entschiedenheit von Verschwörern, weil sie das Staatsbewusstsein der Bundesrepublik für nicht gefestigt hielten. Für die ältere Generation musste der Selbstbehauptungswille eines Staates aus dem Nationalbewusstsein kommen; nach Kohls Erfahrung waren alle staatlichen Einrichtungen Wachs in den Händen des undogmatisch zupackenden Politikers.

Kohl hatte sich auf seinem Weg nach oben weder gegen Institutionen durchsetzen müssen, noch hatte er von ihrem Schutz profitiert. Die Oberrealschule, an der er das Abitur ablegte, stand nach der Katastrophe für keine Tradition, die Respekt gebot; Schüler und Lehrer nahmen alles selbst in die Hand. Der Militärdienst blieb dem Jahrgang 1930 erspart. Wo Kohl den Autoritäten trotzte, handelte es sich um einzelne Personen wie den Vater oder Altmeier. Genauso verkörperte sich für ihn die katholische Kirche in Priestern, für deren Rat und Zuspruch er dankbar war; von der objektiven Seite des Katholizismus, vom Halt der Überlieferung und vom Trost des Rituals, sprach er nicht. In der «eigenen Entwicklungsphase» hatte er mit Begeisterung Heinrich Manns «Untertan» gelesen. «Die Veräppelung der bürgerlichen Gesellschaft, die war da ja nun genau drin.» Der langsame Verfall der bürgerlichen Welt in den «Buddenbrooks» hatte ihn nicht so sehr beeindruckt. Er hielt die bürgerliche Gesellschaft für so schwach, dass schallendes Gelächter ihre potemkinschen Mauern zum Einsturz bringen musste.

Kohls Mathematiklehrer war ein Kommunist gewesen, der 1948 in die sowjetische Zone übersiedelte, um den Sozialismus in Thüringen aufzubauen. Er hielt außerhalb des Lehrplans Philosophiestunden und schenkte dem Siebzehnjährigen eine Auswahl der Werke von Marx. Als in den siebziger Jahren über Radikale im Schuldienst gestritten wurde, wog Kohls frühe Erfahrung von der Bildung im dialektischen Streitgespräch nichts gegen seine Furcht vor der Manipulation, zu der jede Machtbeziehung einlud. Helmut Schmidt hielt er in der Fernsehdebatte 1976 vor: «Sie und Ihre Freunde haben es ermöglicht, dass Kommunisten auf Lehrstühle berufen wurden, wo Pädagogen ausgebildet werden und wo damit automatisch auch junge Leute und Kinder von Pädagogen, die Kommunisten sind, später verführt werden.» Von den Ideologen ging nicht nur eine geistige, sondern eine sittliche Gefahr aus. Die politische Bedrohung erschien im Bild der sexuellen Versuchung. Die schaurige Szene hatte mit den Tatsachen so wenig zu tun, dass man ihr ein Misstrauen gegenüber allen Gedanken ablesen kann, die ins Leben eingreifen wollten: Wer sich von der Politik berühren ließ, verlor seine Unschuld.

Das «Land» wolle «frei sein von Neid und Indoktrination», erklärte der Kanzlerkandidat im Juli 1976 der Zeitung «Die Welt». Schon seit einem Jahr führe «die persönliche Freiheit die Wunschliste der Bürger wieder an»; man müsse darüber nachdenken, «ob die Tagespolitik in ihren Einzelheiten auch wirklich noch diesem hervorragenden Prinzip entspricht». Der Zeitpunkt dieser Aufforderung zur Nachdenklichkeit mag überraschen. Die Wahl war nur noch zwei Monate entfernt; gewöhnlich gab sich die Opposition in dieser späten Stunde nicht mehr damit ab, die Regierung zum Überdenken ihrer Politik aufzufordern. Und erübrigte die Alternative von Freiheit und Sozialismus nicht ohnehin das Denken? Nicht in den Zukunftsentwürfen der Sozialliberalen machte Kohl hier die Gefährdung der Freiheit aus, sondern in der Tagespolitik. Es gehörte für Politiker zur Routine, den Spielraum der Bürger einzuschränken; ideologischer Anstöße bedurfte es gar nicht. Die Freiheit, die Kohl meinte, wurde nicht in großen Schlachten erkämpft, sondern in Scharmützeln um die Einzelheiten.

Nicht auf einen unverrückbaren Grundwert berief sich Kohl, um die Forderung nach einer Kurskorrektur zu begründen, sondern auf einen demoskopischen Befund, der erst ein Jahr alt war. Als sicher, sozial und frei stellte sich die CDU auf ihren Plakaten dar, wobei für die Reihenfolge der Attribute gewiss rhythmische Gründe den Ausschlag gegeben hatten. War die Partei bereit, den nächsten Wahlkampf unter die Losung «Sicherheit statt Sozialismus» zu stellen, wenn das Ruhebedürfnis bis dahin die Abenteuerlust vom ersten Platz unter den Wählerwünschen verdrängt haben sollte? Aber die Lektüre der Wunschlisten war selbst bezeichnend für Inhalt und Status von Kohls Freiheitsbegriff. Frei zu sein hieß, Präferenzen bilden zu können. Es gehöre nicht zur Qualität des Lebens, hatte Kohl 1975 ausgeführt, «unter 135 Wurstsorten wählen zu können, aber es ist Sache des Konsumenten zu entscheiden, ob er 135 Wurstsorten haben will oder nicht». Das Erlebnis der Freiheit lag im Überfluss der Optionen. Egal wie viel man gegessen hatte, man konnte immer noch etwas probieren, sofern man es vertrug. Der Gebrauch der Freiheit war Geschmackssache.

Als das Wünschen noch geholfen hat, regierte die CDU. Ihre Politiker standen gerade deshalb vor anspruchsvollen Aufgaben, weil sie den Bürgern in deren Entscheidungen nicht hineinreden sollten. Für die Sicherung der Freiheit wählte Kohl in seinem Interview mit der «Welt» ein Bild aus dem Repertoire des optimistischen Rationalismus. «Ein Politiker ist kein Unfallarzt, sondern ein Verkehrsplaner.» Er sollte sich nicht etwa nur um die Opfer eigenen oder fremden Leichtsinns kümmern, die in einer freien Gesellschaft zu beklagen sind, sondern um die Infrastruktur der Freiheit. In Kohls Vorstellungswelt ergänzten sich der heroische Gedanke der Gestaltungsmacht der Politik und das idyllische Bild der grenzenlosen Wahlfreiheit der Bürger. Kein Tempolimit hemmte die freie Fahrt; je besser die Autobahnen waren, desto stärker konnte man beschleunigen. Der Bürger brauchte keinen Gedanken an die Politik zu verschwenden, denn der Politiker hatte schon an ihn gedacht. Feinde des Sozialismus in anderen Ländern wollten dem

Wunsch nach persönlicher Freiheit durch die Privatisierung öffentlicher Aufgaben entgegenkommen. Das moralische Leben sollte nicht vorgegebene Strukturen nutzen, sondern seine eigenen Formen hervorbringen: Warum sollte der Straßenbau nicht dem Markt überlassen werden? Kohl beharrte dagegen auf der Planungshoheit der Politik, weil er zu einem unpolitischen Verständnis der Freiheit neigte.

Nicht auf dem Forum war man frei, wenn man im Streit oder im Konsens die Sorgen der privaten Existenz vergessen durfte, sondern daheim, wenn man die Tür hinter sich schloss, um mit Behagen zu erwägen, was man nicht der Welt verdankte. «Freiheit bedeutet eigenes, eigengebautes, selbstgeleistetes Glück.» Die dreifache Beschwörung des Eigenen hat etwas von einem gestammelten Zauberspruch an sich, als hätte Kohl gespürt, dass sich dem Politiker, der sich dem Ganzen verschrieb, die Genugtuung, ganz er selbst zu sein, entziehen musste. Den Willen zum Eigenen betonte das eigenwillige Vokabular: Das Glück im Eigenbau ließ an den Hausbau denken; dass Glück eine Leistung sein sollte oder auch etwas, das man sich leistete, verriet, welche Anstrengung die Behauptung der Individualität kostete. Sprach Kohl von sich, erzählten die Floskeln der trotzigen Selbstbehauptung von der Furcht, im Gang der Dinge die Freiheit einzubüßen. «Wenn alle Welt von mir verlangt, etwas Bestimmtes zu tun, ist das für mich noch lange kein Grund, es zu tun. Ich muss selbst davon überzeugt sein.» Die feste Überzeugung führte der Mann im Munde, der wusste, dass er sich auf schwankendem Grund bewegte. Ein grollender Achilles, der sich aus Stolz den flehentlichen Bitten des gesamten Heeres verschließt, wäre für die Demokratie schwer erträglich. Gerade weil Kohl nicht ignorieren konnte, was alle Welt forderte, musste er darauf bestehen, dass er sich aus freiem Willen fügte.

Diese Behauptung war nicht zu widerlegen. Ob eine Handlung von außen verursacht wird oder von innen motiviert ist, lässt sich empirisch nicht entscheiden. Aber Kohl hielt sich die unliebsamen denkbaren Ursachen mit allzu theatralischer

Geste vom Leib: Was die Menge forderte, war für ihn nicht bloß kein Grund, sein Verhalten zu ändern, sondern noch lange kein Grund. So simulierte er einen Spielraum, den er gar nicht nutzen wollte. Superlative hoben ihn über die Handelnden hinaus: Andere waren optimistisch, er hatte die größte Zuversicht. Unterließ er etwas, durfte man sicher sein, dass er nicht einfach keinen Anlass sah, es zu tun, sondern nicht den geringsten. So bemühte er sich, das Naheliegende als das Abwegige auszugeben. Wenn er sagte, er denke gar nicht daran, diesen oder jenen Schritt in Betracht zu ziehen, ahnte man, dass der fatale Gedanke ihn bereits heimgesucht hatte.

4.

# Regierung

Die treibende Kraft hinter Kohls Handlungen sei seine Gewissheit von der Identität mit sich selbst, schrieb die «Frankfurter Allgemeine» Ende März 1979, als die Stimmenverluste bei der Wiederwahl zum Parteivorsitzenden auf dem Kieler Parteitag die Zweifel verstärkten, ob die Partei ihn noch einmal als Kanzlerkandidaten tragen würde. Während immer mehr seiner erklärten Freunde und unerklärten Feinde die Auswechselung des Spitzenmanns für geboten hielten, blieb wenigstens er selbst sich unersetzlich. Im Frühsommer 1979 musste Kohl eine doppelte Demütigung hinnehmen: Zunächst zog er seinen Anspruch auf die Kanzlerkandidatur zurück und präsentierte an seiner Statt den niedersächsischen Ministerpräsidenten Albrecht; dann hatte er den Vorsitz in der Sitzung zu führen, in der die Fraktion sich für Strauß entschied. Was als Selbstaufgabe in Etappen wahrgenommen wurde, lässt sich als taktische Rückzugsbewegung deuten, für die ein imperiales Selbstbewusstsein das Kommando gab. Wie Feldmarschall Michail Kutusow vor Napoleon zurückwich, um in der Weite des russischen Raumes Kräfte zu sammeln, so konnte Kohl auf Ressourcen in den Tiefen seiner Seele zurückgreifen, von denen seine Gegner nichts ahnten.

Dass Kohl gleich zwei Rivalen in ihr Unglück laufen ließ, indem er Albrecht in den Kampf gegen Strauß schickte und Strauß in den Kampf gegen den eigenen Dämon, findet heute weithin Bewunderung als machiavellistische Meisterleistung. Ein Kunststück aus dem Lehrbuch der reinen Politik: Kohl musste Zeithorizonte ausmessen, Stimmungen einschätzen, Menschen durchschauen. Das Alter der Hauptfiguren hatte er ebenso ins Kalkül zu ziehen wie die anhaltende Beliebtheit Helmut Schmidts im Volk und die zunehmende Verstimmtheit der FDP über die SPD. Kohl war zu schwach, um die Kanzlerkandidatur festzuhalten, und weil man seine Schwäche sah, ließ man ihm den Vorsitz von Partei und Fraktion, statt den Bundestagswahlkampf mit einem Erbfolgekrieg zu eröffnen. Paradoxerweise konnte Kohl sich seiner Unersetzlichkeit desto sicherer sein, je mehr Ersatzkandidaten sich der Öffentlichkeit empfahlen. Er freue sich, erzählte er in vertrautem Kreis, dass er fünf ernst zu nehmende Rivalen habe. «Einer allein wäre vielleicht gefährlich, aber fünf bringen sich gegenseitig um die Wirkung beim Publikum.» Als schon zwei Jahre nach der Niederlage der Kanzlerwechsel möglich wurde, befand Kohl sich in einer Position der Stärke, aus der ihn niemand vertreiben konnte.

Das Erstaunliche des Erfolgs ermisst nur, wer sich die Risiken vor Augen führt. Kohl handelte nach der Devise: Wer sich selbst erniedrigt, wird erhöht werden. Angela Merkel machte es ihm 2002 nach, als sie Edmund Stoiber den Vortritt im Kampf ums Kanzleramt ließ. Die psychischen Kosten des Vorgehens waren für Kohl beträchtlich. Der CSU-Landesgruppenvorsitzende Friedrich Zimmermann war überrascht, dass Kohl nicht zurücktrat, als die Fraktion nicht einmal seinen Ersatzmann zu akzeptieren bereit war. Kohl ließ keine Gefühlsregung erkennen, als er das Ergebnis der Abstimmung verkündete. Dass er im Moment der Niederlage keine Leidenschaft verriet, mag manchen Kollegen in der Einschätzung bestärkt haben, dass er nie das Zeug zum Kanzler gehabt habe. Aber wo Strauß die Dinge überwältigen wollte, da bäumte Kohl sich nie gegen sie auf. Und wo Strauß zur Enttäuschung seiner Getreuen im Innersten ein Zauderer war, der sich durch Temperamentsausbrüche selbst in Kampfesstimmung versetzen musste, da hatte Kohl solche Selbstüberredung nicht nötig.

«Man kann nicht immer gewinnen», sagte Kohl in der Nacht vom 2. auf den 3. Juli 1979. Liest man den Satz heute, hört man aus der Lakonie die Souveränität eines Ironikers heraus, der unerfreuliche Ereignisse aus schweren Brocken in Sandkörner zu verwandeln verstand, indem er sie zu Einzelfällen der Gesetze der Weltbewegung erklärte. Weniger konnte Kohl aus der Niederlage nicht folgern, als dass sie eben eine Niederlage war. Und doch legte er mit dem Gemeinplatz die spieltheoretische Maxime offen, an der er jeden seiner Züge ausgerichtet hatte. Niemand kann immer gewinnen, und Kohl konnte 1979 nicht gewinnen. Die Kandidatur hätte er nur in einem harten Kampf an mehreren Fronten erstreiten können, der die Wahlaussichten der Union von vornherein verschlechtert hätte. Hätte er seine Kür erzwungen und dann, was nach Auskunft der Demoskopen zu befürchten war, gegenüber 1976 Stimmen verloren, hätte die Partei ihm keinen dritten Versuch mehr erlaubt. Lieber überließ er es einem anderen Kandidaten, sein Rekordergebnis von 1976 zu verfehlen. Hatte die Union diesen Prätendenten gegen seinen Rat auf den Schild gehoben, traf ihn erst recht keine Schuld am Gemetzel. Er beschied sich damit, eine Weile der Zweite im eigenen Lager zu sein, um doch noch der Erste im ganzen Land werden zu können. So stellte er die Situation auf den Kopf: Da er sich 1979 kampflos geschlagen gab, konnte er 1980 nur gewinnen.

Selbst im unwahrscheinlichen Fall eines Wahlerfolgs der Union hätte er als fünfzigjähriger Vorsitzender der großen Regierungspartei und der gemeinsamen Fraktion neben dem von der kleinen Partei gestellten fünfundsechzigjährigen Kanzler zu den Siegern gehört. Aber damit die auf dem Papier fehlerfreie Kalkulation aufging, musste er sich so rational verhalten, wie es das Modell verlangte. Er musste von allem Persönlichen abstrahieren und sich auf seine Funktionen zurückziehen, durfte nicht zu erkennen geben, wenn er gekränkt oder gereizt war, wollte er nicht nach der erwarteten Niederlage den Vorwurf der Illoyalität auf sich ziehen. Vom Menschlichen sprach er im Rückblick in der denkbar nüchternsten Sprache, im Idiom des Buchhalters: «Gerade in dem für mich kritischen Jahr 1979 habe ich Freunde als Freunde erkannt, die ich vorher vielleicht gar nicht gesehen habe. Ich habe auch den einen oder anderen, den ich glaubte, zu den Freunden rechnen zu können, in diesem Saldo-Vortrag abgebucht.»

*Identität von Person und Position*

Wer Kohl für überfordert hielt, vermisste die Sicherheit des Auftretens, das Verschwinden der Person hinter der Rolle. Hilflos hatte er im Februar 1979 bei einer Fernsehdiskussion in Den Haag ausgesehen, wo Teile des Publikums die gesamte Bundesrepublik unter Faschismusverdacht stellten. Auch wer die unsachlichen Fragen bedauerte, empfand es als niederschmetternd, dass Kohl jeden Sinn für die Selbstverteidigung im Wortgefecht vermissen ließ und sich lediglich wütend und beleidigt äußerte. Strauß hätte eine solche Demaskierung nicht zugelassen, hieß es in einem Leserbrief an die «Frankfurter Allgemeine». Sollten die Provokateure die Absicht gehabt haben, dem hässlichen Deutschen die Maske vom Kopf zu reißen, so mussten sie allerdings verblüfft feststellen, dass sich unter der Oberfläche der Unverbindlichkeit kein zweites Gesicht befand. Als seine Bekundungen der Freundlichkeit zurückgewiesen wurden, wusste Kohl einfach nicht, wie er reagieren sollte. Die Demaskierung im Sinne des Leserbriefautors bestand in der Enthüllung, dass Kohl gar keine Maske trug.

Statur gewann der Oppositionsführer eigentlich erst, als er die politische Führung der Opposition an Strauß abgegeben hatte. Zwischen der Berechenbarkeit des loyalen Parteidieners und der Originalität des zum Herrschen geborenen Talents konnte man nun Tag für Tag im direkten Vergleich abwägen. Dass Kohl in Formeln sprach und nach Kompromissen suchte, galt nicht mehr als Ausweis von Führungsschwäche, sondern beruhigte die Partei, die sich mit der Berufung des bayrischen Generalissimus auf ein Abenteuer eingelassen hatte. Sie wollte für Strauß kämpfen, aber nicht mit ihm untergehen. Im Ausnahmezustand war sie dankbar für jede Erinnerung an die Normalität. Dass Kohl die Geschäfte führte, war ein Versprechen für die Zeit nach dem 5. Oktober 1980: Das Leben ging weiter. Selbst wenn Kohl gegen Schmidt wie 1976 als Rächer der Entehrten auftrat, wirkte er nicht länger dünnhäutig und unbeherrscht, nahm er doch nicht mehr vor allem sich selbst in Schutz, sondern die Ehre von Franz Josef Strauß. Auch Schmidt, der der Öffentlichkeit imponierte, weil er die Liebe seiner Partei nicht brauchte, reichte in der Fähigkeit, alles Persönliche der Sache unterzuordnen, nicht an Kohl heran, der für die Kanzlerwahl eines Mannes kämpfte, der ihm «die charakterlichen, die geistigen und die politischen Voraussetzungen» für das erste Amt im Staat abgesprochen hatte.

Oder war diese Sachlichkeit Ausdruck einer Persönlichkeitsschwäche? Wie viel Selbst war da, das Kohl verleugnen musste? Hatte Kohl seine Bestimmung gefunden, als er nicht mehr sich selbst für den ersten Platz empfehlen musste, sondern selbstlos nur noch das Alltagsgesicht der Partei abzugeben brauchte? Man mochte meinen, er habe alle Selbstachtung verloren, als er den Vorsitz der Fraktion behielt, die statt des von ihm vorgeschlagenen Kandidaten seinen schlimmsten Widersacher auf den ersten Platz setzte. In Wahrheit konnte er gerade deshalb auf seinem Posten bleiben, weil für ihn nur zählte, dass er seine Achtung vor sich selbst bewahrte, auch wenn er den Respekt der Welt verlor. Dem Diktator Fabius Maximus, dem berühmten Zögerer, der wegen seiner bedächtigen Art unterschätzt wurde, stellten die Römer im Kampf gegen Hannibal den Marcus Minucius als gleichberechtigten Mitkommandanten an die Seite, einen aufgeblasenen, von krankhaftem Ehrgeiz getriebenen Mann. Aber das Volk täuschte sich im Charakter des Fabius, wenn es glaubte, er sei nun gelähmt und gedemütigt. Plutarch vergleicht ihn mit dem weisen Diogenes, der auf die Bemerkung «Man verspottet dich» zur Antwort gab: «Aber ich werde nicht verspottet.»

Kohls Motto war ein trotziges Bekenntnis: «Ich bin nicht zu beirren, weder durch Furcht noch durch Tadel.» Das ist einer jener Sätze Kohls, die so simpel daherkommen, dass man gar nicht genauer hinsehen möchte. Nimmt man sie aber beim Wort, tun sich rätselhafte Untiefen auf. Man versteht, was es heißen soll, dass jemand sich durch Tadel nicht irremachen lässt. Ein schöner Zug ist das nicht, was man sofort erkennt, wenn man die archaische Floskel in Begriffe von heute übersetzt: Kritik ist ihm egal. Eine solche Haltung nennt man pubertär, und nur unter Jugendlichen ist es verbreitet, sich ihrer zu brüsten. Man muss zugeben, dass Christen und Demokraten es nicht immer ernst meinen, wenn sie zur Widerrede einladen, und man mag Kohls Ehrlichkeit lobenswert finden. Was aber wollte es bedeuten, dass die Furcht für ihn keine Irritation war? Entweder war die Furcht der anderen gemeint. Wer von seinem Weg nicht abweicht, auch wenn er Angst und Schrecken verbreitet, mag es zum Alleinherrscher bringen. Oder Kohl hatte die eigene Furcht im Sinn. Diese Möglichkeit ist noch abgründiger. Dann hätte Kohl mit dem Tyrannen die Unempfindlichkeit gegenüber den eigenen Empfindungen gemein. Wer keine Furcht kennt, hat die Gesellschaft der Menschen verlassen. Er muss seines Überlebens absolut sicher sein, wenn er auf die Warnzeichen keine Rücksicht nehmen will, die sein eigener Körper ihm schickt.

Dass Kohl sich durch nichts beirren ließ, ist nicht so sehr eine Aussage über sein äußeres Verhalten als über seine innere Haltung. Natürlich war er bemüht, Kritik zu vermeiden und Kredit zurückzugewinnen. Aber dass seine Taten auf Missbilligung stießen, war für ihn einfach eine Tatsache, wie andere Folgen dieser Taten auch. Er gestand niemandem das Recht zu, ihn zu tadeln, und fürchtete den Tadel insofern nicht, als er sein Selbstgefühl nicht erschüttern konnte. Wer von der Welt verworfen wird, kann sich einbilden, er sei zu gut für sie. Der jüngere Cato ging in unmodischer Kleidung auf die Straße, um seine Gleichgültigkeit gegenüber dem Hohn der Mitbürger zu trainieren. Auch Kohl mag der Widerstand, auf den er stieß, gelegentlich stimuliert haben. Aber das Hochgefühl der Einsamkeit musste in seinem Fall labil bleiben. Sein Selbstbewusstsein stützte sich auf Erfolge in der Welt; er strebte nicht den

Gegenwelten der Philosophen oder der Heiligen zu, dem selbstgenügsamen Wissen oder der geistlichen Vollkommenheit. Niederlagen trieben ihn nur deshalb nicht zur Verzweiflung, weil er damit rechnete, sie in Siege zu verwandeln. Befand er sich einmal auf der Seite der Minderheit, war dieser Zustand nur von kurzer Dauer. Wer eine Mindermeinung vertritt, muss sich rechtfertigen, während der Erfolg der Mehrheit keine Erläuterung braucht. Kohl machte es Mühe, eine Entscheidung zu begründen, weil diese Übung die Denkmöglichkeit voraussetzte, dass er sich auch anders hätte entscheiden können. Er hielt sich für unersetzlich, weil er sich aus der Welt nicht wegdenken konnte: Er stand immer an seinem Ort und tat seine Pflicht, unterstützt von seinen Leuten.

Stärke und Schwäche des Ich fielen zusammen. Kohl zweifelte nicht daran, dass die Partei, das Land, die Welt ohne ihn unvollständig gewesen und womöglich zusammengebrochen wären; aber wer er war, konnte er nur umschreiben, indem er auf seine Arbeit für das Große und Ganze verwies. Da er keinen festen Punkt hatte, von dem aus er die Welt hätte in den Blick nehmen können, musste er immer fürchten, sich an die Dinge zu verlieren. Jene zur Schau gestellte Selbstzufriedenheit, die empfindliche Beobachter abstieß, belegte gerade nicht die Weltfremdheit des Provinzlers, dem es an Erfahrungen mangelte. Vielmehr hatte Kohl sich so tief mit der Welt eingelassen, dass er seinen Stolz aus dem Wissen zog, er selbst geblieben zu sein.

Die unheimliche Ruhe, die Zimmermann und anderen Zeugen auf dem Höhepunkt der Kandidatenkrise ins Auge fiel, war nicht naturgegebene Trägheit, sondern unter Schmerzen erarbeitete Selbstdisziplin. Hanns Schreiner, der ihn in Mainz aus nächster Nähe gesehen hatte, entdeckte «beinahe manische Züge» an Kohls «Neigung, der zu bleiben, der er immer war». Das Unvermögen, zwischen seiner Person und seiner Position zu unterscheiden, erwies sich 1979 als Kraftquelle. Mit dem Amt des Fraktionsvorsitzenden hätte er sich selbst aufgegeben. Es war zwar kein Zufall, dass unter seiner Kanzlerschaft die

«Bastelbiographien» entdeckt wurden. Seine der Immanenz geweihte, dem Hier und Jetzt verfallene Existenz gab das Beispiel eines Pragmatismus, der sich weder durch die Vergangenheit belasten noch durch die Zukunft bestimmen ließ: Wer sein Floß seetüchtig halten wollte, durfte nicht zu viel Ballast an Bord haben. Aber er selbst konnte es sich nicht leisten, seinen Lebensentwurf immer wieder neu zusammenzusetzen. Ihm stand nur eine Rolle zu Gebote, zunächst die des Anwärters, dann die des Anführers. Er hatte keine besondere Begabung entwickelt, kein spezielles Interesse gepflegt, sondern sich ganz dem Allgemeinen verschrieben. Kohls Parteifreund Gerhard Schröder und Gerhard Stoltenberg, 1966 beziehungsweise 1976 im Rennen um den ersten Platz unterlegen, wahrten ihre Autorität als Fachleute für Außenpolitik und Finanzen. Für Kohl gab es 1979 keine Sonderaufgabe, gegen die er die Verantwortung für das Ganze hätte eintauschen können.

Generalsekretär Geißler legte dem Parteivorsitzenden im Frühjahr nahe, er solle sich Willy Brandt zum Vorbild nehmen: Lasse er den Ehrgeiz auf das Kanzleramt fahren, könne er zum Gewissen der Partei werden. Aber als Interpret der Parteiphilosophie hatte Kohl noch niemanden beeindruckt. Ihm wäre es schwergefallen, glaubhaft zu versichern, die Grundwerte seien die letzten Zwecke der Politik und nicht nur rhetorische Mittel im Kampf um die Macht. Kohl bewunderte Brandts Gespür für den Strom der Zeit, die Fähigkeit, Hoffnungen eine Richtung zu weisen und Stimmungen zu verkörpern. So ist es reizvoll, sich auszumalen, Kohl hätte neben einem Kanzler Stoltenberg noch einmal wie einst gegen Altmeier den Rebellen gegen den Politikbegriff des administrativen Minimalismus gespielt, hätte wie 1968 das Bündnis mit der Parteijugend gegen Formen und Traditionen gesucht. Aber unter seinesgleichen zählte Kohl fast selbst noch zur jungen Garde; Stoltenberg war zwei Jahre älter. Wo Brandt nur die Enkel voranbrachte, wenn er seine Partei auf neue Wege zu locken versuchte, wäre ein Plädoyer Kohls für einen neuen Kurs als Versuch verstanden worden, das Steuer wieder selbst in die Hand zu nehmen. Konnte man sich

Kohl nicht ernsthaft auf dem Stuhl eines Parteichefs ohne Befehlsgewalt vorstellen, galt das erst recht für den Sessel des Bundespräsidenten, der vollends nur durch Worte wirken kann. Im Sommer 1977 brachten ihn falsche Freunde als Staatsoberhaupt ins Gespräch, und noch im Januar 1979 empfahl ihn ein so formbewusster und unabhängiger Beobachter wie Bruno Dechamps, einer der Herausgeber der «Frankfurter Allgemeinen Zeitung», als vorzüglich geeignet. In der Villa Hammerschmidt wäre Kohl der Gefangene eines ewigen Alptraums gewesen: Dem Namen nach der erste Mann im Land, hätte er, einem merowingischen Schattenkönig gleich, nichts bewegen können.

*Zeit, Arbeitskraft, Intensität*

Kohls Denkungsart, die allem Festen misstraute, legte ihm einen kreativen Umgang mit der Verfassung nahe; er verstand nicht, warum Karl Carstens als Bundespräsident und Staatsrechtslehrer das Grundgesetz partout beim Wort nehmen wollte, als er entscheiden musste, ob der gerade erst gewählte Bundeskanzler Kohl das Vertrauen des Bundestages wirklich schon wieder verloren hatte. Erst recht fesselten ihn die Dogmen der Grundgesetzinterpreten nicht, die Erfahrungen der Weimarer Republik zu Lehren für die Ewigkeit erklärt hatten. Für die deutsche Verfassungsgeschichte war es nicht ohne Bedeutung, dass Kohl seine Abneigung gegen das Geregelte und Institutionelle im staatlichen Leben nicht nur von außen als Parteivorsitzender zur Geltung bringen konnte, sondern im Innersten des Staates als Regierungschef. So nahm er sich vor, nach einem Sieg bei den von Carstens in Gewissensnot schließlich gestatteten Wahlen eine Verfassungsänderung zu betreiben, die dem Parlament die Selbstauflösung gestatten sollte. Ihn störten alle Bestimmungen, die flexible Lösungen verhinderten; einer Mehrheit unterstellte er, dass sie wusste, was sie tat, so dass er keinen Grund sah, ihr das Recht zum Appell an den Wähler zu verweigern. Hätte er dieses Projekt weiterverfolgt, hätte er freilich wohl keine Mehrheit dafür gefunden. Sein antisystematischer Instinkt führte ihn gewöhnlich an die Seite der Volksmeinung; an den Verfassungsfragen zeigte sich, dass in der Ungebundenheit eines Denkens, das sich nicht auf Prinzipien festlegen ließ, auch die Chance der Originalität steckte.

1974, als er mit der Möglichkeit rechnen musste, dass das Präsidialamt für ihn eher erreichbar sein mochte als das Kanzleramt, warf er im Fernsehen die Frage auf, ob man nicht zur Volkswahl des Staatsoberhaupts zurückkehren solle. Kohl musste die umständliche Konstruktion, die das Grundgesetz für die Wahl des Bundespräsidenten errichtet hat, unsinnig erscheinen, da das indirekte Verfahren gerade jene Verschmelzung mit der Volksmehrheit verhindern sollte, aus der nach Kohls Erfahrung der Politiker seine Kraft zog. Die Volkswahl wäre der erste Schritt zum Verschlucken des Kanzlers durch den Präsidenten gewesen. Es ist erstaunlich, dass Kohl vor nahezu allen Präsidentenwahlen trotz großen Engagements glücklos agierte, obwohl doch diese Personalentscheidung sich wie keine andere beizeiten vorbereiten lässt. 1968 forderte er Richard von Weizsäcker zum Verzicht auf, nachdem er ihn zur Kandidatur gedrängt hatte. 1978 und 1983 wurden Carstens und Weizsäcker ihm aufgenötigt. 1993 präsentierte er den sächsischen Justizminister Steffen Heitmann; offenbar hatte er nur über den Symbolwert seiner Präferenz für einen Ostdeutschen nachgedacht, nicht aber darüber, ob der meinungsfreudige und unerfahrene Konservative geeignet war, fünf Jahre lang die Republik in Wort und Geste symbolisch darzustellen. Die Trennung von Rang und Macht, moralischem Ansehen und politischer Kompetenz passt nicht in Kohls Weltbild. Er misstraute Präzeptoren, die ihre Lehren nicht durch Taten beglaubigten, und sah die Moralität des politischen Handelns in der Demokratie durch den Erfolgszwang hinreichend gewährleistet. Dass das Protokoll einen anderen ersten Mann des Landes kannte als die Geschichtsbücher, musste ihm widersinnig vorkommen.

Kohl hatte alles darangesetzt, dorthin zu gelangen, wo ihm niemand mehr von gleich zu gleich begegnen konnte. Rückzugspositionen oder Ausweichquartiere gab es nicht. Wenn er nicht unersetzlich war, war er für nichts mehr zu verwenden. Als der «Bayernkurier» den neugewählten rheinland-pfälzischen Landesvorsitzenden 1967 nach dem Geheimnis seiner Karriere fragte, verwies er zunächst darauf, «wieviel Zeit, Arbeitskraft, überhaupt Intensität» er investiert habe. Merkwürdigerweise trieb ihn die Sorge um, man könne meinen, er gebe nicht alles für die Politik. «Ich betreibe Politik aus Leidenschaft, und ich habe hier keine Reserven, setze mich ganz ein.» Intensität ist es, was überhaupt vom Politiker gefordert wird, jenseits jeder besonderen Fertigkeit, die Anspannung aller seelischen und körperlichen Kräfte. Wer intensiv lebt, kann keine Reserven bilden. So konnte man sich 1980 eine Rückkehr Kohls ins Privatleben erst recht nicht vorstellen, hatte er doch kein Leben vor der Politik geführt: Es wäre keine Heimkehr gewesen, sondern ein Aufbruch in ein unbekanntes und wahrscheinlich unwirtliches Land, hätte er doch nichts mitbringen können, um es zu kultivieren, keine Interessen, Neigungen oder Liebhabereien.

Er war zwar ein Sammler, doch hatte er sich kein geheimes Reich errichtet, in dem nur er sich zurechtgefunden hätte. Was er sammelte, war alt, hart, wuchtig, massiv, verkörperte Kraft und Leistung, wollte präsentiert werden: Mineralien, Ofenplatten, Elefantenfiguren. Wenn er gefragt wurde, was er nach seinem Abschied vom Kanzleramt tun werde, erzählte er, er wolle einen Vogelbauer für seinen Garten zimmern. Das war freilich nur ein arkadisches Gegenbild zur großen Welt des lauten Streits aus dem Musterbuch für pensionierte Helden. Und sah man genau hin, so kündigte Kohl sogar eine Fortsetzung seiner politischen Arbeit auf dem eigenen Grund und Boden an. Der Außen- und Sozialpolitiker hatte mit konstruktiver Phantasie und sparsamem Materialverbrauch seinen Mitbürgern ein Gehäuse der Freiheit gebaut, in jeder Hinsicht sicher, doch nach allen Seiten offen. So wollte der gute Hausvater seinen gefiederten Schützlingen eine Heimstatt errichten, von der aus sie Ausflüge ins Glück unternehmen konnten. Auch das gemeinsame europäische Haus war recht besehen ein gewaltiger

Vogelbauer, in dessen Zimmerfluchten jedermann zwitscherte, wie ihm der Schnabel gewachsen war.

Immerhin ist verbürgt, dass Kohl die Tragfähigkeit von Max Webers berühmter Metapher von der Politik als langem Bohren dicker Bretter wirklich aus eigener Erfahrung beurteilen konnte. «Wenn ich einen Handwerksberuf ergriffen hätte», verriet er 1989, «wäre ich Schreiner geworden. Zu Hause habe ich eine Kartoffelkiste, die hab' ich selber gezimmert, aus Wut nach einer ungünstig verlaufenen Landtagswahl.» Der englische Premierminister William Ewart Gladstone erholte sich beim Holzfällen, was Lord Randolph Churchill zu der Bemerkung veranlasste, Gladstones Vergnügungen seien so destruktiv wie seine Politik. In Wahrheit achtete der Advokat der anglikanischen Hochkirche, der streng auf Formen sah, sorgsam darauf, sein privates und sein öffentliches Dasein zu trennen, mochten auch Verehrer nach seinem Landsitz Hawarden pilgern wie später Journalisten zu Kohl an den Wolfgangsee. Der fromme Liberale war überzeugt, dass er zum Bauen berufen war. Ihn quälte freilich der Gedanke, der hohen Aufgabe nicht würdig zu sein; indem er stolze Baumstämme zu Fall brachte, wollte er die Macht des Versuchers zerschlagen. Von solchen Bußübungen hielt Kohl schon die Gewissheit ab, dass an der Erbsünde nichts zu ändern war. Der Zimmermann im Haus erspart die Axt: Kohl dachte immer konstruktiv. Wo der einstige Tory fürchtete, der Sünder handele sich die Verdammnis ein, da glaubte der Christdemokrat an das Glück Marke Eigenbau. Gladstone bekämpfte die Schwermut, indem er Brennholz herstellte: Sein Leben war Energieverbrauch. Kohl hielt sich die Depression vom Leib, indem er einen Kasten für die Speisekammer zusammennagelte: Sein Leben war Vorratswirtschaft. Dass er sein privates und sein öffentliches Dasein nicht auseinanderhielt, kann man auch aus dieser häuslichen Ökonomie erklären. Was er an einer Ecke aufsammelte, konnte er in einem anderen Winkel verwerten.

Manchmal wollte er den Eindruck zerstreuen, die Politik lasse ihm keine Zeit zum Leben. Dann erzählte er von seinen spontanen Spaziergängen. «In bestimmten Abständen einfach fortgehen, zu Fuß, ein Stück laufen. Mit Leuten, die ich treffe, die ich gar nicht kenne, ein Wort reden, und zwar nicht immer hochgeistige Gespräche, sondern einfach so, wie man sich bewegt im Alltag des Lebens.» Freilich bewegte er sich in den Korridoren der Politik gar nicht anders. Hochgeistige Gespräche werden auch in seinem Arbeitszimmer schon deshalb die Ausnahme gewesen sein, weil er immer so viel wie möglich über die Welt erfahren wollte, wenn er mit jemandem redete. Er ließ sich dann von einem Thema zum nächsten führen, bog hier um eine Ecke und folgte dort einem Nebenpfad: So ging das Gespräch in die Breite. Auf einer intellektuellen Höhenwanderung ist der Weg das Ziel; Kohl wollte irgendwo ankommen, auch wenn er nicht wusste, wohin er unterwegs war. Von ihm kann man wirklich sagen, dass er sich unter das Volk mischte. Die Grenzen zwischen ihm und der Menschheit verschwammen für ein paar Momente, er gab Energie ab und nahm Energie auf. Der Politiker dachte dann wie die Leute, und die Leute verstanden den Politiker.

Der Mann und die Frau aus dem Volk waren für Kohl die Hüter eines exklusiven Wissens. Wo die Fachleute die Gefangenen ihrer beschränkten Perspektiven blieben, war der Laie frei, die Dinge zu sehen, wie sie wirklich waren. Seine Minister verblüffte Kohl immer wieder mit Informationen, die sie auf dem Dienstweg nie erreicht hätten. Als seine Söhne ihren Wehrdienst leisteten, war er über die Stimmung der Truppe immer im Bilde. Seine eigene Meinungsforschung betrieb er samstags in der Sauna des Hallenbads Nord in Ludwigshafen. Das Ritual scheint aus einer Zeit zu stammen, als soziale Beziehungen durch körperliche Nähe gestiftet wurden. Wo die Kunst der Repräsentation mit Grabdenkmälern und Wahlplakaten Bilder hergestellt hatte, die den Leib des Herrschers verdeckten, da saß der Kanzler im Dunkeln nackt unter den anderen Männern. Sie schwitzten den Schmutz der Gesellschaft aus und ließen sich in den Naturzustand fallen. Die Dämpfe erinnerten an einen Tempel; der Rat, zu dem sich die Meinungen verdichteten, hatte die Kraft eines Orakels. Eine mythische Figur ist auch der Lademeister des Rheinhafens der BASF, an dessen Arbeitslast Kohl den Stand der Konjunktur abzulesen pflegte. Wenn mehr Schiffe den Rhein hinabfuhren, konnte man sehen, dass es aufwärtsging: Wirtschaftswachstum als Naturschauspiel. Was sich abzählen ließ, weil es vor Augen lag, hatte unüberbietbare Evidenz; alle hintenherum errechneten Daten konnten nicht soviel bedeuten. Der Meister, der die Wacht am Rhein hielt, erkannte, wie die Natur dem Tüchtigen unter die Arme griff: Von selbst schien sich zu bewegen, was der Fleiß auf den Weg gebracht hatte. Und solange ein Mensch am Ufer stand und zählte und nicht etwa ein Computer elektronische Impulse registrierte, musste der Politiker nicht fürchten, dass er die Wirtschaft nicht mehr verstand.

*Methodik und Antimethodik*

Das Allgemeinste war Kohl gewiss, die Ordnung der Welt, und das schlechthin Besondere, die einzelne Tatsache. Alles, was dazwischen lag, durfte ungewiss bleiben. Dem großen Mann erscheinen Burckhardt zufolge die Dinge einfach, während sie uns höchst kompliziert vorkommen und einander gegenseitig stören. Da Kohl nicht daran zweifelte, in der Welt zu Hause zu sein, konnte er sich erlauben, sich immer nur vorläufig zu orientieren. Seiner Selbstsicherheit lag der Zweifel an allen Heilslehren zugrunde, den er mit seinen skeptischen Generationsgenossen teilte. Wenn er erklärte, er habe in Fragen der Selbstkritik keinen Nachholbedarf, schien er sich in einen Selbstwiderspruch zu verwickeln. Nach Jürgen Habermas überlistet sich mit einem solchen Fehler, wer aus dem demokratischen Diskurs aussteigen will: Wenn man behauptet, man habe keine Kritik nötig, beweist man das Gegenteil. Aber Kohl hatte den Ausgleich der Meinungen und das Streben nach dem momentanen Konsens so sehr verinnerlicht, dass er glauben durfte, er bedürfe keines Anstoßes von außen, um sich zu korrigieren. Wie es bei

Habermas im Buche steht, machte Kohl, wenn er mit sich zu Rate ging, keine Voraussetzungen, die er nicht zu revidieren bereit gewesen wäre, nur dass er diese Weisheit keinem Buch entnehmen musste. Die Theorie des demokratischen Konsenses entthront das Subjekt. Habermas spricht ihm die Souveränität ab, die ihm die philosophische Tradition übertragen hatte. Kohl, dem der Frankfurter Philosoph 1994 bescheinigte, er habe ihn mit der Bundesrepublik versöhnt, war der Musterdemokrat, insofern er in seinem Kopf die Konsensbildung der Gesellschaft reproduzierte und vorwegnahm.

Nachdem Kohl sich im April 1991 für die Hauptstadt Berlin ausgesprochen hatte, gab er, im Einklang mit der Volksstimmung, immer noch Signale des Schwankens. Schäuble erklärte den Freunden Berlins in der Fraktion, er wirke ständig auf die Meinungsbildung des Kanzlers ein – als wäre Kohl ein Gremium. Kohl sah sich den Intellektuellen gegenüber dadurch im Vorteil, dass er keinem Gedanken absolute Geltung zutraute. Die Welt ist kein Rätsel, zu dem man den Schlüssel noch hätte konstruieren müssen. Er spottete gerne über die Vertreter reiner Lehren, sie wollten sich die Hände nicht schmutzig machen, als wären sie zu fein für die Politik. «Es ist eine Sache», legte er 1991 zur Verteidigung seiner Wirtschaftspolitik in Ostdeutschland dar, «ob man die absolute Zustimmung der Ludwig-Erhard-Gesellschaft findet, und eine andere Sache, das politisch Richtige zu machen.» Solche Redensarten haben zu allen Zeiten dazu gedient, die politische Praxis als Schule des Augenmaßes auszugeben und die Theorie als Zufluchtsort der Träumer und Utopisten abzutun. Aber ein Programm, das der Politik die Verwirklichung von Ideen aufgibt, hat eine disziplinierende Wirkung eigener Art. Umgekehrt birgt die Realpolitik, die sich alle Optionen offenhält, ein phantastisches Moment, den Traum grenzenloser Handlungsfreiheit. Wenn sie aus lauter Misstrauen gegenüber dogmatischen Festlegungen nichts mehr als gegeben hinnehmen will, kommt ihr die Realität abhanden.

Kohl misstraute auch der Presse, weil er sie für eine Agentur der Abstraktion hielt. Die Medien unterbrechen die unmittelbare Verständigung, verfälschen die Wirklichkeit schon dadurch, dass sie Fakten aus ihrem Zusammenhang reißen. Wenn Kohl Meldungen dementierte, protestierte er stets zu viel: Schon 1966 bezeichnete er als «abenteuerlichen Blödsinn», was über ein angebliches Geheimtreffen von CDU-Größen in Deidesheim zu lesen war. Wäre die Nachricht einfach falsch gewesen, hätte es sich vielleicht um Blödsinn gehandelt. Abenteuerlich wurde die Geschichte durch den Zusammenhang, den die Berichte herstellten. Doch solche Versuche, den Journalisten ihre Kombinationen auszureden, regten sie nur zu neuen Kombinationen an. An der Sache mochte selbst dann etwas dran sein, wenn die Tatsachen nicht stimmten. Mit der ablehnenden Haltung der Medien wollte Kohl im August 1989 den Umstand erklären, dass er im Inland weniger beliebt war als im Ausland: Er klagte die Journalisten an, sie wollten eine andere Republik. Als revolutionäre Klasse erschien Kohl ein Berufsstand, für den es professionelle Pflicht war, zur Wirklichkeit auf Distanz zu gehen. Der Presse machte Kohl indes genau die Manipulation von Stimmungen zum Vorwurf, die er zur Hauptbeschäftigung der Politiker gemacht hatte. Seit Kohl in Rheinland-Pfalz durch Reden einen unwiderstehlichen Modernisierungsdruck erzeugt hatte, hatte er pausenlos daran gearbeitet, Interpretationen durchzusetzen. Er wandte sich von seinem eigenen Spiegelbild ab, wenn er mit der Presse nichts zu schaffen haben wollte. Es hatte etwas Verzweifeltes, wenn er auf die Straße ging und bei Fremden Erleuchtung suchte, in der Hoffnung, er könne mit dem Büro auch das Reich der Interpretationen verlassen.

Gelegentlich stieß er dann auf die Tatsache, die jede Theorie aushebelte. Im Juni 1985 überraschte er die Öffentlichkeit mit Zweifeln an der Arbeitslosenstatistik. Zur Begründung verwies er auf die Zahl der Neueinstellungen in einem einzigen Unternehmen. Kohls antimethodisches Vorgehen hatte Methode. Er verließ sich nie auf das, was die Zuständigen ihm mitzuteilen geruhten. Zur Legende der Kaiserin Maria Theresia, die Barbara Stollberg-Rilinger untersucht hat, gehörte schon zu Lebzeiten der habsburgischen Ländermutter die Vorstellung, dass jeder Untertan zu ihr vorgelassen worden sei. So richtete Kohl beim Einzug in die Staatskanzlei eine «Sprechstunde für jedermann» ein. In den ersten neun Monaten seiner Amtszeit soll er sich nach Auskunft seiner Pressestelle auf diesem Wege mit rund zweihundert Gravamina befasst haben. Die Spitzenbeamten beobachteten diesen Publikumsverkehr missmutig. Sie sahen in den unbürokratischen Lösungen in Einzelfällen, die Kohl in solchen Audienzen versprach, eine Gefahr für die Berechenbarkeit des Verwaltungshandelns. Wie Friedrich II. über die Köpfe seiner Richter hinweg den Fall des Müllers Arnold an sich zog, so achtete Kohl Instanzen und Vorschriften gering, wenn er einem Bürger helfen konnte: Der absolute Fürst steht an der Spitze des Staates und dennoch über ihm; er kann den Buchstaben des Gesetzes außer Kraft setzen, wenn es dem Geist der Gerechtigkeit dient. Erst als erster Mann trat Kohl in den Dienst seines Landes; seine einzige Vorbereitung war die Parteiarbeit, deren Verfahren er auf die Regierungspraxis übertrug. Nach dem Urteil von Bernhard Vogel, einem seiner engsten Weggefährten, blieb er auch in sechzehn Jahren an der Spitze der Regierung «im Zweifelsfall eher mehr Parteiführer als Kanzler».

In der Partei haben alle Gremien nur einen funktionalen Sinn; sie existieren um der Macht und des Erfolges willen und müssen es sich gefallen lassen, im Zweifelsfall übergangen zu werden. Kohl liebte es, sie von Zeit zu Zeit durch eine sparsame Informationspolitik an ihre dienende Rolle zu erinnern. Er stellte sie vor vollendete Tatsachen oder jedenfalls vor Tatsachen, denen zur Vollendung nur noch die formelle Billigung fehlte, deren Verweigerung den Vorwurf der Illoyalität auf sich gezogen hätte. 1983 überraschte er das Präsidium am Vorabend des Kölner Parteitags mit dem Vorschlag einer Satzungsänderung, die der CDU die Möglichkeit einer Kandidatur bei der Europawahl in Bayern eröffnen sollte. Erst kurz vor Eröffnung des Essener Parteitags zwei Jahre später teilte er dem Präsidium mit, dass er den FDP-Vorsitzenden Martin Bangemann als Gastredner eingeladen hatte; eine Diskussion ließ er nicht aufkommen.

Die Putschisten des Sommers 1989 saßen im Parteipräsidium: Lothar Späth, Norbert Blüm, Rita Süssmuth, Ernst Albrecht. Dem Titel nach waren sie Stellvertreter des Vorsitzenden, der sie aber nie an seine Stelle treten ließ, nicht einmal zu Ferienzeiten oder auf einem bestimmten Fachgebiet. Sie fühlten sich brüskiert, weil Kohl sie nicht von seiner Absicht unterrichtet hatte, Generalsekretär Geißler zu entlassen. Auf der Präsidiumssitzung des 28. August 1989 stellte Späth ein Ultimatum: Er und andere Mitglieder seien zur weiteren Mitwirkung nur bereit, wenn es zu einer Reform der Präsidiumsarbeit komme. Der Vorsitzende müsse künftig den Rat des Präsidiums einholen, zumal in Personalfragen. Jedes Mitglied solle verantwortlich für einen eigenen Aufgabenbereich sprechen, in einem eigenen Büro, unterstützt von eigenen Mitarbeitern. Späths Vortrag, der wie eine Kampfansage klingen sollte, gab den Kampf von vornherein verloren. Geißlers Verbündete spielten nicht ihre Macht aus, ihre Mehrheit im höchsten Führungsgremium und das Ansehen in der Partei, das darin zum Ausdruck kam. Vielmehr versuchten sie ihre Rechtsstellung zu verbessern. Hätten sie die Machtfrage gestellt, hätten sie den Vorsitzenden mit einem Gegenkandidaten konfrontieren müssen. Dass sie auf die rechtliche Sicherung ihrer Kompetenzen bedacht waren, verriet, dass sie sich politisch nicht allzu viel zutrauten. Ohne zu zögern, schlug Kohl eine Sondersitzung für die Erörterung der Einzelheiten der Präsidiumsreform vor. Sie fand einen Tag später statt. Die Unzufriedenen hatten eine Formalisierung der Zuständigkeiten gefordert, und Kohl nahm sie beim Wort. Damit die Präsidiumsmitglieder wirklich etwas zu tun hatten, wurden sie mit den Kontakten zu Interessenverbänden und gesellschaftlichen Gruppen betraut. Rita Süssmuth sollte sich um die Bundeswehr kümmern, Geißler die Verbindung zur katholischen Kirche und zu den Sportverbänden halten.

Beklagen konnten sie sich über diese Zuteilung nicht; für Kohl gab es nichts Wichtigeres als die Pflege der Beziehungen zu mächtigen Gruppen. Diese Diplomatie war allerdings dann besonders erfolgreich, wenn sie offizielle Kanäle vermied. Man brauchte kein Mandat, um Telefongespräche zu führen und Glückwunschkarten zu schicken. Es war kein Vorteil, die Verantwortung für das Verhältnis der CDU zu einer der gesellschaftlichen Großmächte zu tragen, und konnte sich sogar als Nachteil erweisen, wenn sich das Verhältnis verschlechterte. Der Versuch, das System Kohl zu sprengen, hatte die Präsidiumsmitglieder endgültig zu Gefangenen des Systems gemacht. Die Parteifunktionäre bildeten eine Haftungsgemeinschaft. Kohl interpretierte das Ergebnis von Sitzungen nach dem Grundsatz des römischen Rechts: Wer schweigt, scheint zuzustimmen. Nach der Europawahl im Juni 1989, als ein Stimmenverlust von acht Prozent das Krisengeraune der Kritiker zu bestätigen schien, «da hab' ich mich», erzählte Kohl später, «im Vorstand umgeschaut: Wünscht jemand das Wort? Niemand hat es gewünscht.»

Nicht was Delegierte beschließen, ist wichtig, sondern dass sie etwas beschließen, dass sie ihre Hand dafür heben und ihren Namen darunter setzen. Die Parteiendemokratie muss fortwährend eine immense Zahl von Aktivisten mobilisieren. Nicht alle können jene Distinktionsgewinne genießen, die eine Tätigkeit im Licht der Medien verspricht. Die meisten Parteiversammlungen finden unter Ausschluss der Öffentlichkeit statt; im Übrigen nahm das Ansehen der Politiker in der Ära Kohl kontinuierlich ab. Wer sich parteipolitisch engagiert, braucht ein idealistisches Selbstbild: Er kämpft für die Verwirklichung seiner Ziele. Einer Regierungspartei ist ein Realismus auferlegt, der mit dem Idealismus rechnen muss. Sie muss den Eindruck erzeugen, dass die Tatsachen die Erwartungen ihrer Mitglieder erfüllen. Dabei wird sie eher versuchen, die Erwartungen zu modifizieren, als die Tatsachen umzuwerfen. Die Regierung Kohl musste ihren Anhängern beibringen, dass der finanzielle und der außenpolitische Spielraum der Bundesrepublik enger waren, als sozialpolitische und nationale Träume verlangten. Ironischerweise wurde gerade jener Gedanke aus dem Ideenhimmel der CDU Wirklichkeit auf Erden, dessen Realisierung vor 1989 niemand erwartet hatte.

5.

# Einheit

Die Geschichtspolitik der frühen Jahre des Kanzlers Kohl, der Museen gründete und sich von Historikern wie Klaus Hildebrand und Michael Stürmer beraten ließ, ein Analytiker der von den öffentlichen Leidenschaften gefährdeten Staatsräson der eine, ein Leitartikler mit Freude am suggestiven Sprachbild der andere, löste heftige Debatten aus: Streitigkeiten, für die sich der Begriff der Debatte einbürgerte, weil sie in Presse und Rundfunk im förmlichen Wechsel von Rede und Gegenrede ausgetragen wurden. Es vollzog sich also eine Art Parlamentarisierung der Öffentlichkeit, allerdings im Sinne der Schattenseiten des entwickelten Parlamentarismus: Der Schlagabtausch war Demonstration und Ritual; Argumente wurden nicht deshalb vorgetragen, weil man ernsthaft hoffen konnte, die Gegenseite zu überzeugen. Die Planungen für das Deutsche Historische Museum in Berlin und das Haus der Geschichte der Bundesrepublik Deutschland in Bonn riefen den Verdacht hervor, die Regierung Kohl wolle durch Stiftung positiver Traditionen den deutschen Nationalismus wiederbeleben. Im Rückblick wird man das Doppelmuseumsprojekt eher als Zeichen dafür sehen, dass Kohl und seine Partei die deutsche Nationalgeschichte für abgeschlossen hielten – jene Geschichte jedenfalls, die nach einer in der Zeit der Gründung des deutschen Nationalstaats von den Begründern der deutschen Geschichtswissenschaft entwickelten Lehre in einem solchen Staat ihre Vollendung hatte finden sollen. Man macht sich daran, den Nachlass zu sortieren und stellt ihn aus: Das ist das Verhalten von Erben, die mit dem alten Geraffel nichts mehr anfangen können, nichts Praktisches jedenfalls. Die Doppelstruktur zweier Museen mit eigener Direktion und Verfassung ist der deutlichste Hinweis darauf, dass die Geschichte der Bundesrepublik eben gerade nicht auf die Konservierung und Fortschreibung nationaler Ambitionen festgelegt werden sollte.

Der Akzeptanz der Zweistaatlichkeit auch in den Parteien der alten Gegner von Brandts Deutschlandpolitik entsprach eine Zweiteilung der deutschen Vergangenheit in die Zeit vor und nach 1945/49. Das Deutsche Historische Museum sollte in der Nähe des Reichstagsgebäudes errichtet werden, nicht Platzhalter, sondern Ersatz der Regierungszentrale, die nach der Wiedervereinigung exakt dort im Spreebogen dann doch gebaut wurde. Auf der anderen Seite signalisierte die Ansiedlung des Hauses der Geschichte in Bonn, dass die Bundeshauptstadt vierzig Jahre nach der Staatsgründung nicht mehr als Provisorium angesehen werden sollte. Kohl hatte allerdings ein Gespür dafür, dass die Verwandlung der Geschichte in Geschichtskultur, in einen Gegenstand institutioneller und subventionierter Pflege, ihre politische Wertigkeit, das heißt ihr Potential, Streit anzuregen, nicht vollständig neutralisieren konnte. Schon deshalb ging die Warnung von Jürgen Habermas vor der «Entsorgung der deutschen Vergangenheit» ins Leere. Der Bielefelder Historiker Hans-Ulrich Wehler, Verbündeter von Habermas im «Historikerstreit» des Jahres 1986 und Oberstratege der von ihm als «linksliberal» beschriebenen Hilfstruppen, bekannte zwanzig Jahre später, dass er und seine Kollegen den Streit in seiner Zunft, der sich scheinbar um Methodenfragen der Völkermordkomparatistik drehte, nur deshalb angezettelt hätten, weil man sich vor Kohl gefürchtet habe. Die nach Selbstauskunft «kritischen» Geschichtswissenschaftler übernahmen also Kohls Logik des Machtdenkens und der Personalisierung der Sachfragen. Schon deshalb ist zweifelhaft, ob, wie Wehler hartnäckig behauptete, die «linksliberale» Seite im «Historikerstreit» wirklich siegreich war.

Der Kalte Krieg und die von den Siegermächten des Zweiten

Weltkriegs weiterhin beanspruchte Verantwortung für Deutschland als Ganzes verschlossen den Staatsmännern in Bonn und Ost-Berlin die klassische Sphäre der Politik, den Bereich der Entscheidungen über Bündnisse und Krieg und Frieden. Die Hinwendung zur Geschichte schuf in dieser Lage Raum für politische Ersatzhandlungen. Von einer solchen Beobachtung ging eine aufschlussreiche Überlegung zum Zusammenhang von Deutschland- und Europapolitik aus, die Kohl im Februar 1984 in Bonn gegenüber dem belgischen Ministerpräsidenten Wilfried Martens entwickelte. Der «Zustand unseres geteilten Landes» sei ein Grund dafür, dass er «die Zeit nutzen» wolle, «die er habe, um die Bundesrepublik auf dem Weg nach Europa weiter festzulegen». Die DDR «befinde sich in einer schlimmen Lage». Da sie die Bundesrepublik wirtschaftlich nicht überholen könne, versuche sie, «die deutsche Geschichte zu usurpieren». Kohl spielte damit auf Bemühungen der SED-Führung an, Gestalten und Momente der vormodernen deutschen Vergangenheit, die das nationalstaatliche Geschichtsbewusstsein vor 1945 in den Vordergrund gerückt hatte, für eine sozialistische Traditionspflege nutzbar zu machen. So hatte die DDR das Lutherjahr 1983 gefeiert und schon 1980 das Reiterstandbild Friedrichs des Großen von Potsdam nach Berlin zurückgeführt. Wie reagierte die Bundesrepublik auf diese Exerzitien fingierter Souveränität? Kohl legte seinem Besucher, einem Christdemokraten aus einem der Kernländer der Europäischen Gemeinschaften, nicht etwa dar, dass die Bundesregierung mit Rücksicht auf das Nationalgefühl in beiden deutschen Staaten das Tempo der europäischen Einigung nicht forcieren könne. Der Kanzler argumentierte genau andersherum. «Die Lösung der deutschen Frage könne nicht in der Wiederherstellung des deutschen Nationalstaats bestehen. Es wäre schwer für Europa, in der Mitte 77 Millionen Deutsche in einem Nationalstaat zu ertragen.»

Anhand dieser Akte ermisst man die Schwierigkeit der Aufgabe, die sich Kohl ein halbes Jahrzehnt später plötzlich stellte: Er musste die Nachbarn dazu bringen, eine territoriale Lösung der deutschen Frage zu ertragen, die er selbst als schwer erträglich hingestellt hatte. Das eigentlich Bemerkenswerte aber ist, dass Kohl an der Ausrichtung der Bundesrepublik, wie er sie im Gespräch mit Martens bestimmt hatte, nach dem Wegfall der Staatsgeschäftsgrundlage keine Änderung vornahm. Er hatte eine Art von Dialektik beschrieben: Die DDR zog sich auf die deutsche Geschichte zurück, usurpatorisch, auf dem Weg widerrechtlicher Aneignung; die Bundesrepublik öffnete sich für Europa, unter Verzicht auf die von Ost-Berlin machtlos mit Beschlag belegte nationale Souveränität. Im Rückblick, nach der Widerlegung der Annahme, der deutsche Nationalstaat könne nicht wiederkehren, stellte sich Kohl seine Europapolitik aber keineswegs als Spiegelbild des nostalgischen Eskapismus der Staatssozialisten dar, als Zukunftspolitik, die ebenso schimärisch gewesen wäre wie die Vergangenheitspolitik Erich Honeckers. Statt von Nato-Historie hätte Habermas im «Historikerstreit» richtiger von EG-Historie sprechen können. Kohl hoffte nach 1989 sogar, durch die Ausdehnung der EG nach Osteuropa und den Abschluss eines Assoziationsvertrags mit der Sowjetunion die von Moskau befürchtete Osterweiterung der Nato überflüssig machen zu können.

Die Euphorie der Einigungsjahre bewirkte, dass die Regierung in den Folgejahren wieder hauptsächlich damit befasst war, Enttäuschungen aufzufangen. Die Sprache der Parteiprogramme verkündet den Willen, die Wirklichkeit zu verändern; ihre Funktion ist gerade umgekehrt die Anpassung der Begrifflichkeit an gesellschaftliche Veränderungen, die man nicht gewollt hat. Geißler entdeckte die Interessen der Frauen und Rita Süssmuth für die CDU; was als gesellschaftspolitische Offensive ausgegeben wurde, hatte den Sinn, die Partei mit dem Faktum einer Emanzipation zu versöhnen, die das überlieferte christliche Gesellschaftsbild sprengte. Am Ende von Kohls vierter Amtszeit waren die Hoffnungen in die Politik so tief gesunken, dass sein Herausforderer Gerhard Schröder sich schon allein deshalb als Mann der Zukunft darstellen konnte, weil er den Sozialdemokraten die Nostalgie auszureden versuchte.

Wenn die Gremien unter Kohl Aufträge für Ausarbeitungen erhielten, wurden von ihnen keine Vorschläge erwartet. Vielmehr sollten sie Einwände entkräften und Kritiker besänftigen. 1996 setzte das CDU-Präsidium erst dann Arbeitsgruppen zur Steuerreform und zur Reform der Sozialversicherung ein, als die Koalition die Grundsatzbeschlüsse schon getroffen hatte. Wie ein Betriebsrat, der nicht gefragt wird, wenn die Entscheidung fällt, eine Fabrik zu schließen, konnten die Sozialausschüsse auf den Abbau des Wohlfahrtsstaats nur mit Schadensbegrenzung nach Art eines Sozialplans reagieren. Zwei Klagen begleiteten Kohls Kanzlerschaft, die einander scheinbar widersprachen: Die Partei vermisste die Freiheit, der vom Tag in Beschlag genommenen Regierung ein paar Schritte in die Zukunft vorauszueilen; in der Regierung wurde Beschwerde darüber geführt, dass das Gemeinwohl hinter dem Parteiinteresse zurücktrete. Es handelte sich um zwei Seiten desselben Geschehens: Der Parteienstaat fraß sich selbst auf; den Gremien der Parteien war ebenso schwach zumute wie den Organen des Staates. In beiden Fällen waren die Vermittlungsinstanzen, die Koalitionsrunden und ähnlichen Verhandlungszirkel, die Nutznießer. Diese Formulierung ist freilich irreführend. Die Hinterzimmerkreise konnten aus dem Bedeutungsverlust der großen Säle insofern gar keinen Nutzen ziehen, als sie keine eigenständige Existenz hatten. Sie wurden nur zusammengerufen, wenn es etwas zu verhandeln gab; ihre Zusammensetzung schwankte. Sie waren keine demokratischen Organe, wenn demokratisch die Ernennung bestimmter Vertreter auf eine bestimmte Zeit ist. Und dennoch führten sie eine Tendenz der modernen Demokratie auf die Spitze, die Ablösung der Abstimmung, der Wahl zwischen Ja und Nein, durch das Aushandeln, die Suche nach dem dritten Weg. Niemandem waren sie Rechenschaft schuldig und nur dem Prozess verpflichtet; kamen sie zu keinem Ergebnis, lösten sie sich selbst auf.

*Kanzler und Kabinett*

Das Grundgesetz der Herrschaft Kohls war die Ersetzung unpersönlicher durch persönliche Macht. Es war nicht nur seine eigene Macht, die das Regiment der Umwege und Abkürzungen steigerte. In den Koalitionsrunden war er formal gesehen – insofern diese Runden sich formal sehen ließen – einer unter zwei oder drei Gleichen. Seit er bundespolitische Interessen verfolgte, hatte er es als Axiom betrachtet, dass die Union dauerhaft nur im Verein mit den Liberalen regieren konnte. Sein Festhalten an dieser Strategie war umso bemerkenswerter, als sie seiner Überzeugung widersprach, wonach die Demokratie als Herrschaft der Mehrheit natürlicherweise auf die Alleinherrschaft einer Partei hinauslief. Unter der großen Koalition gehörte er zu den CDU-Politikern, welche die Verwirklichung der Wahlreform vereitelten, weil sie die FDP als künftigen Partner erhalten wollten. Seinen Stellungnahmen in dieser Sache pflegte er aber hinzuzufügen, philosophisch sei er ein Anhänger des Mehrheitswahlrechts. In der Tat kam eine Verteilungsregel, die dem stärksten Teil die ganze Macht zuspricht, der Neigung seines Denkens zur Vereinfachung und Konzentration entgegen, derselben Vorliebe für eindeutige Verhältnisse, die ihn laut über eine Volkswahl des Bundespräsidenten nachdenken ließ. Die Mehrheit war für ihn mehr ein Erlebnis als ein Ergebnis: Sieger war, wer am Ende vorne lag, nicht wer sich hinterher mit den anderen Verlierern gegen den Ersten zusammenschloss.

Diese Haltung erklärt auch einen Auftritt Kohls, der ihm Unverständnis und Spott eintrug: Am Abend des 3. Oktober 1976 erklärte er sich zum Wahlsieger und äußerte die Erwartung, der Bundespräsident werde ihn dem Bundestag als Bundeskanzler vorschlagen. Eine Mehrheit entstand für Kohl aus unwillkürlicher Übereinstimmung, nicht durch Kalkulation und Absprache. Es drängt sie von Natur aus, sich auszudehnen; sie könnte immer weiter wachsen, da sie mit jeder Zunahme an Anziehungskraft gewinnt. Das Mehrheitswahlrecht gibt dieser Expansion Raum, setzt fort, was im Wählervotum angelegt ist, wo das Verhältniswahlrecht ein momentanes Gleichgewicht künstlich stillstellt. Man könnte meinen, durch seine Festlegung auf ein Bündnis mit der FDP habe Kohl seinen ins Grenzenlose strebenden Ehrgeiz diszipliniert. Eine Koalition praktiziert eine Art von Gewaltenteilung. Sie scheint Regeln für die Zuweisung der Zuständigkeiten zu benötigen und Konventionen über die Einigung in Streitfällen. Insofern die Verbündeten gleichsam diplomatische Beziehungen unterhalten, sollten sie den Buchstaben von Abmachungen beachten und sich in Äußerlichkeiten korrekt verhalten.

Die Diplomatie ist freilich auch das Feld der Improvisation, der pragmatischen Übereinkunft, mit der die beweglichen Unterhändler die ideologisch borniertten Sitzenbleiber daheim überraschen. Kohls Entscheidung für das Prinzip der Koalition bedeutete, dass er seine Macht jenseits festgefügter Formen suchen wollte. Die in der Verfassung verbriefte Richtlinienkompetenz des Kanzlers und das auf Parteitagen in Wirksamkeit tretende Charisma des Vorsitzenden durften dem Chef einer Koalitionsregierung nicht genügen. Andererseits konnte ihn der Regierungsapparat schwerer auf bürokratische Rationalität und der Parteiapparat schwerer auf ideologische Loyalität verpflichten. Kohl stand an der Spitze der Regierung, der Partei und der Koalition und wechselte zwischen den drei Rollen je nach dem Publikum. Vor den Parteifreunden warb er um Rücksicht auf die Empfindlichkeiten des kleinen Partners, in der Koalitionsrunde brachte er das Gewicht des Staatsamts zur Geltung. Und als der Kanzler im November 1989 die deutschlandpolitische Initiative ergriff, verzichtete er auf die üblichen Prozeduren der Vorwarnung und Rückversicherung. Als Otto Graf Lambsdorff ihn fragte, warum er als FDP-Vorsitzender den Zehn-Punkte-Plan nicht vorab erhalten habe, erfuhr er von Kohl: «Ich muss auch mal CDU-Parteivorsitzender sein.» Lambsdorff, der 1984 im Zuge der Flick-Affäre als Bundeswirtschaftsminister zurückgetreten war, bemühte sich nach seiner Wahl zum Vorsitzenden nicht um eine Rückkehr in die Bundesregierung. Ihm genügte sein Platz im Koalitionszirkel, und er nutzte es aus, dass er sich freier äußern konnte, wenn er nicht in die Kabinettsdisziplin eingebunden war.

Der Bedeutungsverlust des Bundeskabinetts gilt konservativen Kritikern Kohls wie Rüdiger Altmann als verfassungshistorisches Ereignis. Der Kontrast zur Praxis Helmut Schmidts, der durch die Demonstration von *business as usual* den Verdacht hatte zerstreuen wollen, das Land sei unregierbar geworden, hätte lebhafter nicht sein können. Für den Kantianer Schmidt war nun einmal nichts schlechthin gut zu nennen als allein der gute Wille; diesen stellten die Minister unter Beweis, wenn sie jeden Mittwoch um neun Uhr zusammentraten. Der Nachfolger dagegen war ein Utilitarist, dem es im Handeln auf das Ergebnis ankam. Für die Folgenorientierung der utilitaristischen Ethik fand Kohl die klassische Formulierung, wichtig sei, was hinten rauskomme. Eine Sitzung, bei der am Ende nichts herauskam, war Zeitverschwendung, wie viel guter Wille vorne auch immer hineingesteckt worden sein mochte.

Es wurde sofort bemerkt, dass das Kabinett unter Kohl seltener und kürzer tagte. Von den ersten dreiundzwanzig Sitzungen des Jahres 1983 fielen zehn aus. Regierungssprecher Peter Boenisch begründete im Juni 1983 die hohe Zahl von Ausfällen mit Kohls «Horror» vor «Sitzungen, die nur um der Sitzung willen stattfinden». Der Unerfahrenheit des neuen Manns im Kanzleramt gewann sein Sprecher, gleichfalls auf neuem Posten, eine positive Seite ab: Dass Kohl, dessen sprachliche Fähigkeiten den Spott von Schönschreibern auf sich zogen, die Geduld nicht aufbrachte, Diskussionen ohne Ende zu ertragen, sollte ihn menschlich erscheinen lassen und wies ihn zudem im Unterschied zu seinem um Worte nie verlegenen Vorgänger als den wahren Macher aus. Man mag jedoch bezweifeln, dass Kohl Höllenqualen litt, wenn Wortmeldung sich an Wortmeldung reihte, ohne dass sich ein Ergebnis abzeichnete. Wie Rolf Zundel 1975 in der «Zeit» berichtete, war die Sitzung um der Sitzung willen ein bevorzugtes Instrument des Parteivorsitzenden – was diejenigen seiner Mitarbeiter irritierte, die moderne Managementmethoden in die Parteiarbeit einführen wollten. «Für Kohl sind dies anscheinend keine verlorenen Stunden. Er lässt andere reden, formulieren, laut nachdenken – er hört zu, bis er weiß, was läuft.» Als Kanzler ließ Kohl nach Möglichkeit keine Sitzung der Bundestagsfraktion aus.

Was für Kohl bei einer Sitzung herauskam, musste nicht die Form eines Beschlusses haben, den man anschließend der Presse mitteilen konnte. Mittlerweile hat wohl auch die Managementtheorie Kohls Praxis der offenen Gesprächsführung eingeholt, die allen Beteiligten das Gefühl vermittelte, ihr freies Wort sei erwünscht. Sueton berichtet von Augustus, er habe die Senatoren nicht in der Reihenfolge ihres Rangs um ihre Meinung gebeten, «sondern wie er es für richtig hielt, damit jeder so aufmerksam war, als hätte er eine Meinung zu formulieren und nicht bloß zuzustimmen». Von der Zusammenkunft des Parteivorstands unterschied sich die Kabinettssitzung freilich dadurch, dass die Teilnehmer hier nicht nur im eigenen Namen und als Sendboten von Personenverbänden sprachen, sondern als Sachwalter objektiver Interessen und Gesichtspunkte. Jedes klassische Ressort kultivierte seine eigene Sicht der politischen Welt, welche die Beamten ihrem Minister einzuschärfen versuchten. Kohls Rat für alle Fälle, die Dinge nicht zu eng zu sehen, durften seine Kollegen sich nicht zu Herzen nehmen, wenn sie ihre Aufgabe nicht aus dem Auge verlieren wollten. Wer im CDU-Vorstand saß, musste daran glauben, dass die Dinge sich durch Willenskraft verändern ließen. Blickte Kohl im Kabinett in die Runde, sah er Traditionen, Sachzwänge und Finanzlücken.

Die Abschaffung der wöchentlichen Sitzung, die Kohl mit der Begründung verfügte, er wolle die Minister zusammenrufen, wenn die Sache es gebiete, an jedem Tag und zu jeder Stunde, musste er zurücknehmen. Wäre es ihm gelungen, das Kabinett zu einer mobilen Einsatztruppe zu machen, hätte er es als Institution zerstört. Jeder Minister hätte nur noch für seine Person gesprochen, nicht mehr für sein Ressort, da den Beamten die Zeit gefehlt hätte, ihren Chef auf die Tagesordnung vorzubereiten. In Mainz soll Kohl seine Minister gelegentlich bei ihrem Selbstgefühl als Politiker gepackt haben: «Was kommst du mir mit dem Quatsch deiner Fachleute? Ist das deine Meinung oder die deiner Leute? Wir machen hier nicht die Verwaltung, sondern wir regieren.» Der Ministerpräsident schwächte den Eigensinn der Ressorts und den Einfluss der Fachbeamten dadurch, dass er die Fraktionsvorsitzenden und Parlamentarischen Geschäftsführer hinzuzog; die Kabinettssitzung fiel mit der Koalitionsrunde zusammen. Die «umsichtig aufs Gleis geschobene Kollektivierung» der Entschlussfindung, erläutert Klaus Dreher, hatte auch den Vorteil, «dass sich hinterher keiner mit der Begründung davonstehlen könne, er sei nicht dabei gewesen».

Um sich der Loyalität der Minister zu versichern, zumal der von FDP und CSU benannten, die ihre Ämter nur im formalen Sinne seinem Vorschlag verdankten, konnte auch der Kanzler nicht auf die Herbeiführung von Kabinettsbeschlüssen verzichten. Die Entscheidungen mussten aber außerhalb des Kabinettssaals fallen, damit die Nötigung zur Sachlichkeit, der Hintersinn von Sitz- und Tagesordnung, nicht wirksam werden konnte. Außenminister Genscher, der Stellvertreter des Bundeskanzlers, ließ 1988 seinen Paladin Jürgen Möllemann Indizien dafür sammeln, dass Kohls Umgang mit dem Kabinett die vom Grundgesetz garantierten Rechte der Minister verletzte. Das formell zuständige Gremium, welches das letzte Wort behielt, sofern es Ja und Amen lautete, umgab Kohl mit einem Kranz informeller Zirkel, in denen Einigkeit über die Beschlussvorlagen hergestellt wurde. Am Morgen sammelte Kohl seine verschwiegensten Vertrauten um sich und veranstaltete, wie Rüdiger Altmann spottete, im «Negligé der Macht» ein «politisches Lever». Hans Klein, Regierungssprecher im Rang eines Bundesministers, zog sich aus dieser Runde zurück, als er bemerkte, dass dort einer seiner Ministerialdirektoren dem Kanzler näher war als er.

Das Kabinett ist in der Verfassungsgeschichte als Ersatz und Ergänzung des fürstlichen Rates entstanden, als dieser eine solche Größe erreicht hatte, dass er nicht mehr nur aus Vertrauten des Fürsten bestand. Kohl war nicht frei darin, wen er in seine Regierung berief; aber er bestimmte, wen er zu den Vorbereitungsrunden einlud. Damit diese Kabinette hinter dem Kabinett nicht ihrerseits zu Institutionen erstarkten, musste ihre Zusammensetzung sich immer wieder ändern. Auch das unterschied sie von den Ausschüssen des britischen Kabinetts. Je schneller die Kabinettssitzungen abgewickelt wurden, desto mehr Zeit blieb für die Vorbereitung. Und je länger Kohl seine Kollegen kannte, desto weniger Worte brauchte er, um sie zur Knappheit anzuhalten. Trägt ein Minister vor, erzählte ein der CSU angehörendes Kabinettsmitglied 1994, «dann rutscht Kohl schon bald auf seinem Stuhl hin und her, und alle merken, der will keine weiteren Wortmeldungen». Schon in Mainz hielt Kohl nach Auskunft seines Innenministers Heinz Schwarz die Sitzungen kurz und bemühte sich, jeden «Wortstreit» sogleich zu ersticken. In den Vorgesprächen nahm der Ministerpräsident dagegen seine Autorität scheinbar völlig zurück. Statt Direktiven zu geben, nahm er Anregungen auf; nach einem Streit formulierte er die siegreiche Ansicht so, dass die unterlegene Seite sich nicht verletzt fühlen musste.

*Kanzler und Minister*

Als Kohl sein erstes Kabinett präsentierte, manifestierte sich die versprochene Wende nicht etwa in einer Strukturreform der Regierung. Sämtliche Ministerien ließ der Kanzler bestehen; oben wurde der Staat nicht schlanker. Nach Klaus Drehers Deutung war Kohl bestrebt, «den Wechsel als das Normale erscheinen zu lassen». Es wurde gleichfalls sichtbar, dass auch der Kanzler Kohl nicht von den Institutionen, sondern von den Personen her dachte. Seine gestalterische Phantasie wurde nicht von der äußeren Beschaffenheit des Staatsgebäudes angeregt. Er bevorzugte interne Lösungen, die ohne viel Aufsehen revidiert werden konnten. In die Mainzer Staatskanzlei war er noch auf dem Triumphwagen des Verwaltungsreformers eingezogen. Die administrative Erfahrung hatte ihn gelehrt, dass man Arbeitsabläufe auch ändern konnte, ohne im Gesetzblatt darauf aufmerksam zu machen. Wichtiges wurde an den Ministerien vorbeigelenkt; die beiden von der FDP gestellten Außenminister mussten erdulden, dass die Experten des Kanzleramts in Konkurrenz zu ihren Diplomaten traten.

Im Frühjahr 1998 widerfuhr es Klaus Kinkel sogar, dass ihn seine Kollegen im Ministerrat der Europäischen Union über ein Reformpapier aufklärten, als dessen Autoren der französische Präsident Jacques Chirac und der deutsche Bundeskanzler Kohl firmierten. In diesem Fall ließ sich Kohl sogar dazu herab, sich bei seinem Außenminister für die Bloßstellung zu entschuldigen. Der Plan von Kohls Stabschef Friedrich Bohl, ministerielle Gesetzesinitiativen der Zustimmung des Kanzleramtes zu unterwerfen, wurde 1995 wegen verfassungsrechtlicher Bedenken verworfen. Zu diesem Zeitpunkt saßen freilich schon in fünf Ministerien Staatssekretäre, die ihr Handwerk im Kanzleramt gelernt hatten und wussten, welche Initiativen dort willkommen waren. Am wenigsten hatten die Minister in Kohls größter Stunde zu sagen. Das Ministerium für innerdeutsche Beziehungen, das die deutsche Frage jahrzehntelang offengehalten hatte, wurde nicht gebraucht, als die Antwort formuliert wurde. An den Verhandlungen über den Abzug der Roten Armee aus Deutschland war Verteidigungsminister Gerhard Stoltenberg nicht beteiligt.

Stoltenbergs Versetzung vom Finanzministerium auf die Hardthöhe ist übrigens ein Beispiel dafür, dass Kohl mit seinen Personalentscheidungen nicht immer den Effekt erzielen wollte, Beifall des Publikums für die Eignung des Kandidaten zu finden. Er demonstrierte seine Souveränität in der Auswahl gerade dann, wenn er sich nicht an enge Begriffe der Fachkompetenz hielt. Jahrelang hatte Stoltenberg das höchste Ansehen unter den Ministern genossen, weil er als Fachmann unter Amateuren galt; wer den Kanzler als Dilettanten hinstellte, empfahl den Finanzminister für den Chefsessel. Kohl sagte im Rückblick über ihn: «Stoltenberg machte seine Arbeit gut, war aber in allen Fragen immer dubios, weil er das Gefühl hatte, er wäre der Bessere gewesen.» Doch dann entpuppte sich Stoltenberg als Versager in Kohls ureigenem Fach, das sich nicht in Lehrbüchern und Akten studieren ließ: Ein Menschenkenner hätte nicht Uwe Barschel zu seinem Nachfolger gemacht. Die vielbewunderte Sachorientierung des Rechenmeisters nahm sich plötzlich als Weltfremdheit aus. Stoltenbergs Gnadenmission bei der Truppe stand unter der Losung, die von der Karriere des Kanzlers beglaubigt wurde: Arbeitseifer und Pflichtgefühl lassen jeden Ausbildungsmangel vergessen. Nach derselben Kabinettsumbildung, die Stoltenberg die Einberufung zur Bundeswehr bescherte, fand sich der bisherige Innenminister Friedrich Zimmermann am Steuer der Verkehrspolitik wieder. Alle Minister waren nicht nur ersetzlich, sondern auch versetzbar; ironischerweise war Arbeitsminister Blüm der einzige Angehörige des ersten Kabinetts Kohl, der weder Arbeitslosigkeit noch Umschulung ertragen musste.

Nur der Chef war für alle Fälle am richtigen Platz: Der Generalist erwies sich als der schlauste Spezialist. Dass Kohl wie Alec Douglas-Home als Außenminister in die Regierung seines Nachfolgers eingetreten wäre, konnte man sich auch nach seinen Glanztaten auf dem diplomatischen Parkett nicht vorstellen. Außer ihm sollte niemand seiner Position sicher sein; hypothetische Verschiebungen, die gar keine ernsten Möglichkeiten waren, ließen die Betroffenen wenigstens innerlich zittern. Als Berti Vogts, der sich mit Kohl in einer Schicksalsgemeinschaft unter Amtskollegen verbunden wusste, im Sommer 1998 mit der Fußball-Nationalmannschaft auf die fatale Frankreichfahrt ging, erklärte er, einen Stammplatz hätten nur er selbst und Torwart Andreas Köpke. In der Mannschaft Kohls nach der Bundestagswahl 1983 hatte Stoltenberg das sichere Händepaar, auf das der Teamchef keinesfalls verzichten wollte. Strauß hätte sich jeden Ministerstuhl aussuchen dürfen, nur das Finanzministerium und das Auswärtige Amt nicht. Gleichwohl brachten drei Zeitungen die

Schlagzeile, die Ernennung von Strauß zum Finanzminister sei beschlossene Sache. Wem nutzte die Falschmeldung? Kohl gab sie die Gelegenheit, Stoltenberg öffentlich unentbehrlich zu nennen. Strauß hatte er schon vorher am Telefon versichert, er habe die Presse nicht in die Irre geführt. Als vier Jahre später dieselbe Situation wiederkehrte, gewährte Kohl Strauß die freie Wahl ohne Einschränkung. Obwohl niemand erwartete, Strauß werde sich auf seine alten Tage bereit finden, unter Kohl zu dienen, bedeutete für Stoltenberg schon die Denkmöglichkeit der Auswechslung eine Schwächung, zumal Strauß sich die Freude gestattete, die Offerte publik zu machen. Diese subtile Rache traf nicht den Kanzler, der mit Genugtuung betrachten durfte, dass es für zwei seiner alten Konkurrenten um den ersten Platz nun das letzte Karriereziel war, für ihn die Buchhaltung zu machen.

Als vergessen war, dass einst die unveränderte Sitzordnung der Minister den Regierungswechsel als normal hatte ausweisen sollen, weil längst die Normalität den Wunsch nach Abwechslung nährte, hat Kohl mit den Klötzen aus dem Kabinettsbaukasten dann doch neue Türmchen gebaut. Durch Teilung entstanden neue Fürsorgeschwerpunkte im weiten Feld der Sozial- und Familienpolitik. Hier wurde demonstriert, dass Kohls Staat, der den Bürgern ihr Geld zurückzugeben versprach, gleichwohl für die moralische Gesundheit der Gesellschaft verantwortlich sein wollte. Wer aus ökonomischen und ethischen Gründen für eine Entflechtung von öffentlicher und privater Wirtschaft eintrat, äußerte sich bitter enttäuscht über Aufklärungskampagnen und Vorsorgeprogramme, welche die Risikoprophylaxe der Individuen in staatliche Regie nahmen.

Die Marktschreier der Marktwirtschaft mussten sich freilich vorhalten lassen, dass die Kritik an der Staatsverschuldung in den letzten Jahren der sozialliberalen Koalition mit Analogien zwischen öffentlicher und privater Haushaltsführung operiert hatte, die für Anhänger der Zwei-Reiche-Lehre problematisch hätten sein müssen. Die ökonomische Frage der Belastbarkeit des Staatshaushalts mit Zinszahlungen wurde zum moralischen Problem überhöht. Man setzte das Ideal des guten Hausvaters voraus, der nur soviel Schulden macht, wie er zu seinen Lebzeiten zurückzahlen kann. Überraschenderweise ließen sich auch die katholischen Bischöfe von der Kanzel in diesem Sinne vernehmen, obwohl ihre Kirche gewöhnlich in langen Fristen denkt und noch vor England die Staatsschuld erfunden hatte.

Der Vater, der sein Haus saniert hat, kann dann auch an Wohltaten denken. Indem Kohl für Frauen und Jugendliche eigene Ministerinnen berief, führte er seine gute Absicht vor und sorgte zugleich dafür, dass sie ihn nicht zu teuer zu stehen kam. Denn wenn es ans Geldausgeben ging, hatten die Treuhänder der großen und alten Ressorts ihre Hand allemal schneller in oder auf der Kasse. 1994 machte er eine Achtundzwanzigjährige zur Bundesministerin für Familie, Senioren, Frauen und Jugend. Wie jeder Minister ersetzbar war, war umgekehrt fast jedes Parteimitglied ministrabel. Kohl öffnete sozusagen die Berufspolitik gegenüber dem Amateurbereich. Auch das begrenzte die Effizienz des Kabinetts. Inwiefern diese Folgenbegrenzung im Kalkül von Kohls Reformen lag, mag dahingestellt sein. Für ihn war es immer schon der halbe Erfolg, die rechte Absicht zu zeigen. Dem Utilitaristen war mitnichten der gute Wille gleichgültig; er traute ihm in der Welt sogar mehr zu als der kantische Idealist, eine quasi magische Fähigkeit, die Dinge zu bewegen. Was in Flossenbürg oder auf dem Bankentag möglich war, musste auch im Frauenministerium funktionieren. Der Unternehmer, welcher der Arbeitsmarktstatistik zum Trotz Leute einstellte, hatte getan, was zu tun war, um den Trend umzukehren. In Monte Carlo war schließlich zuerst auch nur eine Würstchenbude.

Kohl glaubte nicht an den Weltuntergang. Um jedes Apfelbäumchen, das er pflanzte, sah er eine Plantage emporwachsen. Das beste Beispiel für diesen Optimismus ist die Gründung des Ministeriums, das nach der Reaktorkatastrophe von Tschernobyl 1986 die schlimmsten Befürchtungen entkräften sollte. Dass die Einrichtung eines eigenständigen Umweltministeriums der

Sache der Natur diente, kann man mit verwaltungswissenschaftlichen Argumenten bestreiten. Innenminister Zimmermann sperrte sich dagegen, die mit Kernenergie und Naturschutz befassten Abteilungen seines Hauses abzutreten, und gab zu bedenken, da die Umwelt keine Lobby habe, gehöre sie in die Obhut eines starken Ressorts. Dass nur eine Minderheit für die Umwelt kämpfte, alle aber von ihrem Zustand betroffen zu sein glaubten, mochte für Kohl indes gerade ein Grund für ein eigenes Türschild und eine eigene Postanschrift sein: Wenigstens in Bonn, sollten sich die Bürger sagen, saßen Leute, die sich den ganzen Tag lang um den Umweltschutz Sorgen machten. Zimmermann konnte zwar überdies auf seinen persönlichen Einsatz verweisen; hier hatte er für seinen Ordnungssinn eine Betätigung gefunden, die auch den Gegnern des Polizeiministers Respekt abnötigte. Doch dass der neue Mann, Frankfurts Oberbürgermeister Walter Wallmann, keine Erfahrung auf ökologischem Gebiet vorzuweisen hatte und zunächst einmal Physik- und Chemiebücher studieren musste, war nachgerade eine Empfehlung in einem Moment, als das Vertrauen in das Expertentum vollends zusammenzubrechen drohte. Er war der perfekte Stellvertreter des besorgten Bürgers.

Die Sprechstunden des Ministerpräsidenten Kohl hatten den Landeskindern noch versprochen, Vater Staat wisse in jeder Notlage Rat. Wo die ganze Gesellschaft ratlos war, war es um so glaubwürdiger, wenn der Staat kein besseres Wissen mehr in Anspruch nahm. So gesehen war es nicht ganz fair, Wallmanns Rhetorik der Nachdenklichkeit als Beschwichtigungstaktik zu rügen, denn einerseits ließ man sich nicht wirklich beruhigen, wenn Wallmann die Atomkraft nach einigem Nachdenken für weiterhin verantwortbar erklärte, andererseits hörte man es trotzdem mit Erleichterung. Denn kaum jemand war im eigenen Leben zu der Askese bereit, die eine umweltpolitische Umkehr gefordert hätte. Gleichwohl hatte «Die Zeit» nicht unrecht, wenn sie Wallmanns Berufung zum «Beruhigungsminister» typisch für Kohls Kunst der Krisenbewältigung nannte. Nach dem Schock von Tschernobyl bewährte sich Kohls Erfahrungssatz, dass das Wesen der modernen Politik Kommunikation oder – mit seinem Wort – Psychologie ist.

Zur selben Zeit legte Niklas Luhmann den gleichen Gedanken in seiner Theorie der ökologischen Kommunikation dar. Sicherheit gibt es nicht, weil die Nebenfolgen keiner Handlung kalkuliert werden können. Mit der Verantwortung für die Schöpfung würden sich die Politiker übernehmen. Sie spielen aber eine wirklich verantwortungsvolle Rolle im gesellschaftlichen Gespräch über Sicherheit und Unsicherheit. Während man die Folgen eines Eingriffs in die natürliche Umwelt kaum prophezeien kann, lässt sich mit ziemlicher Sicherheit sagen, dass die fortwährend wiederholte Forderung nach Beseitigung aller Risiken Unsicherheit produziert. Aufgabe der Politik ist es dann, den Bürgern eine gelassene Sicht der Dinge nahezubringen, ohne vor bekannten Risiken die Augen zu verschließen.

Ausgerechnet der Unfall, der als Einbruch der Realität in eine Scheinwelt der herbeigerechneten Sicherheit erlebt wurde, stärkte eine Politik, die nicht so sehr die Dinge als die Ansichten über die Dinge verändern wollte, die sich also in Luhmanns Begrifflichkeit mit der Beobachtung der Beobachter beschäftigte. Hohn hatte Kohl als Oppositionsführer und in den ersten Jahren als Bundeskanzler auf sich gezogen, weil er eine Schwäche dafür zu haben schien, schwierige Situationen schönzureden. Strauß, der wohl auch deshalb, weil ihm jedes Wort zu Gebote stand, einen altmodischen Begriff von der Herrschaft des Politikers über die Dinge hatte, spottete über Kohls Fähigkeit, «aus Regen durch Erklärung Sonnenschein zu machen». Aber Kohl hatte begriffen, dass derjenige Wahlen gewann, der ein Bild der Welt malte, in dem sich die Mehrheit wiedererkennen wollte. Der Politiker war in der Tat verdammt, gut Wetter zu machen. In der Umweltpolitik gelang es Kohl und seinem Minister sogar, durch Erklärung Sonnenschein aus saurem Regen zu machen.

*Stabilität statt Erschütterung*

Es war schon in den siebziger Jahren erkannt worden, dass Luhmanns Funktionalismus, eine hochallgemeine soziologische Theorie, seine Schärfe dem Nachdenken über eine ganz besondere Gesellschaft, die junge und nicht nur insofern geschichtslose Bundesrepublik, verdankte. Die damals dominante Ideologiekritik musste hinter Luhmanns wissenschaftlichen Interessen politische Absichten vermuten. So geriet der Bielefelder Gelehrte in den Verdacht, er stelle den Herrschenden eine «Sozialtechnologie» bereit, die den Bürgern die Kritik und den Institutionen den Sinn austreibe.

Erst in der Ära Kohl, als die geschichtsphilosophischen Hoffnungen der Linken verblassten, wurde Luhmann zum Staatsphilosophen der Bundesrepublik ausgerufen. Eine Theorie, die das Erstaunen darüber festhielt, dass die Dinge überhaupt liefen, statt ihnen vorzuschreiben, wohin sie laufen sollten, kam einer Stimmung der Ernüchterung entgegen, die auch die Rechten ergriffen hatte, deren Sehnsucht nach einer Rücknahme der Emanzipationen der siebziger Jahre sich nicht erfüllte. Luhmanns Lehre hatte den Ruf einer Arkanwissenschaft genossen, eines kybernetischen Machiavellismus; nun gingen ihre Leitbegriffe wie «Selbstreferenz» in die Umgangssprache der Gebildeten ein. Das «politische System» war keine Zitadelle mehr, die es zu schleifen galt, sondern ein unzerstörbares Raumschiff*,* das selig durch die Galaxis der Gesellschaft trudelte. An Bord war ein ewiger Wettstreit um die Plätze auf der Kommandobrücke im Gang, und alle aufgefangenen Daten wurden daraufhin geprüft, was sie für die Machtchancen der Mitspieler bedeuten konnten. Dieser geschlossene Kreislauf war weder mit Geld noch mit guten Worten aufzusprengen, wie auch umgekehrt etwa das Wirtschaftssystem sich nicht durch politische Direktiven steuern ließ.

Bei der Bundestagswahl 1994, befand der Soziologe Heinz Bude, wurde eine Generation noch einmal im Besitz der Macht bestätigt, die ihre Mission schon erfüllt hatte. Kohl, für den Politik nichts als Politik war, verkörperte für Bude den selbstbezüglichen Politikstil der Achtziger, «der Dekade des Rokoko». An der kunsthistorischen Metapher erstaunt, wie selbstverständlich der Sozialforscher ein moralisches Ressentiment gegen die Kunst, die sich selbst genügt, mobilisierte. Von der Politik der Epoche nach Kohl forderte Bude neue Entwürfe des sozialen Ganzen; nach der Dekade des Rokoko sollte die Zeit eines neuen Klassizismus anbrechen. Aber was ließ sich nicht alles zur Rettung der Verspieltheit vortragen, zu Ehren eines antiheroischen Ideals, das an sich selbst genug hatte! Wenn Bude die Politik wieder auf überpolitische Werte verpflichten wollte, auf das Menschheitswohl oder die Gerechtigkeit, so traf sich dieser neue sittliche Ernst der Linken mit einem ähnlichen Unbehagen gegenüber dem Pathosverzicht der professionellen Politik bei manchem Konservativen. Sogar Wolfgang Schäuble, der in Fraktion und Regierung im Stil eines englischen Chefeinpeitschers das Management als schöne Kunst praktiziert hatte, beschwor eines Tages die Geister von Nation und Gemeinschaft.

Doch Kohl hatte diejenigen Leistungen, denen auch seine ehemaligen Verächter historischen Rang zusprachen, nicht etwa dadurch erbracht, dass er sich über die Niederungen des Alltags emporgeschwungen hätte. Er fand als Staatsmann Anerkennung, blieb aber Politiker. In der welthistorischen Krise, die mit der Durchlöcherung des Eisernen Vorhangs anhob, war für ihn maßgebend, was ihn immer geleitet hatte: der Primat der Innenpolitik, der parteipolitische Vorteil und seine eigene Macht. Die Nation und wohl selbst das Volk waren für ihn keine Substanzen, die ihm das Gesetz des Handelns hätten vorgeben können. Er dachte vielmehr ausschließlich in Funktionsbegriffen, sah alles auf den Zweck hin an, dem es dienen konnte. Das Wort «Funktionär» komme von «funktionieren», erläuterte er 1996, als ihm die Ehrenmitgliedschaft des 1. FC Kaiserslautern übertragen wurde. In einer moralischen Sprache, welche die Selbstherrschaft prämiert, die Freiheit, aus der Welt herauszutreten, hat das Tätigkeitswort, mit dem man Maschinen lobt, keinen guten Klang. Kohl freilich wollte die Vereinsbeamten nicht kränken, die ihn in die Ewigenmannschaft vom Betzenberg berufen hatten. Für ihn bezeichnete das Funktionieren ein moralisches Ideal: Süß und ehrenvoll ist es, alle Kräfte für das große Ganze einzusetzen. Sein Zweck der Zwecke war keine metapolitische Idee wie die Gerechtigkeit der Linken und keine vorpolitische Realität wie die Nation der Rechten, sondern ein so künstliches wie lebendiges Gebilde, dessen Wesen wiederum im Funktionieren lag: das politische System, in dem er selbst die zentrale Rolle spielte.

Als die internationale Lage die Erweiterung der Bundesrepublik erzwang, widerstand er den Rufen nach einer Neuformulierung der Staatsräson. Trotz der erheblichen Belastung der Staatsfinanzen durch das Einheitsprojekt wollte er nichts von der dubiosen Analogie wissen, nach dem Zusammenbruch der Staatlichkeit in Ostdeutschland seien auch alle Strukturen Westdeutschlands einer Inspektion zu unterwerfen. Sich zum Vollstrecker eines Spruchs der Geschichte zu stilisieren, um eine Reform des Staates an Haupt und Gliedern ins Werk zu setzen, lag ihm ganz fern. An Einladungen fehlte es nicht. So kam es unter den führenden Köpfen der deutschen Wissenschaft in Mode, schlecht von den Universitäten zu sprechen. Doch den Institutionen schlug nun ironischerweise zur Rettung aus, dass Kohl kein Interesse für sie aufbrachte. Erst zwei lange Legislaturperioden später wurde Kohl von den Folgen seiner wohlwollenden Nachlässigkeit eingeholt. Man konnte es fast tragisch nennen, dass er sich 1998 gezwungen sah, einen Reformstau zu beklagen, der doch nur bewies, dass es ihm in der Krise gelungen war, seiner Heimat alle Erschütterungen zu ersparen.

Mancher Kinogänger nennt einen Streifen einen Mistfilm, in dem es nur drei Tote pro Stunde gibt. Ebenso war vielen Betrachtern das Drama der Jahre 1989 und 1990 nicht dramatisch genug. Von Wohlhabenden konnte man hören, die Westdeutschen hätten frühzeitig zur Kasse gebeten werden sollen. Wer historisch gebildet war, setzte hinzu, Kohl hätte nach dem

Vorbild Churchills eine Blut-Schweiß-und-Tränen-Rede halten sollen. Der Vergleich war nicht eben geschmackvoll. Großbritannien war 1940 in seiner Existenz bedroht, was man von der Bundesrepublik 1989 nicht behaupten konnte. Im Übrigen hatte Churchill sich während des Weltkrieges keinen Wahlen zu stellen, während die Ende 1990 anstehende Bundestagswahl nicht aufzuschieben war. Statt den nationalen Ausnahmezustand auszurufen und das politische Geschäft zu suspendieren, fuhr Kohl mit seinen gewohnten Verrichtungen fort. Seine Rede von der Normalität erhielt nun emphatischen Charakter, da die Alternative, eine Kampagne der nationalen Mobilisierung, immerhin denkbar geworden war. Gegenüber der Staatenwelt gab Kohl ein Versprechen ab, das nicht eindeutiger hätte sein können: Nicht das politische System der Bundesrepublik, das durch seine auf Konsens und Gleichgewicht geeichte Mechanik außenpolitische Abenteuer erschwerte, wurde der neuen Rolle Deutschlands angepasst, sondern diese Rolle wurde umgekehrt so definiert, dass das politische System intakt bleiben konnte.

Sechs Tage vor dem Fall der Mauer fanden in Bonn deutschfranzösische Gipfelgespräche statt. Auf der abschließenden Pressekonferenz fiel Staatspräsident François Mitterrand auf, dass seinem Gastgeber bei Fragen nach der deutschen Einheit unbehaglich zumute war. Die «innere Distanz Kohls zum Umbruch in der DDR», von der Klaus Dreher spricht, war gerade die Voraussetzung dafür, dass er die Situation in die Hand nehmen konnte. Dass er zunächst langsam reagierte, war die passive Seite derselben Freiheit, die ihn dann die Dinge beschleunigen ließ. Die großen Individuen nennt Burckhardt die Koinzidenz des Verharrenden und der Bewegung in einer Persönlichkeit. Als der Weltprozess plötzlich in fruchtbare Schnelligkeit geriet, wahrte Kohl seinen festen Standpunkt: das Interesse an der Stabilität der Bundesrepublik, von der sein politisches Schicksal abhing. Der Zehn-Punkte-Plan erschien als abrupte Kursänderung, zumal er als Überraschungscoup inszeniert wurde. Aber Kohl blieb sich treu; «es ging ihm», wie

Peter Bender 1996 schrieb, «nicht um Deutschlandpolitik, sondern um die Meinungsführerschaft in der Deutschlandpolitik». Dass das Grundgesetz um der Vereinigung willen nur an den wenigen Stellen geändert wurde, die ihren Wortlaut nicht behalten konnten, mag Kohl, der sich immer an seinem Gefühl für das Machbare und nicht am Buchstaben des Verfassungsrechts orientiert hatte, weniger wichtig gewesen sein als denjenigen seiner Kollegen, die sich lieber auf Institutionen verließen als auf Intuitionen.

Es muss ihn mit besonderer Genugtuung erfüllt haben, dass der diplomatischen Revolution keine Umwälzung jener inneren Ordnung folgte, an der er alle seine Handlungen ausgerichtet hatte: des Parteiensystems. Der Wunsch nach einer schnellen Vereinigung artikulierte sich bei der Volkskammerwahl im März 1990 als Vertrauensvorschuss für die Partei des Bundeskanzlers. Der erste gesamtdeutsche Bundestag sah aus wie der letzte westdeutsche, sieht man von der winzigen Vertretung des ostdeutschen Ancien Régime ab. Zur selben Zeit brach das italienische Parteiensystem zusammen: Die Democrazia Cristiana, die sich wie ihre deutsche Schwester als Vorhut des Antikommunismus und geborene Regierungspartei gesehen hatte, überlebte das Ende des Kalten Krieges nicht. Für Kohl zahlte es sich aus, dass er nicht wie Churchill ein Kabinett der nationalen Einheit gebildet hatte: Als der Alltag des Streits wieder begann, wurde er nicht in die Wüste geschickt.

Hatte die CDU mit der Rückgewinnung der nationalen Einheit ihre historische Mission erfüllt? Acht Jahre nach der Vereinigung war die Partei noch nicht zerbrochen, obwohl sie ständig an Stimmen verloren hatte. Aber auch die Nationalliberalen beherrschten acht Jahre lang die Innenpolitik des Bismarckreiches, obgleich Kritiker meinten, ihr Name weise sie nach dem glücklichen Ausgang des nationalen Kampfes als Anachronismus aus. Die CSU widerstand der Versuchung, zur Sammlung der Euroskeptiker zu blasen, obwohl sich die Erneuerung der Option einer Auflösung der Fraktionsgemeinschaft, wie sie 1976 in Kreuth schon einmal beschlossen worden war, nun mit einem echten Richtungsunterschied hätte begründen lassen. Da es der SPD zu riskant war, ihre Oppositionsrolle zu spielen, fand die Kritik der dritten außenpolitischen Wegentscheidung der Ära Kohl, des Vertrags von Maastricht und der Abschaffung der D-Mark, keine Resonanz im Parteiensystem. An den ersten beiden Gabelungen, bei der Nachrüstung und bei der Wiedervereinigung, hatte sich der Dualismus von Regierung und Opposition insofern bewährt, als das Volk in den Wahlen von 1983 und 1990 eine echte Wahl zwischen Zustimmung und Ablehnung respektive Skepsis hatte. Die SPD wurde für diesen Dienst an der Integration der Schwarzseher und Missvergnügten freilich nicht belohnt. Kohl hingegen hatte richtig gewettet. Als 1989 das Mauerwerk des Ostblocks zu bröckeln begann, durfte Kohl sich doppelt bestätigt sehen: gegenüber den Weltuntergangspropheten, welche die amerikanischen Raketen als Teufelszeug verdammt hatten, und gegenüber den Apokalyptikern im eigenen Lager wie dem mittlerweile verstorbenen Strauß, die ständig um die Nervenstärke des Westens besorgt gewesen waren.

*Dresden 1989*

Kohls Ahnung, mit der Entwicklung im Bunde zu stehen, die bisher von erfolgreichen Wahlkampagnen genährt worden war, erhielt 1989 eine Kräftigung neuer Art. Ihm schlug eine Zustimmung entgegen, um die er nicht geworben hatte. Und alles Werben schien unnötig, als er endlich selbst den Boden der DDR betreten konnte. Protokollarische und diplomatische Rücksichten hinderten den Kanzler zunächst daran, wie andere Spitzenpolitiker auf die Ostdeutschen im Wortsinn zuzugehen. Dass sein Amt ihn fesselte, muss ihn geärgert haben, da nach seiner Auffassung seine Amtspflicht nicht mehr und nicht weniger von ihm forderte, als am richtigen Ort das Richtige zu tun. In der DDR kam er dann erst recht in seine Welt, wo jeder Amtsträger suspekt war und nur noch persönliche Autorität den Sturz ins Chaos zu verhindern schien.

Am Abend des 19. Dezember 1989 sprach Kohl vor der Weltkriegsruine der Frauenkirche in Dresden vor einer hunderttausendköpfigen Menge. Er erfuhr am eigenen Leibe, welche gewaltigen Erwartungen sich auf ihn richteten. Fast hätte er seine Rede nicht zu Ende gebracht: Es verschlug ihm die Sprache, als er spürte, dass er in diesem historischen Moment unersetzlich war. Wenn er ein römischer Feldherr gewesen wäre und seine Legionäre durch Anrufung der Schutzgötter des Staates zum Kampf für die Einheit der Republik hingerissen hätte, dann wäre in den Geschichtsbüchern später von himmlischen Wunderzeichen die Rede gewesen. Der glückliche Augenblick stand außerhalb der Zeit und doch nicht jenseits von Kohls Erfahrungswelt. Die Kommunion des Redners mit dem Volk erfüllte, was die Wahlveranstaltungen in Westdeutschland versprochen hatten. Das Schönste an der deutschen Vereinigung war für die Politiker wahrscheinlich diese Vereinigung mit den Bürgern. Wir sind ein Volk: Gewöhnlich nahmen die Unteren die Beteuerungen der Oberen, sie gehörten dazu, nie ohne Misstrauen auf; nun öffneten sich Millionen Arme weit genug, um auch die einsamen Machtarbeiter einzuschließen. Wer sonst auf einem Kirchplatz Wahlkampfreden hielt, stand auf dem Prüfstand. Die Zuhörer machten die Probe, wieweit sie sich von ihm mitreißen lassen wollten, und behielten sich ihr Urteil vor; erst in der Wahlkabine entschied sich, ob ihre Begeisterung echt gewesen war. In Dresden musste Kohl nichts beweisen; als er anfing zu sprechen, fiel der Druck von ihm ab. Er sagte nur das Einfachste, sprach aus, was alle dachten. Schon die Anrede «Liebe Landsleute» rief ohrenbetäubenden Jubel hervor.

Wo die volkstümliche Floskel auf einer Wahlkundgebung diejenigen Zuhörer befremden kann, die vom Repräsentanten des Gemeinwesens wohlgeformte Sätze als sprachliches Abbild staatlicher Ordnung erwarten, da artikulierte sich in dieser ungeplanten Versammlung eine Kraft, die sich an keiner Institution brechen wollte, eine Spontaneität, deren reiner Ausdruck das ins Unreine gesprochene Wort war. Es war immer riskant gewesen, wenn Kohl in seinen Reden den Boden der Politik verlassen und ein Reich des privaten Glücks jenseits aller öffentlichen Zwänge beschworen hatte; als Träger eines öffentlichen Amtes rückte er sich selbst ins Zwielicht. Diesmal traf er mit seinem Refrain von der unversehrten, unpolitischen Welt den richtigen Ton. «Wir wollen, dass die Menschen sich hier wohl fühlen. Wir wollen, dass sie in ihrer Heimat bleiben und hier ihr Glück finden können.» Die Bewohner der DDR hatten das Politische nur als tyrannisch erlebt. Als das Gebäude der Unterdrückung einstürzte, mussten sie befürchten, nun endgültig unter der Politik begraben zu werden. Kohl entlastete seine Zuhörer und sich selbst für einen vorweihnachtlichen Abend von allem, was zur Politik gehört, von Abwägungen, Befürchtungen und Hintergedanken.

Ihm hatten Zeit und Informationen gefehlt, um zu erwägen, welche Äußerungen taktisch ratsam sein mochten; sein Manuskript bestand aus ein paar Blättern, auf denen er mit schwarzem Filzstift Stichworte notiert hatte. Und die Leute, die auf den freien Platz vor der Kirchenruine strömten, wussten wohl auch nicht so genau, was sie hören wollten. Wer wählt, gibt Kredit in Erwartung einer Gegenleistung; er hätte auch eine andere Wahl treffen können. Hier fühlte sich Kohl von einer Menge getragen, die ihm bedingungslos Vertrauen schenkte; die Versammelten hatten ihn nie gewählt und gewährten ihm freie Hand. Die absichtslose Übereinstimmung zwischen dem westdeutschen Politiker und den ostdeutschen Bürgern musste unwiderstehlich scheinen. In den Wochen vorher hatte Kohl fortwährend seine Optionen prüfen müssen. Was er tun konnte, schien von den Launen der Mitspieler im Staatensystem abzuhängen und von den Listen der Machthaber im Osten, die keine Stabilität mehr garantieren konnten und zugleich mit der rudimentären Legitimität des Garanten des Status quo auch ihre Berechenbarkeit verloren. Der demokratische Prozess hatte nach Kohls Erfahrung eine Einheit des politischen Geschehens hergestellt: Wer sich auf die Bewegung der Meinungen einließ, kam nicht vom Wege ab; Regierende und Regierte hielten sich aneinander fest und blieben in der Mitte. Als die Mauer brach, verloren die Dinge Richtung und Zentrum, entzogen sich dem Zugriff des Politikers. Erst in Dresden wurde Kohl wieder von der Gewissheit ergriffen, dass in den Ereignissen eine Tendenz wirksam war, der sich niemand dauerhaft widersetzen konnte. Rousseaus konstituierende Macht ließ ihre Gewalt fühlen – freilich in einem Akt der puren Gewaltlosigkeit, einem Freudenfest, das mit dem schon im Westdeutschland des Wirtschaftswunders als Hymnenersatz beliebten Karnevalslied «So ein Tag, so wunderschön wie heute» endete. Der Wille aller war allgemeiner Wille, denn alle wollten eins sein. Der Einheitswunsch war unbedingt, weil er unbestimmt war: Der Raum sollte erst geschaffen werden, in dem alle anderen Probleme gelöst werden konnten.

Im Mai 1988 hatte Kohl Dresden schon einmal besucht – als Privatmann. Es war eine merkwürdige Reise, deren mit der DDR-Staatsmacht abgesprochenes Prozedere an den Brauch europäischer Monarchen der älteren Neuzeit erinnert, sich den zeremoniellen Zwängen bei Reisen in anderer Herren Länder durch ein von jedermann durchschautes Inkognito zu entziehen. Honecker hatte die Einladung bei seinem Besuch in Bonn ausgesprochen, aber das war wiederum nur die diplomatische Außenseite eines Vorgangs, der vorher zwischen beiden Seiten vereinbart worden war. Kohl hatte keine Journalisten im Gefolge, ließ sich wie überall von Eckhard Seeber chauffieren und wurde von seiner Frau und einem seiner Söhne begleitet, außerdem von seinem Regierungssprecher, der aber keine Erklärungen abzugeben hatte und die Reise auch nicht hatte ankündigen dürfen. Von Gotha über Erfurt und Weimar führte der Reiseweg nach Dresden, wo Kohl ein Fußballspiel und Richard Wagners «Tannhäuser» in der Semperoper besuchte sowie die Sonntagsmesse in der Hofkirche. Seiner Neigung, den Fängen des Protokolls zu entschlüpfen und auf Zeit ins Privatleben einzutauchen wie beim Schwimmbadbesuch ins Wasser, konnte er in der hochreglementierten Situation eines Ausflugs unter den Augen der Staatssicherheit nachgeben und aus deutschlandpolitischer Verantwortung. Der Kulturtourist

Kohl machte die Probe auf die Maxime seiner Deutschlandpolitik, dass die Fortexistenz des Zusammengehörigkeitsgefühls von Ostdeutschen und Westdeutschen von der Reisetätigkeit abhing. Reiseerleichterungen für Bürger der DDR waren das Hauptziel der Verhandlungen seiner Regierung mit dem Honecker-Regime. Und umgekehrt ermunterte er die Bundesbürger, in die DDR zu reisen. Hans-Peter Schwarz stellt Kohls Privatvisite in den Zusammenhang der «Reduktion der langfristigen Wiedervereinigungspolitik» auf die Förderung des Reiseverkehrs über die Zonengrenze. Als Kohl im Dezember 1989 wieder nach Dresden kam, war die Notwendigkeit für diese Reduktion entfallen. Aber Kohl durfte glauben, dass er mit Recht auf den Fortbestand der privaten Verbundenheit unter den Landsleuten gebaut hatte. Seine Leitlinie war sozusagen die anthropologische Variante der Magnettheorie der Adenauerzeit gewesen. Der logische Schlusspunkt dieser unpolitischen Politik der Einheit von unten war der Appell an die Zuhörer in Dresden, ihren unwiderstehlichen Bewegungsdrang zu zügeln und nicht auszureisen, sondern in der übergangsweise noch als DDR firmierenden Heimat zu bleiben.

*Der Volkssouverän nimmt Gestalt an*

Linke, die angesichts der Fernsehbilder von den Massendemonstrationen vor einer Wiederkehr des Nationalismus warnten, verkannten, dass sie dem seltenen Schauspiel beiwohnten, wie der Volkssouverän Gestalt annahm. Mancher Journalist, der die Regierung unterstützt hatte, solange sie für das Bestehen des Bestehenden stand, warf Kohl Verrat an der Bundesrepublik vor. Aber die Parole von der Verwestlichung, die nicht aufs Spiel gesetzt werden dürfe, verriet in Wahrheit, dass die Eliten noch immer dem Volk misstrauten. Die meisten Mahner, die über die schlecht gekleideten Übersiedler die Nase rümpften, einte die Herkunft aus einem Spießbürgertum, das den eigenen sozialen Status auf geistige Überlegenheit zurückführte und sich schon im neunzehnten Jahrhundert vor den entfesselten Volksmassen gefürchtet hatte. Kohl dagegen wusste, dass es gegen den Willen zur Selbstbestimmung keine respektablen Argumente gab, weil alle auf Fremdbestimmung hinausliefen.

Als er in Dresden sprach, überkam ihn das Gefühl, dass die Einheit unaufhaltsam war. Zu seinen Begleitern sagte er hinterher: «Das läuft.» Die natürliche Kraft, die sich gegen jeden Widerstand durchsetzt, und der Anspruch auf Anerkennung durch die Welt fallen im Streben nach Autonomie zusammen: Für Kohl waren in seinem Leben sowohl Triumphe als auch Zurücksetzungen mit dem Drang verbunden, er selbst zu sein. Von Leuten, die sich für etwas Besseres hielten, war er ausgelacht worden, weil er sich ungeschickt ausdrückte und unmodern kleidete. Aus Erfahrung ahnte er, dass alle Kränkungen die Deutschen in der DDR nur in ihrem Selbstgefühl bestärkten. Das souveräne Volk macht geltend, was jedes moderne Individuum in Anspruch nimmt: die eigene Unersetzlichkeit. Im Frühjahr 1991 bemerkte Kohl zu seinen Beratern über den britischen Premierminister John Major, den Sohn eines Trapezartisten und Gartenzwergverkäufers: «Der Mann ist eine Wohltat. Er kommt von unten und weiß es. Mit dem kommen wir in Europa voran.» Vom sozialen Aufsteiger erwartete Kohl Sympathie für den nationalen Parvenü.

Als Kohls CDU sich anschickte, in die sogenannten neuen Bundesländer zu expandieren, fand sie dort schon eine CDU vor, die ebenso alt war wie sie selbst. Nach der Logik der Weltgeschichte, deren Sätze die kommunistischen Staaten zu illustrieren behauptet hatten, hätte die Ost-CDU mit der DDR untergehen müssen. Ihr einziger Zweck hatte darin bestanden, die Fassade des Arbeiter- und Bauern-Staates aufzuhübschen, als reichlich schäbiges bürgerliches Schmuckelement. Aber ein Personenverband, der über Jahrzehnte bestanden hat und in dem sich Erinnerungen und Hoffnungen aufgehäuft haben, richtet sich nicht nach der Logik der Geschichte, sondern nach dem Gesetz der Trägheit. Die Ost-CDU war insofern ihrer Machtlosigkeit zum Trotz eine echte Partei. Kohl rechtfertigte auf dem Dresdner Parteitag im Dezember 1991 die Fusion der beiden Parteien oder besser der beiden Karteien, die Addition der Mitgliedschaften, mit einem kontrafaktischen Gedankenexperiment am eigenen Leib. Er wisse nicht, «welchen Weg» er «genommen hätte», wenn er 1946 nicht in Ludwigshafen der CDU beigetreten wäre, sondern in einem der Länder der sowjetischen Zone. Abwanderung? Widerspruch? Oder wäre er «Kompromisse eingegangen» und hätte er sich «eine Nische gesucht»? Dass er Politiker geworden war, dass ihn sein Weg in ein öffentliches Dasein geführt hatte, stellte sich als Gnade der westlichen Geburt dar.

Kohl spielte auf den Begriff der «Nischengesellschaft» an, den Günter Gaus, unter der Regierung Schmidt erster Ständiger Vertreter der Bundesrepublik bei der DDR, Anfang der achtziger Jahre geprägt hatte. Dass es im autoritären Staat, dessen Politik das ganze Leben bestimmen wollte, Gegenwelten des Unpolitischen gab, hatte damals erklären sollen, dass die DDR noch existierte und sogar stabil wirkte. War diese Theorie denn nicht durch den Fall der Mauer widerlegt worden? Darauf kam es für Kohl nicht an. Die Metapher behielt ihre Evidenz, rief frühere Epochen der bürgerlichen Gesellschaft in Deutschland auf: ein Spitzweg-Motiv, das Gehäuse, das wie gemacht ist für den kleinen Mann. Dabei sollte man das Biedermeierliche des Bildes jedenfalls in der Verwendung durch Kohl auch nicht übertreiben. Kohl in der Nische: Das wäre eine ziemlich ungemütliche Existenzform gewesen. Es gibt ein Recht auf ein unheroisches Leben: Um dieses demokratische Prinzip zugunsten der Blockparteisoldaten ins Feld zu führen, musste Kohl die DDR nicht schönreden. Seine moderne Volkspartei wollte auf die Mitgliederzufuhr aus der ganz und gar nicht modernen, zur Repräsentation einer obsoleten Klasse gegründeten Partei, mit der sie nur den Namen gemein hatte, nicht verzichten. Das zeigt etwas über die Partei des von Helmut Kohl, dem Prototyp des Berufspolitikers, geprägten Typs. Sie dringt so weit vor in die Gesellschaft, dass umgekehrt das Unpolitische in die Politik eindringt. Kompromisse einzugehen: Das ist wohl das einzige, was vom Mitglied einer Volkspartei erwartet wird, deren Stärke sich nach ihrer Mitgliederzahl bemisst. Für die Partei als charakteristische, nämlich nicht-totale Organisation einer postheroischen Gesellschaft gilt: Kein Mensch ist unentbehrlich, aber jeder wird gebraucht.

In der schriftlichen Abiturprüfung im Fach Deutsch entschied sich Kohl 1950 für die Aufgabe: «Nehmen Sie Stellung zu der Behauptung: Die soziale Frage ist eine Magenfrage.» Kohls Stellungnahme fiel negativ aus, was man als Bestätigung der Vermutung nehmen könnte, dass auf dem Gymnasium für die Schule und nicht für das Leben gelernt wird. War nicht die Sozialpolitik, von der Kohl sich sein politisches Leben lang von keinem Leitartikler, keinem Minister des Koalitionspartners und erst recht nicht von der Wirtschaftsvereinigung der CDU abbringen ließ, auf Alimentation ausgerichtet? Tatsächlich wirkt es angelernt, wenn der Prüfling drei Jahre nach dem Hungerwinter 1946/47 den Nahrungsmaterialismus mit dem Zitat Platons widerlegt, es sei der Geist, der den Körper adele. Und doch bekommt man in dem mit «gut und besser» bewerteten Aufsatz einen Vorgeschmack auf die Leitgedanken, von denen Kohl jahrzehntelang zehren sollte. Er bestimmte den Menschen als eine in allen Bezügen «soziale Person». Die Antwort auf die Magenfrage konnte dann deshalb nicht das letzte Wort sein, weil jeder Mensch für sich allein hungert oder satt wird. Der Materialismus, von dem die Arbeiterbewegung ihre philosophischen Gründe bezog, unterschätzte also den sozialen Zusammenhang – so das gewitzte Argument des Schülers, der sein Händchen für das Knüpfen von Beziehungsnetzen schon entdeckt hatte. Die Macht des Sozialen machte der Aufsatz an einem immateriellen Grundbedürfnis der Person fest: Der Mensch lebt nicht vom Brot allein, sondern verlangt nach Anerkennung. Durch die Ereignisse des Jahres 1989 durfte Kohl die These bestätigt sehen, die er 1950 aufgestellt hatte: «Geschichtliche Beispiele zeigen, dass Revolutionen, auch soziale Revolutionen, in erster Linie das menschliche Streben nach Würdigung der Person und in zweiter Linie die Sicherung der materiellen Existenz zur Ursache hatten.»

Die Nischen, von denen Gaus und Kohl sprachen, muss man sich uneinsehbar vorstellen, dekoriert nach einem Geschmack, der sich nicht um Geschmacksrichter schert. Es gibt sie auch im Westen, und nicht nur in Kleinstädten. Im uneinholbar Persönlichen, im Verzicht des mit sich selbst beschäftigten Individuums auf eine Anpassung an die Stilbegriffe der besseren Leute, liegt für den Beobachter etwas Unpersönliches: Wer Fremdbestimmung abwehrt, muss nicht zeigen, wer er ist. Die Alltagshistorie der achtziger Jahre entdeckte in den scheinbar von Reflex und Instinkt regierten Ritualen der sogenannten Kleinbürger und der Angehörigen der sogenannten unterbürgerlichen Schichten den Stolz listiger Eigenbrötler. Kohl, der sich so leicht reizen ließ, wenn man ihn zu kategorisieren versuchte, konnte das Gefühl vermitteln, niemand müsse sich für seine Lebensweise rechtfertigen. Dass in Kohls Deutschland ein jeder nach seiner Façon selig werden solle, hätte vom Individuum noch zu viel protestantische Arbeit am Ich verlangt; Kohl war es recht, dass sich jedermann nach seiner Façon an die Welt verlor.

Ein Individualismus der Unsicherheit, der gar nicht aus den Quellen der Persönlichkeit zu schöpfen versuchte, weil er insgeheim fürchtete, sie seien ausgetrocknet, fand leicht Gefallen am nationalen Gedanken. Wer mit anderen eins sein wollte, bekräftigte, dass er er selbst zu sein hoffte, ohne dass er angeben musste, wer er war. Wer konnte schon sagen, was der Name Deutschland bedeutete? Und doch wusste jeder, was mit dem Wort gemeint war. Wem es wichtig war, sich einen Deutschen zu nennen, der forderte Achtung für einen bloßen Namen. Auch seinem eigenen Namen, den vielleicht niemand kannte, gebührte dann Respekt. Dass Kohl der Kanzler der Einheit zu werden verdiente, kann man nicht damit begründen, dass er mit größerem Ernst als die Mehrzahl seiner Kollegen und Rivalen am Ziel der Wiedervereinigung festgehalten hätte. Als der CDU-Bundestagsabgeordnete Bernhard Friedmann dem Kanzler auf einer Fraktionssitzung im November 1986 die Frage vorlegte, ob die abrüstungspolitischen Fortschritte der Supermächte deutschlandpolitische Chancen eröffneten, musste er sich die Beschimpfung gefallen lassen, er rede «hirnrissigen Quatsch» und «blühenden Unsinn». Was Kohl, als die Situation da war, instinktiv begriff, war die Sehnsucht nach Selbstachtung, die sich im Ruf nach der nationalen Einheit artikulierte: Er selbst hatte zu sich gefunden, als er sich mit dem Schicksal seines Landes verbunden hatte.

Nach Kohls Kanzlerwahl war im «Spiegel» eine sprachkritische Analyse von Hellmuth Karasek erschienen. Der Verfasser erzählte darin die tragikomische Geschichte, wie Kohl sein authentisches Pfälzisch gegen ein papiernes Hochdeutsch eingetauscht habe, und saß damit einem romantischen Missverständnis auf. Er übersah, dass Kohl sich schon immer in ungelenk kombinierten Gemeinplätzen ausgedrückt hatte, und verkannte, dass diese abgeleitete Sprache der authentische Ausdruck eines beschädigten Lebens war. Das Vokabular der Gewerbe und Handwerke geriet in Vergessenheit in einer Welt, in der die Menschen immer seltener mit Dingen arbeiteten und immer öfter mit Papieren; der Politiker kennt überhaupt kein anderes Material. Die Originalität des Feuilletonisten hielt die Leser auf Distanz, die Verwechselbarkeit des Redners lud die Zuhörer ein zur Identifikation. Besonders lustig erschien Karasek eine historische These Kohls: Die Bundesrepublik entstand, «weil der einzelne sein eigenes Ich und seine Sehnsüchte in das Wir des Ganzen eingebracht hat». Acht Jahre später kam es zur Neugründung der Bundesrepublik, weil wieder Millionen Einzelne nicht mit ihrem Ich alleine sein wollten.

*Der Mantel der Geschichte*

«Wer der Kanzler der Einheit sein wird», erklärte Kohl im Februar 1990, «wird die Geschichte entscheiden.» Diese Redeweise, die Stilisierung der Geschichte zu einer handelnden Person, war erst seit der Französischen Revolution möglich. Sie setzt die Vorstellung voraus, dass alles, was geschieht, Moment eines großen Prozesses ist: Der Sturm auf die Bastille war das Kippen eines Dominosteins, das Folgen in der ganzen Welt hatte. Die klassischen Historiker hatten eine Vielzahl von Geschichten erzählt, von denen jede auf eine besondere Lehre hinauslief. Wenn es aber eine Geschichte über den Geschichten gab, dann ließ sich der gesamten Weltgeschichte eine Moral abgewinnen. Wer das Gesetz der Verknüpfung begriffen hatte, durfte das Urteil der Geschichte vorwegnehmen. Konservative und liberale Kritiker linker und rechter Weltverbesserungsprogramme haben diesen Appell an das diesseitige Weltgericht der Geschichte als mythische Verdinglichung entzaubert: Die Ziele einer Partei werden als Telos des Weltgeschehens ausgegeben; es ist der Prophet selbst, der herbeiführt, was er vorher verkündet hat. Philosophen mochten die Geschichte, die alle anderen Geschichten verschluckt und zu guter Letzt den Sinn des Lebens von sich gibt, als Konstrukt entlarven; für Staatsmänner behielt der emphatische Singular seine Plausibilität. Denn diese Redeweise drückte nicht nur eine Erwartung, sondern auch eine Erfahrung aus. Die Hoffnung, Geschichte lasse sich machen, der Mensch könne die Verhältnisse in die Hand bekommen, mochte man als phantastischen Traum abtun. Aber sie war die Umkehrung des pessimistischen Verdachts, die Verhältnisse seien stärker als der Mensch. Auch diese Idee setzte voraus, dass alles mit allem zusammenhing. Sie entsprach der Lebenserfahrung des handelnden Politikers, der jederzeit mit einer unglücklichen Verkettung von Umständen rechnen musste. Sein Wille stieß irgendwann immer mit einer Gegenmacht zusammen, und sein kämpferisches Selbstgefühl legte es ihm nahe, auch dieser Macht einen Willen zu unterstellen. Die Geschichte war, was die Absichten der Akteure am Ende vereitelte, oder im guten Fall der Inbegriff der Bedingungen, unter denen eine Idee Wirklichkeit werden konnte.

Kohl wurde ausgelacht, wenn er die Geschichte beschwor; statt den Weg in die Zukunft zu weisen, ruderte er im Ungefähren. «Die Geschichte nimmt ihren Lauf, davon bin ich fest überzeugt.» Die Spötter verkannten, dass die Kraft der Kategorie gerade in ihrer Allgemeinheit liegt. Als Kohl im Jahr von Adenauers hundertstem Geburtstag aufgefordert wurde, die von ihm reklamierte Wahlverwandtschaft zu rechtfertigen, nannte er als Gemeinsamkeit das historische Denken, «die Vorstellungswelt, die sich unter geschichtlichen Perspektiven herleitet». Aber er bestimmte diese Welt nicht näher, sondern umschrieb sie mit Ausdrücken, denen alles Geschichtliche im Sinne des Besonderen, Zeitlichen und Persönlichen abging: «das Lebensgefühl, die Gesamtvorstellung vom Leben, von Pflichten, von Freuden und auch von der Politik». Und in seiner Gedenkrede pries er im selben Jahr Adenauers Kunst, sich vom Einzelnen zum Allgemeinen, vom Vergänglichen zum fast schon Ewigen zu erheben, die «Fähigkeit, das Unwesentlichste, das des Tages, vom Wesentlichsten, vom Strom der Geschichte, zu trennen». Die geschichtliche Welt ist das Reich des Unberechenbaren und Unerwarteten, wo alle Theorien widerlegt und alle Dogmen verworfen werden. Hier versagen die Allgemeinbegriffe. Und auch von der Geschichte selbst kann man im Allgemeinen nur sagen, dass sie ihren Lauf nimmt: Die Geschichte ist die Geschichte, und das ist die ganze Geschichte.

In Kohls historischen Phantasien drückte sich keine Treue zu Traditionen, Herkunft oder Heimat aus, erst recht keine Parteinahme für das Bestehende. Er wünschte nicht ernsthaft, dass die Dinge sich gleich blieben; sein Leben lang war er vorangekommen, wenn sie sich bewegten. Als Journalisten Kohl am 9. November 1989 gegen Mitternacht in Warschau um ein Wort zum welthistorischen Augenblick baten, bekamen sie, wie Klaus Dreher notiert, nur einen Gemeinplatz zu hören: «Das Rad der Geschichte dreht sich schneller.» Die Frager hatten den Kanzler keineswegs in einem schwachen Moment erwischt. Wenn er fast unbeteiligt klang, so enthüllte sich hier eine seiner Stärken, seine unheimliche Fähigkeit zur Abstraktion, die Gabe, vom Ereignis abzusehen und das Auge auf den Weltprozess zu richten. Auch die größte Überraschung bestätigte die Gesetze der Geschichte. In der Nacht, da alle Welt außer sich war vor namenloser Freude, fiel ihm ausgerechnet das Bild vom Rad der

Fortuna ein. Der Witz des Sinnbilds ist die eherne Prophezeiung, dass auf jeden Aufstieg ein Fall folgt: Der König, der heute noch oben auf dem Rad thront, wird von ihm morgen überrollt. Mitten im allgemeinen Freiheitsjubel dachte Kohl unwillkürlich an die Notwendigkeit. Wie Burckhardt es gelehrt hatte, fasste er die Krise als Beschleunigung der Weltbewegung auf: Eine Situation, die ungeahnte Chancen eröffnete, schuf auch unkalkulierbare Risiken. Um die Geschwindigkeit eines Systems zu messen, muss man außerhalb des Systems stehen. Wer die Gegenwart historisch ansieht, macht sie im Geiste schon zur Vergangenheit: Er rechnet mit der Austauschbarkeit aller Dinge. Unersetzlichkeit gibt es dann nur von Gnaden der Geschichte: Wer sich mit der Tendenz verbündet, hofft darauf, dass er einstweilen seinen Platz behalten darf.

Das Rad, das sich schneller dreht, wurde zum Leitbild der Welterfahrung erst, als der Bau von Rädern möglich war, deren Umdrehungszahl sich scheinbar beliebig steigern ließ. Die hohe Zeit der Geschichte ist die Epoche der Dampfkraft. Das Emblem des Fortschritts ist die Eisenbahn: Das dampfbetriebene Fahrzeug muss nicht gesteuert werden, wenn es auf Schienen gesetzt wird; die Richtung ist vorgegeben, die ganze Energie kann in die Räderleistung fließen. Gegenüber dem Rad, das sich ewig um seinen Mittelpunkt dreht, zeichnet dieses Bild aus, dass es einen Hintergrund braucht. Der Zug fährt ab, der Bahnhof bleibt. Dem Politiker, der unaufhaltsame Veränderungen verkündet, macht das Paradox zu schaffen, dass seine Weissagung möglicherweise gerade dann nicht eintritt, wenn jeder an sie glaubt. Was man nicht aufhalten kann, meint man, muss man auch nicht befördern. Es empfiehlt sich daher, das fast Unvermeidliche zugleich als extrem unwahrscheinlich hinzustellen; die ganze Geschichte hängt dann an einem Moment. Irgendwann wird der Zug abgefahren sein: Das ist seine Verheißung und sein Schrecken. Man muss sich entscheiden aufzuspringen; hat man den Zug verpasst, holt man ihn nie wieder ein.

Seltsam berührt am Kursbuch der Weltgeschichte, dass es keine regelmäßigen Verbindungen gibt. Man konnte glauben, es würden ausschließlich Sonderzüge eingesetzt. Manchmal, heißt es, wächst längst Gras auf den Schienen, bevor der nächste vorbeikommt. «Dieser Zug fährt nur alle paar Jahrzehnte mal durch die Geschichte. Wir dürfen ihn nicht verpassen.» Es war nicht die Wiedervereinigung, die Kohl 1968 nahen sah, als er diese Bahnsteigdurchsage machte, gleichwohl eine territoriale Neuordnung: die rheinland-pfälzische Gebietsreform. Kohl versprach einmalige Erlebnisreisen und rechnete doch mit regem Zugverkehr in der Geschichtslandschaft. Die Dramatisierung, auf die Kohls historische Rhetorik zunächst zielte, drohte sich durch inflationären Gebrauch ins Gegenteil zu verkehren. Geschichte war alles, was geschah oder geschehen sollte, und der Sturz von Erich Honecker war nicht historischer als die Pensionierung eines Regierungspräsidenten. Seltene Münzen sind nur selten, wenn sie selten sind, und historische Augenblicke werden alltäglich, wenn sie sich wiederholen. Aber im Alltag war Kohl zu Hause.

Als Kohl am 15. Juli 1990 in Moskau über die Bündniszugehörigkeit eines vereinigten Deutschland verhandelte, beeindruckte er den sowjetischen Staats- und Parteichef Michail Gorbatschow, indem er sich auf Bismarck berief: «Wenn ein Führer seines Volkes den Mantel Gottes rauschen hört, so muss er zufassen und einen Zipfel packen.» Kohl fügte hinzu, auf die erste Hälfte der neunziger Jahre treffe dieses Wort ganz besonders zu. Er hatte freilich schon bei früheren Gelegenheiten versucht, sich an die himmlischen Rockschöße zu hängen. In der vermeintlich windstillen alten Bundesrepublik wisperte mitnichten nur leises Gesäusel bisweilen im Gezweig. Kohl war wetterfühlig und hörte früh das ferne Donnergrollen welthistorischer Gewitter. Auf dem Bundesparteitag der CDU in seiner Heimatstadt Ludwigshafen im Oktober 1978 wich er von der schriftlichen Fassung seiner Rede ab, als er auf die Entwicklungshilfe zu sprechen kam. Er hörte ein Rauschen und griff zu: Bei diesem Thema «weht der Mantel der Geschichte durch Raum und Zeit». Obwohl man sich schwer einen Mantel vorstellen konnte, der dem unaufhörlich in die Breite gehenden

Kanzler zu weit war, mochte man nicht glauben, dass ihm Bismarcks Erbstück passte. Wenn er sich in wallende Worte hüllte, schien er nur die Blöße seiner Ratlosigkeit zu bedecken.

Aber die rhetorische Kleiderprobe war nicht vergebens. Wo seine Rivalen sich 1989 schwertaten, den legeren Habitus eines zeitvergessenen Jahrzehnts abzulegen, da konnte Kohl, als die Nostalgiemode auf die Politik übergriff, in einen Schrank voller Stresemänner und Homburghüte greifen. Die steife Art, in der er über Historisches zu dozieren pflegte, entsprach nun der Würde der geschichtlichen Stunde. Vorher hatte man seine Streifzüge durch Raum und Zeit ungefähr so ernst genommen wie die Aufmarschpläne eines Verrückten, der im Irrenhaus die Schlachten Bonapartes nachstellt. Plötzlich verhandelte der gleiche Mann mit dem Kremlherrn über die Aufteilung Europas wie Napoleon mit Zar Alexander in Tilsit. Eben noch des Größenwahns verdächtigt, schien Kohl sich nun klein zu machen, wenn er seinen Beitrag zur Erledigung der Tagesordnung der Weltgeschichte zu leisten versprach. Die ins Beschauliche verliebten Bürger der kleinen Bundesrepublik hatte Kohl von Zeit zu Zeit aufzurütteln versucht, indem er ihnen große Taten vor Augen stellte. Als das Geschehen sich dann überschlug, hatte die Rede von der Geschichte eher besänftigende Motive; aus dem Gewimmel der Ereignisse sollten wieder übersichtliche Verhältnisse werden.

Wenn er nun Eisenbahnmetaphern aufs Gleis setzte, wollte er nicht mehr Provinzlern imponieren, deren Väter noch ans Fenster getreten waren, wenn die Dampflokomotive durch das Tal fuhr. Wer den Intercity bestieg, den Kohl von Bonn nach Berlin schickte, sollte die Bequemlichkeit eines Großraumwagens erwarten dürfen, in dem er mit seinem Nachbarn kein Gespräch anfangen musste. Am 19. Juni 1990, zwei Wochen vor der deutsch-deutschen Währungsunion, lud Kohl zum Einsteigen ein. «Der Zug der deutschen Einheit fährt jetzt langsam durch den Bahnhof der Geschichte.» Nicht mehr die plötzliche Beschleunigung des Geschehens aus Burckhardts Krisentheorie verbürgte die einmalige Chance, sondern die Drosselung des

Tempos auf ein menschliches Maß: Man konnte aufspringen, ohne sich zu verletzen. Als neun Monate vorher die Züge mit den Flüchtlingen aus Prag durch die Bahnhöfe der DDR gefahren waren, hatten sie nicht abgebremst, damit niemand zusteigen konnte. Damals war noch ungewiss, ob die Freiheit in der DDR nicht nur auf Durchreise war. Die Atempause im Sommer 1990, als ein Volk von Lokspähern die Erfolge der Reisediplomatie bestaunte, war nur kurz. Kohl drängte zur Abfahrt. «Der Zug zur deutschen Einheit steht nicht mehr lange auf dem Bahnsteig.» Er kam schneller ans Ziel, als sogar das Zugpersonal sich hätte träumen lassen.

6.

# Europa

Die Rekordleistung des Hochgeschwindigkeitszuges stimulierte in den folgenden Jahren die europäische Streckenplanung. Je öfter durchgesagt wurde, der Zug mit Kurs auf das vereinte Europa lasse sich nicht mehr aufhalten, desto mehr verdichtete sich der Eindruck, den Betreibern komme es nur auf die Einhaltung des Fahrplans an. Kannten Sie überhaupt den Zielbahnhof? Gab es genügend Passagiere? «Irreversibilität» war der zungenbrecherische Schlüsselbegriff von Kohls Europapolitik, obgleich auf sämtlichen ausgebauten Eisenbahnstrecken doch Gegenverkehr herrscht. Es war Jacques Delors, Präsident der Europäischen Kommission von 1985 bis 1995, der die Vision eines europäischen Binnenmarktes mit einem Termin verknüpfte: Bis 1992 sollten die Zollschranken beseitigt sein. Und so kam es auch, pünktlich, dem unvorhergesehenen Zwischenfall der deutschen Wiedervereinigung zum Trotz. Im Jahr der Planerfüllung wurde der Vertrag von Maastricht unterzeichnet, der die nächste Frist setzte: Spätestens bis zum 1. Januar 1999 sollte eine gemeinsame Währung eingeführt werden. Wieder wurde der Termin gehalten. Nigel Lawson, britischer Schatzkanzler zum Zeitpunkt der Ernennung von Delors zum Präsidenten, bemerkt in seinen Memoiren, der erste Wirtschafts- und Finanzminister Mitterrands sei ein typischer Politiker mit besonders stark entwickeltem Machtstreben gewesen, der deshalb nie an die Spitze der Kommission hätte gelangen dürfen. Wie Hans-Peter Schwarz vermutet, dürfte diese Eigenschaft Delors in den Augen Kohls gerade empfohlen haben. In dem

Sohn eines Kassierers der Banque de France und christlichen Gewerkschaftsfunktionär, der im väterlichen Staatsunternehmen Karriere gemacht hatte, mag er etwas von sich selbst wiedererkannt haben. Einen Mehrer der Macht im Zentrum der europäischen Institutionen fürchtete der Bundeskanzler nicht. Aus seinem eigenen Machtbewusstsein folgte, dass die Bewirtschaftung der Macht für ihn kein Nullsummenspiel war. Delors sollte in Brüssel schalten und walten, wo eine epochale Aufgabe anstand, die aber nicht von anderer Art war als zwanzig Jahre zuvor die von Mainz aus gesteuerte Zusammenlegung benachbarter Gemeinden zu Verbandsgemeinden. Delors hatte an der Entkonfessionalisierung des katholischen Gewerkschaftsverbands mitgewirkt, Kohl die Überführung der Konfessionsschulen in Gemeinschaftsschulen durchgesetzt.

Nie ist Kohl der Erfüllung des väterlichen Traums von der Beamtenkarriere so nahe gekommen wie als Stationsvorsteher im Dienst der vereinigten europäischen Staatsbahnen. Er hatte freilich anderes im Kopf als seine Pensionsberechtigung, denn er fasste seine Pflicht romantisch auf. Seine Vorstellung vom heldenmütigen Stationsvorstand stammte aus dem Lesebuch. Er durfte die Verhinderung von Karambolagen nicht dem Computer überlassen; Züge konnten auch entgleisen, wenn etwa eine britische Posträuberin einen Stein auf die Schienen rollte.

Wenn Kohl sich für die Sicherheit der von ihm überwachten Strecken verbürgte, schwang ganz leise immer die Erleichterung darüber mit, dass es zu keinem Unglück gekommen war. Mancherorts wurde als Panikmache verurteilt, dass Kohl vor einer Wiederkehr des Krieges im Fall des Scheiterns der europäischen Währungsunion warnte. Wie vertrug sich dieses apokalyptische Szenario mit seinem unverwüstlichen Optimismus? Als der Zweite Weltkrieg in Europa mit der deutschen Kapitulation endete, war Helmut Kohl gerade fünfzehn Jahre alt geworden. Er war so eben noch einmal davongekommen, und für ihn blieb der Krieg zeitlebens die nächste, gerade eben erst ans Ende gekommene Vergangenheit. Aus dem Gefühl, dass für ihn am Ende alles überraschend glimpflich abgegangen war, mochte sich wohl ein Glaube speisen, in der besten aller möglichen Welten zu leben. Denn tatsächlich war diese Welt etwas Besseres als alle Nachkriegswelten, die man am Nullpunkt von 1945 für möglich gehalten hatte. Der Europapolitiker Kohl ließ sich von der geläufigen Kritik an der überdimensionierten Bürokratie und den umständlichen Entscheidungsverfahren der Europäischen Gemeinschaften nicht beeindrucken. Unförmigkeit und Schwerfälligkeit der Gemeinschaftsinstitutionen bewiesen doch, dass ein Europa jenseits der Nationalstaaten, die Apparatur zur Kriegsvereitelung, nicht nur auf dem Papier existierte. Jeder Apparat braucht Platz, hat Gewicht und kostet Geld. Das vereinte Europa: eine Idee, die sich so einfach nicht mehr wegdenken ließ. Schon die Ludwigshafener Ortsgruppe der 1946 gegründeten Europa-Union, die Kohl als Schüler ins Leben rufen wollte, hatte «Neue Wirklichkeit» heißen sollen.

In einem Interview wurde Kohl 1994 gebeten, den Satz seines Finanzministers zu interpretieren, die Bundesrepublik gehöre endlich zu den Gewinnern der Geschichte. Den unausgesprochenen Vorwurf, solche Bilanzen seien unmoralisch, wies Kohl zurück. «Ich muss Ihnen schon sagen, ich kenne überhaupt kein Land, das auf ähnliche Weise von sich sagen kann, dass es endlich auf der Sonnenseite der Geschichte lebt.» Erst zu fortgeschrittener Stunde hatte sich die Sonne entschlossen, auch einmal über die Siedlungsgebiete der Deutschen zu streichen. Diese Gnade des späten Lichtstrahls wurde deshalb so intensiv empfunden, weil das Land so lange im Schatten gelegen hatte. So klang in Kohls Beschwörung der Normalität auch die Idee ihrer Unwahrscheinlichkeit im Sinne von Luhmann mit. Die Systemtheorie beschreibt eine Welt der perfekten Kontingenz, in der Stabilität ein Wunder ist. Für Kohl hieß das einfach: Wie leicht hätte alles anders kommen können. Seine Rede zum hundertsten Geburtstag von Jean Monnet schloss er am 7. November 1988 mit den Worten: «Nutzen wir die Zeit: Schaffen wir die Vereinigten Staaten von Europa!»

*Vom richtigen Zeitpunkt*

Zwei Fertigkeiten machten Kohls politische Kunst aus: das Zeitmanagement und der Umgang mit Menschen. Dass Kohl auf dem Weg zur Einheit manche Weiche stellte, ohne einen Konsens über die Richtungsänderung zu suchen, rechtfertigte er mit dem Moment, den es zu ergreifen galt: «Wenn ich alle, die hätten gefragt werden wollen, gefragt hätte und alle Bedenkenträger, vor allem auch im Westen Deutschlands, gefragt hätte, dann wäre die deutsche Einheit nicht zustande gekommen, dessen bin ich sicher.» Vor dem Horizont der Geschichte ist die Politik die Kunst, den richtigen Zeitpunkt zu wählen. Wenn alles den Ort verändert, wird derjenige seinen Platz behaupten, der mit der Vergänglichkeit rechnet und Herr seiner Zeit bleibt. Er kann sich desto mehr Zeit lassen, je weniger er sich an die Dinge bindet. Wer etwas bewahren oder etwas erreichen will, bleibt irgendwann hinter der Zeit zurück oder eilt ihr so weit voraus, dass sie ihn niemals einholt. Kohl war auf alle Eventualitäten und daher auch auf das unerhörte Ereignis von 1989 vorbereitet, weil in der Politik, die er praktizierte, die Sachdimension kein Gewicht hatte.

Natürlich kam auch er nicht ohne Ziele und Werte aus. Die Formulierung von Programmen verbrauchte Zeit und band Energie; Kohl ließ seine Parteifreunde um weise Worte streiten, damit sie nicht auf dumme Gedanken kamen. Die Proklamation von Überzeugungen sparte Zeit und setzte Energie frei; die Illusion der theoretischen Standfestigkeit gab Kohl praktischen Spielraum. Als er die Gebietsreform zur einmaligen historischen Chance erklärte, hatte er nicht übertrieben. Das Vertrauen auf den Staat musste mit der Begierde nach Veränderung und der Liebe zur Geometrie zusammentreffen, damit die Bürger sich für Rathausneubauten auf der grünen Wiese begeistern konnten. So schnell kam diese Harmonie nicht wieder. In Kohls Begriff der Geschichte, der übermächtigen Bewegung, die sich momentweise lenken, doch nicht dauerhaft steuern ließ, war die Erfahrung der demokratischen Willensbildung eingegangen. Eine leidenschaftliche Rede konnte die Stimmung auf einer Versammlung zum Kippen bringen. Doch ließ sich die Menge nur von demjenigen Redner begeistern, der vorher geduldig um sie geworben hatte. Es konnte quälend lange dauern, bis sich eine Mehrheit zusammenfand. Hatte sie dann einmal die Oberhand gewonnen, setzte sie rasend schnell ihren Willen durch. So schöpfte Kohl aus den Quellen, die schon nach 1789 die Rede von der Geschichte über den Geschichten gespeist hatten: Hinter der Vorstellung vom unwiderstehlichen Geschichtsprozess steckte die Ahnung von der Gewalt des souveränen Volkes, des Lindwurms, der sich unendlich langsam bewegt, doch alles zertrampelt.

Kohl, der seiner Partei alles verdankte, hatte eine lebhafte Vorstellung von der Trägheit der Masse: Er kannte die drückende Macht von Beschlusslagen, das Elefantengedächtnis der Veteranen. Eine herrschende Mehrheit ist ein massiver Block, zusammengehalten von Vorurteilen und Interessen. Nur in kurzen Hitzeperioden tritt sie in einen flüssigen Aggregatzustand ein. Kohl wirkte unbeweglich, wenn er auf diesen oder jenen Vorschlag antwortete, «dies» sei «nicht die Stunde» für diese oder jene Maßnahme. Demokraten, die einer endlosen Zukunft entgegensahen, befremdete es, dass das Zeitbudget für gute Zwecke beschränkt sein sollte. Aber Kohl wollte nicht in folgenlose Betriebsamkeit verfallen. Dass er eine geistig-moralische Wende ausrief, einen Einstellungswandel, der sich nicht messen ließ, war ein Kompromiss zwischen seinem Glauben an die Macht des Willens und seinem Wissen um die Beharrungskraft von Instinkt und Interesse.

In der Außenpolitik konnte er anwenden, was er in der Innenpolitik gelernt hatte. 1989 schlug die Stunde von Kohls Zeitökonomie. Er nutzte die doppelte Gunst der diplomatischen Konstellation und des psychologischen Ausnahmezustands. Für die äußere Seite des Einigungsprozesses galt: Die Einheit musste kommen, solange die Sowjetunion so schwach war, dass sie mit der Freigabe der DDR eine Last abwarf, und sich doch noch für so stark hielt, dass sie den Gewichtsverlust verkraften konnte. Dem entsprach auf der inneren Seite: Die Einheit musste kommen, solange der erste Gedanke im Westen die Solidarität mit dem Osten und das höchste Gefühl im Osten die Hoffnung auf den Westen war. Daher lehnte Kohl zu Genschers Überraschung das von Moskau vorgeschlagene Hinausschieben der Souveränitätsfrage ab. Und daher gab er den politischen Argumenten für eine rasche Währungsunion vor den ökonomischen Einwänden den Vorzug. Es kam darauf an, aus dem Fetzen vom Rock der Geschichte ein Hemd zu nähen, bevor das Hochgefühl der Zeitgenossenschaft wieder dem Egoismus der Staaten und Gruppen weichen würde.

Zeitplanung hieß Mischkalkulation: Eine solche Rechnung hatte Kohl der Unionsfraktion im Bundestag am 7. September 1982 aufgemacht, zehn Tage vor dem Auseinanderbrechen der Koalition von 1969. Kohl fasste für den Fall seiner Kanzlerwahl schon Neuwahlen im richtigen Moment ins Auge. Aber welcher Moment war der richtige? Die «optimale Lösung»: Die neue Regierung sollte ein Programm präsentieren – «und dann in einem Zeitpunkt danach wählen» lassen, «dass der Erwartungshorizont zeitlich noch nicht erfüllt werden kann und die Erinnerung an das, was die anderen angestellt haben, noch nicht verblasst ist». Einfacher gesagt: Die Enttäuschung über das Alte sollte noch nachwirken, die Enttäuschung über das Neue noch nicht eingesetzt haben. Für die Formulierung dieser pragmatischen Erwägung, in der Sache griffig wie eine Faustregel, verwendete Kohl einen Neologismus der theoretisch ambitionierten Geschichtswissenschaft.

Reinhart Koselleck hatte 1975 auf dem Deutschen Kongress für Philosophie den Begriff des Erwartungshorizonts eingeführt und als Gegenbegriff zum Erfahrungsraum ausgelegt. Er entfaltete anhand des Begriffspaars Voraussetzungen des von ihm angestoßenen Lexikons der «Geschichtlichen Grundbegriffe», das von einem fundamentalen Wandel der politisch-sozialen Sprache um 1800 ausgeht, dem Übergang von den individuellen Akteuren einer flickenteppichhaft zusammengestückelten gesellschaftlichen Wirklichkeit zu überpersönlichen Wirkkräften wie dem Fortschritt und der Geschichte, jeweils im Singular und mit bestimmtem Artikel. In der Neuzeit öffnet sich die Schere von Erfahrungen und Erwartungen: Die Gesamtheit lehrreicher Erinnerungen kann man immer noch als einen Raum beschreiben, in dem man sich bewegen kann, aber die Erwartungen markieren eher eine Grenzlinie, hinter der etwas Neues beginnt. Der Anklang der erfüllten Zeit in Kohls Wendung vom noch nicht erfüllten Erwartungshorizont gibt seinem Ausblick auf die Anfänge der neuen Regierungszeit eine eschatologische Note. Gleichzeitig wird man Kohl bescheinigen, dass er mit seiner Adaption von Kosellecks Horizontbild im Bild blieb beziehungsweise es angemessen ausfüllte. Er artikulierte die Hoffnung, dass seine Regierung ein Stück jener Neugier auf das Unbekannte hinter der Horizontlinie auf sich ziehen würde, die Motor und Produkt der neuzeitlich bewegten Geschichte ist. Der nicht erfüllte Horizont ist die nicht ausgefüllte Linie, die Weißraum freilässt: Das Bild stammt aus der Landschaftszeichenkunst. Kohl dachte hier ästhetisch und zugleich mathematisch, mit einer für ihn untypischen Präzision, wie aus dem nächsten Satz des Protokolls der Fraktionssitzung hervorgeht: «Das ist sozusagen der Goldene Schnitt für einen solchen Termin.» Nach dem Goldenen Schnitt müsste man die Zeitverhältnisse in allen Krisen bemessen können.

Am 16. Februar 1983 wies der Zweite Senat des Bundesverfassungsgerichts die Organklagen von vier Bundestagsabgeordneten gegen die Auflösung des 9. Deutschen Bundestages zurück. Bundespräsident Carstens hatte am 6. Januar dem Antrag des Bundeskanzlers entsprochen, dessen Vertrauensfrage am 17. Dezember 1982 negativ beantwortet worden war, weil die Fraktionen der neuen Koalition sich enthalten hatten. Die Kampagne für die Wahl vom 6. März 1983 führte die CDU unter dem von Kohl ausgewählten und gegen Zweifler verteidigten Slogan «Jetzt den Aufschwung wählen». Eine handschriftliche Notiz Kohls vom 21. Februar 1983 komplettierte seine Skizze des erwarteten Wahlsiegs. «Vordergrund: Aufschwung.»

In der großen Politik der europäischen Kabinette bewährte sich auch Kohls Kunst der Seelenführung, die er in der kleinen Welt der Parteigremien studiert hatte. Bei den Gipfeltreffen der großen Industriestaaten, die wie in der Kongressdiplomatie des neunzehnten Jahrhunderts eine Institution der internationalen Politik geworden waren, interessierte sich Kohl nach dem Zeugnis Hans Tietmeyers, der sie vorzubereiten hatte, für «die persönlichen Präferenzen der einzelnen Personen», bis hin zu der Frage, welchen Wein man ihnen vorsetzen solle. 1989 wusste Kohl, wie er mit seinen Amtskollegen in den Hauptstädten der Mächte umzugehen hatte. Er nahm in allen Nebendingen auf die Partner Rücksicht und stellte sie in der Hauptsache vor vollendete Tatsachen. Er packte sie bei ihrer Ehre und erinnerte sie an den Wortlaut gemeinsamer Beschlüsse. Er forderte sie auf, sich in seine Situation zu versetzen, und bat um Vertrauen in seine Person. Er gab ihnen das Gefühl, selbstlos zu handeln, und sicherte ihnen gleichwohl seine Dankbarkeit zu.

Wer den richtigen Moment für eine Entscheidung sucht, kann den Zeitablauf verzögern oder beschleunigen. Die vorgezogene Initiative wird die Ausnahme bleiben, will der Handelnde sich nicht selbst unter Zeitdruck setzen. Bei den Koalitionsverhandlungen im März 1987 setzte Kohl durch, dass die Regierung sich nicht an Termine für die Verwirklichung ihrer Vorhaben band. Normal ist das Warten, die negative Option, die alles offenlässt. Wer sich zurücknimmt, behält Zeit. Wenn er sich zunächst entscheidet, sich nicht zu entscheiden, kann er immer noch schnell reagieren, wenn die Lage sich ändert.

Als Kohl sich im Juli 1982 in den Sommerurlaub verabschiedete, ohne den Parteigremien verraten zu haben, wie er die Schwäche der Regierung Schmidt auszunutzen gedachte, notierte Walther Leisler Kiep, der die Attitüde des Staatsgeschäftsmanns amerikanischen Stils kultivierte, im Tagebuch verärgert: «Keine Strategie!» Die Verzögerungstaktik, mit der Kohl als Oppositionsführer wie als Kanzler die Geduld seiner Kollegen auf die Probe stellte, brachte ihm den Ruf der Schwäche ein. Dabei war sie die Technik, mit der er dieser Schwäche Rechnung trug. Wenn er gar nichts mehr in der Hand hatte als die Macht über die Tagesordnung, konnte er eine Entscheidung immer noch hinausschieben, in Erwartung einer unerwarteten Änderung der Umstände oder einfach der Ermüdung seiner Gegenspieler. Auf die Frage, warum er keine schnelle Entscheidung für die doppelte Null-Lösung herbeigeführt habe, die gleichzeitige Ausmusterung amerikanischer und sowjetischer Mittelstreckenwaffen, antwortete er 1987: «Das geht nicht. In meiner Partei tanzen die Leute zunächst einmal auf dem Tisch, und ich lasse sie tanzen, bis sie erschöpft herunterfallen.»

In den Jahren nach der Wiedervereinigung wurde oft darüber gesprochen, dass in den Schubladen der Bonner Ministerien, dem proklamierten Festhalten der Regierung Kohl am Ziel der Einheit zum Trotz, keine Konzepte für den Tag E gelegen hatten, den Tag der Entlassung der DDR aus dem sowjetischen Machtbereich. Aber insoweit wiederholte die weltpolitische Wende von 1989 lediglich das sieben Jahre vorher mit dem gleichen Wort bezeichnete innenpolitische Geschehen. Noch drei Wochen vor dem von Kohl so lange erwarteten Austritt der FDP-Minister aus der Regierung Schmidt gab es laut Hans-Peter Schwarz «ein konkret ausgearbeitetes Alternativprogramm der CDU nicht einmal in Ansätzen».

Dass Kohl allen bürgerlichen Anstandsbegriffen zum Hohn die Affäre um die unehrenhafte Entlassung des der Homosexualität verdächtigten Generals Günter Kießling treiben ließ, trug ihm Verachtung unter den treuesten Anhängern seiner Partei ein. Der Meinung, Kohl lasse es an Führungskraft fehlen, schloss sich nur die «tageszeitung» nicht an. Sie entdeckte hinter Kohls Passivität eine Weltzufriedenheit, wie sie den Konservatismus Edmund Burkes prägte: das Vertrauen auf die Zeit. «Kohl, so heißt es, regiere nicht. In Wahrheit tut er nichts anderes, das ist sein praktizierter Lebensstil, politisch gewendet.» Er nahm in Kauf, dass ihm Handlungsunfähigkeit vorgeworfen wurde, solange er sich dem Handlungszwang entziehen konnte. Seinen der Steuerhinterziehung und Bestechlichkeit verdächtigten Wirtschaftsminister hielt er auch dann noch im

Amt, als die Staatsanwaltschaft Anklage erhoben hatte. Er fürchtete, dass im Fall einer Regierungsumbildung Franz Josef Strauß vor den Türen stand. Strauß hatte mittlerweile ein Alter erreicht, in dem jeder verlorene Tag doppelt zählte. Erst als Ende Juni 1984 die Eröffnung der Hauptverhandlung unmittelbar bevorstand, forderte Kohl Graf Lambsdorff öffentlich zum Rücktritt auf. Wenn Kohl die Öffentlichkeit monatelang hingehalten hatte, war er erst recht für eine Überraschung gut. Er bewies dann zum zweiten Mal seine Herrschaft über die Zeit, wenn er beschleunigt zum Abschluss führte, was er mit Verzögerung begonnen hatte.

Wenn Kohl aus seinem Leben erzählte, wurde es zum Mythos. Das alltäglichste Detail wies voraus auf seine außerordentliche Karriere, Politik erschien als Lebenskunst, die er nie hatte lernen müssen. «Ich war in der Leichtathletik Langstreckenläufer», wusste er 1977 mitzuteilen. «Und ein Schnellstarter.» Und man musste ihm zugestehen, dass er auch für den Endspurt gewöhnlich noch genug Puste hatte. Johannes Gross, der eigentlich ein gutes Auge für die hinter Kohls Schwächen versteckten Stärken bewies, für die werbende Wirkung des Unpräzisen in unsicherer Zeit, tadelte in einem Leitartikel nach der verlorenen Bundestagswahl 1976 Kohls stotternden Führungsstil; das verzögerte Bekanntgeben von Entscheidungen nannte er ärgerlich. Indem Kohl sich aber die Entscheidung vorbehielt, wann er eine Entscheidung öffentlich machte, konnte er doppelt auf Zeit spielen. Einen früh gefassten Entschluss mochte er lange geheim halten, ein spät gereiftes Einverständnis plötzlich verkünden. Die strenge Haushaltsführung in der Nachrichtenwirtschaft diente ihm zur Disziplinierung der Gremien, vor allem der Bundestagsfraktion, die sich zum Wohlverhalten verdammt sah, wenn sie über die Planungen der Regierung unterrichtet werden wollte. Den Fraktionsvorsitzenden Alfred Dregger kränkte diese Rationierung der Informationen mit den Jahren so sehr, dass er von Zeit zu Zeit empört eine Verletzung der Würde der Abgeordneten beklagte. Indem Kohl seine Absichten für sich behielt, zwang er seine Gegner dazu, sich mit ihm zu beschäftigen. Er rückte seine Person gerade dadurch ins Zentrum des Geschehens, dass er sich in der Sache heraushielt.

*Der verzögerte Abschied*

Seit der Vollendung der deutschen Einheit und ihrer Ratifikation in der ersten gesamtdeutschen Bundestagswahl regte sich die Frage, ob für Kohl die Zeit des Abschieds gekommen sei. Kohl schien auch mit einer Antwort umzugehen. Wolfgang Schäuble, seit einem Attentat gelähmt, wurden immer wieder Vertrauensbeweise zuteil: Kohl zeigte aller Welt, dass er ihm alles zutraute. Doch die Spekulationen über seinen Wunschnachfolger, die solches Verhalten nährte, hatten wahrscheinlich den Effekt, seine Amtsdauer zu verlängern: Schäubles Rivalen mussten darauf bedacht sein, Kohl im Amt zu halten. Je länger und je lauter diskutiert wurde, wann und durch wen er ersetzt werden sollte, desto mehr wuchs der Verdacht, dass er gar nicht ersetzt werden konnte. Die CDU jedenfalls, die wie die britischen Tories im Ruf stand, sich ihrer Anführer kaltblütig zu entledigen, wenn das Glück sie verließ, brachte die Kraft zum Schnitt nicht auf. Vor den Wahlen von 1994 und 1998 wartete sie jeweils so lange auf das erlösende Wort, dass Kohl schon aus Gründen der Loyalität nicht mehr von Bord gehen konnte. Es fehlte die Zeit, die ein Nachfolger für den Beweis seiner Selbständigkeit gebraucht hätte; erst recht hätte die Aufmerksamkeit nicht mehr von der Person des Spitzenmanns auf die dem Wähler angeblich so wichtigen Sachthemen umgelenkt werden können.

Kohl ließ die Verbindlichkeit seiner Verlautbarungen stets in der Schwebe, entzog sich der Festlegung noch im Moment, da er sie aussprach. Kein Zauderer von Natur wie Strauß, sondern ein Zauderkünstler, hatte er den Ehrgeiz, die Welt eine Ewigkeit lang hinzuhalten. So eignete Kohls Entschlüssen für alle, die ihnen ausgeliefert waren, die Unvorhersehbarkeit der Geschichte. In den Tagen vor der Bundestagswahl 1994 gab

Kohl eine Reihe von orakelhaften Erklärungen über seine Absichten mit Blick auf das Jahr 1998 zu Protokoll. Wenn er von sich selbst sprach, brachte er oft Sätze hervor, von denen galt, was avancierte Literaturtheoretiker seiner Epoche von allen Aussagen behaupteten: Es war unentscheidbar, ob sie das meinten, was sie zu sagen schienen, oder das genaue Gegenteil. So auch diesmal: Wollte er noch einmal als Kanzler kandidieren, nur als Abgeordneter oder gar nicht? Die Interpretation des entscheidenden Satzes vor der Bundespressekonferenz hing an einem Wörtchen, das der Kanzler verschluckt zu haben schien. Auch die Auswertung der Fernsehaufzeichnung brachte keine Klarheit.

Zwei Wochen vor der Wahl von 1994 kündigte Kohl seinen Rückzug vor der Wahl von 1998 an, für einen «bestimmten Tag», dessen Bestimmung er dann aber unterließ. Stattdessen sprach er immer häufiger vom Jahr 2000, dessen Wunder er offenbar im Amt sehen wollte, mit siebzig Jahren. Er gab sich dem Zahlenzauber hin, richtete sein Leben vorauseilend nach dem Kalender des historischen Gedenkens ein, das Dekaden und Jahrhunderte als Sinneinheiten behandelt, was eigentlich eine Theorie der natürlichen Überlegenheit des Dezimalsystems voraussetzt. Im Frühjahr 1997 lenkte sein Schweigen in der Frage seiner Zukunftspläne vom Scheitern der vollmundig angekündigten Reformen im Renten- und Steuerwesen ab. Die Bekanntgabe seiner erneuten Kandidatur erfolgte dann nach bewährtem Muster nicht vor einem Parteigremium, sondern in einem mit niemandem abgesprochenen Fernsehinterview.

Hätten diejenigen Adressaten seiner Selbstauskünfte, auf die er angewiesen war, weil sie ihn im Bundestag mit ihren Stimmen im Amt hielten, nicht Klarheit und Bestimmtheit erzwingen können? Wenn nicht die eigene Partei, dann doch der Koalitionspartner? Die FDP brachte Kohl an die Macht, aber sie brachte es nicht über sich, ihn von der Macht zu entfernen. Geradezu als gefangen in einem Aberglauben stellte sich im Rückblick Klaus Kinkel dar, Genschers Nachfolger als Außenminister. Wahrscheinlich, so Kinkel, hätten Union und FDP mit dem Spitzenkandidaten Schäuble die Wahl von 1998 knapp gewonnen. Mehrfach habe er Schäuble in diesem Sinne zum Handeln gedrängt. «Aber wir wollten Kohl nicht stürzen, um Gottes willen. Das hätten wir uns gar nicht zugetraut und hätten wir auch nicht fertiggekriegt.»

In Fällen, in denen Kohl nicht nur über sich selbst verfügte, hatte er nicht alle Zeit der Welt. Genscher nötigte ihn im März 1990 zur Anerkennung der polnischen Westgrenze. Es war nicht nur die Rücksicht auf die Vertriebenen, die Kohl zu einem Zaudern verleitet hatte, das im Ausland ernste Befürchtungen weckte. Es entsprach einfach seiner Denkweise, alles offenzulassen, was offengelassen werden konnte. Seinem Gefühl nach war es richtig, eine juristische Fixierung zu vermeiden, auch wenn man den rechtlichen Freiraum politisch gar nicht nutzen wollte. In der Hauptstadtfrage, die von heute auf morgen hätte entschieden werden können, ließ sich der Kanzler besonders lange Zeit. Die Frage hatte die Form, die ihm zuwider war. Er musste zwischen Bonn und Berlin wählen, ein Drittes gab es nicht. Tatsächlich versuchte er sogar, die Logik durch Logistik zu überlisten. Seinem einstigen Wahlkampforganisator Geißler, den niemand für seinen Strohmann halten konnte, gab er den Auftrag, eine Mehrheit für eine Teilung der Hauptstadtfunktionen zusammenzubringen. Als die Fraktion im April 1991 über Bonn oder Berlin debattierte, fehlte er. Nachdem er sich endlich öffentlich für die alte Reichshauptstadt erklärt hatte, unterließ er es zur Enttäuschung der Berlin-Anhänger, dieses Votum in den Wochen vor der Abstimmung zu bekräftigen. Noch nach dem Sieg Berlins nahm man es ihm in der eigenen Fraktion übel, dass er zu verstehen gegeben hatte, er äußere sich nur als Abgeordneter und nicht als Kanzler. In der Tat hörte es sich seltsam an, dass er sich auf einen Rollenunterschied berief, den er nie respektiert hatte. Er hatte immer nur im eigenen Namen gesprochen und hatte für das, was er verwirklicht sehen wollte, mit ganzer Kraft gekämpft. Als Kohl in letzter Minute versuchte, die Abstimmung über die Hauptstadt zu verschieben, trat ihm der SPD-Fraktionsvorsitzende Hans-Jochen Vogel in den Weg.

Kohl gab sich gerne den Anschein, er denke in so langen Zeiträumen, dass er auch den hartnäckigsten Widerstand der Dinge als vorübergehendes Phänomen beiseite schieben dürfe. Im Frühjahr 1982 musste er damit rechnen, dass Rivalen die Stimmung verbreiteten, er habe zu lange auf den Absprung der FDP gewartet und den Regierungswechsel nicht energisch genug betrieben. Daher machte er geltend, die Union habe seit der Niederlage von 1980 noch keine Zeit verloren. «Was sind schon zwei Jahre im Leben eines Volkes?» Die Antwort hätte lauten müssen: Eine halbe Legislaturperiode. Zwanzig Jahre umfassen sogar fünf Wahlperioden. Gleichwohl ließ Kohl 1994 wissen, es bedeute nichts, wenn die von ihm prophezeiten blühenden Landschaften im Osten noch zwei Jahrzehnte auf sich warten ließen. «Was ist das schon vor der Geschichte?» Wenn die Natur sich so lange Zeit lassen durfte, war die Frage erlaubt, warum Kohl überhaupt die Naherwartung paradiesischer Zustände geweckt hatte. Im Leben eines Volkes, das alle vier Jahre zur Wahl geht, zieht sich die Geschichte so sehr zusammen, dass Politiker ihm den Himmel auf Erden versprechen. Im Wahlkampf 1998 predigte Kohl denn auch nicht Langmut für weitere fünfzehn Jahre des Zugs durch die Wüste, sondern verkündete den Ostdeutschen, sie müssten nur die Augen aufschlagen, der Garten stehe schon in voller Blüte.

Wie hatte es ihm aber überhaupt einfallen können, die Bürger mit fernen Aussichten zu trösten? Zur Souveränität des Volkes gehört, dass es weder an die Vergangenheit noch an die Zukunft einen Gedanken verschwenden muss. Es braucht sich nicht in Geduld zu üben, denn es ist jetzt schon allmächtig. Kohl indes meinte, den Bürgern denselben Aufschub der Wunscherfüllung zumuten zu können, der sein eigenes Leben regierte. Wie Machiavellis Fürst, der sein Schicksal den Kräften des Zufalls anheimstellte, muss der demokratische Politiker sich mit Gleichmut wappnen: Eine kleine Enttäuschung naht immer, wo die Mehrheit herrscht, denn wankelmütig ist die Gunst des Volkes. Die Einheit von Anführer und Menge zerfällt, wo die Einstellung zur Zeit ins Spiel kommt. Das Volk fordert heute sein Brot und sein Recht, dem Politiker genügt es, wenn er morgen versorgt und gerechtfertigt wird.

Nicht nur in ihrem Zeitgefühl unterscheiden sie sich, sondern auch in ihrem Geschichtsbewusstsein. Geschehen und Historie, die Ereignisse und die Reflexion, werden nicht nur im Deutschen mit demselben Wort bezeichnet: Beide Seiten zusammen ergeben den Wendemantel der Geschichte. Die Gemeinschaft erlebt einen historischen Moment, wenn sie ihre Macht zu spüren bekommt: Dann ist Geschichte Gegenwart. Der Staatsmann greift nach dem Geschichtsbuch in der Einsamkeit: Dann verspricht die Vergangenheit Zukunft. Wenn Kohl der berühmte Undank der Republiken zu treffen drohte, suchte er gelegentlich Zuflucht beim Gedanken an die Nachwelt. Freilich versprach der unvergängliche Ruhm für ihn nicht eigentlich einen Ersatz für den welkenden Lorbeer des Volkshelden. Eher hat er das Warten auf seinen verdienten Lohn im Geiste bis in die Ewigkeit verlängert, als wären die olympischen Götter das unbestechliche Wahlvolk.

Gerade weil er seinen Ehrgeiz so früh angemeldet hatte, konnte er sich immer gelassen geben. «Ich bin noch jung. Ich kann warten», versicherte der Landesvorsitzende im Frühjahr 1966, als Peter Altmeier sich für eine neue Amtszeit rüstete. «Meine Chance besteht darin», erklärte der Ministerpräsident im Herbst 1970, als er sich anschickte, Barzel die Nachfolge des abgewählten Bundeskanzlers Kiesinger im CDU-Parteivorsitz streitig zu machen, «dass ich enorm viel Zeit habe: Ich bin vierzig Jahre alt.» Und vier Jahre später sah der Parteivorsitzende der Möglichkeit, die Kanzlerkandidatur könnte ihm entgehen, gefasst ins Auge. «Ich bin auch mit vierundvierzig Jahren keiner, der morgens beim Aufstehen den Kalender aufschlägt und sich fragt: Was werde ich heute? Ich gucke nicht fasziniert auf die Uhr und sage: Die Zeit läuft mir davon, und wieder bin ich nichts geworden.» Dass Kohl stets sein Alter zu Protokoll gab, wenn er bestritt, dass er seine Zukunft geplant hatte, durfte allerdings Zweifel an diesem Dementi wecken. «Ich bin neunundreißig Jahre alt», hatte er 1969 festgestellt, «ich habe mir keinen Zeitplan gemacht und möchte mir auch keinen aufreden lassen.» Es wäre ja auch wenig vernünftig gewesen, im Kalender die Tage rot anzustreichen, an denen er die nächsten Stufen der Ämterpyramide zu besteigen gedachte. Wann ein Platz auf dem Weg zur Spitze frei wurde, wann es den Versuch wert schien, einen Konkurrenten wegzustoßen, lag nicht in seiner Hand. Die Zeit aber, die zu seiner Verfügung stand, teilte er mit äußerster Genauigkeit ein, als wäre er ein Puritaner und müsste in jeder Sekunde für sein Seelenheil arbeiten.

Dass Kohl für Pünktlichkeit bekannt war und nie Nervosität zeigte, weil er jede Stunde vorausgeplant hatte, wusste der «Rheinische Merkur» schon 1963 zu berichten. Sein einziges Steuerungsinstrument war das sogenannte schwarze Buch, ein schwarzlederner Terminkalender mit Dünndruckpapier, den er Jahr für Jahr aus Ludwigshafen von der Firma BASF erhielt, bei der er einst als Werkstudent Steine geschliffen hatte. Graf Lambsdorff hat geschildert, wie Kohl damit arbeitete. «Am Ende einer Sitzung geht es um neue Termine. Dann zückt er einen winzigen Taschenkalender, in den er sie mit einem Bleistiftstummel oder dicken Filzstift einträgt. Mir war und ist es ein Rätsel, wie man so den Fahrplan eines Regierungschefs festhalten kann. Aber es funktioniert.» Warum es funktionierte, erklärt Klaus Dreher: Kohl zog «die Zeitachse nicht von der Gegenwart in die Zukunft», sondern setzte den angestrebten Endpunkt fest und ging von dort «so lange rückwärts, bis er wieder am Ausgangspunkt angelangt» war. So bestimmte er bei der Einleitung eines Gesetzgebungsverfahrens das Datum der Verkündung im Bundesgesetzblatt und errechnete im Krebsgang alle weiteren Schritte, bis am Ende der Tag der Verabschiedung im Kabinett herauskam. Wer in der Arbeit des Kanzleramtes die ordnende Hand vermisste, sah sie nur deshalb nicht, weil er vergeblich nach inhaltlichen Gesichtspunkten Ausschau hielt und die geheime Terminplanung unsichtbar blieb. Kohl konnte nur gewinnen, wenn man glaubte, ihm fehle der Überblick; und er gewann vor allem Zeit.

Freie Zeit ließ die perfekte Planung nicht übrig. «Ich schaue natürlich Fernsehen», erzählte Kohl 1983 auf der Funkausstellung, «und ich lege auch sozusagen Terminpläne, wenn ich sie beeinflussen kann, bei einer interessanten Sendung. Ich studiere richtig das Fernsehprogramm, und wenn ich etwas Besonderes finde, dann manipuliere ich schon den Terminplan, dass ich es gucken kann.» Der große Manipulator musste zuletzt das eigene System überlisten. Die vollkommene Zeiteinteilung ließ eine Trennung von privater und öffentlicher Existenz nicht zu. Nie durfte Kohl zum Augenblick «Verweile doch» sagen. Der Lohn des Teufelspakts: Indem er alle Sachzwecke fahren ließ und allein die Zeit zu beherrschen unternahm, machte Kohl Geschichte.

*Durch die Wüste*

Mit Blick auf Kohls ständige Übung, ferne Ereignisse frühzeitig festzulegen, möchte man die Nachricht nicht von vornherein für unglaubwürdig halten, er habe schon seiner Tanzstundendame anvertraut, dass er einmal Bundeskanzler werde. Zwar gehören nachträglich erfundene Ahnungen und Vorzeichen zu den Versatzstücken der Heldenlegende. Und widerspricht es nicht den Gesetzen der Wahrscheinlichkeit, wenn derjenige, der seiner Angebeteten einflüstert, sie könne die erste Dame im Land werden, sie später auch wirklich über die Schwelle des Kanzleramts führt? Aber wir wissen nicht, wie viele Walzerkönige beim Tanztee im Dorfgasthof vom großen Auftritt auf dem diplomatischen Parkett geträumt haben. Annähernd schätzen kann man noch, wie viele Fraktionsvorsitzende in Kohls Epoche Ministerpräsidenten werden wollten, wie viele Landesvorsitzende Bundesvorsitzender und wie viele Kanzlerkandidaten Kanzler. Schlägt man aber dem Reservoir, aus dem das Schicksal ihn zog, auch alle Bezirksvorstandsmitglieder und Landtagsabgeordneten zu, die sich für Aufgaben in Land und Bund berufen glaubten, wächst die Zahl derer, die

Kohls Stelle hätten einnehmen können, ins Unermessliche. Blickt der erste Mann auf seinen Aufstieg zurück, erscheint ihm jeder Schritt folgerichtig und sein Weg vorherbestimmt. Geht man rückwärts und sieht man die Sache wieder von unten an, scheint er es einer abenteuerlichen Verkettung von Zufällen zu verdanken, dass er und niemand anderer so weit gekommen ist.

Die Demokratie rekrutiert ihr Führungspersonal durch natürliche Auslese. Die Evolution produziert laufend Ausschuss: Sie probiert kontingente Möglichkeiten durch, um eine weiterführende Variation zu ermitteln. Ein gütiger Schöpfer hätte die Welt nicht so eingerichtet, dass unzählige Tiere sterben müssen, um wenige lebenstüchtige Arten an den Tag zu bringen. Der Darwinismus sprengte die Heilsökonomie, welche die Metaphysik des alteuropäischen Konservatismus gewesen war. Vor Darwin hatte man dem Leiden in der Schöpfung einen Zweck zuschreiben und so auch die soziale Ungleichheit rechtfertigen können. Heute behauptet man nicht mehr so schnell, auf der Welt geschehe nichts vergebens. Auch die Demokratie ist ein Verdrängungswettbewerb, in dem um knappe Ressourcen gekämpft wird. Es besteht ein groteskes Missverhältnis zwischen der Nachfrage der Bewerber und dem Angebot an Stellen. Kohl musste nicht allein, wenn man in seiner Hälfte des politischen Spektrums bleibt, Strauß, Stoltenberg, Albrecht, Carstens und Barzel aus dem Feld schlagen. Die Zeitung «Christ und Welt» nannte 1969 als mögliche Rivalen auch Bruno Heck, Hans Filbinger und Heinrich Köppler.

«Möge der Bessere gewinnen!» ist das Motto des demokratischen Wettkampfs, und jeder Teilnehmer hat das Recht zu rufen: «Also ich!» Da es keine objektiven Qualifikationen für die Wahlämter gibt, darf und muss jeder Aspirant im eigenen Urteil erste Wahl sein. Der Erfolg rechtfertigt sich selbst. Der Wahlsieger bedarf weder des geistlichen Segens noch einer dienstrechtlichen Legitimation, kann aber auch nicht für sich in Anspruch nehmen, er sei schöner oder klüger als die Verlierer. Ständische Gesellschaften dagegen beschränkten die Konkurrenz. Man durfte in Würde scheitern. Wer in der

Demokratie unterliegt, kann sich nicht darauf herausreden, er trage den falschen Namen. Und wer triumphiert, muss sich von niemandem sagen lassen, schon seine Wiege habe eben das richtige Wappen geziert. Wenn alles Sozialprestige vom Machtgewinn abhängt, stellt sich in der Gesellschaft der Naturzustand wieder her, der Kampf aller gegen alle.

Im Bundesvorstand der CDU nannte der Vorsitzende Kohl am 10. Juni 1974, drei Wochen nach der Wahl von Helmut Schmidt zum Bundeskanzler, die Mühen der Oppositionszeit den «langen Marsch durch die Wüste Gobi». Wer eine Wüste zu Fuß durchqueren muss, wird wahrscheinlich verdursten. Hans-Peter Schwarz hört aus dem Bild, das Kohl auch bei anderen Gelegenheiten verwendete, eine Ahnung der psychischen Kosten heraus, die Kohl in den sechs Jahren als Oppositionsführer entrichten musste. Die römischen Geschichtsschreiber machten im Charakter des Kaisers Tiberius, des Nachfolgers des Augustus, einen Wandel zum Schlechteren aus. Der Eremit von Capri verweigerte sich den Präsenzpflichten, deren Erfüllung in der senatorischen Führungsschicht auch von dem Mann erwartet wurde, der nominell als Erster unter Gleichen angesprochen wurde, und erwies sich als Menschenfeind, bei dem die Verstellung nicht höfischer Notbehelf auf Zeit war, sondern Wesenszug. Tacitus datierte den Umschlagpunkt ins Jahr 23 nach Christus, in dem Drusus, der einzige Sohn des Tiberius, starb: Bis dahin standen im Kaiserhaus zwei mögliche Erben bereit, der Sohn und der Adoptivsohn Germanicus. Der Herbst 1976, der Wechsel von Mainz nach Bonn, markiert einen solchen Moment in der Kohl-Biographie von Hans-Peter Schwarz: Kohl «kapselt sich ab, wird noch misstrauischer, als er ohnehin schon ist, auch böse, und sucht mitleidlos jeden Rivalen in Schach zu halten». In Bonn sei Kohl «zum zähen Überlebenskünstler» geworden.

Laut Elias Canetti ist der Augenblick der Macht der Augenblick des Überlebens. Der Tote liegt am Boden, der Überlebende steht: So eindeutig werden Ohnmacht und Macht nie wieder geschieden. «Alle Absichten des Menschen auf Unsterblichkeit enthalten etwas von der Sucht, zu überleben. Man will nicht nur immer da sein, man will da sein, wenn andere nicht mehr da sind.» Als Kohl 1949 als Ordner bei einer Wahlkampfveranstaltung in Ludwigshafen eingesetzt wurde, sah er Konrad Adenauer zum erstenmal: Der künftige Kanzler erschien ihm «groß, aber viel zu alt». So gab es in Kohls Vorstellungswelt von Anfang an eine eigentümliche Verbindung zwischen Größe und Lebenskraft des Staatsmanns. Dass Adenauer in einem Alter, in dem normale Menschen diesseitige Ambitionen hinter sich gelassen hatten, eine neue politische Laufbahn begann, war staunenswert als Beweis abnormer physischer Stärke. Aber es bedeutete zugleich, dass er Jüngeren den Platz wegnahm, der ihnen von Natur aus zukam. Der Mann, der historische Größe verkörperte, hielt paradoxerweise die Geschichte an.

Die Dezimierung der Kriegsjahrgänge erleichterte der Alterskohorte Kohls den Aufstieg. Im Generationenkonflikt, der in Parteien wie in allen Organisationen unvermeidlich ist, waren Alte und Junge weiter voneinander entfernt als in Zeiten der Normalität des natürlichen Todes. Peter Altmeier, geboren 1899, stand näher an Adenauer als an Kohl, und hatte im Ersten Weltkrieg mitgekämpft, sein Nachfolger noch nicht einmal im Zweiten. In Kohls eigener Person fielen Körpergröße und Jugendkraft zusammen. Sein Machtgefühl zehrte vom Durchhaltevermögen des physisch Überlegenen: Er ging immer als letzter vom Platz. Journalisten, die Zweifel daran äußerten, ob der am 12. Juni 1973 gewählte Bundesvorsitzende sich länger im Amt halten werde als sein Vorgänger Barzel, bekamen von Kohl zu hören, sie müssten ihn schon «wegprügeln». Kohl setzte seine Körperkraft auch ein. Die Einigung über den Stabilitätspakt, der zur Absicherung des Euro gedacht war, führte er auf dem EU-Gipfel in Dublin im Dezember 1996 dadurch herbei, dass er den widerstrebenden französischen Präsidenten Chirac buchstäblich in die Ecke drängte und «mit Brachialgewalt», so der Zeuge Theo Waigel, festhielt, bis er eingewilligt hatte.

Vor dem Untersuchungsausschuss in der Flick-Affäre musste sich Kohl 1984 den Angriffen von Otto Schily, damals noch bei den Grünen, stellen, der ihn mit endlosen Nachfragen und Wiederholungen zermürben wollte. Schließlich versuchte Kohl das psychische Duell zu entscheiden, indem er seine körperliche Ausdauer ins Spiel brachte. Als Schily eine Erholungspause beantragte, verweigerte der Zeuge die Zustimmung. «Das ist keine Befragung, die eine Erholung notwendig macht.» Aber ich kann länger als Sie: Die Physis triumphiert über alle bürgerlichen Tugenden. Die Probe auf die körperliche Belastbarkeit als archaisches Ritual der Rangverteilung unter Männern begegnet auch im Wetttrinken mit den Sozis im Keller der Mainzer Staatskanzlei.

Die Konkurrenz der Parteien sah Kohl ebenfalls als einen darwinistischen Kampf ums Überleben an. Gleich zweimal sagte er gegenüber dem «Spiegel» 1968 voraus, die CDU werde «aussterben», wenn sie nicht den Weg der Modernisierung gehe. Auf dem Bonner Parteitag im Juni 1973 erklärte der neue Vorsitzende, die Partei lasse sich in Sachen Reform und Fortschritt «von niemandem übertreffen». So laut wehrte Kohl die Vorstellung ab, die CDU könne hinter ihren Gegner zurückfallen, dass Friedrich Karl Fromme herauszuhören meinte, wie ernst diese Furcht war: Tief saß die Wunde der Wahl von 1972, als die SPD die Union zum ersten Mal übertroffen hatte – an Stimmen.

Wer der Erste wurde, bewies, dass in ihm die meiste Überlebenskraft steckte. Den rheinland-pfälzischen Streit über den Ausbau von Dorfstraßen zu Europastraßen erlebte Kohl als Kampf zwischen Vergangenheit und Zukunft. «Viele unserer Politiker», stellte er im Juli 1968 fest, «haben sich in den vergangenen unruhigen Monaten selbst überlebt.» Sie waren lebende Tote, die noch am Kampf teilnahmen, aber keine Kraft mehr hatten, die Dinge nicht mehr bewegen, sondern nur noch blockieren konnten. Politisch überlebte Kohl nicht nur alle, die gleichzeitig mit ihm gestartet waren, sondern auch viele, die ihre Karriere später begonnen hatten, oft sogar von ihm ermutigt worden waren. Dem Überlebenden können die Umstände seines Sieges gleichgültig sein. Ihm genügt das nackte Faktum, dass er noch da ist. Im Juli 1982 wurde Kohl gefragt, wie er die Krise der Jahre 1978 bis 1980 überstanden habe. «Das ist alles Schnee von gestern. Was zählt: Ich bin nicht umgebracht worden.» Als er im Herbst 1996 Adenauers Amtsrekord brach, richteten die Medien ihm wochenlange Festspiele aus: Die Bewunderung für die rein quantitative Höchstleistung verschluckte fast alle Kritik.

Als Geheimnis seiner Macht bezeichnete Kohl selbst seine Witterung für Feinde: Betrete er einen Raum, wisse er sofort, ob ihm Gefahr drohe. Sah er um sich herum nur Leere, hatte er keine Angst. Wenn er über die Putschisten spottete, denen es an Mumm gebrach, lokalisierte er sie immer irgendwo «hinter den Büschen». Lebhafter könnte die Schulhofszene nicht sein: Ins Gebüsch schlägt sich, wer keine Prügel beziehen will. Es passt ins Bild, dass Kohl Biedenkopf besonders häufig hinter den Büschen suchte: den kleinen Professor, das Urbild des Strebers. «Kohls Machtbewusstsein», notierte Friedrich Zimmermann, der bisweilen fürchten musste, zwischen Kohl und Strauß zerquetscht zu werden, «hat etwas beinahe Physisches an sich; er setzt, wenn er jemandem gegenübersteht, ganz ungeniert die Wucht seines großen massigen Körpers ein, verbunden mit einer Seele, die wie eine Dampfwalze über Widersprüche hinweggehen kann.»

Als Kohl sich in Halle 1991 auf einen Eierwerfer stürzte, verzieh, ja gönnte ihm das Publikum den Zornesrausch. Ein Leitartikler der «Süddeutschen Zeitung» deutete Kohls Verlust der Selbstbeherrschung freilich als verfassungspolitisch bedeutsames Zeichen. Nach Jürgen Busches Ansicht war Kohl nicht aus dem Rahmen seines normalen Verhaltens gefallen, sondern hatte dessen Geheimnis enthüllt: Kohl war es gewohnt, körperliche Kraft einzusetzen, und rechnete damit, dass sein Gegenüber es nicht tat. 1969 hatte Kohl sich selbst als Zweimetermann charakterisiert, der keine Scheu habe, auf Demonstranten loszugehen. In diesen frühen Jahren sprach er von seinem Machtsinn ungeniert wie von einer biologischen Ausstattung. Gegenüber dem «Bayernkurier» lobte er 1967 die eigene Generation von Unionspolitikern für ihr «völlig ungebrochenes Verhältnis zur Macht». Da sie keine Schuld am Nationalsozialismus trügen, könnten sie «sozusagen ursprünglich und natürlich reagieren». Er selbst brüstete sich, den Gleichaltrigen noch ein Stück «Natürlichkeit» vorauszuhaben. Zur Politik gehöre etwas, das er «politischen Eros» nennen wolle. «Und ich muss allerdings sagen, bei einer Reihe meiner Jahrgangskollegen habe ich den Eindruck, dass sie hier nicht ganz ausreichend dotiert sind.»

Das Lebensalter seiner Rivalen bezog Kohl immer in seine Rechnungen ein. 1969 musste er die Nachricht dementieren, er unterhalte zu den älteren Parteifreunden generell ein besseres Verhältnis als zu seinen Altersgenossen. Beim greisen Adenauer kam er um die Salbung ein. Wenn er sich später als Enkel des Alten feiern ließ, als herrschte in Bonn ein Adoptivkanzlertum, dann zeigte er mitnichten an, dass er die Uhr zurückdrehen wollte. Im Gegenteil übte er das natürliche Recht der Nachgeborenen aus, die Großväter abzulösen. Ihm war die Vorstellung zuwider, als Sohn ohne Kampf das väterliche Erbe anzutreten. Er hatte den Usurpator gespielt, um nicht Altmeiers «Kronprinz» genannt zu werden; «wenig angemessen» für die Demokratie erschien ihm «diese schreckliche Bezeichnung, die aus der Monarchie kommt». Den Ehrennamen des Enkels hatte er sich erkämpft. Die beiden Techniken Kohls im Umgang mit der Zeit, das Zuwarten und das Zugreifen, ergaben sich wie von selbst aus seinem Gefühl der Kraft. Der Starke kann ruhig bleiben, denn seine Stunde kommt bestimmt. Aber wenn er provoziert wird, zeigt er sofort, was er kann. In den Wochen vor der Wende von 1982 markierte er Gelassenheit, tat so, als könne er dem harten Naturgesetz blind vertrauen. «Wer verbraucht ist, geht. Und wer die Kraft hat, kommt.»

Als wesentliche Eigenschaft Kohls, die noch nie beschrieben worden sei, bezeichnete Hanns Schreiner 1994 die Sentimentalität. Paul Pucher hatte diesen Wesenszug allerdings schon 1978 im «Münchner Merkur» benannt. Sentimental ist, wer Tränen über einen Vorgang vergießt, von dem er nicht ernsthaft wünschen kann, er hätte nicht geschehen mögen. Wer Geschichte als Naturgeschehen erlebt, als Wechsel von Werden und Vergehen, Überalterung und Verjüngung, darf über die Vergänglichkeit nicht klagen. Traurig stimmt ihn nur der Gedanke, dass auch er selbst einmal den Weg allen Fleisches gehen wird. Als Kohl 1966 zum Landesvorsitzenden gewählt wurde, gestand der Sechsunddreißigjährige den Jüngeren, dass er sie beneide, weil sie die Jahrtausendwende in voller Manneskraft erleben würden. Vor dem Präsidium nannte er im August 1989 Geißlers Alter als Grund dafür, dass er ihn nicht mehr zum Generalsekretär berufen wollte. Man nahm ihm diese Erklärung nicht ab, obwohl auch bei Ministerernennungen die Jugend eines Kandidaten für ihn immer eine Empfehlung war. Aber Geißler war nur einen einzigen Monat älter als Kohl. Hätte der Vorsitzende seinen Abschied vier Wochen nach dem Generalsekretär nehmen müssen? Die Begründung, die wie eine Ausrede klang, brachte an den Tag, worum es im Streit der beiden alten Weggefährten ging. Nur einer hatte noch die Kraft in sich, den anderen zu verdrängen; es war ein Kampf auf Leben und Tod. Bei der entscheidenden Unterredung im Kanzleramt am 21. August 1989 waren Kohls letzte Worte: «Heiner, einer von uns bleibt auf der Strecke.» Und einer blieb zurück.

*Der Meistesser*

Canetti betont, wie wichtig es ist, dass der Überlebende dem Toten allein gegenübertritt. «Er sieht sich allein, er fühlt sich allein, und wenn von der Macht die Rede ist, die dieser Augenblick ihm verleiht, so darf nie vergessen werden, dass sie sich aus seiner Einzigkeit und aus ihr allein herleitet.» Dem Journalisten Dierter Schröder erzählte Kohl eines Abends während einer Asienreise, wie sehr ihn das abenteuerliche Leben Rolf Mageners gefesselt hatte, der in Kohls Ludwigshafener Jahren Finanzvorstand der BASF war. Magener war während des Krieges aus einem britischen Internierungslager in Indien ausgebrochen und hatte sich in die Freiheit durchgeschlagen. Sein unter dem Titel

«Die Chance war Null» veröffentlichter Bericht war die Geschichte eines Überlebens gegen alle Wahrscheinlichkeit.

Die Einsamkeit, die den Machthaber umgibt, hat er selbst gewollt. Ausländische Regierungschefs empfing der Kanzler unter vier Augen, bevor er ihnen seine Minister vorstellte, und auf den Gesprächsprotokollen seiner Beamten pflegte er zu vermerken, dass sie dem Außenminister nicht vorgelegt werden sollten. Sonntags unternahm Kohl ohne Leibwächter stundenlange Wanderungen im Pfälzer Wald. Er nahm in Kauf und hatte es vielleicht sogar darauf angelegt, dass man ihn dort nicht erreichen konnte. Ein Ritual, das die Einsamkeit aufhebt, ist das Mahl, zu dem der Machthaber seine Getreuen bittet. Er gibt ihnen von der Macht ab, indem er sich um ihr Überleben kümmert. Zumal wenn Fleisch auf den Tisch kommt, wird sichtbar, dass auch hier die Lebenden ihren Sieg über die Toten zelebrieren. Der erste Mann an der Tafel darf als erster essen. Früher aß er auch am meisten. Der dicke Bauch des Häuptlings garantierte, dass jedermann satt wurde. «Die Figur des meistessenden Königs», bemerkt Canetti, «ist nie ganz ausgestorben. Immer wieder ist es vorgekommen, dass einer sie seinen entzückten Untertanen vorgespielt hat.»

Namentlich englische Zeitungen führten Buch über Kohls Rekordleistungen bei Staatsbanketten; sie erkundigten sich sogar in seinem Hotel, wie oft er in der Nacht den Zimmerkellner bemühte. Joschka Fischer, der Fraktionsvorsitzende der Grünen, rief Kohl 1995 im Bundestag zu: «Sie sind Geschichte. Im guten und im schlechten Sinne. Drei Zentner Fleisch gewordene Geschichte.» Die Schwankungen von Fischers Lebendgewicht im Lauf der Jahre kann man als Ausdruck existentieller Unsicherheit in der Frage deuten, ob er sich zum historischen Handeln berufen glaubte, ob aus dem Oberrealo der grünen Theoriedebatten ein wirklicher Politiker werden sollte, dessen Person Raum einnimmt und Gewicht hat. In den Ferien verschrieb sich Kohl alljährlich Wasser, Tee und alte Brötchen. Ernährungswissenschaftler rieten ihm von dieser Diät ab. Doch auch Laien konnten erkennen, dass sie ungesund war, und das mag gerade ihr Sinn gewesen sein. Denn Kohl demonstrierte, dass sein Körper wirklich alles aushielt. Er war nicht schlaff und weich geworden, wie es die republikanische Luxuskritik vom Prasser auf dem Thron erwartete; seine Fettpolster hielten jeder Entbehrung stand. So war der Sinn der Fastenkuren ihr Scheitern: Kohl führte vor, dass er gar nicht anders konnte, als die Welt zu verschlingen.

Bisweilen stellte er seine Lust am Essen als harmlose Leidenschaft hin, die zu verbürgen schien, dass nicht alles in seinem Leben Politik war. «Wenn ich nachts aufstehe, dann denke ich nicht an Geschichte, dann plündere ich den Kühlschrank.» Aber schon die Vokabel aus der Welt der Vandalen verriet, dass die beiden Sphären sich so sauber nicht trennen ließen; wie dem Esser die Selbstbeschränkung fremd war, so zog es den Politiker immer ins Weite. Die Völkerwanderung, die einen endlosen Kampf um die Nahrung in Gang setzte, war für Kohl das Urereignis der europäischen Geschichte. Auch die Parteien waren zur Bewegung verdammt, weil sie ihre Substanz ständig aufzehrten. «Die FDP», stellte Kohl 1969 fest, «hat vor zwei Jahren ein gigantisches Experiment eingeleitet, indem sie ihre alten Wählerwiesen zu verlassen und neue Weidegründe zu betreten begann. Nun ist es aber schon in der Frühgeschichte immer so gewesen, dass die vermeintlich neuen Weidegründe von anderen Heeren besetzt waren.» Im Bild von der Partei als Nomadenstamm, der mit Waffengewalt seinen Nahrungsraum erobert, klang das uralte Misstrauen des friedliebenden Ackerbauern gegenüber dem kriegerischen Viehzüchter an; Kohl schien der Verdacht zu beschleichen, der Politiker produziere nichts und konsumiere nur. Im Wahlkampf 1976 warf er Schmidt vor, eine Strategie der verbrannten Erde zu verfolgen; man konnte die Politik so weit treiben, dass sie die Nahrung nicht nur verbrauchte, sondern zerstörte. Aber auch wenn Nahrungsmittel ihren Zweck erfüllen, verschwinden sie. Man kann die Speise vor dem Feind nur dadurch in Sicherheit bringen, dass man sie in den Magen befördert. Etwas greifen, in den Mund stecken, zerkauen, verschlucken – das ist das erste Machterlebnis des Kindes. Wer die Dinge durch Analyse beherrschen will, muss auf Distanz zu ihnen gehen; stärker und schneller ist, wer sie sich einverleibt. Dieser Unterschied im Zugriff auf die Welt trennte Kohl nach eigener Aussage von Biedenkopf. «Bevor der ‹Wurst› gesagt hat, habe ich sie schon gegessen.»

Wer verschlang, was er zu fassen bekam, ohne einen Gedanken zwischen sich und die Nahrung treten zu lassen, wurde von der Furcht umgetrieben, er könne nicht satt werden. 1975 warf Kohl dem Bundeskanzler vor, er habe am dreißigsten Jahrestag der deutschen Kapitulation Amerikanern und Russen in einem Atemzug gedankt. Diese Kritik an Schmidts Geste der Versöhnung hatte man erwarten können. Rolf Zundel nannte indes das Argument völlig unerwartet, mit dem Kohl seinen Tadel begründete. «Behandelt man so seine Freunde, die uns vor dem Verhungern gerettet haben?» Kohl lag beim Gedenken an das Kriegsende nichts näher, als sich der amerikanischen Nahrungsmittellieferungen zu erinnern. Die letzten Kriegsmonate hatte er im Wehrertüchtigungslager von Berchtesgaden erlebt. Die Jungen sollten noch zu Flakhelfern ausgebildet werden. Am 3. April 1945, seinem fünfzehnten Geburtstag, wurden sie durch den Reichsjugendführer Arthur Axmann vereidigt. Rechts und links von Kohl fielen seine Kameraden reihenweise vor Hunger in Ohnmacht. Am 7. Mai, bevor die Amerikaner die Stadt einnahmen, machten sich Kohl und einige andere Jungen davon. Nach einem fünfwöchigen Fußmarsch erreichten sie Ludwigshafen. Jeden Tag hatten sie fürchten müssen, nichts zu essen zu finden. Überleben hieß, dem Hungertod zu entgehen. Seitdem bemaß sich die Lebenskraft eines politischen Systems für Kohl an der Fähigkeit, die Ernährung der Menschen zu sichern. In der mitten im Wirtschaftswunder abgegebenen Doktorarbeit über den Neuanfang des pfälzischen Parteiwesens vergaß er den Hunger des Jahres 1945 nicht zu erwähnen, der die zerbombte Industriestadt Ludwigshafen besonders schlimm heimgesucht hatte. Im Januar 1978 wurde einer Gruppe von Bundestagsabgeordneten der Union die Einreise nach Ostberlin verweigert. Im Rückblick zog sich für Kohl diese Erfahrung mit dem

Regime der DDR in der Figur eines unterernährten Obersten der Nationalen Volksarmee zusammen.

*Das Friedhofsgefühl*

Das Glück des unverdienten Überlebens bezeichnete Kohl mit der ursprünglich von Günter Gaus geprägten Formel von der «Gnade der späten Geburt». Kohls Bruder Walter hatte sich, vom Vater gedrängt, zum Kriegsdienst gemeldet. Er starb im Winter 1944 bei einem Luftangriff. Die Familie versank in Verzweiflung. Helmut Kohl, fünf Jahre jünger als sein Bruder, musste seitdem mit dem Schicksal leben, ein Überlebender zu sein. Der Bruder hatte von den Eltern den Namen eines Onkels erhalten, der im Ersten Weltkrieg gefallen war. Als Hannelore Kohl 1963 ihren ersten Sohn zur Welt brachte, war die Großmutter bestürzt darüber, dass er auf den Namen Walter getauft wurde. Forderten die Eltern damit nicht das Schicksal heraus? Helmut Kohl gab seiner Mutter das Versprechen, dass der dritte Walter Kohl nicht in einem dritten großen Krieg sterben werde. 1996, ein Jahr vor der Unterzeichnung des Vertrags von Amsterdam, durch den in die europäischen Verträge das Ziel der Schaffung eines «Raums der Freiheit, der Sicherheit und des Rechts» aufgenommen wurde, sagte der deutsche Bundeskanzler zum Chefredakteur der Pariser Tageszeitung «Le Monde»: «Ich möchte die Einigung Europas, weil ich es meiner Mutter versprochen habe.» Walter Kohl hatte sich im Jahr der Kanzlerwahl seines Vaters für zwei Jahre als Reserveoffiziersanwärter bei der Bundeswehr verpflichtet. Ein Kriegseinsatz blieb ihm erspart.

In seinen «Erinnerungen» rückt Kohl die wichtigste Partnerschaft und Rivalität seiner Regierungszeit vor den Hintergrund seiner familiären Verlustgeschichte: «Wir hatten ein besonderes Verhältnis zueinander, das sich aus meiner Sicht am besten mit der Beziehung zwischen einem älteren und einem jüngeren Bruder umschreiben lässt. Mein Bruder war im Krieg gefallen, und ich hatte den Wunsch, mit Wolfgang Schäuble eng verbunden zu sein.» Der amerikanische Psychologe Frank Sulloway erkennt im Bruderkrieg das Grundmuster aller welthistorischen Kämpfe: Der jüngere Bruder muss einen Sinn für Machtverhältnisse ausbilden, wenn er dem älteren den ersten Platz streitig machen will, den die Natur und die Eltern ihm gegeben haben. Die soziale Evolution ist ein Verdrängungskampf, der in der Familie beginnt. Wenn der ältere Bruder plötzlich stirbt, suchen den jüngeren Schuldgefühle wegen des unverdienten Aufrückens an die erste Stelle heim, und der Verdacht der Sinnlosigkeit der Geschichte drängt sich auf. Es gibt Siege, über die man nie froh werden kann. Dass in der Familie Kohl die darwinsche Dynamik am Werk war, die Sulloway beschreibt, lässt sich aus dem Interview schließen, das Kohls Schwester Hildegard 1996 dem «Stern» gewährte. Einen «Nachkömmling, mit dem eigentlich niemand mehr gerechnet hatte», nannte sie ihren acht Jahre jüngeren Bruder. Kohl war also von Anfang an ein Überlebender; er hatte gar nicht leben sollen. «Aber der Helmut hat sich durchgesetzt, mit aller Macht.» Als sein Vater 1975 hochbetagt verstorben war, rückte der Sohn auf den Platz des Familienoberhaupts. Seine ältere Schwester redete er seitdem wie früher ihr Vater als «Tochter» an.

Durch die Jahre von Kohls Kanzlerschaft zog sich ein bitterer Streit über das Gedenken für die Toten des Zweiten Weltkriegs. In diesen Debatten ließ er eine persönliche Beteiligung spüren, die von vornherein verhinderte, dass verbindliche Formen gefunden wurden. Kohl konnte nicht verstehen, dass man an den Uniformen der Gefallenen Anstoß nahm, die in Bitburg begraben lagen. Und wer die Neugestaltung der Neuen Wache in Berlin mit dem Argument kritisierte, die trauernde Mutter von Käthe Kollwitz tauge als Erinnerungsbild privaten Schmerzes nicht zum öffentlichen Symbol, gebrauchte Kategorien, die Kohl fremd waren. Ihn hielt sein eigenes Drama in Bann, das er für das allgemein menschliche hielt: Er hatte überlebt, und Millionen waren gestorben.

In Mainz notierte man, dass der Ministerpräsident eine

makabre Befriedigung aus seinen Auftritten als Grabredner zog. Auch als Parteivorsitzender und Bundeskanzler wollte er von Weggefährten stets persönlich Abschied nehmen. «Ich redete immer frei am Grab mit ein paar Notizen.» Dem Schriftsteller Walter Kempowski vertraute Kohl 1976 an, in einer fremden Stadt gehe er, «wenn irgend möglich, auf den Friedhof». Als Student in Heidelberg pilgerte er auf den Bergfriedhof, den er als «Bilderbuch» der deutschen Kulturgeschichte studierte. Bei einem Besuch in Weimar stand er einmal plötzlich vor den Gräbern Goethes und Schillers. Über das «Friedhofsgefühl» schreibt Canetti, es sei fromme Sitte, sich über die Natur dieser Stimmung zu täuschen. Der Ernst, den man fühlt und noch mehr zur Schau trägt, verdeckt die Genugtuung des Überlebenden, der unter Toten spazieren geht. «Es ist schwer, hier keine Überlegenheit zu fühlen; der naive Mensch, in dieser Situation, fühlt sie.»

Die Terroristen der RAF zwangen Kohl, der Möglichkeit des eigenen plötzlichen Todes ins Auge zu sehen. Der Oppositionsführer gehörte 1977 dem Krisenstab an, der den Beschluss fasste, seinen Freund Hanns Martin Schleyer nicht freizukaufen. Eine Lage, in der Kohl immer mit einer Gefährdung der eigenen Person rechnete und gleichzeitig an Entscheidungen über Leben und Tod mitwirkte, muss seltsame Gefühle in ihm ausgelöst haben. Einer Bemerkung, die er 1982 fallen ließ, kann man entnehmen, dass ihn neben Gedanken an das eigene Sterben auch Phantasien der Unverletzlichkeit überfielen. «Nach der Entführung von Hanns Martin Schleyer wollten viele Männer nicht mehr bei mir im Auto sitzen. Aus Angst vor Attentätern. Aber kein einziges Mal hat eine Frau gezögert, mit mir zu fahren.» War Kohl bewusst, welchem uralten Traum er sich hingab? Die Überlebenskraft des Helden als erotische Anziehung.

Kohls leidenschaftlichster Gegner dachte wie er, setzte instinktiv das politische Leben mit dem Leben gleich. In der Wienerwald-Rede von Franz Josef Strauß, der auf Tonband aufgezeichneten, teilweise im «Spiegel» veröffentlichten Abrechnung des CSU-Vorsitzenden mit seinem CDU-Kollegen zwei Monate nach der Bundestagswahl 1976, fiel der Satz: «Jetzt gibt es keine Pietät mehr, jetzt wird gestorben.»

Durch das Gespräch mit Kempowski, das die «Zeit» ohne Autorisierung durch Kohl veröffentlichte, geistern Metaphern der Selbstverteidigung. Offenbar hatte Kohl gespürt, dass der Besucher, der so viel über sein Wissen wissen wollte, etwas im Schilde führte. Ein Lieblingsgemälde konnte er Kempowski nicht nennen. «Muss ich mir überlegen, das kann ich nicht aus dem Handgelenk schießen.» Als der Inquisitor nach manchem Seitenweg auf die Kunst zurückkam, kam Kohl sich wieder überrumpelt vor und verschanzte sich hinter derselben schiefen Wendung. «Ich bin keiner, der aus der Hand rausschießt.» Selbstbewusste Menschen schütteln aus dem Handgelenk, was man von ihnen hören will. Nur wer Tücke fürchtet, wird eine Waffe in der hohlen Hand verstecken, wenn er Rede und Antwort steht. Für Kohl war jedes Zwiegespräch ein Kräftemessen. Auch die Großen der Geistesgeschichte stellte er sich als Gladiatoren vor, von denen jeder als letzter Überlebender in der Arena zu triumphieren hoffte. Kempowski wollte von ihm erfahren, ob ihm Goethe oder Schiller in der Schule wichtiger gewesen sei. «Wenn Sie mich so fragen – ganz vornean, alles andere totschlagend, das war Hölderlin.» Es verwundert nicht, dass das Protokoll des Gesprächs dem Verehrer des Tübinger Kraftathleten den Ruf einbrachte, er sei ein Barbar. Leichen pflasterten seinen Bildungsweg. Nachdem Kohl die Bundestagswahl 1998 verloren hatte, verschickte Kurt Biedenkopf, der in Sachsen regierte, weil Kohl ihn in Nordrhein-Westfalen nicht hatte hochkommen lassen, an die Mitglieder der CDU-Führung einen Nachruf: «Die Partei ist nicht mehr lebendig. Ihr inneres Leben wurde in den letzten Jahren zunehmend erdrückt.»

*Personalisierung der Politik*

Für den Literaturwissenschaftler Karl Heinz Bohrer besiegelte Kohls Kanzlerschaft die Zerstörung der Ästhetik des Staates durch die geschichtsvergessene Bundesrepublik. In seiner 1984 publizierten Studie über die Unschuld an der Macht deutete Bohrer Kohls Selbstbehauptungswillen, der keine Formen respektierte, soziologisch: Die Kunst, auf Kosten von allem zu überleben, sei der erste Wert des Angestellten. Die Affäre Kießling bewies für Bohrer, dass die Bonner Politiker keinen Begriff mehr vom öffentlichen Amt hatten. Der Kanzler hatte an Verteidigungsminister Manfred Wörner mit der Begründung festgehalten, er habe persönlich in guter Absicht gehandelt. Verantwortung bedeutete dann kein symbolisches Eintreten für das Ganze mehr; es war nicht daran zu denken, dass ein Minister zurücktrat, um das Ansehen des Gemeinwesens zu retten. Aus dem Diener des Staates wurde der leitende Angestellte, der sich wie jeder andere Angestellte keine Distanz zu seiner Funktion leisten konnte; er musste sich an seine Stelle klammern, da seine gesamte soziale Existenz an ihr hing.

Bürgerliche Kunstrichter, die den Niedergang der Repräsentation in der Ära Kohl beklagten, verkannten, dass hinter der Demontage des Staatskunstwerks eine Absicht steckte. Man nahm Kohl als Tolpatsch wahr, der sich nicht merken konnte, auf welcher Seite er zu gehen hatte, wenn er mit einem Staatsgast die Ehrenkompanie abschritt. Aber schon als Fraktionsvorsitzender in Rheinland-Pfalz hatte er einen informellen Stil des Auftretens gepflegt, der sich von der preußischen Korrektheit des Ministerpräsidenten Altmeier abhob. Diese Lockerungsübungen kündigten große Taten an: Kohl wollte der staatlichen Repräsentanz ein «menschliches Gesicht» geben und dadurch den «Abbau des Obrigkeitsstaates» vorantreiben. Von 1969 an trug Rheinland-Pfalz sein Gesicht. Er verwunderte die Gäste auf seinen Empfängen, wenn er darauf bestand, nicht als «Herr Ministerpräsident», sondern als «Herr Kohl» angeredet zu werden. Am Brauch, seine Mitarbeiter zu duzen, hielt Kohl später in Bonn fest. Michael Jeismann hat in diesem scheinbaren Verzicht auf die Gestik der Macht eine Spielart der Dialektik von Herr und Knecht entdeckt, die zum Vorteil des Herrn ausschlug: Die Formalitäten hatten auch den Untergebenen geschützt; die Leutseligkeit setzte eine Unterwerfung voraus, die nur auf Zeit aufgehoben wurde. An die Stelle des dienstlichen Verhältnisses trat die menschliche Beziehung.

Umgekehrt betrachtete Kohl manchen Parteifreund, an den er sich menschlich gebunden sah, wie einen dienstlich Abhängigen. Herbert Kremp, der Chefredakteur der «Welt», fragte ihn 1973 nach seinem Verhältnis zu Norbert Blüm, dem Hauptgeschäftsführer der Christlich-Demokratischen Arbeitnehmerschaft, der im Jahr zuvor über die rheinland-pfälzische Landesliste in den Bundestag gelangt war. Wie Kremp seinem Verleger Axel Springer berichtete, lobte Kohl den fünf Jahre jüngeren, aus Rüsselsheim gebürtigen Adepten der katholischen Soziallehre, der auf dem zweiten Bildungsweg Abitur gemacht hatte und mit einer Arbeit über die Willenslehre von Ferdinand Tönnies promoviert worden war, dafür, dass er als Arbeiter bei Opel «wie eine Eins» gestanden habe. Auch wenn Blüm manchmal «der Kopf gewaschen» gehöre, verbinde sie «viel Menschliches, das sich eines Tages auch politisch auszahlen würde».

Manche Besucher, die zu Kohl in sein Arbeitszimmer in der Staatskanzlei, im Bundeshaus oder im Kanzleramt vorgelassen wurden, waren verblüfft darüber, von Klängen klassischer Musik empfangen zu werden, häufig Vivaldi. Die Stereoanlage war ein Requisit des modernen bürgerlichen Wohnzimmers. Der Ministerpräsident, der Fraktionsvorsitzende und sogar der Kanzler empfing seine Gäste in einer halbprivaten Sphäre. Umgekehrt mochte man sich fragen, ob dieser Mann überhaupt ein Privatleben hatte. Die Verschmelzung von privatem und öffentlichem Leben war ein Trend der Epoche Kohls. In seinem Arbeitszimmer lief immer Musik – wie in einem Fahrstuhl.

Die Personalisierung aller sachlichen Ordnungen war Kohls erklärtes Ziel. Im «Spiegel»-Gespräch von 1968 äußerte er sich befriedigt darüber, dass die junge Generation Abschied nehmen wollte «von einer Bratenrock-Atmosphäre im Bereich der Demokratie, von einer gespreizten Selbstdarstellung des Staates». Ihm missfiel an den hergebrachten Formen, dass «allzu oft die Staatsautorität nicht zunächst durch die eigene Autorität des Mannes dargestellt wird, der sie repräsentiert, sondern durch das Amt wahrgenommen wird». Der Angriff der Achtundsechziger auf die Institutionen, auf die Titel und Talare, die es Amtsträgern ermöglichten, die Person hinter der Aufgabe zurücktreten zu lassen, fand also die ausdrückliche Billigung Kohls. Er wolle kraft persönlicher Leistung Autorität ausüben, legte er nach seiner Wahl zum Ministerpräsidenten der «Zeit» dar, habe es nicht nötig, Ansprüche aus seinem Amt abzuleiten. Solange Kohl noch nicht selbst die Geschäfte führte, hatte er in den Gremien gerne auf die Einhaltung der Geschäftsordnung gepocht: Dieses sitzungstaktische Spiel diente der Demonstration seiner Hartnäckigkeit, war eine der intellektuellen Disziplinen im Mehrkampf des Ausdauersports Parteipolitik. An der Spitze setzte Kohl dann ganz auf seine persönliche Autorität: Er suchte sein Glück im machiavellistischen Einsatz des historischen Helden, der sich von Formpflichten dispensiert und sich mit der Geschichte gegen die etablierten Mächte verbündet. Herbert Kremp vermeldete im Oktober 1973 seinem Chef Springer: «Vor allem baut Kohl auf Kohl.»

Der Dichter Durs Grünbein hat in Kohl die mythische Figur des Riesen Rübezahl wiedererkannt. Mit einer Kraft begabt, die keine Beschränkung ertrug, träumte er von der Rückkehr in den Naturzustand. Eisenträger knabberte er wie Keks; im stahlharten Gehäuse der Moderne mochte er sich nicht einrichten. Glück versprach ihm die Aufhebung aller Grenzen. Der Mythologe Grünbein sah scharf, der Soziologe dachte ungenau. Kohls «Machtgeheimnis» wollte Grünbein in der «Nähe zur karnevalistischen Welt» entdeckt haben. Dieser These widerspricht das Bild Kohls, das ein aufschlussreicher Artikel im «Kölner Stadt-Anzeiger» am 10. Februar 1983 zeichnete. Zum ersten Mal hatte Kohl als Bundeskanzler das Bonner Prinzenpaar empfangen. Dabei erwies er sich nach dem Urteil des Kölner Berichterstatters keineswegs als souveräner Jeck. Mit den Unterschieden zwischen kölschem Karneval und Mainzer Fassenacht wird man schwerlich erklären können, dass es Kohl nicht wohl in seiner Haut zu sein schien. Seine Bewegungen waren ruckartig, mühsam zwinkerte er gegen das Scheinwerferlicht an. Man musste ihn nötigen, der Bonna das obligatorische Bützchen auf die Wange zu drücken. Seine verhaltene Wut über ein Lied mit dem Refrain «Ich bin der Boss, und Strauß regiert» konnte er kaum verbergen. In seiner Ansprache an das Narrenvolk bekannte er sich zur «Fröhlichkeit im Herzen», die man «bei aller Ernsthaftigkeit des Tuns nicht übersehen» dürfe. Kohl sah sich allerdings auch zu der Mahnung veranlasst, die Zeiten seien zu ernst, um «einen draufzumachen». Ferner hätte er der karnevalistischen Welt nicht stehen können: Der Narr stellt die Verhältnisse auf den Kopf; ihm können die Zeiten gar nicht ernst genug sein. Der rheinische Karneval zieht der Ekstase feste zeitliche Grenzen, die von Menschen gemacht sind und dennoch respektiert werden; er ist die Unterwelt eines katholischen Kosmos, in dem alles seinen Platz hat. Kohl dagegen unterwarf sich nur dem Zeitplan, den er selbst gemacht hatte. Als Welt der Formen und Rollen war der Karneval ihm völlig fremd.

Mit Entrüstung wurde aufgenommen, dass Kohl auf der Pressekonferenz, auf der er sich abschließend zum Fall Kießling äußerte, die Fröhlichkeit in seinem Herzen offenbarte: «Wir lieben das Leben, und wir lieben auch die Lebensfreude, und wir lassen sie uns trotz aller Probleme nicht vergällen.» Selbst wenn der Kanzler sich gezwungen gesehen hätte, das Rücktrittsgesuch seines Ministers anzunehmen, hätte niemand Grund zu der Annahme gehabt, er werde nun am Leben verzweifeln. Wie das Amtsethos gebietet, dass Gefühle die Ausübung der Pflichten nicht beeinflussen dürfen, so muss umgekehrt die Bürde der öffentlichen Verantwortung den Privatmann nicht bedrücken. Aber in Kohls Leben war alles eins; er setzte immer seine ganze Person ein und zog aus diesem Einsatz seine Autorität. Ihm ging alles nahe, weil er sich nichts vom Leibe halten konnte. Der SPD-Abgeordnete Wilfried Penner schilderte 1992 sein Benehmen im Bundestag: «Er ist immer noch einer, der Anteil nimmt an den Debatten, der zustimmend nickt, wenn seine Anhänger ihn besonders intensiv verteidigen; der auch heute noch Wirkung zeigt, wenn er getroffen ist.»

Penner erklärte aus der Unmöglichkeit der Selbstdistanz auch den Unwillen zur Repräsentation: «Er ist unfähig, sich hinter einer Mauer zu verschanzen und nach dem Vorbild seines kleinen Freundes Mitterrand den Staatsanspruch schlechthin zu verkörpern.» Der große Kohl verkörperte nur seinen eigenen Machtanspruch und lud zur Identifikation gerade deshalb ein, weil seiner Erscheinung jede Schärfe abging, die den Gedanken hätte suggerieren können, dass der Staat aus eigenem Recht Forderungen an die Bürger stelle und nicht mit dem Volk zusammenfalle. Die französische Republik hält dem Bürger einen Spiegel vor, in dem er sein besseres Selbst erkennen soll; der Staat tritt der Gesellschaft gegenüber und erinnert sie an ihre Ideale. Das Recht, die soziale Wirklichkeit zu transzendieren, hat der deutsche Staat verloren. Mitterrands Inszenierungen verführten zu dem Glauben, es gebe einen klaren und deutlichen Begriff von Frankreich. Kohls Auftritte vertrieben die Vorstellung, die Geschichte könne mit Deutschland etwas Bestimmtes im Sinn haben. Seine Bundesrepublik war der Staat, der keine Geheimnisse mehr hatte. Die Begleiter des Ministerpräsidenten waren bestürzt, als Kohl beim Hemdenkauf in Mainz im offenen Schaufenster den Oberkörper frei machte. Aber dass er keine Hemmungen zeigte, bewies, dass er nichts zu verbergen hatte. Dieser Kaiser wusste, dass er nackt war; er wollte sich nicht mit der Robe der Tradition bedecken. Er setzte seine Person ungeschützt den Stürmen der Zeitläufte aus und trotzte der Eiseskälte der Politik. Der Mantel der Geschichte wärmte ihn nicht dauerhaft; denn er war nichts anderes als der Wind der Zeit, der sich nur weicher anfühlte, wenn er sich in einem glücklichen Moment um den Körper des Staatsmanns legte.

7.
# Sturz

«Mit einer Niederlage habe ich gerechnet», steht im Tagebuch von Helmut Kohl unter dem Datum des 27. September 1998, des Tages der Wahlen zum 14. Deutschen Bundestag. Dass er nach sechzehn Jahren im Amt des Bundeskanzlers abgewählt wurde, soll kein Schock, keine Erschütterung, keine Überraschung gewesen sein, wie dieser Akt auch im Volk, das ihn vollzog, niemanden überrascht haben dürfte. Kohls Kanzlerschaft war Geschichte, und im gleichen Augenblick wurde er sich selbst historisch. Der Tagebuchschreiber blickt zurück. «Ich bin mir durchaus der Fortüne bewusst, die ich hatte, und dankbar für die geschichtliche Entwicklung, die mir die Chance gab, politische Entscheidungen vorzubereiten und mitzugestalten, die für die deutsche, die europäische und die Weltpolitik von außerordentlicher Bedeutung waren.» Es ist demokratischer Brauch, dass sich der Wahlverlierer im Fernsehstudio zunächst bei seinen Wählern und auch bei seinen Wahlkampfgefährten bedankt. Kohls Dank gilt der geschichtlichen Entwicklung, allem, was vor ihm kam. An seiner Karriere hebt er das Moment des Glücks und des Zufalls hervor. Er bekam seine Chance und ergriff sie. Kohl macht sich klein. Aber sein Erfolg muss mehr gewesen sein als das Ausnutzen einer glücklichen Gelegenheit. Daher betont er, dass er Entscheidungen nicht nur – kooperativ und bescheiden – mitgestaltet, sondern auch – mutmaßlich einsam – vorbereitet hat. Die Bedeutung dieser Entscheidungen kann er nicht kleinreden. Sie sprengten den Ordnungsrahmen, den er bei seinem Eintritt in die Politik vorgefunden hatte, und hatten Folgen auf drei Ebenen, die er umständlich aufzählt, als wäre die globale Dimension der Maueröffnung von Vergessenheit bedroht. Die geschichtliche Entwicklung strömte sozusagen durch ihn hindurch, er war so etwas wie ein Relais der Weltgeschichte: Alles ging ihm voraus, aber alles ging auch von ihm aus. Was bleibt bei näherer Betrachtung noch vom Zufall?

Mit der Fortüne nimmt Kohl ein Stichwort wieder auf, das er sehr oft im Mund geführt haben muss, als Günter Gaus ihn Ende der sechziger Jahre kennenlernte, und das er im Jahr der großen Entscheidungen beizeiten wieder ins Spiel gebracht hatte. Als Michail Gorbatschow im Frühsommer 1989 nach Deutschland kam, bekundete Kohl im Vier-Augen-Gespräch am 12. Juni in Bonn seinen Willen, die von der Reformpolitik seines Gastes geschaffenen Chancen für eine Neugestaltung der sowjetisch-deutschen Beziehungen wie für den Fortschritt der Abrüstung zu nutzen. Beim Brüsseler Nato-Gipfel im Mai habe sich gezeigt, über welches Gewicht die Bundesrepublik verfüge. Ob Kohl an diesem Gewicht gezweifelt habe, wollte Gorbatschow wissen. Laut Protokoll antwortete Kohl weder mit Ja noch mit Nein. «Der Bundeskanzler erwiderte, dass in der Politik häufig Zufälle eine Rolle spielen würden. So habe Friedrich der Große einmal gesagt, dass Generäle auch Fortüne haben müssten. Das gelte sicherlich auch für die Politik. Manchmal könne man arbeiten und arbeiten, wenn jedoch keine Fortüne hinzukomme, gebe es dennoch Schwierigkeiten.» Ein Ereignis in Gorbatschows Verantwortungsbereich erwähnte Kohl als Beispiel für die Macht des Unkontrollierbaren: das Erdbeben, das am 7. Dezember 1988 in Armenien mehr als 25 000 Tote gefordert hatte. «Er wolle jedoch damit sagen, dass jetzt die Zeit für Fortüne gekommen sei. Sie sollten sie deshalb entschieden nutzen.»

Gelassen nimmt der Tagebuchschreiber am Wahltag 1998 zur Kenntnis, dass ihn sein Glück verlassen hat. Er hat seine Fortüne genutzt und kann sich in sein Schicksal ergeben. Allerdings ist ungewiss, wie viel vom Eintrag des 27. September 1998 tatsächlich an diesem Tag niedergeschrieben worden ist. «Mein Tagebuch 1998–2000» ist ein Buch von Helmut Kohl, das am 27. November 2000 in die Buchhandlungen kam. Es ist seine Antwort auf die schlimmste Krise in seinem politischen Leben, die ihn ein Jahr nach dem offiziellen Abschluss dieses Lebens ereilte. Frühere Skandale um illegale Parteispenden hatte er überstanden. Da er nichts mehr werden konnte, drohte die letzte Spendenaffäre alles zu zerstören: sein Ansehen. «Mein Tagebuch 1998–2000» ersetzte gleichsam die Serie der Rechenschaftsberichte, deren Manipulation Kohl hatte eingestehen müssen. Eine Krise war die Affäre auch in dem Sinne, in dem das Wort bei den Historikern seit Jacob Burckhardt eine Verlaufsform des historischen Geschehens bezeichnet. Die Ereignisse beschleunigten, überschlugen und verselbständigten sich. Das prominenteste Opfer der Affäre unter den aktiven Politikern war Wolfgang Schäuble, Kohls Nachfolger im Parteivorsitz der CDU und wie Kohl von 1976 bis 1982 nun als Fraktionsvorsitzender der Union im Bundestag Kanzler im Wartestand. Aus dem einstigen Kronprinzen und treuesten Vertrauten wurde im Zuge der Krise Kohls Gegenspieler und Todfeind.

Mit Entsetzen nahmen es Kohls Parteifreunde auf, dass er seine ursprünglichen Angaben, nichts vom System der geheimen Konten gewusst zu haben, nicht aufrechterhalten konnte. Die Tagebuchform von Kohls Rechtfertigungsschrift setzte den peinlichen Selbstkorrekturzwang außer Kraft. Mitte Januar 2000 wies der Schriftsteller Ernst-Wilhelm Händler darauf hin, dass vielzitierte Sinnsprüche Kohls durch die Spendenaffäre eine neue Bedeutung erhielten. Beispiel: «Wichtig ist, was hinten herauskommt.» Nach dieser Maxime ist das Tagebuch-Buch gerade nicht gemacht. Das historische Urteil, das immer erst hinterher ergeht, wird nicht antizipiert, sondern als entbehrlich hingestellt. Der Autor tut so, als hätte er nichts zurückzunehmen.

Am 30. November 1999 gab Kohl im Präsidium eine Erklärung ab. Demnach hatte er als Parteivorsitzender «die vertrauliche Behandlung bestimmter Sachverhalte wie Sonderzuwendungen an Parteigliederungen und Vereinigungen, zum Beispiel als unabweisbare Hilfe bei der Finanzierung ihrer politischen Arbeit, für notwendig erachtet» und «deshalb» eine «von den üblichen Konten der Bundesschatzmeisterei praktizierte getrennte Kontenführung» für «vertretbar» gehalten. Auf Einschätzungen bezog sich diese erste förmliche Einlassung zur Sache, auf mentale Zustände. Die dem persönlichen Erachten und rein gedanklichen Vertreten entsprechenden Handlungen, also die nötigen Anordnungen und Überweisungen und insbesondere die Verletzungen der gesetzlichen Transparenzregeln, ergaben sich von selbst, aber eher als logische Implikationen denn als praktische Konsequenzen des in der Erklärung eingeräumten Sachverhalts. «Verstöße gegen Bestimmungen des Parteiengesetzes» hatte es «möglicherweise» gegeben – darüber ging Kohl an diesem 30. November nicht hinaus. Seine Erklärung war kein Geständnis, keine Beichte, denn diese Formen des Schuldbekenntnisses knüpfen beide an die Benennung der Tat an. Vertrauliche Sondergeldflüsse – nach des früheren Vorsitzenden früherer Überzeugung notwendig. Gesetzesbrüche – nach seiner nunmehrigen Einsicht möglich. Zwischen diesen modalen Spitzfindigkeiten verschwand, wie Kohl wirklich gehandelt hatte.

Eine andere Qualität hatte seine Selbstauskunft in einem Fernsehinterview, das am 16. Dezember 1999 im ZDF gesendet wurde. Nun gab Kohl zu, in den Jahren von 1993 bis 1998 Spenden in einer Höhe von 1,5 bis 2 Millionen Mark angenommen zu haben, die in den Büchern der Partei hätten ausgewiesen werden müssen. Dieses Geständnis bezog sich exakt auf den Zeitraum, auf den sich die Pflicht zur Aufbewahrung von Belegen erstreckte. In der Stellungnahme zu den Verstößen gegen das Parteiengesetz fiel der Möglichkeitsvorbehalt fort, der freilich ohnehin nur auf dem Papier gestanden hatte. Das Sensationelle des nun in unbefangener Rede offengelegten Vorgangs lag weniger im Normativen als im Tatsächlichen. Nicht nur durch Anweisungen an Untergebene hatte Kohl das Gesetz gebrochen, sondern eigenhändig, indem er die Hand ausstreckte und

Geld einsteckte. Der Kohl-Biographin Patricia Clough, die für die «Times» und den «Independent» aus Bonn berichtet hatte, erzählten schockierte Weggefährten Kohls aus Mainzer Tagen, der Ministerpräsident habe ihnen eingeschärft: «Früh aufstehen und kein Geld nehmen.»

Kategorisch forderte auch die eigene Partei nach Kohls Interview vom 16. Dezember von ihm sofort die Nennung der Personen, die das Geld gegeben hatten. Mit dem Rechtsbewusstsein, das auf der nachträglichen Erfüllung der gesetzlichen Verpflichtungen bestand, war eine Phantasie im Bunde, die Kohl mit seinen Schilderungen unfreiwillig fütterte. Im Kanzleramt waren keine Postanweisungen unbekannter Gönner eingegangen. Man konnte sich die Geldübergaben zu genau vorstellen, als hätte man Fotos einer versteckten Kamera vor sich, mit abgeschnittenen Köpfen. Es fehlten nur die Gesichter und die Namen. Eindringlich, lange auch einhellig, erst geradezu verzweifelt, dann zornig, schließlich ultimativ, aber vergeblich, später nach wie vor ernsthaft, doch irgendwann nur noch pflichtgemäß verlangte die CDU von Helmut Kohl die Liste der Spendernamen. Kohl schmetterte die Forderung ab, mit dem Trotz eines Opernschurken mit höllisch langem Atem. Sein Schweigen wurde zum Spektakel. Er beharrte auf seinem Willen, die Identität der Geldgeber, deren Gaben für ihn als Parteivorsitzenden bestimmt waren, als Privatsache zu behandeln.

Der Skandal dieser Verschwiegenheit ging hinaus über die Missachtung des Parteiengesetzes, dessen Paragraphen nur Spezialausfertigungen eines Prinzips der Demokratie sind: Politische Macht unterliegt öffentlicher Kontrolle. Indem Kohl schwieg, ließ er zu, dass sich der Schatten des Verdachts auf seine Partei und seine Regierung legte. In dieser Lage war die Entscheidung für das Tagebuch als Medium der Selbstverteidigung eine Provokation. Das Tagebuch ist die Gattung der intimen Vertraulichkeiten und ungeschützten Offenbarungen, die schlechthin private Form. Wer sein Tagebuch veröffentlicht, hat keine Geheimnisse. Dass der Tagebuchcharakter der Aufzeichnungen, die Gleichzeitigkeit von Erlebnis und Notat, offenkundig fingiert war, verstärkte die Provokation. Auf dem Buchumschlag sieht man einen der Originalbände. Das aufgeschlagene Büchlein verschwindet fast unter den riesigen Händen des Autors, die aus dem schwarzen Hintergrund ins Licht ragen. Man erkennt, dass es sich um einen Taschenkalender handelt. Einen seiner legendären Kalender. Kohl hatte ihn von der BASF erhalten, wie jedes Jahr. Wohl schon seit den fünfziger Jahren, als er in den Landesvorstand der CDU gewählt wurde und als Lobbyist für die chemische Industrie arbeitete, stand er auf der Empfängerliste für die Weihnachtsgeschenke des Ludwigshafener Konzerns.

Acht Zeilen stellt der Kalender pro Tag bereit. So klein ist Kohls Schrift nicht, dass die drei Bände der Jahre 1998 bis 2000 Platz geboten hätten für den Text, der im Buch 500 Seiten füllt. Das in schwarzes Leder eingebundene Urschriftmittel des Tagebuch-Projekts ist ein Symbol: Kohls Terminkalender war als Herrschaftsinstrument berühmt. In der Endphase seiner Kanzlerschaft hatte er keine Politik mehr gemacht, sondern nur noch Termine. So hat Klaus Kinkel die Koalitionsrunden des Jahres 1998 geschildert: Die Fragen des Tages blieben ohne Antwort, «Kohl zog sein legendäres kleines Notizbuch» und dachte schon wieder über den Tag hinaus. Ein Terminkalender, der später auch als Tagebuch dienen konnte, spricht für perfekte Zeitkontrolle: Es musste nicht viel nachgetragen werden; als Herr des Geschehens kam Kohl von seinen Terminen zurück. Achtundsechzig Jahre alt war er gewesen, als er die Bundestagswahl verlor, aber niemand sollte glauben, dass ihm seine Zeit davonlief. So erfuhr die Öffentlichkeit durch die Publikation von «Mein Tagebuch 1998–2000» nebenbei, dass sich an seiner Tagesorganisation durch das Ausscheiden aus dem Amt nichts geändert hatte. Auch neue Aufregung über seine Beziehungen zum Unternehmertum war natürlich kein Grund, mit dem Jahreswechsel 1998/99 seine Gewohnheiten zu ändern und auf den privaten Gebrauch eines praktischen Geschenks zu verzichten, das weltweit auch etwa hunderttausend weitere Freunde der

BASF erhalten hatten, in Afrika und Asien allerdings in der billigeren PVC-Ausführung. Der Leiter des Geschenkwesens des Konzerns wies in der Presse darauf hin, dass der Kalender mit seinem handlichen Format auch wie eine Brieftasche verwendet werden kann und ein Fach für Geldscheine oder anderes Papier enthält. Die Kompaktheit fördert die Konzentration des Benutzers. Kohl führte den Kalender sorgfältig. Er diente ihm als Weltalmanach und biographische Enzyklopädie, reduziert auf die mnemotechnisch wesentlichen Informationen: Namen und Telefonnummern. Das System Kohl, das in der Spendenaffäre wieder zur Bedrohung der Demokratie stilisiert wurde, war ein Netz von Personen, von denen die allermeisten gewählte Politiker waren.

*Anderkonto*

Während es in der Öffentlichkeit einsamer und einsamer wurde um den Altkanzler, der die Namen der ominösen Spender so verbissen hütete wie im Märchen das Rumpelstilzchen den eigenen, mehrten sich die Indizien dafür, dass das System Kohl noch funktionstüchtig war. Wortmeldungen aus unteren Parteigliederungen und Presse-Enthüllungen über andere Politiker störten den Empfang der von der neuen CDU-Führung verbreiteten Botschaft, sie habe mit dem alten Kohl, dem Spenderbörsenöffner, nichts gemein und wolle mit dem neuen Kohl, dem Spendernamenschlucker, nichts zu schaffen haben. Offenkundig standen in Kohls Kalender weiter die richtigen Telefonnummern. Die Spendenaffäre brachte Kohls Terminplanung mit jener Plötzlichkeit durcheinander, die in der Kunsttheorie von Karl Heinz Bohrer, dem Kritiker des Kohlschen Provinzialismus, die Sekunde der Wahrheit auszeichnet. Mit einem Blitzschlag erledigten sich Spekulationen, Kohl pflege die in seinem Kalender konservierten alten Verbindungen zum Funktionärskorpus der CDU so gründlich, dass er möglicherweise sein Comeback vorbereite.

Im Jahr nach der Abwahl durfte Kohl sich von einer immer stärker anschwellenden Welle neuer Popularität getragen fühlen. Das Phänomen findet in den Gesetzen der demokratischen Mechanik eine simple Erklärung. Die unvermeidliche Enttäuschung über die nach sechzehn Jahren Wartezeit zum Zuge gekommene neue Staatsgeschäftsführung führte dazu, dass die Gemüter der Bürger sich wieder dem verstoßenen Patron zuwandten. Gerade das Natürliche dieses Prozesses, die gesetzmäßige Wucht des Gezeitenwechsels, dürfte Kohl eine tiefe Genugtuung verschafft haben. Er spürte das Walten der historischen Gerechtigkeit, als wieder mehr und mehr Leute in seine Versammlungen strömten. Der kalendarische Zufall lieferte sozusagen die Maggi-Würze für die Nostalgiesuppe, den Nachgeschmacksverstärker: Das erste Jahr des wiedervereinigten Deutschland ohne Kohl lief auf den Tag der zehnten Wiederkehr des Mauerfalls zu.

Aber was heißt eigentlich kalendarischer Zufall, wenn es ohne Zeitrechnung keine Geschichte gibt? Wir haben uns daran gewöhnt, unsere Zeit in Jahrhunderte und Dekaden einzuteilen, und daher kann das Gedenkwesen, die im Wortsinn berechenbarste Abteilung des Kulturbetriebs, für Überraschungen gut sein. Henning Ritter schrieb am 17. Mai 1989 in der «Frankfurter Allgemeinen Zeitung»: «Die Lehre aus dem Jahr 1789, die im Jubiläumsjahr am wenigsten beherzigt wird, ist: Nicht sich auf ein Fin de siècle einspielen, ehe das Jahrhundert zu Ende ist.» Im Sinne dieser Lehre handelte Kohl vier Wochen später, als er Gorbatschow in Bonn auf die Fortüne ansprach. Am 9. November 1989, als Kohl seinen Staatsbesuch in Polen begann, richtete er in seiner Rede in Warschau an den Ministerpräsidenten Tadeusz Mazowiecki die rhetorische Frage: «Die Brüderlichkeit, von der in diesem Jahr in Erinnerung an die Französische Revolution so viel gesprochen wurde – ist das nicht ein alter Name für das, was wir heute Solidarität nennen?» Dieser Übersetzungsvorschlag war ein elegantes, ja, geradezu galantes Kompliment für den Ratgeber Lech Walesas, den ersten nichtkommunistischen Ministerpräsidenten der 1945 wiederhergestellten Republik Polen. Solche rhetorische Grazie assoziiert man nicht mit Helmut Kohl. Aber auch im Vorlesen des Wohlvorbereiteten kann sich das Gespür für das richtige Wort zeigen. Zehn Jahre später sollte Kohl die Erfahrung machen, dass er sich auf die Brüderlichkeit in der Partei nicht mehr verlassen konnte, deren unter seinem Vorsitz 1978 in Ludwigshafen beschlossenes Grundsatzprogramm mit dem Titel «Freiheit – Solidarität – Gerechtigkeit» die Losung der Französischen Revolution modernisiert hatte, zwei Jahre vor der Gründung der Gewerkschaft Solidarność.

Kohl war gerade von einem dreitägigen Besuch in Israel zurückgekehrt und sah seiner Rede in der Berliner Feierstunde des Bundestages am 9. November entgegen, als am 4. November 1999 bekannt wurde, dass die Staatsanwaltschaft Augsburg versuchte, einen Haftbefehl gegen Walther Leisler Kiep zu vollstrecken, der von 1971 bis 1992 Bundesschatzmeister der CDU gewesen war. Nicht weniger sensationell als diese Nachricht wirkten die Umstände der Handlung, die Kiep den behördlichen Verdacht der Steuerhinterziehung eingebracht hatte. Am 26. August 1991 war Kiep mit seinem Porsche nach Sankt Margarethen gefahren, einem Schweizer Städtchen an der Grenze zu Österreich, um sich auf dem Parkplatz eines Einkaufszentrums mit Karlheinz Schreiber zu treffen, einem deutschen Kaufmann mit Wohnsitz in Kanada, der auf die Anbahnung von Waffengeschäften spezialisiert war. Kiep wurde von Horst Weyrauch begleitet, den der neue Schatzmeister 1972 als Steuerberater der CDU verpflichtet hatte. Schreiber übergab den beiden Herren einen Koffer voller Geldscheine: eine Million Mark. Dass Kiep mit einem Porsche auf dem Parkplatz vorfuhr, geht aus seinem Tagebuch hervor. Seit fünfzig Jahren hatte er Tagebuch geführt, in größerer Ausdauer und Ausführlichkeit als Kohl. Auszüge der Jahre 1964 bis 1997 hatte er just im Sommer 1999 als Buch veröffentlicht, mit dem Titel «Was bleibt ist große Zuversicht» und dem Untertitel «Erfahrungen eines Unabhängigen». Am Abend des 4. November setzte Kiep in Stuttgart eine Lesung aus dem Buch vor geladenen Gästen fort, nachdem er von seiner Frau erfahren hatte, dass eine Augsburger Staatsanwältin bei ihnen im Philosophenweg in Kronberg mit einem Haftbefehl vorstellig geworden war. Ohne dass die Zuhörer es ahnten, demonstrierte ihnen der Autor die Unabhängigkeit, die er in seinen Aufzeichnungen für sich in Anspruch nahm. Es war eine Selbständigkeit, wie sie in den Handbüchern für Höflinge aus der Renaissance gelehrt wird: die Unabhängigkeit von der Meinung der Welt und gegenüber den Launen des Schicksals. Das Titelfoto des Tagebuch-Extrakts zeigt Kiep, der für seinen Sinn für korrekte Kleidung bekannt war, wie er in Anzug und Krawatte mit Schwung über eine Schranke springt, einen Aktenkoffer in der Hand. Der Mann von Welt solle um des Gleichgewichts der Vernunft willen in der Kaltblütigkeit lieber zu weit gehen als nicht weit genug, war der Rat Balthasar Graciáns. Im Geist dieser Maxime hatte Kiep die Auswahl seiner Notizen für den Druck getroffen: «Die Methoden in der CDU/CSU, die mich an die Cosa Nostra erinnern, können nicht länger hingenommen werden.»

Das schrieb der frisch bestallte Schatzmeister 1972 allerdings nicht über das Finanzgebaren der Parteifunktionäre, sondern über den Druck, mit dem die Parteiführung die Enthaltung in der Bundestagsabstimmung über die Ostverträge herbeiführte. Den auf Schreibers Million bezogenen Vorwurf der Steuerhinterziehung konnte Kiep abwehren, indem er darlegte, dass er den Koffer als Schatzmeister entgegengenommen hatte. Am 26. November, nach drei Wochen öffentlicher Spekulationen über die Methoden der Buchführung in einer Organisation, die auf einem solchen Weg zu Einnahmen kam, bestätigte der frühere Generalsekretär Heiner Geißler, dass es in seiner Zeit als Leiter der Parteizentrale neben dem Konto der Bundesgeschäftsstelle inoffizielle Konten der Bundes-CDU gegeben hatte, die «ausschließlich unter der Verantwortung des Bundesvorsitzenden und der Schatzmeisterei» standen. Geißler wusste, was er sagte und was er tat, indem er es sagte. Er enthüllte, was er auch in den zehn Jahren nach seinem von Kohl erzwungenen Ausscheiden aus dem Amt des Generalsekretärs für sich behalten hatte, in Kenntnis der für Vertrauenskrisenverläufe typischen Eigendynamik: Es galt, so rechtfertigte er sich gegenüber den Parteifreunden, die Krise zu beschleunigen, damit die Partei sie hinter sich bringen konnte. Er habe sein Wissen in der Absicht offenbart, «dass der Stein ins Rollen kommt, damit Klarheit hergestellt wird». Der Stein nahm sehr schnell Fahrt auf: Schon vier Tage später gab das CDU-Präsidium die gewundene Erklärung heraus, in der Kohl förmlich einräumte, was er nicht mehr leugnen konnte. Klarheit war dadurch noch nicht hergestellt und wurde in wesentlichen, die Verantwortung des Bundesvorsitzenden der Jahre 1973 bis 1998 betreffenden Punkten nie hergestellt. Die Öffentlichkeit lernte das Wort «Anderkonten» kennen und erhielt Einblick in eine andere Welt hinter dem Parteiapparat, dessen Leitung Kohl, wie man nun verstand, auch deshalb seinem Gegenspieler Geißler hatte überlassen können, weil er noch über andere Mittel verfügte. Ganz andere? Man staunte über die Systematik von Kohls Herrschaftssicherungsmaßnahmen, wie sie der Aufwand für die Vertuschung belegte, aber man war eigentlich nicht überrascht. Hier liegt der Grund dafür, dass Kohl die Krise nach seinem tiefen Fall, dem scheinbar totalen Verlust seiner Reputationsersparnisse, am Ende überstand, dass seine Partei ihn mit der inständigen Bitte um das klärende Wort nicht in Bedrängnis bringen konnte. Die Schockwirkung der Geheimkonten hatte Grenzen, weil Kohl aus seiner Bereitschaft, alles Nötige für den Machterhalt zu tun, kein Geheimnis gemacht hatte. Gegen Ende des Lebens seines Freundes François Mitterrand wurde bekannt, dass der Präsident neben seiner offiziellen Familie eine andere Familie unterhielt. Die Franzosen hat das nicht überrascht.

Volker Rühe, stellvertretender Parteivorsitzender und bis 1992 Nachfolger Geißlers als Generalsekretär, nahm Kohl nach dessen Erklärung vom 30. November mit dem Hinweis in Schutz, dass der Vorsitzende eine Schatulle mit Briefmarken im Büro gehabt habe, aus der seine private Post frankiert worden sei. Just anhand des Briefportos, das in den sechzehn Jahren der

Regierung Kohl von 50 Pfennig auf 1,10 D-Mark gestiegen war, hatte Geißler allerdings beweisen können, dass Kohls Kassenführung dem demokratischen Prinzip der Beschränkung der Macht von Amtsträgern durch die Begrenzung der ihnen ordnungsgemäß zugewiesenen Finanzmittel nicht entsprach. Im Herbst 1987 erhielten alle 620 000 Mitglieder der CDU mit der Post einen Brief ihres Bundesvorsitzenden zur Lage der Partei – mit persönlicher Anrede und scheinbar eigenhändiger Unterschrift. Auf der Bundestagung der CDU-Sozialausschüsse wollte ein Delegierter von Kohl wissen, ob die Kosten von 800 000 Mark nicht etwas hoch gewesen seien. Kohl erklärte: «Das Geld ist ja nicht aus dem normalen Etat gekommen. Das konnte ich glücklicherweise in einer anderen Weise zusammenbringen. Das war notwendig, diesen Brief zu schreiben. Ich würde es morgen wieder tun.» Geißler erinnerte zwölf Jahre später an diesen Vorgang und nannte es allgemein bekannt, dass der Versand aus einem der «Zusatzkonten» bezahlt worden sei.

Eine stehende Wendung des zeithistorischen Gedächtnisses der wiedervereinigten Republik ist der Vorwurf an die Regierung Kohl, sie habe im Bundestagswahlkampf 1990 versichert, dass sie die Einheit aus der Portokasse finanzieren werde. In Reden oder Interviews des Bundeskanzlers lässt sich diese Formulierung nicht dingfest machen. Kohl wusste zu gut, wie schnell Portokosten sich auftürmen. In einer Volkspartei kann der Vorsitzende mit den Mitgliedern nicht ausschließlich von Angesicht zu Angesicht kommunizieren. Mit dem Übergang zur Schriftform entstehen auf einen Schlag riesige Kosten. Schon als Parteireformer packte Kohl das Problem der effizienten Verklammerung von Führung und Gefolgschaft genau von dieser Seite an. Klaus Dreher weist darauf hin, dass Kohl sich in der Zeit der Verhandlungen über das 1967 verabschiedete Parteiengesetz in jeder Sitzung des Bundesvorstands zu Wort meldete, in der das Thema auf der Tagesordnung stand, meist als Erster nach dem Schatzmeister. In der Sitzung vom 13. Februar 1967 rechnete Kohl vor, dass die Partei sich in eine strukturelle

Abhängigkeit von Wohltätern begeben habe: Satzungsgemäß müsse sie zu Parteitagen schriftlich einladen, aber die Einnahmen aus Mitgliedsbeiträgen reichten für das Porto nicht aus. «Wenn jemand eine Dissertation schriebe über das innere Gefüge der CDU, dann könnte er klar nachweisen, dass die CDU keine demokratische Partei ist.»

Autonomie durch Austerität war allerdings nicht das Rezept Kohls für die Demokratisierung der CDU. Zyklisch kehrten die Spendenaffären in seiner Karriere wieder, weil in ihnen die strukturellen Kosten seines Konzepts der «modernen Volkspartei» an den Tag traten. Nüchtern bilanziert Hans-Peter Schwarz: Kohl wollte «die CDU durch Kongresse, Mitgliederaktivierung, zentral organisierte Service-Einrichtungen und Planungsstäbe, auch durch zentral organisierte Wahlkämpfe auf Trab bringen» und musste die Parteizentrale daher in einen geldhungrigen Moloch verwandeln.

Als Lehrstück über die Gewaltenakkumulation in der Parteiendemokratie wie als Psychodrama hatte die Kohl-Affäre der Jahrtausendwende bald nicht mehr viel mit dem kriminalistischen Auslöser von Geißlers Steinwurf zu tun, den Ermittlungen zum Parkplatz-Treffen im Dreiländereck hinter dem Bodensee. Schreiber, der Dunkelmann aus der Entourage von Franz Josef Strauß, gewann keine Macht über Kohl, sondern entpuppte sich als der Mann des Verhängnisses für Kohls Nachfolger im Parteivorsitz, als Wolfgang Schäuble zugeben musste, was er im Bundestag bei der Offenlegung seiner Verbindung zu Schreiber verschwiegen hatte, obwohl Kohl es seit Jahren wusste: Auch er hatte von ihm Bargeld für die CDU angenommen. Als Kohl am 5. November 1999 die Nachricht vom Haftbefehl gegen Kiep erhielt, galt laut dem «Tagebuch» Schäuble sein erster Gedanke: «Der Name Karlheinz Schreiber erinnert mich nur an eine Spende über DM 100 000, die Wolfgang Schäuble 1994 von ihm erhielt.» Sollte dieser Eintrag nachträglich eingefügt worden sein, hätte Kohl die grausame Präzisionsarbeit seines Gedächtnisses dokumentieren wollen. Im Untersuchungsausschuss des Bundestages legten Kohls Anwälte eine

Visitenkarte Schreibers vor, die sich in den Akten zur Vorbereitung des Wirtschaftsgipfels in Halifax im Sommer 1995 gefunden hatte. Der Kanzler hatte darauf vermerkt: «Wer ist das?» Da Kohl ein Elefantengedächtnis für Personen zugeschrieben wird, schien damit, was die von Schreiber geförderten Panzerverkäufe nach Saudi-Arabien anging, der Beweis von Kohls Unbestechlichkeit erbracht.

*Das Schweigen*

Wie den Kinoabenteuern von James Bond oft eine spektakuläre Episode vorgeschaltet ist, die das Publikum auf das Tempo und die Effekte der eigentlichen Filmhandlung einstimmt, so empfing die gesamte Affäre um die geheimen Konten der CDU ihre Kolorierung von der Szene in St. Margarethen. Der Parkplatz, der Porsche, der Koffer, später die angebliche Aufteilung der Million zwischen Kiep, Weyrauch und dem CDU-Generalbevollmächtigten Uwe Lüthje als Anerkennung für treue Dienste: Die Vorstellung, die Finanzangelegenheiten der CDU würden gemäß den Methoden der Cosa Nostra abgewickelt, war in der Welt. Auch wenn Kohl nicht der Bestechlichkeit überführt werden konnte, musste er fortan damit leben, dass sich an seine Person diese Assoziationen knüpften. Einige Details passten zu gut ins Bild. Das gilt vor allem für die Umstände der von Kohl am 16. Dezember 1999 im Fernsehen eingeräumten Geldzuflüsse. Kohl persönlich nahm Spenden entgegen, und zwar in bar. Über die Jahre kamen mehrere Millionen zusammen. Schäuble konnte behaupten, er sei von Schreiber, dem Spezi der Scheichs, sozusagen überrumpelt worden. Wenigstens im Ansatz mochte es dann auch verständlich sein, dass sich Schäuble und Kieps Nachfolgerin in der Schatzmeisterei, Brigitte Baumeister, an triviale Einzelheiten des buchmäßigen Umgangs mit Schreibers Million unterschiedlich erinnerten. Dagegen muss es sich bei den Geldübergaben an Kohl um eine feste Übung gehandelt haben.

In seiner Erklärung zum System der doppelten Buchführung am 30. November hatte Kohl zunächst nur sein Wissen eingeräumt und höchstens indirekt auch ein Handeln. Die Organisation und tatsächliche Erledigung der geheimen Transaktionen hatte er angeblich den Fachleuten überlassen. Nicht dem Schatzmeister. Der in der Schweiz angesparte Sonderfonds gab dem Parteivorsitzenden Zugriff auf Finanzmittel, von denen der Schatzmeister nichts wissen sollte. Aber das war verständlich, hatte Kiep in seinen veröffentlichten Tagebüchern doch auch über seine «Option für Ziel 1» berichtet, die eigene Kanzlerkandidatur. Am 16. Dezember sagte Kohl, dass Kiep «ganz gewiss damals nicht» sein «Vertrauen gehabt» habe. Als Träger dieses Vertrauens bezeichnete er Weyrauch und Lüthje. Doch auch diese beiden Bürgen für Diskretion sollen mit den Barspenden der letzten Kanzlerjahre nichts zu tun gehabt haben. Die kundigsten Beobachter unter den Hauptstadtjournalisten waren überrascht darüber, dass sich Kohl nun um alles persönlich gekümmert haben wollte, unter Bruch der Klugheitsregel, als Vorgesetzter, der Unregelmäßigkeiten duldet oder veranlasst, wenigstens keine Fingerabdrücke zu hinterlassen. Im Zuge seines Geständnisses auf Raten waren die Mitwisser in den Hintergrund getreten. Kein Mensch ist unersetzlich, aber beim Empfang der Wohltäter, die der CDU verdeckte Barspenden zukommen ließen, wollte Kohl sich nicht vertreten lassen. Er war der Handelnde.

Und das galt auch für die Unterrichtung der Öffentlichkeit am 16. Dezember, die Zündung der nächsten Stufe des Skandals, der seine Partei in die schwerste Krise ihrer Geschichte stürzte. Aus eigenem Antrieb ließ Kohl das ZDF, seinen einstigen Haussender, wissen, dass er eine Mitteilung zu machen habe. Nach Kohls Schilderung gab es keine Augenzeugen für die Spendenübergaben. Das bedeutet zweierlei. Einerseits fehlen Entlastungszeugen, die immerhin hätten bestätigen können, dass Kohl Besuch von «deutschen Staatsbürgern» bekommen hatte, die ihm knisternde Kuverts überreichten. Schon bald machte nämlich der Verdacht die Runde, dass es Kohls

Spender ebenso wenig gegeben habe wie die jüdischen Emigranten, die angeblich den hessischen CDU-Landesverband in ihren Testamenten bedacht hatten. Diese betrügerische Legende flog im Januar 2000 auf. Warum gab sich kein einziger von Kohls späten Förderern zu erkennen? Warum entband ihn keiner von seinem angeblichen Versprechen, ihr Inkognito zu wahren? Wie konnte das Interesse an seinem Schweigen in jedem Fall stärker wiegen als die Sorge um sein Ansehen – bei Leuten, die ihm aus persönlicher Verbundenheit erhebliche Geldbeträge zur persönlichen Verfügung ausgehändigt hatten? Die andere Seite des merkwürdigen Umstands, dass all dies sich im Privatissimum abgespielt haben soll: Es gibt keinen Belastungszeugen – außer Helmut Kohl selbst.

Karl Feldmeyer, der für die Unionsparteien und die Bundeswehr zuständige Hauptstadtkorrespondent der «Frankfurter Allgemeinen Zeitung», machte hinter Kohls Mitteilungspolitik im Dezember 1999 eine eigentümliche strategische Logik aus: «Kohl möchte sich nicht rechtfertigen müssen. Selbst dort, wo ihn die Umstände dazu zwingen, versucht er, einen Gegenangriff vorzutäuschen, wo kein Angriff stattgefunden hat.» An seine Schilderungen im ZDF-Interview schlossen sich die Ermittlungen der Bonner Staatsanwaltschaft wegen des Verdachts der Untreue zu Lasten der CDU an. Die vom Bundestagspräsidenten angeordneten Strafzahlungen, die sich aus der Korrektur der Rechenschaftsberichte ergaben, wurden als von Kohl herbeigeführter Vermögensschaden gewertet. Dass Kohl selbst die Ermittlungen ausgelöst hatte, wurde in der Presse vermerkt: Entweder sei er rechtlich schlecht beraten gewesen, oder er sei beratungsresistent. Im Sinne der zweiten Hypothese äußerte sich im Juli 2000 nach Kohls Aussage vor dem Untersuchungsausschuss des Bundestags sein Rechtsberater, der Rechtsanwalt Stephan Holthoff-Pförtner: Er habe Kohl vom Gang ins ZDF abgeraten. Der Staatsrechtslehrer Gerd Roellecke brachte in einem Zeitungsbeitrag im August 2000 das Rätselhafte von Kohls Selbstbelastung auf den Punkt: «Was man bisher weiß, weiß man allein von Helmut Kohl, und Geständnisse genügen bekanntlich nicht, weil es zu viele Gründe für Selbstbezichtigungen gibt, zumal für öffentliche. Warum hat Kohl öffentlich erklärt, er habe Spendengelder entgegengenommen? Übliches Politikerverhalten ist das nicht. Wie die Bemühungen um eine Klärung der CDU-Finanzen zeigen, wüsste außer Kohl und den Spendern heute niemand von den zwei Millionen, hätte Kohl nicht selbst davon gesprochen.» Warum die Abweichung vom üblichen Politikerverhalten? Vorläufig kann man nur vermuten, dass es ihm ein Bedürfnis war, sich um jeden Preis als Handelnden darzustellen. Verdoppelt wird das Rätsel dadurch, dass Kohl nur sprach, um sofort wieder zu schweigen.

«Helmut Kohl, die Macht und das Geld»: So hieß das 600 Seiten starke Buch, das drei Journalisten der «Süddeutschen Zeitung» noch vor dem ersten Jahrestag von Kieps Verhaftung veröffentlichten. Die Verknüpfung der drei Titelbegriffe hatte scheinbar dieselbe emblematische Evidenz wie auf Albrecht Dürers Kupferstich das Miteinander von Ritter, Tod und Teufel. Der Macht zuliebe hatte Kohl sich Geld geben lassen: So viel war für jeden Zeitungsleser klar. Aber über die intime Vorgeschichte dieses Sündenfalls, die Innenseite von Kohls Verhältnis zur Macht, seine eigentlichen Beweggründe war damit gar nichts gesagt. Eine subtile Betrachtung stellte Patricia Clough im Januar 2000 an: «Handelte er aus einem Gefühl der Schwäche heraus oder weil er sich stark und unangreifbar fühlte?» Anders gesagt: im Überschwang des Machtbesitzes oder aus Angst vor dem Machtverlust? Sah Kohl sich zur Notselbsthilfe berechtigt, weil er allein «stets von seiner Größe überzeugt» war? Die englische Beobachterin deutete an, dass der im wiedervereinigten Deutschland fast vergessene Beinahe-Sturz im Sommer 1989 seine Schlüsselerfahrung gewesen sein könnte. «Für den Biographen ist es wichtig zu wissen, zu welchem Zeitpunkt Kohl begann, gesetzeswidrige Spenden zu nehmen. Wann genau war der Zeitpunkt, als sein Machtdrang stärker wurde als seine Prinzipien?» Laut Tacitus gab Tiberius seinen geheimen Gelüsten solange nicht nach, wie er seinen allmächtigen Minister Sejan «liebte oder fürchtete».

Zur mutmaßlichen Motivation der spendierfreudigen Geheimniskrämer merkte Ernst-Wilhelm Händler mit der Erfahrung des mittelständischen Unternehmers an, dass die Barspende eigentlich keinen praktischen Vorteil biete. Sie sei zwar nicht unbequem, da selbst hunderttausend Mark, wie Schäuble sie von Schreiber bekam, keinen dicken Umschlag ergäben, aber für alle Rechnungszwecke eben durch und durch unpraktisch. Wo trotzdem auf Barzahlung bestanden wird, ist laut Händler die Spekulation auf eine Art magischer Wirkung im Spiel. «Es gibt nur einen Grund für einen Geschäftsmann, als Spender auf die Annehmlichkeiten des elektronischen Zahlungsverkehrs zu verzichten: Der Geber versucht, aus der Übergabe der Spende einen symbolischen Moment zu machen, der den Nehmer möglichst lange und möglichst umfassend verpflichtet.» Das gemeinsame Wissen über die Lücke in den Büchern verlängert den Moment. «Der Return on investment einer Barspende besteht in den posthypnotischen Wirkungen, die umso stärker sind, je mehr der Geber den Nehmer animieren kann, die Herkunft der Spende zu verdunkeln.» Hatten innerhalb weniger Jahre wirklich mehrere Unterstützer Kohls sich als Hypnotisierkünstler versucht? Ist es nicht wahrscheinlicher, dass Kohl sich die Zahlungsmethode ausbedang? Auch diese Variante wird von Händlers psychologischer Analyse erfasst. Schließlich konnte Kohl mit den irregulären Einnahmen seinerseits als Spender gegenüber bedürftigen Parteifreunden auftreten. «Helmut Kohl hat als Weitergeber von Barspenden wohl nichts anderes gemacht als Schreiber.» Die schiefen Volksweisheiten, die den Stoff unzähliger Kohl-Parodien geliefert hatten, Sprüche wie «Die Wirklichkeit ist anders als die Realität», dienten dann womöglich dazu, «je nach Lage bei den Nehmern die Hypnosen zu verstärken oder die erteilten Befehle zu aktivieren».

 Händler erwähnte, dass der ehemalige italienische Ministerpräsident Giulio Andreotti sich gegen den Vorwurf der Komplizenschaft mit der Cosa Nostra mit einem Buch gewehrt hatte, das er «tatsächlich selbst geschrieben» habe. An

«Mein Tagebuch 1998–2000» wirkte der Journalist Heribert Schwan mit, der Ghostwriter, mit dem Kohl sich später überwarf. Andreottis Buch besteht aus seinen Aussagen vor dem Gericht in Palermo, das in einem sechsjährigen Prozess mehr als dreihundert Zeugen befragte. Am 23. Oktober 1999 wurde Andreotti freigesprochen. Fünf Monate vorher hatte Kohl auf dem römischen Kapitol eine Rede vor den alten Fürsten der untergegangenen Democrazia Cristiana und ihrem Erben Silvio Berlusconi gehalten. Dass er aus den vielen anwesenden Weggefährten den dreimaligen Ministerpräsidenten herausgriff und als seinen alten Freund begrüßte, wurde als Bekundung des Glaubens an Andreottis Unschuld verstanden. Vom Rednerpult herab sagte Kohl zu ihm: «Giulio, du hast mich in der italienischen Politik unterrichtet.» In einem zweiten Prozess musste sich Andreotti gegen den Vorwurf verteidigen, er habe die Ermordung eines Journalisten eingefädelt, der ihn erpresst habe. Der Freispruch des Gerichts in Perugia erging am 24. September 1999. Mit seinem kapitolinischen Elogium auf Andreotti hatte Kohl nicht sagen wollen, dass der elf Jahre ältere Andreotti sein Lehrer im Machiavellismus gewesen sei. Aber er musste erleben, dass sein Vorgehen zum Schutz des Geheimnisses um die Quellen des unterirdischen Spendenstroms mit Vokabeln beschrieben wurde, mit denen in Europa seit Machiavellis Zeit am italienischen Beispiel die Affinität von Politik und Verbrechen bezeichnet wird. Und nicht Journalisten setzten diese Schlüsselwörter in Umlauf, sondern Parteifreunde, die Kohl wenigstens in historischer Betrachtung denkbar nahestanden – seine beiden Nachfolger im Parteivorsitz.

*Das Ehrenwort*

Einen Monat vor Kohls «Tagebuch» kam Wolfgang Schäubles Buch mit seiner Sicht des CDU-Skandals in die Buchhandlungen. Der Titel zitierte das Motto des einzigen unter Schäubles

Vorsitz abgehaltenen regulären Bundesparteitags der CDU, das ein halbes Jahr nach der Niederlage von 1998 die gelassene Akzeptanz der Oppositionsrolle signalisiert hatte, und hätte doch pathetischer nicht sein können: «Mitten im Leben» – sind wir vom Tod umgeben, wie Kirchgänger beider Konfessionen wissen. Und mitten unter Parteifreunden von Feinden. Warum hatte Schäuble zurücktreten müssen? Seine Antwort: Zu spät begriff er, dass «ein intrigantes Spiel gegen mich gespielt wurde». Er stellte sich als Opfer dar, aber nicht etwa als Unfallopfer. In seiner Sicht war es nicht einfach Pech gewesen, dass seine einmalige Entgegennahme einer Spende von Schreiber auf dem Höhepunkt der Empörung über Kohls jahrelange Spendeneinwerbung herauskam. Es seien Dinge geschehen, die «nicht allein dem Regisseur Zufall zugeschrieben werden können». Meyers Großes Konversationslexikon von 1907 definiert die Intrige als List- oder Truggewebe zur Erreichung eines Zwecks. Als Schachfigur mit dem Auftrag der Desinformation, wie sie zu einem typischen Muster der Intrige gehört, machte Schäuble die Schatzmeisterin Baumeister aus. Intriganten treiben ihr Spiel: Damit war mehr gemeint als ein Komödienstoff. Das Telefon hatte Schäuble als Instrument der Intrige erkannt. Er hatte davon gehört, dass Journalisten weitere Enthüllungen Schreibers angekündigt worden seien, und zeigte seinerseits im Frühjahr Journalisten das Büro im Bundestag, aus dem die Anrufe angeblich getätigt wurden. Den Namen auf dem Abgeordnetentürschild brauchte er nicht zu nennen. Im Fernsehen sagte er: «Das war schon eine ziemlich ordentliche Intrige.» Und ordentlich hieß: «mit kriminellen Elementen».

Aus dem Januar stammte das Gerücht, Kohl habe Springer-Journalisten mit Material gegen Schäuble gefüttert und dessen beschlossenen Sturz vorab mit Sekt gefeiert. Angela Merkel, die die Tischrede hielt, als «Mitten im Leben» im Hotel Kempinski der Presse vorgestellt wurde, war im Februar gefragt worden, ob sie glaube, dass Kohl Schäuble mit seinem Wissen um die 100 000 Mark erpresst habe. Sie gab eine bemerkenswert direkte Antwort: «Ja, ich denke schon.» Und noch bemerkenswerter:

Die Plausibilität des unerhörten Vorwurfs belegte sie mit der Normalität des unterstellten Vorgehens. «Kohl hat immer versucht alles auszureizen, was er an Erpressungspotential gegen andere hat.» Ein Wiederholungstäter, ein Gewohnheitserpresser? Der eine oder andere den Christdemokraten verbundene Beobachter in der Publizistik stellte Kohl eine verzweifelte Diagnose: Er wolle offenbar sein Lebenswerk zerstören. Warum lief Herr K. Amok? Weil er entmachtet worden war. Auf der Innenseite der Macht wurde Kohls Verhalten anders wahrgenommen. Der Ausnahmezustand machte es möglich, die Normalität von Kohls Parteigeschäftsführung drastisch zu charakterisieren, unter Wegfall euphemistischer Umschreibungen. In der Krise der Partei zeigte sich die Kontinuität der Kohl-Ära.

Nötigung – für eine Erpressung hätte die Absicht der Bereicherung hinzutreten müssen – wird nach dem Strafgesetzbuch mit Freiheitsstrafe bis zu drei Jahren oder mit Geldstrafe bestraft. Die vielfältigen juristischen Prüfungen, denen Kohl sich im Zuge der Bewältigung des Spendenskandals ausgesetzt sah, erreichten diesen Komplex nie. Das kriminelle Element im Listgewebe der Kohlschen Selbstverteidigung blieb insofern ein Gerücht. Wen immer er hinter verschlossener Bürotür angerufen haben mag: Seine Handlungen blieben überwiegend im Dunkeln, aber seine öffentlichen Worte in eigener Sache genügten, um ihn in den Augen rechtstreuer Mitbürger in die schlechteste Gesellschaft zu bringen. Er redete wie ein Verbrecher: Dieses die Person und nicht einzelne Taten betreffende Urteil fällte Ernst-Wolfgang Böckenförde.

Der ehemalige Verfassungsrichter, dessen Amtszeit im Zweiten Senat dreizehn der sechzehn Kanzlerjahre Kohls umfasste, äußerte sich in einem Beitrag zu einer Artikelserie der «Frankfurter Allgemeinen Zeitung». Katholik, Sozialdemokrat, berühmt für seine abweichenden Meinungen: Böckenförde repräsentierte in seinem skrupulösen Eigensinn das Gewissen der Republik, das wegen der Trennung von Recht und Moral keinen institutionellen Ort hat. Einer seiner Sätze brachte es zum geflügelten Wort, das in den Reden von Vertretern höchster Staatsorgane zum Dauereinsatz kommt, sozusagen als philosophischer Bundesadler: Dieses Böckenförde-Diktum spricht von den moralischen Grundlagen des Rechtsstaats, Verhaltenseinstellungen, die dem Rechtsgehorsam günstig sind und ihrerseits nicht mit Rechtszwang durchgesetzt werden können. Die Erwartung, dass ein Versprechen gehalten wird, gehört in diese Sphäre, notwendig ergänzt durch ein Gefühl dafür, dass man nicht alles versprechen darf. In diesem Sinne nahm Böckenförde das von Kohl den Spendern angeblich gegebene Ehrenwort auseinander. «Ehre, zumal bürgerliche Ehre, ist unlösbar verknüpft mit Rechtschaffenheit.» Ein ehrbarer Bürger kann sich nicht auf Ehre zu einem vorsätzlich gesetzwidrigen Handeln verpflichten. «Wer dies dennoch tut, handelt gegen Gesetz und Recht und stellt sich außerhalb der Rechtschaffenheit. Die Ehre, die er mit seinem Ehrenwort reklamiert, ist nur eine Pseudo-Ehre, nämlich die ‹Ehre› eines Gesetzesbrechers – nichts anderes als eine Ganovenehre.»

1987, nach der zweiten von Kohl gewonnenen Bundestagswahl, hatte ein CDU-Ministerpräsident, der wegen seines Lebensalters in der Presse gelegentlich als möglicher Nachfolger des Kanzlers genannt wurde, sich buchstäblich sein Grab geschaufelt, indem er für seine Ehrlichkeit mit seinem Ehrenwort bürgte. Uwe Barschel wandte sich auf seiner Pressekonferenz vom 18. September 1987 persönlich an die Bürger von Schleswig-Holstein sowie an die gesamte deutsche Öffentlichkeit und verpfändete zur Sicherheit seine Ehre gleich doppelt. «Ich wiederhole: Ich gebe Ihnen mein Ehrenwort.» Wer diesen Satz noch im Ohr hatte, durfte überrascht sein, als nur zwölf Jahre später wieder ein Politiker sein Heil an die archaische Selbstschutzwaffe hängte. So erging es Jörg Schönbohm, dem CDU-Landesvorsitzenden und Innenminister von Brandenburg. «Seit Barschel sein Ehrenwort gebrochen hat, ist dieser Begriff für mich in der politischen Welt erledigt.» Mit dem illusionslosen historischen Blick des echten Konservativen stellte Schönbohm fest, dass die sozialen Voraussetzungen der Ökonomie der Ehre entfallen waren. «Die Behauptungen und Gespräche über den

Begriff der Ehre bleiben hohl, weil die dahinter liegende Lebenseinstellung zum Thema ‹Ehre› nicht mehr erkennbar gelebt wird.» Was die Berechtigung von Kohls Ehrenwort betraf, nahm Schönbohm in Gestalt rhetorischer Fragen dieselbe Haltung ein wie Böckenförde: «Darf man als Politiker überhaupt ein ‹Ehrenwort› für etwas geben, was den Gesetzen des Landes widerspricht? Darf man also das ‹Ehrenwort› über die gesetzlichen Bestimmungen stellen?» Bevor Schönbohm Politiker wurde, war er Berufsoffizier. Überlebte in der Welt des Militärs möglicherweise eine Lebenseinstellung, wie sie hinter Kohls kämpferischem Begriff der Ehre lag? Wie der Generalleutnant a. D. erläuterte, war der von Kohl für sich in Anspruch genommene Vorrang persönlicher Loyalitäten vor rechtlichen Pflichten mit dem soldatischen Ehrenkodex im Gegenteil unvereinbar. «Wenn jemand etwas tut, was gegen die Gemeinschaft gerichtet ist, was seine individuellen Interessen über die Gesetze stellt, sich also ‹ehrenrührig› verhält, dann stellt er sich außerhalb der Gemeinschaft.» Für den Fall, dass Kohl dieses Zeitungsinterview zur Kenntnis genommen hat, kann man sich seine frotzelnde Reaktion denken: Schon gut, ich bin ja nur Zivilist.

Schönbohms politische Ethik begründete ein moralisches Grenzschutzregime. Innerhalb der Gemeinschaft bewegen sich alle, denen das Gesetz Befehl ist. Ihre individuellen Interessen verfolgen sie nur soweit, wie die Disziplin es zulässt. Wer sich herausnimmt, das Gesetz zu ignorieren, nimmt sich selbst aus der Gemeinschaft heraus und steht außerhalb. Sanktionen sind dann ein Automatismus, den der Normverächter ausgelöst hat: Die Grenze muss geschlossen bleiben. So nahm das Zerwürfnis zwischen Kohl und der CDU seinen sich notwendig beschleunigenden Lauf. Der uneinsichtige Altkanzler verhielt sich in den Augen der Parteiführung asozial. Sie sah sich zur Distanzierung von Kohl gezwungen, um zu demonstrieren, dass im Herrschaftsbereich der CDU Regeln gelten sollten. Anderenfalls hätte sie ihre eigene Maßregelung durch die Öffentlichkeit beziehungsweise das Wahlvolk provoziert: Sie durfte den Eindruck nicht zulassen, sie stelle sich außerhalb der Gemeinschaft der demokratischen Parteien. Norbert Blüm, ein Kohl besonders eng verbundener Mitstreiter, der jedem seiner Kabinette angehört hatte, beschrieb besonders präzise, warum die Trennung sich als unabwendbar darstellte. Asozialität färbt ab. «Kohl macht die CDU vogelfrei. Wir sind wehrlos Verdächtigungen ausgesetzt.»

Gerade die Klarheit der normativen Analyse, für die sich neben Schönbohms Interview viele andere Äußerungen von Spitzenfunktionären anführen lassen, dürfte es der Parteiführung erschwert haben, ihren Kurs dem gesamten Parteivolk verständlich zu machen. Es gab keinen Spielraum für ein symbolisches Entgegenkommen, das die Gefühle der Anhänglichkeit gegenüber dem gefallenen Patriarchen geschont hätte. Kohl, eigentlich ein Verächter von Ausflüchten, der lieber mit dem Kopf durch die Wand ging, als sich ein Hintertürchen offenzulassen, hatte in der Selbstauskunft gegenüber dem Parteipräsidium am 30. November 1999 die rechtliche Bewertung hypothetisch gehalten. Nur mögliche Gesetzesverstöße wollte er zugeben, um sie als unabsichtlich ausgeben zu können. Für diese Fahrlässigkeit bot sein Text auch eine Erklärung: «Dies habe ich nicht gewollt, ich wollte meiner Partei dienen.»

*Parteidienst vor Staatsdienst*

Richard von Weizsäcker, seit seiner Zuarbeit für die Nürnberger Verteidigungsstrategie seines Vaters, des Staatssekretärs des Auswärtigen Amtes Ernst von Weizsäcker, ein Experte für Nebenfolgenabwägungen in prekären Dienstverhältnissen, verwendete in seinem Beitrag zur F.A.Z.-Serie diesen Satz Kohls als entscheidendes Beweisstück in einer teleologischen Betrachtung des nach Kohl benannten «Systems». Das Systemische am System ist gemäß der Bedeutungsübersicht des Dudens der ganzheitliche Zusammenhang, die gemeinsame Funktion von Elementen, die durch ihre Wechselbeziehungen untereinander gegenüber ihrer Umgebung abzugrenzen sind. Weizsäcker resümierte Kohls Laufbahn auf der Suche nach dem Zweck des Ganzen. Der Bundespräsident der Jahre 1984 bis 1994 würdigte den Außenpolitiker: «Energisch» habe er die «Chance» des Mauerfalls genutzt, «mit vorbildlichem Nachdruck» die europäische Währungsvereinigung betrieben. Aber diese Erfolge seien nur Mittel zum Zweck gewesen. Stets behielt bei Kohl «das Ziel der Macht im Inneren den absoluten Vorrang». Beleg: «Erst nach quälendem Zeitverlust war er zur Verständigung mit Prag und Warschau bereit, aus Sorge vor Stimmenverlusten am rechten Flügel.» Einen Primat des Machterhalts gegenüber dem Machtgebrauch stellte Weizsäcker, der über die längste Zeit seiner politischen Karriere repräsentative Ämter bekleidet hatte, für Kohls Innenpolitik fest. Er habe es versäumt, «die Modernisierung und Reform der eigenen Gesellschaft» zu seinem Thema zu machen, weil er auch 1998 wieder wiedergewählt werden wollte. In Kohls Worten: Er wollte es «noch einmal wissen».

Zwischen den Zeilen von Weizsäckers Zeugnis steht der Vorwurf der Hybris, der Verwechslung von Sache und Person. Kohls Wissbegierde richtete sich, in systemtypischer Verkümmerung der neuzeitlichen Urtugend, nur noch auf seine eigenen Möglichkeiten, nicht mehr auf die Wirklichkeit des ihm anvertrauten Landes. Auch für solches früher von der Astrologie bereitgestellte Wissen darüber, was das Schicksal mit dem Staatsmann wohl noch vorhat, gilt das Versprechen: Wissen ist Macht. Doch Weizsäcker fragte: «Macht wofür?» Endlos ließ sich die Zweckfrage nicht hinausschieben. Dass Kohl sich als Kanzler im Sinne seines Amtseids bemüht hatte, bestritt ihm der Altpräsident nicht. «Gewiss war es seine Absicht, Schaden vom deutschen Volke zu wenden und dem Staat zu nützen.» Aber der Satz aus der Erklärung vom 30. November 1999, mit dem Kohl auf öffentliche Nachfrage ein bestimmtes organisatorisches Arrangement der Parteibetriebsleitung erklärt hatte, wurde in Weizsäckers Advokatenhänden zum Vermächtnis, zum letzten Wort «am Ende von sechzehn Jahren im Amt des wichtigsten Staatsdieners». Das Diktum Friedrichs des Großen vom König als erstem Diener darf man mithören. Die Wappenschilde von Adligen schmücken Wahlspruchbänder. «Ich dien» lautet das Motto des Prinzen von Wales. Weizsäcker zitierte Kohls Satz verkürzt, als Devise: «Ich habe immer meiner Partei gedient.» Und Weizsäcker bot eine Übersetzung aus dem Altpfälzischen: «Parteidienst vor Staatsdienst.»

Kohl beteuerte, er habe das Parteiengesetz nur der Partei zuliebe übertreten, und erwartete Solidarität als Mindestlohn für treue Dienste. Aus zwei Gründen konnte ihm die Parteiführung diesen Wunsch nicht erfüllen. Erstens durfte sie sich die Maxime vom Vorrang des Parteidienstes nicht zu Eigen machen, um ihren Leuten die Chance der Rückkehr in den Staatsdienst nicht zu verbauen. Und zweitens kam in der unausgesprochenen Prämisse von Kohls Apologie, dass unvollständige Rechenschaftsberichte, der Aufbau einer Schattenbuchhaltung und die Umgehung des Schatzmeisters zum Besten der Partei gewesen seien, seine Parteiamtsauffassung zum Tragen: die Meinung, er sei auch jenseits der Satzung umfassend bevollmächtigt gewesen, nach Gutdünken für die Partei zu handeln. Womöglich sogar nach Abgabe des Vorsitzes.

Für sein verdecktes Vorgehen bot Kohl in späteren Einlassungen eine Rechtfertigung an, mit der er an ein heroisches Selbstbild der Union aus der alten Bundesrepublik appellierte. Er hatte den Vorsitz in den Bonner Oppositionsjahren übernommen, die von der Partei Adenauers als Zeit eines langen Exils erlebt wurden. CDU und CSU sahen sich einem sozialliberalen Lager gegenüber und wollten in den Bundestagswahlkämpfen durch Zuspitzung eine Entscheidung zu ihren Gunsten erzwingen. Der Kalte Krieg, in dem beide Seiten stets für das Schlimmste planten, bildete nicht nur den Rahmen, sondern auch so etwas wie das Modell der Parteienkonkurrenz. Und als wäre der Ost-West-Konflikt nie beigelegt worden, stellte Kohl im Rückblick nun auch seine späten Kanzlerjahre als eine Zeit dar, in der zur Gewährleistung der unbedingten Abwehrbereitschaft der großen Regierungspartei unkonventionelle Maßnahmen nötig gewesen seien: Mit dem Geld der anonymen Spender hatte er eine Bürgerkriegskasse gefüllt. Im ZDF-Interview vom 16. Dezember 1999 gab Kohl an, den größten Teil des von ihm gesammelten Bargelds habe er den CDU-Sozialausschüssen in Ostdeutschland zugeleitet, damit dort Betriebsgruppen der Partei aufgebaut werden konnten. Wegen der starken Stellung der ehemaligen Staatspartei in den ehemals volkseigenen Betrieben habe man sich einer Übermacht gegenübergesehen. Ein Notgroschen finanzierte den antikommunistischen Widerstand in postkommunistischer Zeit. «Wir standen mit dem Rücken zur Wand.» In diese dramatische Vergegenwärtigung der damaligen Situation der Partei dürfte allerdings das Gefühl eingeflossen sein, das Kohl im Moment des Interviews bei der Betrachtung seiner persönlichen Lage erfasste.

Auf Kohls notrechtliche Legitimierung seiner illegalen Spendenverwaltung konnten sich seine Nachfolger an der Parteispitze schon deshalb nicht einlassen, weil er sich damit Kompetenzen anmaßte, die nicht notwendig an den Parteivorsitz gebunden waren. Kohl hätte sie also auch ohne Amt an sich ziehen können, unter stillschweigender Berufung auf seine persönliche Autorität. Schon in der römischen Republik war der Notstand die Stunde des Diktators. Kohls Überidentifikation mit der Partei war für die Parteiführung der Trennungsgrund.

So war der Vergleich mit den Verhältnissen in einer Familie zu verstehen, den Angela Merkel in ihrem von der «Frankfurter Allgemeinen Zeitung» am 22. Dezember 1999 gedruckten Artikel wählte, um die CDU zur Emanzipation von Helmut Kohl aufzufordern. Die Generalsekretärin eröffnete ihrer Partei, sie müsse «laufen lernen» wie ein Kleinkind und sich gleichzeitig schon «wie jemand in der Pubertät von zu Hause lösen». Diese Zusammenziehung der Entwicklungsstufen verriet, dass die Ablösung nicht so natürlich würde vor sich gehen können, wie der Vergleich nahelegen wollte. Aber solche Zuspitzungen gehören zum Reifungsprozess der Pubertät. Der Artikel war ein Abschiedsbrief, der sich der Sprache des Adressaten bediente. Kohl hatte die CDU immer als seine Familie behandelt; zu dem Gemütswert, den die von Stimmenimitatoren verspottete «Famillje» in der Gesellschaftspolitik für ihn besaß, mag diese Gemeinschaftserfahrung etwas beigesteuert haben. Indem Angela Merkel die CDU ins Kinderkostüm steckte, schob sie Kohl die Vaterrolle zu, die er als Enkel Adenauers für sich gar nicht reklamiert hatte. Er musste diese Umbesetzung als Ausschluss aus der Familie empfinden.

Nicht nur Schäuble, sondern auch Kohl sah sich als Opfer einer Intrige, und in seiner Variante der Intrigentheorie der Parteirevolution nahm der im Jargon des politisch-medialen Komplexes als Namensartikel bezeichnete Gastbeitrag der Generalsekretärin großen Raum ein: Wer hatte ihn veranlasst, wer war eingeweiht gewesen? In Kohls Neigung, das Familiäre an der Partei hervorzuheben, kann man leicht eine Variante jener Tendenz der Entpolitisierung erkennen, die Kritiker wie Karl Heinz Bohrer und Wilhelm Hennis als Wesenszug seines Regiments beschrieben haben. Die Beschwörung einer prästabilierten Harmonie erschwert in dieser Sicht den offenen Austrag von Konflikten. Ebenso gut lässt sich indes umgekehrt sagen, dass Konflikte programmiert waren, indem Kohl mit den Parteifreunden wie mit Verwandten umging. Jedermann erlebt die eigene Familie als Arena, als Zone von Streit und Kampf. Von anderen Organisationen unterscheidet die Familie, dass Konflikte nicht durch Austritt gelöst werden können. Mit dem Familienleben hat die Parteiarbeit «das hohe Maß an Personorientierung» gemeinsam, mit dem die Liste der Eigenheiten des «Sozialsystems Familie» in einem Aufsatz Niklas Luhmanns von 1990 einsetzt. «Alle, die zu einer Familie gehören, sind einander persönlich bekannt und kennen sich zumeist besser, als es im Verhältnis zu Außenstehenden normal ist.»

Dieser simple Sachverhalt erklärt sehr viel von der Dynamik der CDU-Krise der Jahrtausendwende. Die Akteure blickten auf sechzehn Jahre der Kanzlerschaft Kohls zurück und kannten einander zum Teil noch länger. Kohls Offenlegung der Schwarzkontobücher wurde ausgelöst durch eine an die Öffentlichkeit gerichtete Mitteilung Geißlers, eines seiner ältesten

Wegbegleiter. Der Stratege seiner Schaukämpfe gegen Schmidt und Strauß war früh zu einem Gegenspieler geworden; der Chef konnte seinen General aber nicht einfach loswerden, sondern verfuhr mit ihm wie mit einem schwierigen Bruder, nicht wie mit einem illoyalen Angestellten. Der Widersacher als Wiedergänger: Ähnliche Rollen wie Geißler spielten in der Spenderkrise Weizsäcker und Biedenkopf. Das Präsentieren alter Rechnungen konnte niemandem vorgeworfen werden: In der Familie gibt es nach Luhmann, «anders als zum Beispiel in der Wirtschaft, kein legitimes Vergessen». Kohl wusste von der Schreiber-Spende an Schäuble. Umgekehrt wussten die Parteifamilienmitglieder, was er von ihnen wusste, oder sie konnten es sich vorstellen. Das brachte Angela Merkel in einer Bemerkung zur angeblichen versuchten Erpressung Schäubles durch Kohl zur Sprache: «Ich glaube nur nicht, dass Kohl damit gerechnet hat, dass wir unser Erpressbarkeitspotenzial von alleine auf den Tisch legen.»

Das Wissen, das die Mitglieder einer Familie und erst recht einer Partei voneinander haben, beruht auf wechselseitigen Unterstellungen. Luhmann notiert: «Erst sehr spät, vielleicht sogar nie, beginnt man zu ahnen, dass man gar nicht gewusst hat, mit wem man da zusammenlebt.» Diese Erfahrung machte Wolfgang Schäuble. In der Familie und in der Partei ist man unter sich. Indem Kohl die Gremien über die Zusatzspendenwerbung nicht informierte, glaubte er die Partei zu schützen. Aber eine Verschwiegenheit, die gegenüber der Außenwelt selbst dann ihren Sinn gehabt haben mochte, wenn Kosten fällig wurden, konnte er nach innen eigentlich nicht mehr durchhalten, sobald er intern um Auskunft gebeten wurde. Luhmann warnt: Im Familienkreis ist «Das geht dich nichts an» keine zulässige Replik. «Man hat zu antworten und man darf sich nicht einmal anmerken lassen, mit welcher Vorsicht man auswählt, was man sagt.» Ins Politische gewendet: «Geheimhaltung kann natürlich praktiziert werden und wird praktiziert, aber sie hat keinen legitimen Status.» Durch das Beharren auf seinem Geheimnis behandelte Kohl die Parteifreunde wie Außenstehende.

Für seine Person konnte er sich gleichzeitig keinen Platz außerhalb der Gemeinschaft vorstellen. Die Familie ist für den Familienmenschen kein Gegenüber.

Am 9. März 2000 hielt Kohl im Berliner Gebäude der Konrad-Adenauer-Stiftung eine Pressekonferenz ab. Er teilte mit, er wolle 6,3 Millionen Mark an Spenden für die CDU sammeln und damit einen Ausgleich leisten für die von Bundestagspräsident Wolfgang Thierse gegen die Partei verhängte Strafzahlung. Wilhelm Hennis widmete der vom Parlamentsfernsehen Phoenix übertragenen Szene einen Feuilletonartikel, der das Historische des Moments aus dem unscheinbaren Detail herauspräparierte, den Äußerlichkeiten und Formalitäten. Kohl, seit der vom Präsidium erzwungenen Niederlegung des Ehrenvorsitzes nur noch einfaches Mitglied der CDU, durfte die Journalisten nicht in der Parteizentrale empfangen, sondern lud sie in die für die Verwaltung des geistigen Erbes der Partei zuständige Stiftung ein. Hier, in der ideellen Zentrale, konnte er noch wie der Herr im Haus auftreten. Allerdings hatte er den Raum mieten müssen. Die Berichterstatter nötigte er, sich zwischen ihm und der neuen Führungsriege zu entscheiden: Seine Pressekonferenz fand gleichzeitig mit der ersten Sitzung des Geschäftsführenden Vorstands der Unionsfraktion unter Friedrich Merz statt, der Schäuble im Parlament abgelöst hatte. Dass der neue Mann so hieß wie der Monat, erlaubte es Hennis, ihn spielerisch zum Mann der Stunde auszurufen: Er gab ihm den dringenden Rat, durch Ausschluss Kohls aus der Fraktion die immer weiter hinausgeschobene Trennung endlich zu vollziehen.

Hennis sah wohl voraus, dass «Die Iden des Merz» ohne nachgeholten Tyrannenmord verstreichen würden. Warum drängte sich ihm das Wortspiel auf, obwohl der 9. März sechs Tage vor den Iden liegt? Er schrieb Kohl eine Strategie zu, die in der politischen Wissenschaft der alten Bundesrepublik cäsaristisch genannt worden war: Über das Fernsehen appellierte Kohl direkt ans Volk, unter Brüskierung der gewählten Volksvertreter. Als Verletzung der Abgeordnetenpflichten aus der Geschäftsordnung des Bundestages kreidete Hennis ihm an, dass er seit Monaten zu keiner Plenarsitzung erschienen war. Kohl, der im Haus der Adenauer-Stiftung vor einer weißen Wand stand, hätte allerdings lieber nicht allein für sich selbst gesprochen. Eine herrische Reaktion zeigte er, als einer der Journalisten ihn fragte, warum die gewöhnlich an dieser Wand angebrachten Großbuchstaben des Parteinamens aus dem Saal getragen worden waren. Das hatte er nicht veranlasst und nicht verhindern können: Ein Kontrollverlust blitzte auf. Ärgerlich fand Kohl auch die Frage, ob er sich mit der Partei versöhnen wolle. Die Frage beruhte auf der falschen Prämisse eines Versöhnungsbedarfs: «Ich habe keinen Grund, mich mit der Partei zu versöhnen.» Kohl war schließlich nicht mit sich selbst zerfallen. «Ich war und bleibe in der Partei.»

Die Verschmelzung des Parteichefs mit der Partei war in den Augen Richard von Weizsäckers Endzweck und Grundübel des Systems Kohl. Gesetzesbruch aus Selbstlosigkeit? Diese Legende entlastete Kohl nicht; die Floskeln einer feudalen Dienstethik konnten seinen Herrschaftswillen nicht verdecken: «Er diente einer Partei, die er in den Dienst seiner persönlichen Macht gestellt hatte.» Der Kollaps des Systems stürzte die CDU in eine Identitätskrise. Wie Norbert Blüm beklagte, hatte sie Schwierigkeiten, von sich zu sprechen, für sich die erste Person zu gebrauchen, sich als handlungsfähige Einheit zu empfinden. «Das Wir-Gefühl in der Partei ist weg, Kohl hat es zerstört.» In vielen Parteigliederungen wollten die Mitglieder sich freilich nicht damit abfinden, dass das Wir der Christdemokraten Helmut Kohl bis auf weiteres nicht mehr einschließen sollte. Und auch in anderen Kreisen der bürgerlichen Gesellschaft materialisierte sich da und dort eine Stimmung des trotzigen Mitgefühls: das Gefühl, dass der Fall mit einer formalen Betrachtung, dem Pochen auf das Parteiengesetz und die unbedingte Pflicht zum Rechtsgehorsam, nicht zu erledigen war.

*Ziviler Ungehorsam*

Im Januar 2000 trat Kohl an zwei aufeinanderfolgenden Abenden in Hamburg und Bremen auf, mit einer Rede zur Zukunft Europas vor der Hamburger Handelskammer und als Ehrengast beim Neujahrsempfang der bremischen CDU. In beiden Städten wurde er nicht mit hanseatischer Zurückhaltung empfangen. Man bejubelte ihn, als wäre er gerade aus dem Kaukasus zurückgekommen. Dankbarkeit von Parteifreunden prasselte in Bremen auf ihn ein. Er hatte Spenden angenommen, als die Partei in Not war; jetzt war er in Not, und so spendeten sie, was er jetzt brauchen konnte: Applaus. Wer mit Helmut Kohl auf das neue Jahr anstieß, wollte dabei gar nicht, wie es ein Bürgerschaftsabgeordneter gefordert hatte, Kohls Lebensleistung und den Skandal auseinanderhalten. Bei den Passagen der Rede, in denen Kohl sein von der Parteiführung verurteiltes Schweigen rechtfertigte, wurde es keineswegs plötzlich still. Dass Kohl nichts zwischen sich und seine Vergangenheit kommen ließ, dass er sich keinem Zerknirschtheitsritual der Mediengesellschaft fügte, das imponierte offenbar vielen Mitgliedern der CDU, aber auch Honoratioren ohne Parteibuch und, wie Schönbohm notierte, Leserbriefschreibern der «Bild»-Zeitung.

Von früheren Finanzaffären unterschied sich der Skandal um Kohls Geheimspender auch dadurch, dass sich die Resonanz in der Presse nicht gemäß einer Lagertheorie aufschlüsseln ließ. Mit besonderer Schärfe urteilten Kommentatoren, die den Begriff der bürgerlichen Parteien nicht nur soziologisch verstanden und sogar dem Unternehmen der geistig-moralischen Wende Kredit gewährt hatten, wie Karl Feldmeyer. Man warf der CDU vor, sie habe den bürgerlichen Grundwert der Rechtlichkeit verraten. Dieses Werturteil lohnt eine nähere Betrachtung aus historischer Sicht. Gewiss haben die Bürger den Rechtsstaat errichtet. Freilich haben sie das Recht nicht so sehr zur Selbstdisziplinierung erfunden, eher zur Domestizierung der anderen Klassen, der Arbeiter und Prügel-Prinzen. Und zur

Fesselung der Staatsmacht. Während die Legende will, dass Staatstreue die Erbsünde des deutschen Bürgertums ist, gibt es seit den Burschenschaften über Jugendbewegung und Freikorps und deren diverse Altherrenverbände eine andere Tradition bürgerlicher Politik und bürgerlichen Sozialverhaltens. Hier herrscht das Misstrauen gegenüber der Norm und der Form, die man nicht selbst gesetzt hat; die persönliche Ehre verdrängt die Fremdbestimmung durch den Apparat. Die manchmal maßlose Rhetorik, welche die CDU im Namen der Freiheit in den Siebzigern gegen die Schulreform und in den Neunzigern gegen den Steuerstaat richtete, speiste sich aus dieser antiautoritären Tradition. Wer über Jahre hinweg das Feindbild pflegt, der Staat nehme den Bürgern ihr Geld weg, mag es irgendwann als Ehrensache sehen, mit dem Klauen selbst anzufangen. Bei Funktionären des hessischen Landesverbandes der CDU, in dem die lautesten Reden geschwungen worden waren, brachen die Hemmungen völlig weg. Heiner Geißler erklärte in der «Frankfurter Allgemeinen Sonntagszeitung» die Krise seiner Partei aus einem altertümlichen Staatsverständnis, einem Glauben an die Volksgemeinschaft. Das führte in die Irre. Kohl verhielt sich insofern durchaus im Sinne jener Zivilgesellschaft, die in der politischen Theorie des neuen Fin-de-siècle die bürgerliche Gesellschaft beerbte, als er den staatlichen Gesetzen nicht die unbedingte Geltung von Befehlen eines wenn auch sterblichen Gottes zugestand. Die Vorschriften des Parteiengesetzes wirkten auf ihn eher als Anreize, eigene, unkonventionelle Arrangements zu treffen.

Im ersten Jahr der Regierung Kohl, am 27. April 1983, hatte die noch unter Helmut Schmidt beschlossene Volkszählung stattfinden sollen. Um die Privatsphäre zu verteidigen, riefen Bürgerrechtsaktivisten dazu auf, mit der Nichtausfüllung der Fragebögen ein Zeichen zu setzen. Der angekündigte Gesetzesbruch blieb nicht ohne Wirkung: Das Bundesverfassungsgericht erhob die Befugnis des Einzelnen, grundsätzlich selbst über die Preisgabe und Verwendung seiner persönlichen Daten zu bestimmen, in den Rang eines Grundrechts. Die Rechtsphilosophie nennt die symbolische Nichtbefolgung von Gesetzen zivilen Ungehorsam. An diesem Begriff nahm Kohl in der Rede Anstoß, mit der er am 2. Oktober 1984 die Frankfurter Buchmesse eröffnete. Er griff die im Zuge der Proteste gegen Atomkraftwerke und Atomraketen populär gewordene Fügung als Beispiel einer Verformung der Sprache durch «absichtsvoll gewählte Mehrdeutigkeit» heraus. «Aussage und Dementi sind bewusst miteinander verwoben.» Die Verwebung von Aussage und Dementi war die Taktik der Verteidigung, die Kohl in allen öffentlichen Stellungnahmen zu seinem Gemeinkontensystem durchhielt. Was auch immer er im Zuge der fortschreitenden Aufklärung nach und nach einräumen musste: Es änderte nichts daran, dass er die Vorwürfe in der Hauptsache als verleumderisch und ehrenrührig zurückwies. Seit jeher hatte es zu seiner Anziehungskraft beigetragen, dass er sich den Rechtfertigungspflichten einer öffentlichen Existenz entzog. Nun verhielt er sich so, als könnte er den Umgang mit den Mäzenen seiner Wahlkampfhilfsprojekte dem vom Bundesverfassungsgericht unter absoluten Schutz gestellten Kernbereich privater Lebensgestaltung zuschlagen. Kohls in Interviews, Gremiensitzungen und schließlich auch im Untersuchungsausschuss wiederholte Weigerung, die Namen der Spender zu nennen, die anonym nichts hätten geben dürfen, machte aus der diskreten Umgehung des Gesetzes einen öffentlichen Akt der Widersetzlichkeit.

Mit seiner Ankündigung, den der CDU entstandenen Schaden durch Einwerbung neuer Spenden selbst zu begleichen, sorgte er dafür, dass sein beredtes Schweigen eine wesentliche von Jürgen Habermas formulierte Bedingung für den zivilen Ungehorsam erfüllte: «die Bereitschaft, für die rechtlichen Folgen der Normverletzung einzustehen». Im «Tagebuch» nannte Kohl als Grund für die Sammelaktion seinen «Respekt vor dem Parteiengesetz». Bezweifeln darf man, dass Kohls Handeln einer anderen von Habermas genannten Bedingung genügte: Ziviler Ungehorsam «schließt die vorsätzliche Verletzung einzelner Rechtsnormen ein, ohne den Gehorsam gegenüber der

Rechtsordnung im Ganzen zu berühren». Kohls Erklärung, ihm sei in seinem «gesamten politischen Leben persönliches Vertrauen immer besonders wichtig» gewesen, «wichtiger als rein formale Überprüfungen», konnte man als Generalvorbehalt gegenüber dem Formalismus des Rechtsstaats verstehen. Einer der originellsten deutschen Historiker, Wolfgang Reinhard, Fachmann für die Klientelwirtschaft am Papsthof, veröffentlichte 1999 eine «Geschichte der Staatsgewalt», die den Staat als ein im Vollsinn historisches Phänomen betrachtete, eine Erscheinung mit Anfang und Ende. Staatsversagen, das zum Staatsverschwinden führen kann, entdeckte Reinhard nicht etwa nur in den Weltregionen jenseits von Europa, in welche die Kolonialmächte den Staatsgedanken gebracht hatten. Als Partisanen, bürgerliche Widerständler, die vielleicht den Kollaps des modernen Staates in dessen Heimat herbeiführen werden, deutete er Schwarzarbeiter und Steuerhinterzieher. Gegen Geißler durfte man Helmut Kohl als den Avantgardisten einer künftigen Politik im Sinne Reinhards ansehen.

Mit einer Betrachtung zur politischen Menschenkunde oder vielleicht genauer Männerkunde versuchte Richard von Weizsäcker zu erklären, warum «die Botschaft von Kohl» die «ehrbaren Kaufleute in Hamburg und die Parteifreunde in Bremen» erreichte. Der Jurist Weizsäcker, zehn Jahre älter als Kohl, vor seinem Wechsel in die Berufspolitik Prokurist bei Mannesmann und Geschäftsführer in der Pharmaindustrie, gleichzeitig Kirchentagsfunktionär, aus seiner Zeit als Offizier im Zweiten Weltkrieg existentiell vertraut mit der Frage der Bindungskraft des Eides, erörterte «die Maßstäbe von Recht und von Ehre» im Handeln Kohls und ging dabei aus von einer Antithese: «Das Ehrenwort ist kein Begriff der staatlichen Rechtsordnung.» Im Unterschied zum gesetzlich vorgeschriebenen Eid konstituiert das aus freien Stücken mündlich gegebene Ehrenwort eine Sphäre von Verpflichtungen, die sich mit dem schriftlich gesetzten Recht nicht überschneidet. Ein Ehrenwort kann daher keinen rechtlichen Grund für eine Ausnahme von der Gesetzestreue bilden. Was tat Kohl? «Als Kanzler hat er den Schwur auf

Verfassung und Recht geleistet.» Den «schweren Rechtsbruch», sich auf die Verschwiegenheitsforderung seiner Gönner einzulassen, «bekräftigt er mit seinem Ehrenwort». Solche Verpfändung der Ehre, befand Böckenförde, «macht ehrlos». In der Normenanalyse kam Weizsäcker zu keinem anderen Ergebnis. «Wo bleibt da die Ehrenhaftigkeit? Was gilt ein Ehrenwort, das der mächtigste Mann in der Politik willkürlich über seinen Eid auf Verfassung und Recht setzt?» Aber Weizsäcker wollte verstehen, warum Kohl aus der Not eine Tugend machen konnte. «Die Not, das ist der gebrochene Eid. Die Tugend, das ist der Ehrenmann, der ein gegebenes Wort nicht bricht.»

Weizsäcker wies darauf hin, dass das Ehrenwort «für viele Menschen ein ernstes ethisches Gewicht» behalte, und zwar mit guten Gründen. «Einklagbar ist es nicht.» Man kann seine Durchsetzung nicht Anwälten und Gerichten überlassen, und gerade der Gegensatz zur juristischen Sphäre der Institutionen, die rechtliche Nichtigkeit, erweist sich als die moralische Stärke des Ehrenworts. «Seine Bedeutung bezieht es von der Person, es ist von einer starken Empfindungskraft.» Wer sein Ehrenwort gibt, setzt seine Person ein, verzichtet eben auf juristische Rückversicherung. Nun erschließt sich die befremdende Szene in Bremen und Hamburg: Die wackeren Bürger wurden «in ihren Gefühlen der Hochachtung vor einem Manneswort bewegt». Frappierend die verdichtende Formulierungskunst des Moralpsychologen Weizsäcker. Ein Ehrenwort kann starke Empfindungen auslösen und übertragen. Ist es aber deshalb selbst von einer starken Empfindungskraft? Haben Empfindungskraft nicht nur Personen? Das Ehrenwort ist die Person, die Person ist ihr Ehrenwort. So sagt man: Ein Mann, ein Wort. Wer sich ein Ehrenwort geben lässt, hat den Menschen in der Hand, der es gegeben hat.

Nie ist ein Spendername aufgedeckt worden. Kohl hat sich an sein Wort gehalten; auch den findigsten investigativen Reportern gelang keine Enthüllung. In Bremen charakterisierte er die Spender als «respektable Persönlichkeiten», in einem ZDF-Interview sagte er: «Das sind deutsche Staatsbürger, mit gutem Renommee, die aus guten Gründen ihre Namen nicht genannt haben wollten.» Dabei ist die Nennung eines Namens die einzige mögliche Probe auf das Renommee, dessen sich sein Träger erfreut. Dass die Spender ihrerseits Verschwiegenheit wahrten, statt durch den Nachweis ihrer Existenz für Kohls Ehrlichkeit zu bürgen, nährte Spekulationen über die Natur ihrer Gründe. Nicht bedacht wurde dabei die Möglichkeit, dass Kohl von der Ehrenpflicht zur Geheimhaltung gar nicht freigestellt werden wollte. Er empfand die durch die Enttarnung des Reservekontenwesens entstandene Lage als Kampf um seine Existenz. Indem er sich auf die Bindung an sein Ehrenwort berief, setzte er alles ein. Seine Widersacher forderte er dazu heraus, ihn zum Wortbruch zu zwingen oder als Lügner zu entlarven: Dass Kohl sein Ehrenwort wirklich gegeben hatte, dafür konnten die Bürger wiederum nur sein Wort nehmen. Statt seine Person hinter den Sachzwängen einer Organisation mit kurzfristig fluktuierendem Finanzbedarf zu verstecken, exponierte er sie.

Weizsäckers aphoristischer Beitrag zur Soziologie der Reputation, sein Wort von der starken Empfindungskraft des Ehrenworts, war offenkundig unter dem Eindruck der Person formuliert, die Anlass zu seinen Überlegungen gab. Kohl war ein Kraftmensch und gleichwohl überempfindlich: Die Einheit gegensätzlicher Anlagen als Quell der Stärke akzentuierte Weizsäcker in der Porträtzeichnung, die er an den Anfang seines Artikels in der F.A.Z. stellte. Die von der Zeitung gewünschte systematische Betrachtung der Bedeutung der CDU-Krise für den Verfassungsstaat blieb zunächst an Kohls Person hängen. Sechs Hauptwörter genügen Weizsäcker, um Kohls Bild zu fixieren. «Zuerst fällt der Blick auf das ‹System›. Seine Schlüsselfigur ist Kohl, mit allen seinen bedeutenden Leistungen, seinen vielen hervorragenden Gaben: Erscheinung und Kraft, Verstand und Gemüt, Instinkt und Fortüne zeichnen ihn aus.» Eine Gabe der launischen Götter ist das Glück nach alteuropäischer Lehre. Obwohl es flüchtig ist, tritt in der Geschichte immer wieder einmal ein Günstling des Schicksals auf, mit dem die Götter es schon bei der Geburt gut gemeint haben müssen. Weizsäcker spielt hier auf die Debatte um die Einordnung von Kohls bedeutendster Leistung an, um das Verhältnis von Gelegenheit und Umsicht, unerwarteter Chance und beherzter Initiative bei der Herbeiführung der deutschen Einheit. Mit einer altmodischen Vokabel, die Kohl selbst in seinen mit Heribert Schwans Hilfe verfassten Kommentaren zum Bruderkrieg der CDU-Affäre an prominenter Stelle benutzen sollte, machte Weizsäcker ihm das generöse Kompliment, sein Glück zu einer Eigenschaft seiner Person zu erklären. So spricht in einer der berühmtesten Caesar-Anekdoten der Held von sich. Den Schiffer, der mit seinem hochgeborenen Passagier in schwere See geraten war, beruhigte er: «Du fährst Caesar und sein Glück.»

Für die Empfindungsfähigkeit verwendete Weizsäcker ein ebenfalls leicht altertümlich klingendes Wort: Gemüt. Die Bedeutungen schillern. In der philosophischen Seelenkunde kann das Gemüt ein umfassendes Vermögen begriffsloser Orientierung bezeichnen, ein synthetisierendes Empfinden, das wie ein Erkenntnisorgan funktioniert. Jemand erfasst etwas mit dem Gemüt: Eine ähnliche Sicherheit ist zu assoziieren wie beim Instinkt. Die Zusammenstellung mit dem Verstand ist allerdings auch als Kontrast zu verstehen: Das Gemüt ist weniger aktiv als rezeptiv. Wie das Grimmsche Wörterbuch sagt: «Es ist und wird so und so gestimmt, eigentlich wie ein Saitenspiel, durch äußere Einflüsse oder aus sich.» Zum Gemüt gehören Bewegungen und Zustände. Unvorhergesehenes schlägt aufs Gemüt. Im Gemütsmenschen gewinnt Sentiment die Oberhand. Störungen des seelischen Gleichgewichts drohen; pathologischer Extremfall ist der Gemütskranke. «Kohl ist massiv, volkstümlich, gemüthaft»: So charakterisiert ihn sein Biograph Hans-Peter Schwarz an der Stelle, da er eine der Komplementärfiguren seines Buches einführt, Professor Kurt Biedenkopf. Mit der Massivität setzt auch Weizsäckers Charakteristik ein: Physische Präsenz, nicht spirituelle Aura ist mit Erscheinung gemeint. So war das mit dem System Kohl: Die Schlüsselfigur stand im Raum.

*Wolfgang Schäuble*

Am 2. Dezember 1999 setzte der Bundestag einen Untersuchungsausschuss in der Spendensache ein, der zwei Wochen später erstmals zusammentrat. Sofort nach dieser konstituierenden Sitzung, ein halbes Jahr vor der ersten Vernehmung Kohls, drohte der von der SPD gestellte Ausschussvorsitzende Volker Neumann dem Selbstbelastungszeugen Beugehaft an. Rupert Scholz, Staatsrechtslehrer und ehemaliger Justizminister, warf Neumann Anmaßung vor. Kohl wird die Sache wie alles ganz sachlich betrachtet haben: als Machtfrage. Was konnte daran bemerkenswert sein, dass jemand, der Macht über einen anderen hatte, den Einsatz sämtlicher Machtmittel in Erwägung zog und zum Zwecke der Einschüchterung ankündigte? Der Untersuchungsausschuss hatte Macht über Kohl, schon dadurch, dass er ihn zu Eintragungen in seinen Terminkalender nötigte. Ob es richtig war, die Instrumente zu zeigen, war keine Frage des Stils oder der Schicklichkeit, sondern einzig und allein der Klugheit, weil die Drohung mit dem Einsatz der Macht selbst schon ein Machtmittel ist. Was ein Bluff ist, kann sich erst im Machtkampf zeigen. Für den Betrachter lag gleichwohl etwas Bezwingendes darin, sich einen Haftantritt Kohls auszumalen. Schon der Name des von Neumann vorsorglich bemühten Zwangsmittels faszinierte. Beugehaft, das klingt archaisch. Aber man hat es bei dieser gewaltsamen Nachhilfe beim Nachdenken nicht etwa mit dem Relikt eines Rechtswesens zu tun, das einer zivilisierten Zeit nicht mehr angemessen wäre. Die Festsetzung zum Zwecke der Erpressung einer Aussage berührt vielmehr einen elementarischen, zeitlosen Untergrund des Rechts und insofern den Anfang der Politik. Poetische Gerechtigkeit sprach aus der Vorstellung, dass Kohl mit Beugehaft hätte überzogen werden können. Denn das hatte man noch nicht sehen dürfen, dass er sich gebeugt hätte. Oder hatte er sich dem Wählerwillen gebeugt, der Gerhard Schröder an seine Stelle setzte? Gerade die Grazie, mit der er den Nachfolger einwies, mochte ein Zeichen dafür sein, dass ihn die Botschaft nicht wirklich erreichte. Seit die Horde den gestürzten König nicht mehr ins Jenseits befördert, darf er von seiner Wiederkehr träumen. Den Nacken unter das Joch zu beugen: In dieser uralten Geste wird Ohnmacht anschaulich und sozusagen rechtskräftig. Kohl war immer ungebeugt geblieben.

Max Webers Definition der Macht war für ihn seit jeher verbindlich: Macht ist die Fähigkeit, den eigenen Willen gegen einen fremden Willen durchzusetzen. Wie Weber von der Befugnis zum Machtgebrauch abstrahiert und insoweit keinen Unterschied zwischen rechtmäßiger und rechtswidriger Machtausübung gelten lässt, so sah Kohl im Ernstfall von Formen, Regeln und Gesetzen ab, wenn sie seinem Willen Schranken setzten. Als Kohl noch Kanzler war, hatte er ohne diplomatische Rücksicht die Ermittlungen wegen Meineids gegen den amerikanischen Präsidenten Bill Clinton kritisiert. Er deutete auch nicht den Hauch von Verständnis dafür an, dass ein Rechtsstaat dem Verdacht nachgehen muss, der höchste Amtsträger habe das Recht gebeugt, um seinen Willen zu bekommen. In Kohls damaligen Ausfällen gegen die «heuchlerische Gier» der Öffentlichkeit äußerte sich vielleicht nicht unbedingt das schlechte Gewissen desjenigen, der schon ahnte, dass ihm eine ähnliche peinliche Befragung bevorstand. Aber aus seiner Empörung hörte man die Erschütterung darüber heraus, dass sich der mächtigste Mann der Welt erniedrigen musste. Seine eigenen sogenannten Geständnisse wurden denn auch von keiner Demutsgeste begleitet. Was meinte er eigentlich damit, dass er zu seinem Fehler stand? Ein Fehler ist doch etwas, von dem man abrückt. Der scheinbar zerknirschte Kohl der peinlichen Fernsehbefragungen war in Wahrheit der Unbeugsame: Hier sitzt er, der Haufen Elend, aber er kann immer noch nicht anders.

In der Politik, dem Kampf von Willen gegen Willen, kommt es am Ende auf die physische Stärke, auf die Ausdauer an. Die Beugehaft zielt auf den Körper. Sie testet die Belastbarkeit des Zeugen. Wie lange hält er es aus, sich seiner Rechtspflicht zu entziehen? Die Strafprozessordnung sieht eine Höchstdauer der

Beugehaft von sechs Monaten vor. Ist das Ordnungsmittel wirkungslos geblieben, darf es nicht noch einmal verhängt werden. Kohl wurde nicht in Haft genommen. Der Antrag beim zuständigen Amtsgericht Berlin-Tiergarten unterblieb. Bundeskanzler Schröder pfiff Neumann zurück. Er ahnte wohl, wie es ausgegangen wäre. Auch in der Beugehaft hätte Kohl, das Fleisch gewordene Faktische, sich der Norm verweigert. Dem Chefredakteur der «Zeit», Roger de Weck, prophezeite Kohl Anfang Februar 2000, von sich in der dritten Person sprechend: «Der Mann, er wird nicht umfallen, er steht.»

Der Familienkrach um das Ehrenwort und die Spendernamen war die ultimative Kraftprobe von Kohls langer Karriere. Wort stand gegen Wort, und damit auch Person gegen Person. Für ihn und für diejenigen, die sich ihm persönlich widersetzten, ging es nicht um Posten, Pfründen und Prinzipien, sondern ums Überleben. Kohls Auseinandersetzung mit Wolfgang Schäuble wurde zum Verdrängungswettbewerb auf mehr oder weniger offener Bühne. Anfang Januar 2000 berichteten die Zeitungen über einen Satz, den Kohl seinem Nachfolger im Parteivorsitz bald nach Ausbruch der Krise zugerufen hatte: «Du wirst schon sehen, wer übrig bleibt.» Das war die zur Drohung verschärfte Reprise des Satzes, den Kohl am 21. August 1989 zu seinem revoltierenden Generalsekretär Geißler gesagt hatte: «Einer von uns bleibt auf der Strecke.» Einen solchen Ton verbindet man eher mit den Bestattungsunternehmern von New Jersey.

Früher hatte Schäuble, wie er in seinem Buch verriet, die «unkomplizierte, zupackende Art» Kohls geschätzt. Es war «nicht so gespreizt, nicht so förmlich, nicht so distanziert: Da hat man sich wohl gefühlt». Ohne Förmlichkeiten ging es beim letzten Gespräch zwischen Kohl und Schäuble am 18. Januar 2000 zu. Jeder von beiden hat in seinem Buch eine Schilderung von dieser Begegnung gegeben. Sie trafen sich um halb neun am Morgen in Kohls Büro. Laut Schäuble begrüßte ihn Kohl mit der Frage: «Trittst du zurück?» Der Ältere habe ihn dann mit dem Vorwurf konfrontiert, erst die Enthüllung der Schreiber-Spende habe die Affäre «zu einer dramatischen Krise werden lassen». Für die Handhabung der Spendeneingänge im Büro des Parteivorsitzenden habe ein «Großteil der Bevölkerung» nämlich Verständnis. Der Jüngere kürzte das Gespräch ab und richtete ein Abschiedswort an Kohl: «Ich habe wohl schon zu viel meiner knapp bemessenen Lebenszeit mit dir verbracht.»

Das Amt eines Parlamentarischen Geschäftsführers der Unionsfraktion unter dem Vorsitzenden Kohl hatte Schäuble 1981 übernommen, vor seinem vierzigsten Geburtstag. Kein Beamter des Innen- oder Justizministeriums, sondern der Erste Parlamentarische Geschäftsführer Schäuble arbeitete 1984 im Auftrag des Bundeskanzlers Kohl in strengster Verschwiegenheit den Entwurf eines Amnestiegesetzes zugunsten von Steuerhinterziehern aus, die für Parteien gespendet hatten. Ein halbes Jahr nachdem das Vorhaben an Bedenken in der FDP gescheitert war, machte Kohl Schäuble zum Chef des Bundeskanzleramts. Als Vorsitzender der Unionsfraktion seit 1991 hatte Schäuble das Amt inne, als dessen Inhaber Kohl seinen Anspruch auf die Kanzlerschaft erhoben und durchgesetzt hatte. Gemäß den Spielregeln des parlamentarischen Regierungssystems ist der Vorsitzende der größten Regierungsfraktion die zweitwichtigste Person nach dem Regierungschef, dessen Doppelgänger und Gegenspieler, der als «Unterkanzler» (Hans-Peter Schwarz) die Mehrheit zusammenzuhalten und damit die Verklammerung von Legislative und Exekutive sicherstellen muss, im Notfall auch durch Widerspruch. Und schon 1991 sagte Kohl in einer Runde von Journalisten scheinbar beiläufig, um jede Diskussion abzukürzen, bei seiner Nachfolge laufe «alles auf Wolfgang Schäuble zu». Dieser wies im September 1992 in einem Zeitungsinterview den vom Fragesteller für das Verhältnis der CDU zu Kohl verwendeten Begriff der Nibelungentreue zurück – womit er gewiss zum Ausdruck bringen wollte, dass kein Fluch auf der Bindung der Partei an ihren Vorsitzenden lastete, diesen aber gleichwohl verärgerte. Erst recht durch den Satz, den er hinzufügte: «Keiner ist sakrosankt.» Das war wörtlich genommen nur die religionssoziologisch eingefärbte Variante des demokratischen Grundsatzes der Ersetzbarkeit jedes Repräsentanten, sollte noch einmal bekräftigen, dass die CDU aus rationalen Gründen treu zu Kohl hielt und nicht aus Aberglauben. Aber nach fast zwanzig Jahren als Parteivorsitzender durfte Kohl wohl doch glauben, eine Art Amtsheiligkeit erworben zu haben. Laut Schwarz festigte sich in Kohl just zu dieser Zeit, nach einem Koalitionsstreit um die Kosten der Einheit, die Überzeugung, dass «nur er selbst im Amt des Bundeskanzlers» mit den Folgen der Vereinigung fertig werden konnte. Unter seinesgleichen, im Kreis der europäischen Staats- und Regierungschefs, soll er sich im Dezember 1996 im gleichen Sinne über seine Unabkömmlichkeit im Prozess der europäischen Vereinigung geäußert haben. «Was glaubt ihr eigentlich, warum ich überhaupt noch im Amt bin? Wegen Europa bin ich noch da. Ohne mich setzt das in Deutschland niemand durch.»

Im Januar 1997 gab Schäuble in einem Interview mit dem «Stern» eine Antwort auf die Frage nach seiner Bereitschaft, Kohls Nachfolge anzutreten: «Wahrscheinlich könnte ich der Versuchung nicht widerstehen.» Solche Ansprüche direkt zu artikulieren ist immer hochriskant. Die von Schäuble gewählte Formulierungsvariante war besonders umständlich, was das Riskante des Vorstoßes aber eher markierte als kaschierte. Einen hypothetischen Konflikt in der eigenen Seele schob der Aspirant vor den in der Körperwelt tatsächlich bestehenden Konflikt mit dem Amtsinhaber. Am 3. April 1997 teilte Kohl in einem Fernsehinterview mit, dass er in der Bundestagswahl 1998 noch einmal als Kanzlerkandidat antreten wollte. Für die Verkündung dieses Entschlusses hatte er den Tag seines siebenundsechzigsten Geburtstags gewählt. Die Nachfolgediskussion konnte er auf diesem einsamen Weg nicht stillstellen und auch nicht hinausschieben.

Auf dem Leipziger Parteitag der CDU im Oktober 1997 bekam der Fraktionsvorsitzende den meisten Beifall. Gefeiert wurde er für eine Rede mit Sätzen wie: «Wenn sich alles ändert, dürfen wir nicht stillstehen» und: «Problemlösungen finden, das setzt Nachdenken voraus.» Der Parteivorsitzende beklagte in seiner Rede, dass immer weniger Menschen ein Gebet aufsagen könnten. Nach dem Ende des Parteitags gab Kohl einem ZDF-Journalisten ein Interview, das spontan wirkte. Darin fiel der Satz: «Jeder weiß, ich wünsche mir Wolfgang Schäuble als Bundeskanzler.» Was jeder weiß, muss nicht erfragt werden. Kohl hatte, was er nun sagte, demnach deshalb nie zuvor gesagt, weil es keinen Informationswert gehabt hätte. Ein Amtsbesitzer, der einen Wunschnachfolger kürt, fasst die Endlichkeit der eigenen Verfügungsmacht ins Auge und verewigt sich gleichzeitig in der Person eines Jüngeren. Kann es glücken, so für das eigene Nachleben Vorsorge treffen zu wollen, wenn der Ersatzmann zur Selbständigkeit verdammt ist? Der Wunschkandidat steht auch für eine Wunschkontinuität. Und diese Festlegung auf den einen Kandidaten auf Kosten aller anderen, die Kohls Arbeit auf andere, eigene Weise fortgesetzt hätten, diese unmöglich zu delegierende höchstpersönliche Entscheidung, die der Form halber ja bloß eine Empfehlung war, soll nach Kohl nichts Geheimnisvolles an sich gehabt haben, soll sonnenklar gewesen sein, ihm selbst und jedermann sonst. Die Sukzession war gar kein Arcanum: Das sollte heißen, dass Kohl keinen Kandidaten in der Hinterhand hatte, dass er es nicht nötig hatte, auf List zu setzen – im Unterschied zu Harold Macmillan, der Königin Elisabeth 1963 nach seinem Rücktritt den Rat erteilte, den Earl of Home in den Palast zu rufen, um R. A. Butler zu verhindern, den mutmaßlichen Favoriten seiner Kabinettskollegen.

Oder lag die List darin, dass Kohl so tat, als könne er die ganze Aufregung nicht verstehen? Durch die Proklamation des Manns seiner angeblichen Wünsche verbesserte er dessen Chancen, auch tatsächlich zum Nachfolger gewählt zu werden, nicht. In den Parteigremien wurde ebenso wie in der Schwesterpartei mit Verwunderung aufgenommen, dass Kohl niemanden konsultiert oder auch nur informiert hatte. Man musste es als Brüskierung sehen, dass er mit seiner Mitteilung bis nach dem Schluss der Parteitagsberatungen gewartet hatte. Kohl zeigte sich so, wie Wilhelm Hennis ihn zweieinhalb Jahre später in der Spendenaffäre beschrieb: als Virtuose einer Terminpolitik des Spielregelbruchs. Die Botschaft war unmissverständlich: Kohl wollte das letzte Wort behalten. In diesem Spiel war Schäuble eine Figur – eine wichtige, gewiss, vielleicht die wichtigste, wie die Dame im Schach. Aber in der Hand Kohls. Die Zeitungen hatten die Leipziger Reden des Fraktions- und des Parteivorsitzenden nebeneinandergelegt: Zukunftsprogramm und Manifest der Nostalgie. In dem Moment, da Schäuble gewillt schien, sich endlich zu emanzipieren, unterwarf ihn Kohl seiner Verfügungsgewalt. Georg Paul Hefty schrieb in der F.A.Z. im Rückblick: «Der Bundeskanzler war nach wenigen Stunden wieder der Herr des Verfahrens» – man muss ergänzen: durch Umgehung des Verfahrens. Entmachtung durch Designation: Ein solches Adoptivkanzlertum steigerte die Autokratie.

Nach der verlorenen Bundestagswahl wiederholte sich das Spiel. Schäuble war nach eigener Aussage «nicht glücklich» darüber, dass ihn Kohl zwei Tage nach dem Wahlabend öffentlich als seinen Nachfolger im Parteivorsitz benannte, statt es der Partei zu überlassen, nach ihm zu rufen. An die Spitze der Partei werde «natürlich Wolfgang Schäuble» rücken, sagte Kohl auf einem Flur des Bonner Bundeshauses zu Journalisten. Er setzte die Versicherung hinzu, dass er mit einem entsprechenden Vorschlag an die zuständigen Gremien «den formal korrekten Weg» gehen werde, den er damit bereits verlassen hatte.

Kohls Version des Treffens am 18. Januar 2000 beschwört im dramatischen Präsens des Tagebuchs ausführlich die Heftigkeit des Wortwechsels, für die ausschließlich Schäuble verantwortlich gemacht wird. Der Besucher ist «äußerst erregt», «voller Zorn», «versteigt sich» zu fortgesetzten Anwürfen, stellt den Gesprächspartner «in höchster Erregung» zur Rede und verlässt das Zimmer «aufgewühlt». Kohl hat Schäuble «noch nie so erlebt». Das «Tagebuch» unterschlägt den für Kohl gefährlichsten Punkt des Streits nicht: Schäubles Aussage, er glaube nicht daran, dass es die von Kohl geschützten Spender wirklich gegeben habe. Die entsprechende Stelle in Schäubles Bericht ist verklausuliert: Ihm «erscheine» Kohls im Fernsehen abgegebene Erklärung «konstruiert». Schäubles letztes Wort, in «Mitten im Leben» melancholischer Rückblick, ist in Kohls Fassung auf die Zukunft gerichtet: «Dieses Büro werde ich in meinem Leben nie wieder betreten!» Als Schäuble erklärte, falls Kohl sein Bundestagsmandat nicht niederlege, werde er als Parteivorsitzender zurücktreten, schien Kohl laut Schäuble «von dieser Mitteilung nicht sonderlich betroffen zu sein». Im «Tagebuch» folgt auf das Protokoll der Erregung ein Kommentar von einem Satz: «Diese Szene zählt zu den schlimmsten meines Lebens.»

Kohl behielt sein Mandat bis zum Ende der Legislaturperiode und nahm am 17. März 2000 an der Bundestagssitzung zur Erinnerung an die Volkskammerwahl 1990 teil. Schäuble trat am 18. Januar 2000 noch nicht zurück, da das Präsidium ihn noch einmal umstimmte, sondern erst am 16. Februar. Als Kohl den Tagebuch-Band der Presse vorstellte, sagte er über Schäuble, dieser sei ein Teil seines Lebens. Er bekundete sein Interesse an einer Versöhnung, die nicht an ihm, sondern an Schäuble scheitere. «Der flippt doch immer noch aus, wenn er mich sieht.» Kohl wollte dagegen weiter die Ruhe bewahren. Doch selbst wenn er sich vollkommen still verhalten und jedes weitere Wort über Schäuble unterlassen hätte, wäre dieser womöglich mit der Welt nicht wieder zufrieden gewesen. Das legte eine abgründige Spekulation im «Tagebuch» nahe: «Möglicherweise war aber auch meine schiere Existenz für Wolfgang Schäuble eine Belastung.» Die Feinde, die laut Schäuble nie Freunde im Sinne einer «persönlichen Beziehung außerhalb der Politik» gewesen waren, zimmerten aus wechselseitigen psychologischen Unterstellungen die abstrakte Kulisse eines existentialistischen Westerns: eine entleerte Welt, die gleichwohl zu groß war für sie beide. Nach der Abschiedsszene in Schäubles Büro sagte Schäuble zum «Spiegel»-Reporter Jürgen Leinemann über Kohl: «Er hat immer weniger begriffen, dass es außer ihm noch mehr Menschen auf der Welt gibt.»

Der nicht nur von Schäuble geäußerten Vermutung, er habe die Privatspender erfunden, widersprach Kohl im ZDF-

Interview vom 4. Februar 2000, indem er sie als widersinnig zu erweisen versuchte: «Warum sollte ich eigentlich mir die ganzen Prügel anziehen? Und die kriege ich zu Recht, weil ich einen Fehler gemacht habe, für den ich auch einstehe, mit den Spendern. Warum soll ich denn sagen, ich habe Spender und werde dafür mit Recht geprügelt – und in Wahrheit habe ich gar keine Spender und krieg' irgendwo Zinsen? Das ist doch abwegig.» Kann man sich Prügel anziehen wie einen Schuh? Immerhin eignet sich ein Schuh für den Vollzug der Prügelstrafe, und man kann sich vorstellen, dass etwa ein Kind mit seinem eigenen Schuh verprügelt wird, damit es sich später beim Schuhanziehen an die Bestrafung erinnert. Die Verballhornung überspitzt die Pointe der Redensart: Der Sprecher macht sich etwas zu eigen, was ihm eigentlich zuwider ist, verwandelt sich etwas an, was ihm vorne und hinten nicht passt. Die Plausibilität von Kohls Plädoyer in eigener Sache hängt insgeheim an einem Bild seiner Person, in dem unter den von Weizsäcker aufgezählten Gaben Kraft, Gemüt und Instinkt dominieren. Er weiß sich seiner Haut zu wehren. Dass Kohl sich ohne Not verprügeln lässt, ist schlechthin unvorstellbar.

Oder könnte die Rolle des Prügelknaben einen Vorteil für ihn gehabt haben? Bei der Vorstellung des «Tagebuchs» zeigte er erneut seine blauen Flecken: «Ich habe mehr Prügel für Fehler eingesteckt als jeder andere.» Ein ähnlicher Superlativ im Buch: Unter der Affäre hat niemand «so gelitten wie ich». Der Autor präsentierte sich der Presse in den Worten von Franziska Augstein als «selbstgerechter Schmerzensmann». Warum war Kohl plötzlich so weich im Nehmen? Franziska Augsteins Erklärung: «Verfolgt, verlacht, verraten: so kommt er sich vor, so will er sein, denn darin liegt der letzte Anspruch auf Größe.» Seine Größe zeigte sich in seinen Augen in der Gewalt, die aufgewendet werden musste, um ihn kleinzukriegen. Auch die Ausfälligkeiten, die er sich bei diesem Auftritt wieder gegen anwesende Journalisten wie gegen abwesende Politiker leistete, passen ins Bild: Idiosynkrasien eines sündenbockigen Verhaltens, mit dem

Kohl vorführte, wie übel ihm mitgespielt wurde. Auch schlichte Nachfragen wehrte er als unfair ab, weil sie anderen nicht gestellt wurden, die ähnliche Fehler gemacht hatten.

*Ein napoleonisches Schicksal?*

Die staunende Öffentlichkeit erlebte die CDU-Finanzaffäre als Kette unerhörter Begebenheiten. Eine für Kohls Verständnis von Rechenschaft bezeichnende Episode betraf den langjährigen Hauptabteilungsleiter Verwaltung des Konrad-Adenauer-Hauses, Hans Terlinden. Er erhielt im Dezember 1999 seine Kündigung, als herauskam, dass er das Protokoll der Vernehmung des Steuerberaters Weyrauch durch die Augsburger Staatsanwaltschaft nicht dem Parteivorsitzenden Schäuble, sondern dessen Vorgänger Kohl weitergeleitet hatte. Kohl wusste damit, wie viel die Ankläger über sein Kontensystem wussten, und behielt dieses Wissen für sich, da auch er die Akte nicht an Schäuble gab. So sorgte er dafür, dass das Präsidium ihm während der Beratung über seine Erklärung vom 30. November nicht zu präzise Fragen stellen konnte. Als Generalsekretärin Merkel zwei Tage später von der Umleitung des Protokolls erfuhr, unterrichtete sie unverzüglich den Parteivorsitzenden. Sie traf Schäuble im Plenarsaal des Bundestags an, der an diesem Tag den Untersuchungsausschuss einsetzte. Unter den Augen der Kameras flüsterte Schäuble Frau Merkel ins Ohr, dass Terlinden sofort fristlos zu entlassen sei. Sie gab ihm den Rat, von Kohl die Herausgabe des Protokolls zu verlangen. Wenige Minuten später leuchtete das Telefonlämpchen an Schäubles Abgeordnetenpult auf. Kohl war am Apparat. Terlinden hatte ihn sofort nach Frau Merkels Anruf informiert. Sie hatte Terlinden angewiesen, innerhalb von drei Stunden sein Büro zu räumen. Kohl nannte diese Behandlung eines treuen Dieners beispiellos. Als er es mit dem Fehlen von Ruhe und Gelegenheit erklärte, dass er Schäuble das Protokoll noch nicht übergeben hatte, bekam er von diesem zu hören, er solle «seine Märchen jemand anders erzählen». Nach diesem aufwühlenden Telefonat begab sich Schäuble ans Rednerpult. Er hielt die Rede, in der er von seiner Begegnung mit Karlheinz Schreiber im Bonner Hotel Königshof berichtete.

Mit seiner Antwort auf einen Zwischenruf des Grünen Hans-Christian Ströbele, die Frage, ob Schreiber «mit Koffer» erschienen sei, handelte sich Schäuble den Vorwurf ein, die Entgegennahme einer Spende geleugnet zu haben. «Das war es»: kein Koffer, kein Umschlag, kein Geld. In Kohls «Tagebuch» steht unter diesem Tag über Schäuble: «Ich verstehe ihn nicht.» Als Schreibers Spende an Schäuble im Untersuchungsausschuss zur Sprache kam, provozierte Kohl Ströbele mit der Behauptung, er wolle auch ihm Fangfragen stellen. Sofort ergab sich ein Schlagabtausch, in dem Kohl seine Unterstellung bündig begründete: «Weil ich Sie kenne.» Ein Duell: Zwei Personen trafen als Personen aufeinander, und Kohl behielt die Oberhand, indem er das Spiel als leichtes ausgab. Auf Ströbeles irritierte Rückfrage «Weil Sie mich kennen?» beschied er ihn: «Ja. Das ist keine Kunst, Sie zu kennen.»

Kohl zu kennen war nach Kohls Worten allerdings auch keine Sache der Kennerschaft. Eine der von ihm in den Monaten der Spendenaffäre am häufigsten verwendeten Wendungen war «Wer mich kennt»: Wer ihn kenne, werde diesen oder jeden Vorwurf oder alle für absurd halten. Die Kenntnis der Person fiel in seinen Augen in seinem Fall zusammen mit der Kenntnis der historischen Bedeutung. Er hatte ein Volk von Vertrauten regiert.

Das Märchen vom verhexten Protokoll aus Augsburg erzählte Kohl im ZDF-Interview vom 16. Dezember 1999 dem ganzen Land. Es habe sich um «wirklich ganz unglückselige Zusammenhänge» gehandelt. Zwischen seinem Versprechen an Terlinden, Schäuble die Akte auszuhändigen, und der Einlösung hatte er ein paar Tage verstreichen lassen. Dazwischen lag der 30. November, in Kohls Worten ein Tag, «der für mich bitter, bitter war». Er habe eine Menge mit sich selbst zu tun gehabt, und «jeder, der mit dabei war, weiß ja auch, dass das der wahre Grund war für die Verzögerung». Für sein Verhältnis zu Schäuble folgte daraus: «Das hat gar nichts mit Hintergehen zu tun gehabt.» Die Fortüne hatte ihn verlassen: Unglücklicherweise war er just um den Tag herum, an dem er vor der Parteiführung seine Buchungstricks offenlegte, so sehr mit sich selbst beschäftigt, dass er einfachen Anstandspflichten im mitmenschlichen Wechselverhältnis keine Beachtung schenken konnte. Die moralische Bewertung, so muss man seine Zurückweisung der Rede vom Hintergehen deuten, ging an seinem Verhalten in dieser bittern Stunde vorbei, das sich in einer Art Trance abspielte. Er war nicht ganz da, aber ganz bei sich. So trafen die Prügel den Falschen, und zwar im mehrfachen Sinne. Anderen blieb erspart, dass ihre Fehler aus mutmaßlich ähnlich unglückseligen Zusammenhängen gerissen wurden. Und die Schläge, die Kohl bezog, taten nicht ihm allein weh. Er beklagte bei der Vorstellung des «Tagebuchs», dass seine Söhne «in ihrem persönlichen und beruflichen Alltag durch den Namen Kohl jetzt negativ abgestempelt» seien.

Alles hatte Kohl mit seinem Namen regeln wollen. Die Sache mit dem Ehrenwort gegenüber den Namenlosen war eine Wette darauf, dass sein guter Name allein genügen würde, um jeden Zweifel zu zerstreuen. Mit seiner Person sollte auch sein Name zerstört werden, und da er kein Amt mehr anstrebte, hatte er nichts zu verlieren außer seinem Namen. Die Angriffe auf seine Integrität gefährdeten nicht nur sein Ansehen vor der Geschichte, sondern in seiner übertreibenden Darstellung auch seinen Platz in der Geschichte. Im Fernsehinterview am 9. März 2000 begründete Kohl, warum er es ablehnte, seinen Sitz im Bundestag vorzeitig zu räumen: Er wolle das Feld nicht Leuten überlassen, «die die Geschichte umschreiben».

Eine Woche nach Kohls erster Vernehmung im Untersuchungsausschuss am 29. Juni 2000 musste der Obmann der Unionsfraktion im Ausschuss, Andreas Schmidt, seinen Ausschusskollegen Rede und Antwort stehen, weil bekannt geworden war, dass die Unionsmitglieder mehrfach mit Kohl in dessen Bundestagsbüro zusammengetroffen waren. Den Verdacht taktischer Absprachen mit dem Zeugen wies Schmidt zurück. Man habe sich lediglich informiert, über die Tatsachengrundlage von Entscheidungsvorgängen wie der Privatisierung der Leuna-Werke und dem Panzerverkauf an Saudi-Arabien, deren Untersuchung der Bundestag dem Ausschuss aufgetragen hatte. Kollegen, die bezweifelten, dass für diese Unterrichtung vier bis sechs Sitzungen notwendig gewesen seien, entgegnete Schmidt: «Wenn Sie ein Gespräch mit dem ehemaligen Bundeskanzler über solche Themen führen, dann kommt es schnell dazu, dass er seine gesamte Sicht der Wiedervereinigung darstellt.» Dem konnten die Vertreter der anderen Fraktionen schlecht widersprechen: Auf genau diese Weise hatte sich Kohl vor dem Ausschuss in seiner einstündigen, schriftlich vorbereiteten Eingangserklärung zur Sache geäußert. Dem Ausschuss unterstellte er den Zweck, «sechzehn gute Jahre zu verdammen und in die Vergessenheit abzudrängen», ja, «sechzehn erfolgreiche Jahre aus der Geschichte zu verbannen». Hellhörig merkte Johannes Leithäuser in der F.A.Z. an: «Kohls Worte klingen nach einem napoleonischen Schicksal.»

Im Sommer des Jahres 2000 entspann sich eine Debatte darüber, ob Kohl für einen Tag aus der moralischen Verbannung zurückgerufen werden solle. War es denkbar, den Staatsakt zur Feier von zehn Jahren Wiedervereinigung in Abwesenheit des Kanzlers der Einheit abzuhalten? Nach den protokollarischen Regeln der Berliner Republik hatte Kurt Biedenkopf in seiner Eigenschaft als sächsischer Ministerpräsident das Fest auszurichten und die Einladungen auszusprechen. Der Ministerpräsident von Sachsen-Anhalt, Wolfgang Böhmer, plädierte dafür, Kohls «historische Leistungen» nicht mit «der Elle menschlichen Versagens bei tagespolitischen Problemen» zu messen. Bernhard Vogel hatte schon im Dezember 1999 die historischen Leistungen Kohls als mildernde Umstände bei der Beurteilung der Verstöße gegen das Parteiengesetz herangezogen. Auch Bismarcks Ansehen als Staatsmann habe trotz mancher Vorwürfe letztlich nicht gelitten. Vogel spielte darauf an, dass Bismarck als Reichskanzler Zugriff auf irreguläre Finanzmittel hatte, den sogenannten Reptilienfonds, aus dem er regierungsfreundliche Zeitungen ebenso wie den bayerischen König Ludwig II. alimentierte. Die Herkunft des Fonds verweist auf die Völkerrechtsbrüche der Bismarckschen Einigungspolitik, die von liberalen Publizisten der Zeit im Sinne der Autonomie der Staatsräson gegenüber der bürgerlichen Moral von Treu und Glauben gerechtfertigt wurden: Das Geld stammte aus dem Schatz der 1866 aus Hannover vertriebenen Welfen.

Gilt für den Staatsmann eine Art überparlamentarische Immunität? Jedenfalls in dem Sinne, dass sich sein Ansehen mit der Zeit faktisch als immun erweisen kann gegen noch so gut belegte Vorwürfe des Einsatzes außerplanmäßiger Mittel? Ein solches Urteil der Geschichte wollte Vogel antizipieren, und eine solche Gesetzmäßigkeit der Urteilsbildung beschrieb Jacob Burckhardt in seiner Charakterologie der welthistorischen Persönlichkeiten. In dieses Lehrstück aus den «Weltgeschichtlichen Betrachtungen» ging die Erinnerung an Napoleon ein, wie Hegel sie auf den Punkt gebracht hatte, den Punkt des Weltgeistes zu Pferde inmitten des Heeres der historischen Fußsoldaten, aber auch das Erlebnis Bismarck: Hauptbeispiel für die «Dispensation von dem gewöhnlichen Sittengesetz» ist der entschuldigte Vertragsbruch. Einer der produktivsten Repräsentanten der neuen französischen Kulturgeschichte, Emmanuel Le Roy Ladurie, Historiker der Ketzerei, des Karnevals und des Hofes Ludwigs XIV., veröffentlichte im Februar 2000 einen Zeitungsartikel mit dem Titel «La psychologie d'Allemagne», der nahelegte, den Aufruhr wegen der geheimen Konten als Problem der deutschen Mentalität zu betrachten, als Symptom des Unwillens, Großes als groß anzuerkennen. Le Roy Ladurie hatte solche Schwierigkeiten nicht. «Mein großer Mann in Deutschland ist natürlich Helmut Kohl.» In Le Roy Laduries Galerie der großen Deutschen war neben Bismarck, Hitler, Adenauer und Kohl kein Platz für Gerhard Schröder.

Am 7. März 1990, elf Tage vor der letzten Volkskammerwahl, hatte Kurt Biedenkopf in seinem Tagebuch notiert: «Die Art, wie Kohl auftritt, erinnert viele an das Auftreten Wilhelms II. vor dem Ersten Weltkrieg. Kohl muss aufpassen, dass er bei seinem Streben, ein neuer Bismarck zu werden, nicht als neuer Wilhelm II. endet.» Kohl soll gelegentlich vor Vertrauten darüber geklagt haben, dass er nicht ebenso unbefangen über Sondermittel verfügen konnte wie Bismarck. Aber er wusste, dass er öffentlich keine Lizenz der welthistorischen Persönlichkeit in Anspruch nehmen durfte. Daher wollte er als Spendeneinnehmer und -verteiler nicht anders gehandelt haben als in seinem gesamten politischen Leben, gemäß den Üblichkeiten des Alltags, die allen formalen Regeln vorausliegen, mit einem Wort: normal. Dem Rigorismus seiner Gegner, die aus seiner Geringschätzung der Formen auf seine Verachtung des Rechts schlossen, setzte er eine Art umgekehrten, empirischen Kantianismus entgegen: Die Maxime seines Handelns durfte im Lichte des tatsächlichen Verhaltens seiner Konkurrenten sehr wohl Allgemeinheit beanspruchen. Dass auch die Kanzlisten der Staatsgeschäfte sich zuletzt auf diese Kinderlogik des vorauseilenden Aufrechnens zurückziehen, hat schon Burckhardt notiert: «Endlich die bekannte Lehre: wenn wir es nicht tun, so tun's andere. Man würde sich im Nachteil glauben, wenn man moralisch verführe.» Es ärgerte Kohl, dass die Empfänger seiner Zuwendungen die jahrelang genossene Unterstützung plötzlich als anstößig behandelten. Auf der Weihnachtsfeier der Bundestagsfraktion herrschte er Anfang Dezember 1999 den stellvertretenden Fraktionsvorsitzenden Hermann Kues aus Niedersachsen an: «Halt nur die Luft an, dein Landesverband hat auch was gekriegt!» Schon am 29. November, dem Tag, an dem Geißlers Interview in der «Süddeutschen Zeitung» erschien, hatte Kohl am Telefon zu Schäuble den Satz gesagt, der dessen Schicksal im Fortgang der Affäre bestimmen sollte: «Du hast doch auch von Schreiber Geld bekommen.»

Tu quoque als anthropologischer Generalschlüssel eines Egoisten: Auch das Verhalten seiner Gegner deutete Kohl gemäß einfachsten Lehren der Lebenserfahrung, deren Summe eine Psychologie des Alltags ergibt oder vielleicht besser eine

Physiologie, ein naturgegebenes System der Reize und Reizbarkeiten. Mit «Rachegefühlen» und «Rachedurst» ließ sich Kritik jedes Parteifreundes erklären, den er einmal zurückgesetzt hatte, und sei es nur durch Ausharren, durch Aufschieben der bei Neubesetzung des Parteivorsitzes einsetzenden Umverteilung der Stühle. Im «Tagebuch» notierte Kohl unter dem Datum des 28. Januar 2000, er habe «seit geraumer Zeit» den «Angriff» Richard von Weizsäckers «erwartet», den dieser nun «in der ihm eigenen, subtilen und vornehmen Weise» aus dem Hinterhalt geführt habe. Kohl hielt sich für den Entdecker des Politikers Weizsäcker und kommentierte dessen Kritik seines Ehrbegriffs bei der Vorstellung des «Tagebuchs» mit einer Lebensweisheit seiner Mutter: «Die Hand, die segnet, wird zuerst gebissen.» Nach dem Geschmack von Journalisten mochte Kohl diesen Spruch der Finanzbeamtengattin Cäcilie Kohl schon zu oft im Munde geführt haben. Doch es muss ihm eine Genugtuung gewesen sein, auf die feinsinnigen Bosheiten in Weizsäckers Artikel in der F.A.Z. gerade nicht geistreich zu reagieren, sondern mit der Brutalität einer Maxime aus jenem Kampf ums Dasein, den die Mutter und der Bauer kennen und die feinen Herren verleugnen. Kohl spürte die Wand in seinem Rücken. Aber deshalb musste er sich noch lange nicht auf das gehobene Niveau seines Gegners begeben. Indem Kohl auf einem Vorrang der Vertrauensbeziehungen vor den Rechtsverhältnissen bestand, glaubte er keine Ausnahme für sich in Anspruch zu nehmen. In seinem «gesamten politischen Leben» hatte er sich an die Spielregeln der Demokratie gehalten, und schon die Beziehung von Wählern und Gewähltem beruhte nach seinem Empfinden auf dem Primat des Vertrauens, der Erwartung wechselseitiger Loyalität. Richard von Weizsäcker hat Kohl in seinem Erinnerungsbuch «Vier Zeiten» vorgeworfen, die «aus psychologischen außenpolitischen Gründen» gebotene Anerkennung der polnischen Westgrenze riskanterweise hinausgeschoben zu haben. Für Kohl sprach aus dieser Kritik Undankbarkeit – gegenüber den Vertriebenen, Stammwählern der Union, die ihren Anteil daran hatten, dass es in den Bundesversammlungen von 1984 und 1989 eine Mehrheit für den christdemokratischen Kandidaten gab. Gesprächsweise bemerkte Kohl apropos des Ehrensoldempfängers, der vergessen zu haben schien, dass die Partei ihm einen Dienst erwies, als sie ihn für die Stelle des obersten Staatsdieners vorschlug: «Ich konnte und wollte mir einen solchen Weizsäcker-Patriotismus nicht leisten.»

*Memoiren*

In der Wienerwald-Rede vor dem Landesausschuss der Jungen Union Bayern hatte Franz Josef Strauß am 24. November 1976 eine literarische Alterskarriere Kohls vorausgesagt. «Und glauben Sie mir eines: Der Helmut Kohl wird nie Kanzler werden, der wird mit neunzig Jahren die Memoiren schreiben ‹Ich war vierzig Jahre Kanzlerkandidat. Lehren und Erfahrungen aus einer bitteren Epoche›.» Sechs Jahre später war Kohl Kanzler, und als er weitere sechzehn Jahre später aus dem Amt scheiden musste, trennten ihn noch zweiundzwanzig Jahre vom neunzigsten Geburtstag, den er um drei Jahre verfehlen sollte. Er überlebte Strauß um neunundzwanzig Jahre und lebte vierzehn Jahre länger als er.

Nach dem Abschied von der Macht versicherte Kohl zunächst, er wolle «keine Memoiren schreiben» – als habe er es nicht nötig, die eigenen Taten aus jenem Abstand Revue passieren zu lassen, den die mehr oder weniger ungewollte Muße dem Staatsmann klassischerweise verschafft. Ein Buch der Erinnerungen? «Das überlasse ich anderen.» Hinter der Großzügigkeit, mit der er seinen Mitstreitern den Buchmarkt überließ, zeichnete sich die Überzeugung ab, dass es ihren Memoirenbänden mit den genretypischen kleinen Enthüllungen und persönlichen Korrekturen nicht gelingen werde, sein Charakterbild ins Wackeln zu bringen: Er hatte Geschichte gemacht und musste sie daher nicht schreiben. Diese Pose der Unerschütterlichkeit hielt er nicht durch. Zwischen 2004 und 2007 erschienen in rascher Folge drei stattliche Bände «Erinnerungen», welche die Geschichte seines Lebens bis ins Jahr 1994 führen, das Jahr der letzten von ihm gewonnenen Bundestagswahl. Freimütig bekannte der Autor im Vorwort des ersten Bandes, dass er «nun selbst zur Feder gegriffen» habe, um den «Unsinn» zu korrigieren, der «in der Vergangenheit» über ihn «zu Papier gebracht» worden sei. Unsinn: Man hört Kohl dieses literaturkritische Urteil sprechen. Er rettete die Deutlichkeit der mündlichen Rede, das Schroffe und Pauschale, hinüber in den schriftlichen Lebensbericht. Ohne Zorn und Eifer konnte er nicht schreiben, weil der Kampf, der sein Leben gewesen war, kein Ende gefunden hatte, sondern als Kampf der Deutungen weiterging. Als Streiter für den Sinn seines Lebens war Kohl unersetzlich.

Selbstverteidigung lässt sich nicht delegieren: In diesem Gesetz des Schulhofs steckt ein republikanisches Prinzip. Kohl hatte keine Angst, sich die Hände schmutzig zu machen, und tauchte selbst die Feder ins Tintenfass. Sein Schreibtisch stand mitten im Getümmel. Kein Leser wird freilich geglaubt haben, dass Kohl den vollständigen Text der Memoiren mit der Hand niedergeschrieben hatte wie einen Schulaufsatz. Das zeitlos altmodische, charakteristisch unoriginelle Bild des Griffs nach der Feder war als Geste der Autorisierung zu verstehen: Kohl gab den Lesern sozusagen seine Unterschrift darauf, dass sie seine wahre Sicht des Geschehens geliefert bekamen. Er hatte Zuarbeiter, wie einst im Kanzleramt. Diese dienstfertigen Geister konnten zu einem Buch der Erinnerungen nichts Eigenes beitragen und daher auch keinen Anspruch auf ein Mitautorenpersönlichkeitsrecht erheben. Schon bevor Kohls literarische Gestaltungskraft im Jahre 2000 durch das Experiment des nachträglichen Tagebuchs absorbiert wurde, hatten seine Assistenten mit der Materialsammlung für die Memoiren begonnen, mit der verspäteten Zusammenstellung eines Privatarchivs von Aktenkopien, wie es der Chef nicht eingerichtet hatte, solange er Herr in den Häusern von Partei und Regierung war. Ein Versäumnis sieht hier Kohls Biograph Hans-Peter Schwarz, ein Fehlen der vom Staatsmann geforderten Voraussicht. Ein solcher Tadel für den Mann des Moments muss allerdings davon absehen, dass Vorsorge auch ablenken kann. Eine spätere Privatnutzung der Akten konnte sich Kohl wohl gar nicht vorstellen, weil er dafür wenigstens in Gedanken den Privatmann vom Träger des öffentlichen Amtes hätte trennen müssen.

Die Reinschrift der ersten Entwürfe der «Erinnerungen» besorgte Hannelore Kohl. Penelope, die Gemahlin des Odysseus, legte die zudringlichen Feinde des verschollenen Königs herein, die dessen Erbe usurpieren wollten, indem sie ihr am Webstuhl produziertes Tagwerk nachts wieder auftrennte: dem listenreichen Herumtreiber ebenbürtig. Während der Altkanzler sich in Berlin in ehrenrührigen Geschichten über Freundschaftsdienste verhedderte, sortierte und verknüpfte seine Frau in den stillen Nächten im ehelichen Heim in Oggersheim die Fäden seiner Lebenserzählung.

Im Gespräch mit Herbert Kremp, dem Chefredakteur der «Welt», rühmte sich Kohl 1973, «mehr Strafgefangene begnadigt zu haben als jeder andere Ministerpräsident». Mit der Übererfüllung dieser von den Fürsten geerbten Pflicht des Landesherrn beglaubigte Kohl sein Programm, «menschliche Politik» zu machen. Weitere Beispiele, die er Kremp nannte, waren Musikschulen, Kinderspielplätze, Altenbetreuung und «mehr Wärme beim Städtebau». Im Zuge der Spendenermittlungen erfuhren die Mitbürger, dass Kohl sich selbst begnadigt hatte.

*§ 153a StPO*

Die Stunde der gerichtlichen Wahrheit blieb Helmut Kohl erspart. Das Bonner Landgericht stimmte am 28. Februar 2001 gemäß Paragraph 153a der Strafprozessordnung der Einstellung des Ermittlungsverfahrens wegen des Verdachts der Untreue zu Lasten der CDU zu. Die von Kohls Geheimbuchhaltung aufgeworfene rechtliche Frage steht unbeantwortet im Raum, da es keine richterliche Entscheidung nach öffentlicher Verhandlung gegeben hat: Kann das Handeln des obersten Funktionärs einer

Organisation, der Einnahmen verheimlicht, um Ausgaben nach Gutdünken zu tätigen, und das Risiko von Strafzahlungen bei Entdeckung in Kauf nimmt, als Untreue eingestuft werden, das heißt als Verletzung der Verantwortung des Funktionärs für das Vermögen der Organisation? Bestraft wird im Rechtsstaat nur ein Verhalten, das zweifelsfrei unter Strafe steht. Lange bevor es einen Angeklagten gibt, zu dessen Gunsten alle am Ende noch verbleibenden Zweifelsfragen beantwortet werden müssen, kommt auf jeder Stufe der Rekonstruktion der Tat der Zweifel zum Tragen. Die Handlung, aus der ein Vorwurf erwächst, muss in ein Schema passen, das auf seine Schlüssigkeit geprüft wird. Durchgehend wird zwischen der Strafwürdigkeit im Sinne moralischer und politischer Wünsche und der im Recht tatsächlich schon durchgesetzten und daher auch durchsetzbaren Strafbarkeit unterschieden. Wer sich beim Manövrieren in Grauzonen ebenso wenig an Vorbildern wie an Vorschriften orientiert, hat, wenn er Glück hat, etwas Neues angestellt, das aus jedem Schema herausfällt und straflos bleibt, weil es an der Vergleichbarkeit fehlt. Der Beschuldigte Kohl profitierte auf jeder Stufe der von Staatsanwaltschaft und Gericht angestellten Prüfung, ob am Ende eines eventuellen Prozesses eine Verurteilung stehen könnte, vom Formalismus der juristischen Methode, von der Verpflichtung der Justiz zur Umständlichkeit.

Die Einstellung erfolgte gemäß dem Wortlaut des Gerichtsbeschlusses «gegen eine Zahlungsauflage» von 300 000 Mark. Das Geld floss nicht der CDU als dem Opfer der «angeblichen Tat» zu, sondern je zur Hälfte der Staatskasse und einem karitativen Zweck. Ausdrücklich wies das Gericht darauf hin, dass Kohl trotz dieser Auflage weiter als unschuldig zu gelten hatte. Die Zahlungsbereitschaft war nicht als Schuldeingeständnis zu verstehen. Wie aber dann? Hier stößt die juristische Begriffsbildung mit einem Alltagsempfinden zusammen, das glauben möchte, ein Unschuldiger müsse eine Auseinandersetzung mit der Staatsanwaltschaft ohne Kosten hinter sich bringen können. Ohne weiteres verständlich ist der Sinn der Zahlung im Kontext jenes Systems von Erwartungen auf Gegenseitigkeit, das Gegenstand der staatsanwaltschaftlichen Ermittlungen war. Die 300 000 Mark waren ein Beleg für Kohls Bereitschaft zur konstruktiven Mitwirkung beim Versuch, die Angelegenheit aus der Welt zu schaffen. Dieses Wohlverhalten konnte das Gericht honorieren. Geld war nach der Kohl und seine Spender verbindenden Erfahrung ein Türöffner, und es konnte auch dazu gut sein, Türen zu schließen.

Alle Erwägungen der Bonner Wirtschaftsstrafkammer zur rechtlichen Würdigung von Kohls Spendensammlungen bewegten sich im Modus des Hypothetischen, um keinen Schatten auf seine Unschuld zu werfen. Aber wo das Gericht auf die Person des Beschuldigten zu sprechen kam, konnte es nicht von einem hypothetischen Helmut Kohl handeln, sondern nur vom wirklichen. Kohl stand in Bonn vor Gericht, obwohl das Gericht keine Verhandlung ansetzte. Zur denkbaren Ermittlung des Strafmaßes nach dem denkbaren Schuldspruch in einem denkbaren Strafprozess «wäre hervorzuheben», was das Gericht trotz dieser beflissenen Verwendung des Konjunktivs tatsächlich hervorhob: «dass der Beschuldigte als damaliger Bundeskanzler und Parteivorsitzender der CDU gerade im Hinblick auf die in den achtziger Jahren geführte Debatte um die Spendensammelpraxis der Parteien zu besonderer Sorgfalt Anlass gehabt hätte und insoweit auch seiner Vorbildfunktion besser hätte Rechnung tragen müssen».

Aus dieser Vorbildfunktion folgte für das Gericht allerdings nicht, dass Kohls herausgehobene Stellung im Parteiapparat den denkbaren Treuebruch besonders schwer wiegen ließ. Dass es einsam an der Spitze ist, nahm die Kammer im Gegenteil unter die denkbaren «Milderungsgründe» auf: «Ohne sein hohes Ansehen in den bereits erwähnten Ämtern hätte er wohl kaum in die Versuchung kommen können, größere Spenden ohne ordnungsgemäße Verbuchung anzunehmen.» Gelegenheit macht Diebe und entschuldigt Beihelfer zur Steuerhinterziehung. Das Landgericht spielte Weltgericht und erteilte Kohl Dispens vom gewöhnlichen Sittengesetz. Unter den Gründen für sein Ansehen nannte es «seine unbestrittenen Verdienste um die Schaffung einer europäischen Friedenszone im allgemeinen, um die Aussöhnung mit den Nachbarn Deutschlands und um die deutsche Einheit im besonderen». Wer über Kohl urteilt, kennt ihn aus dem Geschichtsbuch. Allerdings mochten sich bei der Lektüre des Beschlusses Zweifel daran melden, dass es einer solchen Person der Zeitgeschichte im emphatischen Sinne tatsächlich möglich sein sollte, durch Zahlung einer Geldbuße «das öffentliche Interesse an der Strafverfolgung zu beseitigen».

Die vom Gericht entwickelte Kasuistik des Untreuetatbestands, die das angenommene Tatgeschehen in eine Vielzahl von Teilhandlungen zerlegte, war nicht geeignet, der schlichten Überlegung die Plausibilität zu nehmen, die es Kohl erlaubte, das ganze Verfahren als Schikane abzutun: Wie konnte von Untreue die Rede sein, wenn er doch das Vermögen der CDU vermehrt hatte? Tat sich das Gericht somit schon schwer genug bei der Erörterung der objektiven Merkmale des Tatbestands, so übernahm es für die subjektive Seite einen Hauptpunkt von Kohls Selbstverteidigung: Käme es zu einem Prozess gegen Kohl, so «dürfte nicht übersehen werden, dass die hier in Rede stehende Tat der nicht ordnungsgemäßen Verbuchung von Spenden nicht der persönlichen Bereicherung diente, sondern aus seiner Sicht dem Wohl der von ihm geleiteten Partei und damit im Beziehungsgeflecht seines politischen Engagements stand». Keine Korruption: Dass der Beschluss diese Feststellung enthält, mag mit Blick auf die Tatsachengrundlage überraschen. Dem Gericht genügte es offenbar, dass die Staatsanwaltschaft die Verwendung der ordnungswidrig verbuchten Spenden gemäß den Akten dokumentieren konnte. Ungeklärt blieb die Herkunft: Die fortwährende Anonymität der Spender hätte Grund genug sein können, auf Aussagen über Kohls persönliche Interessenlage zu verzichten. Was bedeutet es bei einem Mann wie Kohl, wenn Indizien für persönliche Bereicherung nicht vorliegen? Die Kammer behandelte ihn unter Verweis auf «sein über fünfzig Jahre währendes Engagement für die staatliche Gemeinschaft auf allen Ebenen der Politik» als öffentliche Person, deren Kapital das Ansehen war. Im Beziehungsgeflecht seines politischen Engagements waren seine Gratifikationen aller Wahrscheinlichkeit nach nicht monetärer Natur. Das Beispiel des französischen Revolutionsführers Maximilien Robespierre lehrt, dass zum Unbestechlichen stilisiert wird, wer zu viel Macht hat oder nach zu viel Macht strebt. Die Ehrenerklärung des Landgerichts wirkt auch deshalb überflüssig, weil Untreue im Sinne des Paragraphen 266 des Strafgesetzbuchs im Gegensatz zum Betrug das Merkmal der Bereicherungsabsicht gerade nicht voraussetzt.

Am 13. Juni 2002, nach zweieinhalb Jahren Beweisaufnahme und Beweiserörterung, legte der Untersuchungsausschuss des Bundestags seinen Abschlussbericht vor. Als Bundestagsdrucksache mit allen abweichenden Berichten und Sondervoten umfasst er 944 Seiten; vier Bände mit Dokumenten kommen hinzu. Die Botschaft der Ausschussmehrheit, gestellt von den die Regierung Schröder tragenden Fraktionen SPD und Grüne: Mission erfüllt. In mehreren Fällen sei dem Ausschuss der Nachweis gelungen, dass sich die Regierung Kohl von Geldgebern habe beeinflussen lassen. Der Berichterstatter der FDP-Fraktion, Max Stadler, Richter am Oberlandesgericht a. D., rügte, dass die Mehrheit zu diesem Resultat nur gelange, indem sie ihrer Bewertung den nicht-juristischen Begriff einer «politischen Korruption» zugrunde lege. Darin kam die Verlegenheit zum Ausdruck, dass der Ausschuss den Staatsanwaltschaften kein verwertbares Material über die von ihm untersuchten Verkäufe von Tankstellen, Panzern und Eisenbahnerwohnungen übergeben konnte. Stadler schloss sich allerdings der Bewertung der rot-grünen Mehrheit im Ausschuss an, dass die Union nicht alles getan habe, um Licht in das Dunkel ihrer Konten zu bringen. Insbesondere sei auf Auskunfts- oder Schadensersatzklagen gegen Kohl und dessen Helfer verzichtet worden.

Kohls politische Ankläger hatten versucht, den Mangel an Beweismaterial dem Beschuldigten zur Last zu legen und sozusagen hilfsweise als Beweis dafür zu verwerten, dass etwas habe vertuscht werden müssen. Die vom Untersuchungsausschuss beim Bundeskanzleramt angeforderten Akten zu den zu untersuchenden Geschäften hatten sich nicht oder nicht vollständig auffinden lassen. Kanzleramtschef Frank-Walter Steinmeier leitete Vorbereitungen für Disziplinarverfahren wegen des Verdachts der Aktenvernichtung ein. Sogleich wurde der Verdacht mit allerlei anekdotischen oder vielleicht eher wanderanekdotischen Details angereichert. Waren die Arbeitszimmer beim Wachwechsel nach sechzehn Jahren nicht allzu besenrein übergeben worden? Hatte in den letzten Nächten vor dem Einzug der Nachmieter nicht sehr lange noch das Licht gebrannt? Dauerdrücken der Delete-Taste des Computers durch Kohl ergebene Beamte als letzter Akt der Nibelungentreue: Zu diesem schnell hingeworfenen Zeithistorienbild gab es bald den griffigen Titel – die «Bundeslöschtage». Zum Ermittlungsführer für die disziplinarrechtlichen Vorermittlungen bestellte das Kanzleramt einen Landesminister a. D., der Mitglied der Partei von Kohls altem Koalitionspartner war. Burkhard Hirsch hatte allerdings 1982 in der Bundestagsfraktion der FDP zu den Kritikern des Koalitionswechsels gehört. Mit der Behauptung, moralisch sei die FDP wegen ihres Wahlprogramms von 1980 verpflichtet, über die ganze Legislaturperiode an der Seite der SPD auszuharren, gab die linksliberale Minderheit Helmut Schmidt das Stichwort, seine Abwahl als illegitim hinzustellen.

Mit Hirschs Auftritt als Detektiv im Kanzleramt schloss sich ein Kreis wie im Melodrama: War am Ende von Kohls Regierungszeit wieder nichts mit rechten Dingen zugegangen? In der Presse wurde Hirsch gelegentlich als Sonderermittler bezeichnet. Damit wurde die Atmosphäre von Watergate beschworen, die Figur des heroischen Einzelgängers, der die Büroschränke der Kollegen nach Skeletten durchsucht, obwohl der Nimbus des Sonderermittlerwesens unter dem von Kenneth Starr herbeigeführten Amtsenthebungsverfahren gegen Präsident Clinton gelitten hatte. Diese Überdramatisierung der Untersuchung der Frage, ob beim Chefwechsel im Kanzleramt die Regeln der bürokratischen Routine eingehalten worden waren, trug wohl dazu bei, dass Hirschs Mission ihr Ziel verfehlte.

Die Aktensuche erzeugte eine Menge neuer Akten, die Befunde der Technikexperten ersetzten die Interpretation der Vorgänge nicht, und Hirschs Abschlussbericht präsentierte zwar weitreichende Vermutungen und deutliche Wertungen, aber keine Sensation.

Ein Aktenbestand, dessen Ergiebigkeit der Untersuchungsausschuss nach heftiger Debatte gar nicht erst auslotete, waren Abhörprotokolle aus der Erbschaft des Staatssicherheitsdienstes der DDR. Im Mai 2000 einigten sich die Fraktionen darauf, diese Aufzeichnungen vorerst, jedenfalls bis zur rechtlichen Klärung der Zulässigkeit ihrer Benutzung, nicht als Beweismittel im Untersuchungsausschuss heranzuziehen. Das war ein taktisches Zugeständnis der Regierungsseite, das nicht honoriert wurde. Denn naturgemäß dachte Kohl nicht daran, nun seine Polemik gegen den Ausschuss abzumildern, dessen Untersuchungen er als Schnüffelei im Regierungsauftrag hinstellte. Als Zeuge war er später darauf bedacht, Verletzungen der Privatsphäre insbesondere dann zu rügen, wenn die Beweissicherungsbemühungen dritte Personen wie seine Sekretärin Juliane Weber berührten. Die Frage des Abgeordneten Ströbele in der Sitzung vom 6. Juli 2000, ob der Eintrag in seinem Terminkalender stimme, wonach er für den 2. Oktober gemeinsam mit der CDU-Vorsitzenden Merkel als Redner gebucht sei, bot Kohl die Gelegenheit für einen Wutausbruch. Brüllend belehrte er den Ausschussvorsitzenden Neumann darüber, dass der Kalender «das Privateigentum von Frau Weber» sei; es sei «eindeutig ein Rechtsverstoß», dass Ströbele den Kalender «in der Öffentlichkeit benutzt» habe. «Anhaltende Tumulte» verzeichnet das Protokoll nach Kohls Abfertigung Ströbeles: «Es geht Sie überhaupt nichts an, wann ich mich im Terminkalender der Frau Weber mit der Parteivorsitzenden der CDU treffe. Sie können bei den Grünen Ihren Psychoterror ausüben.»

Mit dem Verzicht darauf, Einsicht in die Stasi-Akten zu nehmen, statt mit einem entsprechenden Antrag die rechtliche Klarheit herbeizuführen, die dafür angeblich noch fehlte, desavouierte der Ausschuss den Bundesbeauftragten für die Stasi-

Unterlagen, Joachim Gauck. Kohl hatte von Gauck vorsorglich eine Erklärung dazu verlangt, ob er die Lektüre der Ende März 2000 bekanntgewordenen Abhörprotokolle gestatten werde, und ihm ein Ultimatum bis zum 14. April gesetzt. Gauck erklärte daraufhin in einem Radio-Interview, das Gesetz sehe die Herausgabe von Unterlagen «auch für Untersuchungsausschüsse» vor; eine Ausnahme zugunsten von Kohl wäre ein Akt der Willkür. Kohls Parteifreunde stellten sich dagegen auf den Standpunkt, auch ein abgehörter Bundeskanzler und CDU-Vorsitzender müsse als Stasi-Opfer eingestuft werden, das vor Mitlesern zu schützen sei. Diese Generalisierung des Opferbegriffs verwischte den Unterschied zwischen Spionage auf dem Gebiet eines fremden Staates und tyrannischer Ausspähung der eigenen Bevölkerung. Der Kanzler der Einheit profitierte noch einmal von der Logik des Kalten Krieges.

Kohl beantragte bei der Gauck-Behörde Einsicht in die ihn betreffenden Akten, die ihm im September 2000 vorgelegt wurden. Drei Monate später war es die mittlerweile von Marianne Birthler geleitete Behörde, die Kohl ein Ultimatum setzte. Dieser hatte es bei einem einmaligen Besuch im Lesesaal der Behörde belassen. Bis zum 31. Dezember sollte er nun die Durchsicht abschließen, um die Bearbeitung der Anträge von Interessenten aus Journalismus und Wissenschaft zu ermöglichen. Wenn eine Akte in Benutzung ist, kann sie niemand sonst benutzen: Machtbehauptung durch Okkupation war für Kohl eine der leichtesten Übungen. Als Oppositionsführer hatte sich Kohl mit seinen Söhnen mit dem Brettspiel «Risiko» fotografieren lassen. Für viel Heiterkeit sorgte das Familienporträt, auf dem die Kohls um die Wette grinsen, durch die Verbreitung im «Spiegel», der ein Zitat aus der Spielanleitung dazustellte: Ziel des Spiels ist die Eroberung der Welt. Das Foto war gestellt, die Strategie echt.

Darüber in Kenntnis gesetzt, dass er die Akten nicht durch Vormerkung zwecks späterer Lektüre für alle anderen Benutzer sperren konnte, reichte Kohl Klage ein, um die Birthler-Behörde zur Unterlassung der Herausgabe zu verpflichten. Am

4. Juli 2001 gab das Verwaltungsgericht Berlin der Klage statt. Kohl feierte den Sieg am Abend in Berlin mit zweien seiner Anwälte. Auf dem Weg zum Reichstagsgebäude erhielt er am nächsten Morgen die Nachricht, dass sich seine Frau Hannelore das Leben genommen hatte.

Gefunden hatten sie Kohls treuer Chauffeur Eckhard Seeber und dessen Frau Hilde, die sich im Haus des Ehepaars Kohl in Oggersheim um den Haushalt kümmerte. An der Tür zum Schlafzimmer hing ein Zettel: «Ich schlafe und will später spazieren gehen.» Hannelore Kohl war 41 Jahre lang verheiratet und wurde 68 Jahre alt. Sie starb durch Einnahme von Tabletten und hinterließ zwanzig Abschiedsbriefe. Die Familie teilte am Todestag mit, sie habe an einer Lichtallergie gelitten und die letzten fünfzehn Monate ihres Lebens im tagsüber vollständig abgedunkelten Haus in Oggersheim verbracht. «Sie konnte nur nach Eintritt völliger Dunkelheit das Haus verlassen. Leider hatten jahrelange, intensive ärztliche Bemühungen im In- und Ausland keinen Erfolg, da ihr Fall von Lichtallergie äußerst selten und kaum medizinisch erforscht ist.»

*Hannelore Kohl*

Selbstmörder nehmen ihr Geheimnis mit ins Grab. Die letzte Handlung ist keiner Sinngebung zugänglich, Erklärungen reißen ab. Aber alle, welche die Nachricht hörten, wird der Gedanke heimgesucht haben, dass sich die Umstände des Todes von Hannelore Kohl symbolisch sehen ließen, unabhängig von den medizinischen Ursächlichkeiten und der Innenseite der Geschichte einer Ehe, die unbekannt bleibt wie bei jedem Ehepaar. Ein Leben im Schatten des Mannes endete in der Finsternis. Den Mann, den einstigen Günstling der Fortuna, traf der Tod wie ein Fluch. In der Geschichtsschreibung ältester Art, die Zeichen für die Gunst und Ungunst des Himmels festhält, wäre diese Todesart einer Königin vermerkt worden, auch wenn der Chronist sonst alles fortgelassen hätte.

Das Haus als Gefängnis, die Verbannung des Tageslichts, der nächtliche Ausgang der Einsamen: Das sind Motive eines Schauerromans. Schon der Architekt, der das 1971 errichtete Privathaus des rheinland-pfälzischen Ministerpräsidenten zum Schutz gegen Terroranschläge umbaute, hatte den Innenhof des Bungalows als Gefängnishof bezeichnet. Die Glühbirnen musste die Kranke gegen Kerzen austauschen, am Ende ertrug sie nicht einmal mehr das Leuchten des Fernsehgeräts. Sehr selten mag die Krankheit gewesen sein, sehr selten war aber auch, was die geborene Hannelore Renner sich in der Lebenssumme zumutete durch Jahrzehnte an der Seite von Helmut Kohl.

Dass die Ehefrau ihre Rolle in der unauffälligen Förderung der Karriere des Mannes sah, war noch normal in der wiederaufgebauten bürgerlichen Welt der Nachkriegsjahre. Alle Mitschülerinnen aus der Abiturklasse der Fremdsprachensekretärin gaben mit der Heirat ihren Beruf auf. Sie sagte dazu: «Gerade das Zurückstehen empfinde ich als Leistung.» Oder: «Es ist immer schön, nicht im Wege zu sein.» Helmut Kohls Aufstieg an die Spitze der Organisation, in der er seinen Weg machte, absorbierte seine gesamte Zeit: 1973 zählte die CDU 457 393 Mitglieder. Dass ihr Mann 1975 zum Kanzlerkandidaten nominiert wurde, erfuhr Hannelore Kohl aus dem Radio, dass er 1998 noch einmal antrat, aus dem Fernsehen. Von den Spitzenmanagern unterscheidet die Spitzenpolitiker, dass ihre Ehepartner in der offiziellen Selbstdarstellung fortwährend sichtbar sein müssen. Das gilt insbesondere für die Ministerpräsidenten, von denen ein patriarchalisches Auftreten erwartet wird. Hannelore war an Helmut also in typischer, gar nicht bemerkenswerter Weise gefesselt. Ihre Mithilfe, ihr bloßes Dasein war für ihren Mann eine Ressource, die er bedenkenlos ausschöpfte, und mit der Verschärfung der Disziplin, der er sich selbst unterwarf, wurde die Bindung immer enger und schmerzhafter. Die Politikergattin beglaubigte in der persönlichen Lebensführung jenen Vorrang des Ganzen vor dem Einzelnen, zu dessen landesflächendeckender Durchsetzung der Politiker von Berufs wegen verpflichtet war. Vor der Bundestagswahl 1987 sagte die Frau des Kanzlers: «Für mich steht das Wir im Vordergrund und nicht das Ich.»

Kohl polarisierte. Nach dem Aufbruch aus der Provinz sah er sich in die Ecke des Spießertums gedrängt. Auf diese Attacken reagierte er, indem er den verhöhnten bürgerlichen Zuschnitt seiner Existenz, die verachtete Normalität, demonstrativ herausstrich. Hämisches musste Hannelore über sich lesen, aber Helmut gab ihr ein Verhalten vor, das der Bösartigkeit neuen Stoff liefern musste. Daher das Ritual der Familienurlaube am Wolfgangsee: eine Inszenierung, die weithin als gruselig empfunden wurde, und zwar gerade deshalb, weil der triviale Verdacht, dass dieses Familienleben nur Fassade sei, womöglich ganz abwegig war. Kohl trug nicht die Maske des Biedermanns, sondern hätte der entsprechenden Vermutung mit der irritierten Frage von Loriots Horrorfilmstar beggnen müssen: Maske? Welche Maske? Indem er sein Privatleben ausstellte und als Quelle moralischer Sicherheit und instinktiver Lebensklugheit ausgab, fiel es als Rückzugsraum aus. Wie die Brüder Fritz und Erich Ramstetter, zwei jahrzehntelang mit den Kohls befreundete katholische Geistliche, bezeugt haben, verschwand damit auch der Raum für ein Eheleben, in dem die Eheleute frei gewesen wären, nur einander zu beobachten, ohne Augen für die argusäugige Welt.

Die private Katastrophe war deshalb Teil des öffentlichen Lebens des Politikers, der sich den öffentlichen Angelegenheiten nicht nur im Sinne des ehrenvollsten bürgerlichen Berufs verschrieben hatte, sondern seine ganze Person der Öffentlichkeit darbot, ein Zivilreligionsvirtuose im dauernden Einsatz für die demokratische Gemeinschaft, dessen Techniken der Selbststeigerung das Risiko des Selbstverlusts in Kauf nahmen. Die Politik war sein Leben: Kohls Biograph Hans-Peter Schwarz deutet in seinem Kapitel über «Fragen an eine Ehe» an, dass die Politik erst recht und vollends für den Ex-Politiker an die Stelle des Lebens trat, wenn er Hannelore Kohl im dunklen Oggersheimer Haus, der Freundinnen und Ärzte nicht mehr zu helfen wissen, Helmut Kohl gegenübergestellt, der «vom politischen Überlebenskampf in Berlin absorbiert» wird.

Sieben Monate nach dem Tod von Hannelore Kohl kam eine Biographie heraus, die ihr jüngerer Sohn Peter gemeinsam mit einer Journalistin verfasst hatte. Helmut Kohl berichtet darin, dass er für seinen Schwiegervater, einen Ingenieur, wegen seines Berufsziels ein Fremder geblieben sei. «Vater Wilhelm hat sich für Politik nicht interessiert, und darüber zu reden wäre ihm nie in den Sinn gekommen.» Wilhelm Renner, Mitglied der NSDAP seit dem 1. April 1933, hatte bis Kriegsende als Betriebsdirektor der Leipziger Rüstungsfirma HASAG gearbeitet. Die Flucht vor der Roten Armee, die für die zwölfjährige Hannelore und ihre Mutter Anfang Mai 1945 begann, «war prägend für ihre Überlebensmechanismen». So steht es im Buch von Peter Kohl, in den Worten des älteren Bruders Walter. Er beschreibt die Flucht als einen Ort, einen Grenzerfahrungsraum, die Hölle, der sie entkommen konnte. «Dort hat sie sich die Instrumente zurechtgelegt, mit denen sie spätere Krisen bewältigt hat: Das Ausschalten von Schmerz, das Ausschalten von Emotionen und die totale Konzentration auf ganz wenige Punkte.» 2011, nach der zweiten Heirat des Vaters, veröffentlichte Walter Kohl ein Buch, aus dem hervorgeht, dass diese Instrumente auch in der Familie benötigt wurden.

Die Söhne schweigen 2002 noch darüber, dass Mutter und Tochter Renner der Roten Armee in die Hände gefallen waren. Erst Heribert Schwan, der für die Ausformulierung von Kohls Memoiren angeheuerte Journalist, machte 2011 in seiner Biographie Hannelore Kohls publik, dass sie vergewaltigt worden war. Die Mittellosigkeit der Familie nach der Ankunft in Westdeutschland vereitelte die Absicht der Tochter, mit ihren sehr guten Abiturnoten ein Studium der Mathematik aufzunehmen und dem Weg des Vaters zu folgen. Die verhinderte Ingenieurin erdete im ehelichen Heim eigenhändig die Leitungen für das Licht, das sie zuletzt nicht mehr aushielt.

Eine Schreckensnachricht erreichte Hannelore Kohl im Februar 2000: Die Bonner Staatsanwaltschaft hatte einen

Durchsuchungsbeschluss für das Haus in Oggersheim erwirkt. Die Durchsuchung fand dann nicht statt. Um die Entschädigungszahlung für die Bestrafung der CDU im Spendenskandal leisten zu können, nahmen die Eheleute Kohl zwei Hypotheken auf ihr Haus auf. Schwarz zitiert aus der Predigt in der Totenmesse, in der Monsignore Erik Ramstetter, der frühere Stadtdekan von Ludwigshafen, Kohls Kritikern in der Spendenaffäre indirekt Schuld am Tod Hannelores zuwies. «Ich weiß nicht, ob es denen bewusst ist, was es bedeutet, einem Menschen die Ehre rauben zu wollen. Dies zielt immer auf Leben und Lebenskraft.»

Im Gedenkbuch der Söhne steht, dass die Distanzierung Angela Merkels von Helmut Kohl die Mutter gekränkt habe. Vom Raub fremder Lebenskraft leben im Volksaberglauben die Vampire, die sich in der Dunkelheit auf die Jagd machen. Wenn etwas Wahres daran sein sollte, dass Helmut Kohls Peiniger seiner Frau den Lebenswillen nehmen konnten, müsste die Symbiose der Eheleute ein Teil dieser Schattenwirtschaft des Blutaustauschs gewesen sein. In der Biographie von Schwarz setzt sich Kohl selbst, in der Einsamkeit der Gewissensprüfung und mit einem gewissen Abstand zum Ereignis, solchen schwarzen Gedanken aus. «Ist diese stolze, pflichtbewusste, zuletzt innerlich vereinsamte Frau nicht auch ihm selbst zum Opfer gefallen – Opfer eines Mannes, der sich bis in ihre letzten Stunden von der Politik auffressen ließ?» Unklar bleibt, inwieweit der Biograph hier auf Gesprächsnotizen zurückgreifen konnte oder diese Selbstvorwürfe mitleidend erschlossen hat.

8.

# Überleben

Den Trauergottesdienst für Hannelore Kohl ließ der Witwer am 11. Juli 2001 im Dom von Speyer abhalten. Das sorgte für Erstaunen in Teilen der Öffentlichkeit und sogar für Vorwürfe. Barbara Scheel, die dritte Ehefrau des vierten Bundespräsidenten, schilderte in einem Leserbrief an die Illustrierte «Stern» ein Gespräch mit Hannelore Kohl, in dem diese bekannt habe, «dass sie bewusst evangelisch sei». Eines ihrer Lieblingslieder sei «Geh aus, mein Herz, und suche Freud» gewesen. Aus Ascona protestierte Frau Scheel gegen die ökumenische Vereinnahmung der toten Protestantin: «Nicht einmal im Tod durfte sie aus dem Schatten des Macht- und Ich-Menschen Helmut Kohl heraustreten.»

Der sogenannte Kaiserdom in Speyer ist ein Erinnerungsort, mit dem es für Kohl schon seit langem eine besondere, freilich gar nicht so leicht zu bestimmende Bewandtnis hatte. Vor dem Dom ließ er am 18. Oktober 1998 das Wachbataillon und das Stabsmusikkorps der Bundeswehr für den Großen Zapfenstreich zu seinem Abschied vom Kanzleramt aufmarschieren. Den Choral «Nun danket alle Gott», den Kohl sich von den Bundeswehrmusikern gewünscht hatte, ließ er auch drei Jahre später am Schluss der Trauerfeier singen. Es erklang in der katholischen Totenmesse also doch eines der beliebtesten Lieder aus dem Evangelischen Gesangbuch. Der Dankgesang, dessen Text erstmals 1636 als Tischgebet gedruckt wurde, ist auch ein Erinnerungsort, im übertragenen Sinne des Begriffs, wie ihn der französische Kulturhistoriker Pierre Nora bestimmt hat, ein markanter Punkt der Topographie des gemäß der alteuropäischen Mnemotechnik räumlich vorgestellten nationalen Gedächtnisses. Ein solcher immaterieller Ort der Begegnung der Generationen ist mit so vielen Bedeutungen und Assoziationen überladen, dass sie unmöglich jeweils alle ins individuelle Gedächtnis der Beteiligten aufsteigen können, selbst wenn das Lied an erhabenem Ort in schwerer Stunde gesungen wird.

Die Geschichte, dass der Dankchoral im Siebenjährigen Krieg am Abend nach dem Sieg der Preußen über die Österreicher bei Leuthen von den überlebenden preußischen Soldaten angestimmt worden sei, trug ihm den Beinamen des Chorals von Leuthen ein. Ein Telegramm mit dem Satz «In allen deutschen Herzen erklingt der Choral von Leuthen» sandte der abgedankte deutsche Kaiser Wilhelm II. 1940 nach der Kapitulation Frankreichs an Adolf Hitler. Im Grenzdurchgangslager Friedland wurden die ersten aus der Sowjetunion heimgeschickten Kriegsgefangenen im Oktober 1955 mit «Nun danket alle Gott» begrüßt.

Die Ballade «Der Totspieler» von Börries von Münchhausen handelt von einem Pastor, der nicht mehr Klavier spielt, weil er durch allzu inbrünstiges Absingen des Chorals seine Familie ins Grab gebracht hat. Den ersten Sohn hatte er verloren, ohne den Zusammenhang mit «des Chorales Weise» herzustellen, die das Kind zum Verlassen des Bettchens verlockt hatte. Der zweite Sohn erkrankte an Diphterie und schien genesen, als es im Vater rief: «Nun stimme Lieder an, / Nun preise Gott, der solches hat getan! / Ich spielte wieder. Rauschend quoll der Strom / Der mächtigen Melodie empor und hob / Schier über mich hinaus in Gottes Dom / Des ewgen Trösters Preis und Lob: / Nun danket alle Gott / Mit Herzen …» Eingeholt durch böse «Gedanken wie graue Ratten, / Die sich lange versteckt gehalten hatten», schlug er erst recht in die Tasten, «wie zum Spott / mit lauten Machtakkorden». Nach dem Tod des zweiten Kindes sank der Überfromme, ein Gotteslästerer durch übermäßige Zuversicht, in ein Koma, aus dem ihn nur ein böses Erwachen in die Gesellschaft der Lebenden zurückholen konnte: «Als ich nach langer, langer Zeit erwacht, / Da war der Kleine längst zur Ruh gebracht, / Da war es einsam, einsam um mich her, / Denn auch mein liebes Weib fand ich nicht mehr.»

*Der Dom zu Speyer*

August Everding, der universal gebildete Erzspaßmacher der deutschen Kulturpolitik, erzählte 1994 in seinem Beitrag zu einer von der «Zeit» voreilig mit Blick auf Kohls erwartete Abwahl bestellten Artikelserie, dass ihm der Kanzler einmal seine, Everdings, Unwissenheit zu Bewusstsein gebracht habe, als er den Versuch gemacht habe, mit ihm über den Dom von Speyer zu parlieren. «Meine Unwissenheit in Historie, Kunstgeschichte, Kirchengeschichte, Liturgie, Architektur, Philosophie im Großen und Theologie im Kleinen.» Gab Kohl mit diesem Privatissimum im Studium generale dem aus Bottrop gebürtigen Münchner Staatsintendanten zu verstehen, dass er im Kaiserdom zuhause war? Man stellt sich vor, dass Prinz Charles Besuchern der Georgskapelle von Schloss Windsor gewiss den pittoresken Reiz jedes einzelnen Fahnenhalters erläutern könnte.

Wissensprunk stellt aber immer auch die Aneignung aus, die der Erbe nicht nötig hat. Das enzyklopädische Kolleg mochte den Fingerzeig zur persönlichen Bedeutung des Gebäudes für den Redner ersetzen. Denn Kohl stellte sich nicht ausdrücklich in die Nachfolge der salischen Kaiser, die in der älteren deutschen Geschichtswissenschaft für die wahre Reichsherrlichkeit standen. Die Gestik der Großmannssucht war und blieb ihm fremd, auch wenn er sich, wie Peter Riesbeck in der «Berliner Zeitung» nahelegte, den Saliern verbunden gefühlt haben mag wegen der Gnade der frühen Geburt, die sie von den problematischen Staufern schied. Der einst von einer nationalliberalen Kunsthistorie zur Trutzburg stilisierte und damit quasi säkularisierte Dom wurde in Kohls rheinland-pfälzischen Jahren so gründlich archäologisch untersucht wie kein mittelalterliches Bauwerk zuvor. Positivistische Kenntnissicherung ersetzte die Augenscheingewissheiten des Kulturnationalismus.

Der aus Frankreich gebürtige, in München tätige Bildhauer Serge Mangin, der die monumentalen Bronzebüsten von Kohl, Bush und Gorbatschow schuf, die vor dem Springer-Haus in Berlin aufgestellt sind, machte eine ähnliche Erfahrung wie Everding. «Man kann mit Kohl über Politik streiten, aber nicht über die Schönheit des Doms von Speyer!» Mit der Einfühlung des Künstlers deutete Mangin die so schroff zum Ausdruck gebrachte ästhetische Präferenz für den größten Sakralbau von Kohls engerer Heimat als unwillkürliches Bekenntnis, ja, als eine Art von Selbstporträt. «Kohl liebt das Starke, vielleicht sogar das Kolossale, aber es muss mit Einfachheit verbunden sein. Diese Relation ist der Grundstein seiner Persönlichkeit und damit auch seines politischen Wirkens.» Mehr als ein Dutzend Staatsgäste bat Kohl in den Jahren seiner Kanzlerschaft in die romanische Basilika der pfälzischen Bischofsstadt, unter ihnen im November 1990 im Abstand einer Woche Gorbatschow und Bush. Warum diese Pilgervorfahrten im Wahlkreis von Heiner Geißler? «Hier spürt man in besonderer Weise die Einheit von deutscher und europäischer Geschichte.»

Zu dieser von Kohl oft gebrauchten Formel für den Speyerer Ortsgeist merkte Edo Reents in seiner Reportage über die Trauerfeier für Hannelore Kohl im Feuilleton der F.A.Z. an, dass man die Geschichte eigentlich nicht spüren könne und dass der Dom als Tagungsort des Reichstags von 1529 mindestens ebenso sehr für die Spaltung Europas durch die deutsche Erfindung des Protestantismus stehe. Das hatte Barbara Scheel offenbar nicht bedacht, als sie ihre Protestnote nach Hamburg schickte. Aber an Schlachten und Redeschlachten musste man sich in Speyer nicht erinnern, man konnte Gott insgeheim auch für das Vergessen danken. Kohls historischer Spürsinn richtete sich auf das unbestimmte Gemeinsame beiderseits von Epochen- und Staatsgrenzen, ein überwölbendes Gebilde von anonymer Menschenhand. Das Dom-Gymnasium in Speyer hatte Helmut Kohl während des Krieges zwei Jahre lang besucht. Geschichte ist die Wissenschaft vom Besonderen, die nach Aristoteles eigentlich ein Ding der Unmöglichkeit ist. An historischem Ort trat Kohl zum Allgemeinen in ein persönliches Verhältnis.

Nicht den Begriff des Reiches wollte Kohl Gorbatschow vor Augen führen, als er ihm ein Jahr nach dem Fall der Berliner Mauer den Dom zeigte, sondern das «Fühlen unseres Volkes». Fast klingt das wie ein Echo der Beschwörung Friedrichs II. in «Die Gräber in Speier», dem der wilhelminischen Geschichtspolitik opponierenden Gedicht Stefan Georges: «wahren volkes sehnen». Dreieinhalb Jahre später führte Kohl Boris Jelzin an denselben Ort. Das war fast doch schon ein symbolischer Akt in der Tradition des hochmittelalterlichen Kaisertums, das an der Gründung der Königtümer in Polen und Ungarn mitgewirkt hatte, die Anerkennung des Übergangs der Legitimität zaristischer Tradition vom letzten kommunistischen Generalsekretär auf den ersten russischen Präsidenten. Im Fernsehen fand Kohl später freilich für die Bedeutung dieser Begehung die denkbar allgemeinste Formulierung: «Die Wirkung im Dom von Speyer ist ungeheuer.» Es war ein böses Omen, dass just von dessen Kanzel am Wahlsonntag 1998 der Jesuitenpater Friedhelm Hengsbach «sozialistischen Scheiß» redete, wie das Protokoll des Lageberichts des Parteivorsitzenden in der Sitzung des Bundesvorstands der CDU am 6. Oktober 1998 festhält, inklusive der persönlichen Parenthese in Kohls Vortrag: «was mich dort besonders schmerzt».

Als das Vokabular einer Privatmythologie ohne kryptischen Hintersinn dechiffrierte Reents die Zeichensprache der Trauerfeier: «Die Zusammenhänge zwischen deutscher und europäischer Einheit sind fast schon Privatsache. Kohl zog sich mit seinen Staatsgästen in den Dom zurück wie in einen verborgenen Ort und vermittelte der Öffentlichkeit damit eine Ahnung von Geschichte, bei der die näheren Zusammenhänge nicht zu interessieren brauchten.» Trost hieß an dieser Stätte, die Fassung zu bewahren, sich als Generalist zu behaupten. Der Leidtragende «führte Geschichte als evidente vor, so, wie er nun die Öffentlichkeit an seiner Ehe ein letztes Mal teilhaben ließ, so dass auch die Einheit zwischen zwei Menschen als evident erscheinen musste». Auf den Zeugen ging etwas von der Stimmung des Ortes über. In seinem Ton objektiver Beschreibung schreckte Reents nicht vor Vergleichen zurück, die anderenorts pietätlos hätten erscheinen können. Kohl saß da «wie Marlon Brandos ‹Pate› Don Corleone in Coppolas großem Film, körperlich außerordentlich präsent und dem Geschehen doch eigentümlich entrückt». Mit Georges Vokabeln gesagt: im Missglück fest, doch wohl nicht in Buße groß.

In der Pressekonferenz des 9. März 2000, auf der Kohl seine Spendensammlung zum Ausgleich des seiner Partei durch ihn entstandenen Finanzschadens ankündigte, wies er die Charakterisierung der von ihm versprochenen Zahlungen als «Ablass» scharf zurück. Er sprach als Historiker: Wer in diesem Zusammenhang von Ablass rede, kenne offensichtlich die Bedeutung des Begriffs nicht. Nach dem Eindruck eines Anwesenden hatte er auf das Stichwort nur gewartet. Eine sündentheologische Einordnung seines Handelns durfte Kohl nicht zugestehen. Er wird hinter der Frage aber auch ein kulturprotestantisches Vorurteil gewittert haben: Der Ablass gilt im Land der Reformation als Inbegriff der Äußerlichkeit der katholischen Morallehre, der Verdinglichung und Materialisierung des Evangeliums. In der protestantischen Polemik steht der Ablass für die Vorstellung, die Sündenschuld lasse sich abzahlen wie ein Haus.

Neun Jahre nach Kohls Abwahl würdigte ihn der Schriftsteller Michael Kleeberg, der lange in Frankreich gelebt hatte, aus der Perspektive eines gegenüber Moralbegriffen skeptischen Sensualismus als den «letzten Kanzler einer unschuldigen Bundesrepublik». Mit Blick auf das nach allgemeiner Ansicht gescheiterte ideologische Programm des Regierungswechsels von 1982 machte Kleeberg den Erfolg einer List der Alltagsvernunft aus. Wie bei Margaret Thatcher begünstigte ein viktorianischer Rückmarschbefehl die Fortschritte des Hedonismus: Die geistig-moralische Wende lief hinaus «auf die Gewinnung oder

Wiedergewinnung eines guten Gewissens bei der Verfolgung individueller, um nicht zu sagen egoistischer Ziele». Folgenlos war in der Spendenaffäre beklagt worden, dass Kohl kein Unrechtsbewusstsein hatte. Er hatte sich Geld zustecken lassen wie ein Kind.

Barbara Scheel, die ihren Mann bewogen hatte, nicht nach Speyer zu reisen, setzte über den «Stern» ihre vor dem Fernseher bestätigte Sicht in die Welt, dass man sich Kohl nicht als Büßer vorstellen könne. «Für einen Menschen wie Helmut Kohl gibt es und kann es kein Schuldgefühl geben.» Für Edo Reents war allerdings die «schwer widerlegbare Meinung», dass die Dunkelheit im Leben Hannelore Kohls «sich nicht nur den Rollläden der Oggersheimer Villa verdankte», sondern auch der übermächtigen Gestalt ihres Gatten, kein Grund, über diesen den Stab zu brechen. «Endgültig scheint der Patriarch angekommen in einer Welt, die sich nur über das symbolisch-emotionale und weniger über das sachlogische Nachvollziehen erschließt – so, wie das auch bei seiner Politik der Fall war.» Peter Glotz sagte am Tag nach dem Begräbnis: «Er wird jetzt noch historischer, unerreichbarer.»

*Erinnerung und Dankbarkeit des Herzens*

Mit der Szene der Begrüßung Kohls durch Romano Prodi, den Präsidenten der Europäischen Kommission, der die Befangenheit der Ehrengäste durchbrach und den Hauptleidtragenden umarmte, hatte Reents seine Reportage aus Speyer begonnen. «Diesen Moment verfolgten die Trauergäste wie ein bedeutsames Schauspiel, aufmerksam und wohl auch voller Respekt. Ein Schauspiel war es tatsächlich, was die Leute da zu sehen bekamen, eines, das der Hauptakteur, der Kohl auch in dieser Stunde war, mit jener Symbolkraft auflud, die auch die Jahre seiner Kanzlerschaft geprägt hatte. Zwei gute Europäer standen da, eng umschlungen.»

Viereinhalb Jahre später sahen sie sich wieder. Kohl besuchte Prodi in Rom, wo dieser das Amt des Ministerpräsidenten seines Vaterlands zu erobern versuchte, und sprach im Schatten des protzigen Nationaldenkmals für König Viktor Emmanuel I., der vom römischen Volksmund sogenannten Schreibmaschine, mit italienischen Journalisten. «Ich bin hier, weil Prodi im tragischsten Moment meines Lebens, bei der Trauerfeier für meine Frau, im Dom von Speyer in der Reihe hinter mir saß.» Kohl setzte eines seiner Lieblingszitate hinzu, angeblich ein Wort des Theologen Romano Guardini, eines Schutzpatrons der geistigen Erneuerungsbewegungen seiner Studienzeit, der aus Verona stammte, aber in Mainz zur Schule gegangen war: Dankbarkeit sei die Erinnerung des Herzens.

Der Satz wird zwar auch in Todesanzeigen und in Danksagungen von Buchautoren oft dem 1968 verstorbenen Guardini zugeschrieben, ist aber älter. Zum französischen Sprichwort wurde er im neunzehnten Jahrhundert als Ausspruch des Taubstummenlehrers Jean Massieu. Bei verschiedenen Gelegenheiten, so beim Staatsbesuch in Irland 1996, bei der Eröffnung der Frankfurter Buchmesse im gleichen Jahr und der Hannover-Messe im Jahr darauf sowie bei der Beisetzung von Raissa Gorbatschowa 1999 führte Kohl das vermeintliche Guardini-Wort in der Umkehrung an: «Erinnerung ist die Dankbarkeit des Herzens.» Die in Rom gebrauchte Variante ist dagegen überliefert für die Festrede zum vierzigsten Geburtstag der Frauen-Union 1989, die Dankesrede bei der Verleihung der Ehrendoktorwürde der Ben-Gurion-Universität 1995, die Festrede zum fünfzigsten Geburtstag des Deutschen Bauernverbandes 1998, die Rede zum fünfundsiebzigsten Geburtstag des Jahrgangsgenossen Bernhard Worms 2005 und die Vorstellung des dritten Bandes der «Erinnerungen» 2007.

Wie das Herz nach Pascal seine Gründe hat, so hat es nach Massieu seine Erinnerung: In der Tradition der französischen Moralistik betont die Urfassung des Satzes über die Dankbarkeit, dass die Orientierung in der Zeit, die Ausrüstung fürs Handeln, keine Sache allein der kognitiven Organe ist. Durch die Vertauschung der Glieder, wie sie Kohl von Zeit zu Zeit unabsichtlich vornahm, wird die Pointe verwischt, der Gehalt scheinbar trivialisiert: Was soll an einer Dankbarkeit des Herzens bemerkenswert sein, wenn Dank doch immer von Herzen kommen soll? Der in der Skala der philosophischen Komplexität nicht allzu hoch anzusiedelnde Sinnspruch erweist sich als ein Kulturgut, das durch häufigen und robusten Gebrauch noch weiter sinken kann. Typisch, mag man meinen, dass es Kohl war, der diesen Verfallsprozess durch Verballhornung vorantrieb. Für Kohls Seelenhaushaltsführung ist es bezeichnend, dass ihm beide Versionen gleichermaßen evident erschienen. Die für den cartesianischen Denkstil der Franzosen charakteristische Gleichung wurde nach seinem Empfinden durch Umgruppieren nicht falsch. Was französischer Witz dem rationalistischen Vorurteil immer neu entgegensetzen muss, war dem Gemütsmenschen Kohl selbstverständlich: dass Geist und Herz ein System bilden. Auf die Umarmung im Kaiserdom folgte das Schulterklopfen vor dem Königsdenkmal.

Dankesschulden begleicht man selten auf einmal, gewöhnlich stottert man sie ab. Mit jeder Rate gibt man dem Empfänger einen Grund, seinerseits dankbar zu sein. So vermischen sich die Rollen von Gläubiger und Schuldner, wie in der Erwerbs- und Verzehrgemeinschaft namens Ehe. Es gibt eine antizipierende Erinnerung und eine Dankbarkeit auf Kredit: Welche Spekulationsgewinne in dieser moralischen Tauschwirtschaft möglich sind, hatte Kohl sozusagen auf dem Weg von Speyer nach Rom gelernt, in der Zeit zwischen den beiden Begegnungen mit Prodi. Auf den tragischsten Moment seines Lebens folgten unerwartete Momente des Glücks. Helmut Kohl fand eine neue Partnerin.

*Maike Kohl-Richter*

Auf der Feier seines fünfundsiebzigsten Geburtstages im Deutschen Historischen Museum im April 2005 trat sie zum ersten Mal an seiner Seite in Erscheinung: Maike Richter, Beamtin im

Bundesministerium für Wirtschaft und Arbeit. Drei Jahre später wurde Hochzeit gefeiert. Helmut Kohls Söhne hatten die Lebensgefährtin des Vaters im April 2004 kennengelernt. Ihre künftige Stiefmutter war so alt wie sie, ein Jahr jünger als Walter, ein Jahr älter als Peter. Beim ersten Besuch in der Berliner Wohnung der Ministerialrätin staunte Peter Kohl darüber, dass er «eine Art privates Helmut-Kohl-Museum» betrat, das von «jahrzehntelanger, akribischer Sammelleidenschaft zum Zwecke der Heldenverehrung» zeugte.

Maike Richter trat 1994 in den Staatsdienst ein und arbeitete in der letzten Legislaturperiode der Kohl-Herrschaft in der Wirtschaftsabteilung des Kanzleramts. Zuvor war die Volkswirtin Referentin beim Ifo-Institut für Wirtschaftsforschung in München gewesen. Der Titel einer ihrer dortigen Publikationen wies auf ihre späteren Bonner Zuständigkeiten voraus: «Die Effizienz der finanzpolitischen Fördermaßnahmen in den neuen Bundesländern». Oder bildlich gesagt: Wie bringt man Landschaften mit der Gießkanne zum Blühen? Ihre Dissertation behandelte ein verwandtes Thema: «Der Aufbau wirtschaftsnaher kommunaler Infrastruktur im Transformationsprozess vom System zentraler Planwirtschaft zum dezentralen und marktwirtschaftlichen System». Als Maike Richter ihre Tätigkeit im Kanzleramt aufnahm, neigte sich die Kohl-Ära schon dem Ende zu. Sie wird das nicht so wahrgenommen haben, ihre Beamtenlaufbahn begann ja gerade erst. Aber sie hatte es mit einem Chef zu tun, der seine Lebensarbeit schon getan hatte. Die Hauptsache war erledigt. Nur noch mit den Folgekosten der deutschen Einheit, deren Umschichtung und Neuberechnung, hatten sich die Fachbeamten im Kanzleramt zu befassen.

In den Verhandlungen über das Grundgesetz für die Bundesrepublik Deutschland hatten sich Briten und Amerikaner mit ihren Ideen für eine Reform des Beamtenwesens nicht durchgesetzt. Zu den vom Grundgesetz garantierten hergebrachten Grundsätzen des Berufsbeamtentums zählt gerade nicht die parteipolitische Neutralität wie im britischen Civil Service, sondern im Gegenteil das Recht zur Mitwirkung an jener Mitwirkung an der Willensbildung des Volkes, die der Verfassungsauftrag der Parteien ist. Diese Weichenstellung war eine wesentliche Voraussetzung des Systems Kohl und aller verwandten Organisationsformen. Dass Maike Richter als Schülerin Vorstandsmitglied eines Kreisverbands der Jungen Union im Siegerland war, qualifizierte sie gemäß der Systemlogik für die Karriere in der Staatsverwaltung. Schon vor dem Abitur kannte sie ihren späteren Chef, wie der Parteinachwuchs den Vorsitzenden eben kennt, als Übervater und Versorger. Kohl hatte sich unter allen Unterorganisationen immer ganz besonders um die Jugend bemüht, die formierte Zukunft der Partei, in deren Reihen die Aufmüpfigen und Vorlauten verborgen sein mussten, wie er selbst einer gewesen war.

In die Kenntnis auf Augenschein, die an der Basis über die Personen an der obersten Spitze zu gewinnen ist, mischen sich Phantasievorstellungen. Hält sich der Parteichef so lange wie Kohl, machen diese Wunschbilder ihre eigene Objektivierung durch. Eine Fotomontage von Loriot zeigt zwei Knollenwesen, ein bürgerlich gekleidetes Ehepaar, neben Karl-Heinz Köpcke, dem Nachrichtensprecher der Zeit des öffentlich-rechtlichen Nachrichtenmonopols, dessen abgelesene Texte im Abendrot deutscher Autoritätsgläubigkeit angeblich so ernst genommen wurden wie die Verlautbarungen des Regierungssprechers. Die Bildlegende: «Aber Herr Köpcke, Sie müssen uns kennen! Wir sehen jeden Abend die Tagesschau.» Nach einem von Platon in die Welt gesetzten Mythos ist die Liebe die Wiedervereinigung zweier Halbwesen, die von den Göttern getrennt wurden, aber füreinander bestimmt bleiben, weil sie sich an ihre ursprüngliche Einheit erinnern. Maike Richter kannte ihren späteren Ehemann, bevor sie ihn wie so viele Frauen am Arbeitsplatz kennenlernte. Sie machte sich ein Bild von Helmut Kohl gemäß den Schilderungen der noch ungeschriebenen Geschichtsbücher. Ihre Liebe erwuchs aus der Verehrung einer Staatsbürgerin und Staatsbeamtin für einen Staatsmann, den die Zeitgenossin als historische Persönlichkeit erlebte. So wurde für Kohl nach dem schrecklichsten Ereignis seines Lebens das intime Verhältnis zur Rettung, das er seit jeher zur Geschichte unterhalten hatte.

Hannelore Kohl heiratete einen Mann, zu dem sie aufschaute, weil er einen Kopf größer war als sie. Sie wussten beide, dass er hoch hinaus wollte, aber zu welcher Größe er in den Augen der Mitlebenden heranwachsen würde, das war nicht vorauszusehen. Die Familie bekam den von Burckhardt in seinen Betrachtungen über die welthistorischen Individuen beschriebenen Mechanismus der sozialen Optik zu spüren, dass die Umwelt des großen Mannes schmerzlich ihr «Knirpstum» empfindet. Maike Richter wurde volljährig, als Helmut Kohl zum ersten Mal zum Bundeskanzler gewählt wurde. In ihr Leben trat er als sein eigenes Denkmal ein. Sie richtete den Riesen auf, als er in einen seelischen Schlund gestürzt war, und nahm ihn in ihre Obhut, als seine körperlichen Kräfte schwanden.

Die Hochzeit fand in der Kapelle der Heidelberger Klinik statt, in der Kohl wegen der Folgen eines Treppensturzes behandelt wurde, drei Monate nach dem Unfall. Hans-Peter Schwarz stuft den Sturz im Haus in Oggersheim, nicht den Selbstmord Hannelore Kohls am selben Ort, als «die tiefste existentielle Zäsur in Kohls Leben» ein. Er verlor die Sprache. Zwar lernte er das Sprechen in der Klinik wieder, aber es war nun nicht mehr vorstellbar, dass er noch einmal einem besonders heftig unter Beschuss stehenden Parteifreund seine Hilfe im nächsten Wahlkampf anbieten würde. Jetzt war Kohl kein Politiker mehr. Maike Kohl-Richter sprach für ihn.

Ein Jahr nach der Hochzeit ließ Kohl sich zum ersten Mal wieder in der Öffentlichkeit sehen. Ein Preis, benannt nach seinem 32 Jahre zuvor ermordeten Freund Hanns Martin Schleyer, wurde ihm überreicht. Schleyer hatte ihm als jungem Oppositionsführer den Rat gegeben, er müsse die Wohngemeinschaft auflösen, in der er in Bonn mit seiner Sekretärin Juliane Weber und dem Fahrer Ecki Seeber lebte. Der Preisträger saß im Rollstuhl und konnte seinen Dank kaum artikulieren. Den Zusammenhang von Dankbarkeit und Erinnerung beschwor er in der kurzen Ansprache ohne Nennung des Namens von Romano Guardini. Er redete fortan nur noch sehr selten öffentlich. Dabei machte sein Sprachvermögen Fortschritte, die noch einmal bewiesen, wie viel seine Disziplin vermochte, welche Reserven seines Körpers er mobilisieren konnte.

Wenn er sprach, nahm man keine Anzeichen für geistige Einschränkungen wahr. Gleichwohl warfen seine schriftlichen Interviews und anderen geschriebenen Einwürfe zum Zeitgeschehen zwangsläufig die Frage nach dem Anteil der Miturheberschaft seiner Frau auf. Bei der Auswahl der wenigen Termine, deren Wahrnehmung er seiner Gesundheit zumuten konnte, hatte sie ohnehin mitzureden. Auch ein Staatsmann, der seiner Sprache mit der Urkraft eines Franz Josef Strauß oder der Subtilität eines François Mitterrand mächtig ist, redet nicht nur in eigenen Worten. Politiker lassen sich ihre Reden schreiben, und die Redenschreiber liefern außerdem Beiträge für jenes merkwürdige publizistische Genre des Namensartikels, der unter dem Namen einer Person in Amt und Würden erscheint und dessen Inhalt dem Träger des Namens auch als höchstpersönliche Aussage zugerechnet wird, dessen Produktion man sich aber als bürokratischen, das heißt arbeitsteiligen Vorgang vorstellen muss. Schon für die Memoiren, deren Fertigstellung Kohl als Pflicht der Pietät gegenüber seiner ersten Frau ausgab, soll Maike Richter noch zu Lebzeiten Hannelore Kohls Zuarbeiten geleistet haben. Wenn das stimmt, fügt es dem schillernden Begriff des Ghostwriters eine neue Farbe hinzu.

Ohnehin ist die Händescheidung bei den drei Bänden ein Großauftrag für die Quellenkritik. So schafft Kohl noch postum Arbeitsplätze. Mit dem wichtigsten bezahlten Helfer bei den «Erinnerungen» zerstritt sich der Autor. Heribert Schwan, ein Rundfunkjournalist, hatte sich als Serienproduzent freundlicher Politikerbiographien empfohlen: ein Bonner Insider, der nichts ausplauderte. Die «Erinnerungen» begannen wie die Gattung des Epos in der abendländischen Literaturgeschichte als mündliche Erzählung. Im Zuge endloser Sitzungen, deren

Bandaufzeichnung 630 Stunden lang ist, begann sich der Zuhörer irgendwann als Intimus des Erzählers zu fühlen, und Schwan verfiel dem Reiz der ungefilterten Mitteilungen Kohls, eines Vermögens der in jeder Hinsicht direkten Rede, das Kohl zweite Natur war. Genau von diesem Stil der Drastik durften aber nach der Übertragung des Redeverlaufsprotokolls in Prosaperioden an der Textoberfläche keine Spuren zurückbleiben. Vor Gericht musste sich Kohl von Schwan sein Eigentum am eigenen Wort zurückholen. Schwan wollte nach dem Herauswurf in Oggersheim Kohls Leben wieder in der dritten Person erzählen. Gerichtlich wurde er darüber belehrt, dass er dabei keine Formulierungen Kohls verwenden durfte, die sich nur deshalb auf seinen Tonbändern fanden, weil sie Rohmaterial für einen autobiographischen Lebensbericht lieferten, aus dem Kohl sie vor der Veröffentlichung jederzeit hätte streichen können. Der weitere Vertrieb von Schwans Buch «Das Vermächtnis – Die Kohl-Protokolle» wurde untersagt. Sechs Wochen vor Kohls Tod sprach ihm das Landgericht Köln wegen Verletzung des Persönlichkeitsrechts Schadensersatz in Höhe von einer Million Euro zu.

Dass Kohl in den von Schwan abgedruckten Exzerpten aus seinen Monologen ungeschützt spricht, beschreibt nicht nur die soziale Redesituation, sondern auch die seelische Gestimmtheit dieses Redners vor einköpfigem Publikum: Viele der von Schwan herausgegriffenen Urteile über Menschen sind drastisch auch in dem Sinne, dass sie Rückschlüsse auf den Urteilenden zulassen. Der britische Thronfolger Prinz Charles heiratete mit 31 Jahren. In den Augen vieler Untertanen seiner Mutter, die auf eine Vererbung der Krone in direkter Linie hofften, war das spät. Für seine Braut, die Grafentochter Lady Diana Spencer, kam die Ehe nach Kohls Ansicht zu früh. Sie hätte Charles lieber erst als König heiraten sollen, um dann sofort ihre patriotische Pflicht für die Sicherung der Dynastie zu tun und das Volk zufriedenzustellen. Stattdessen wählte sie mit dem Ehe- zugleich den Wartestand. «So musste die Frau herumreisen, musste mit Bürgermeistern reden und ist verkümmert.» Hier hört man das schlechte Gewissen des Manns heraus, der seine Ehefrau zur Abarbeitung ähnlicher Besuchsprogramme verurteilt hatte. Lebensglück oder -unglück: Das kann eine Frage des Zeitpunkts sein. Auf das scheinbar längst von allen Seiten untersuchte Schicksal von Prinzessin Diana warf Kohl einen originellen Blick, mit dem Auge des Politikers. «Ihre Heirat war eine absolut idiotische Sache.»

*Bruch mit der Familie*

Die Trauzeugen bei Helmut Kohls zweiter Hochzeit waren der Medienunternehmer Leo Kirch und Kai Diekmann, Chefredakteur der «Bild»-Zeitung. Als Kirch 2003 Insolvenz anmeldete, wurde bekannt, dass er dem Altbundeskanzler seit 1999 ein jährliches Beraterhonorar von 600 000 D-Mark zahlte. Als problematisch bewertet diese Zuwendungen sogar Hans-Peter Schwarz. In den Augen des Biographen spricht aus dem Abschluss des Vertrags «eine ganz erstaunliche Sorglosigkeit». Im letzten Abschnitt eines Berufslebens, das von Anfang an persönliche Verbindungen zwischen Wirtschaft und Politik im wörtlichen und im übertragenen Sinne kapitalisierte, war es aber nicht mehr erstaunlich, dass Kohl, der aus einer Kette von Finanzaffären nicht unbeschädigt, aber unversehrt hervorgegangen war, die öffentliche Missbilligung keine Sorgen machte, die für den Fall des Bekanntwerdens der Vereinbarung zu erwarten war. Ihn kümmerte nicht, dass der Verdacht nahelag, Kirch erweise sich dankbar für Wohltaten Kohls in der Gründerzeit des Privatfernsehens. Kirch war sein Freund, der Vertrag seine Privatsache: Das war Kohls Logik.

Erst recht war natürlich die Hochzeit seine Privatangelegenheit. Ihm war gleichgültig, was die Medien darüber sagten, mit wem er sich umgab; jedenfalls vermittelte er den Eindruck, dass es ihm gleichgültig war. Er musste sich aber auch nicht nachsagen lassen, dass er wegen dieser sein Leben lang durchgehaltenen Haltung Vorurteile gegen Medienleute habe. Als er mit

Maike Richter den Bund für den Rest des Lebens schloss, konnte er die Zeugen des Akts aus einem Kreis von Freunden wählen, die trotz allen Verlustmeldungen des Spendenskandals unmöglich vollzählig in der Kapelle der Heidelberger Reha-Klinik hätten Platz nehmen können. Seine Wahl fiel auf zwei der größten Tiere des Mediengeschäfts.

Eine Boulevardzeitung mit Millionen Lesern ist ein politischer Akteur. Als Diekmann sich immer häufiger mit Kohl fotografieren ließ, kam die Frage auf, inwieweit ihre Freundschaft ein Zweckbündnis im beiderseitigen politischen Interesse war. Ein solches wäre nichts Ungewöhnliches gewesen und jedenfalls bei einem ehemaligen Regierungschef auch nichts Anstößiges. Aber unter den Institutionen des öffentlichen Lebens nimmt die «Bild»-Zeitung eine Sonderstellung ein, am Rande der Respektabilität: eine Institution, die scheinbar keine Institution sein will, da sie auf Würde keinen Wert legt. Sie vertritt meistens Positionen, die den sogenannten bürgerlichen Parteien zugeordnet werden. Um ihr unbürgerliches Publikum zu unterhalten, wendet sie freilich Methoden an, zu denen man in bürgerlichen Kreisen Abstand wahrt. Ein für allemal haben die verdeckten Recherchen von Günter Wallraff das Bild von «Bild» geprägt, weil er die zynische Missachtung der Privatsphäre dokumentierte, die in der Redaktion als Ausweis von Professionalität galt. Für die vielfältigen Empfindungen, die schon der Name der «Bild»-Zeitung hervorruft, war Kohl unempfänglich. Ihm waren bürgerliche Begriffe von Würde, Form und Anstand egal.

Diese Feststellung bedarf der Präzisierung: Die Worte führte er sehr wohl im Mund, die an sie geknüpften Ideen brachte er zum Einsatz, besonders wenn es um den Schutz der eigenen Person und der eigenen Wirkungssphäre ging. Aber er übernahm die Vorstellungen vom Schicklichen und Unschicklichen nicht so, wie er sie vorfand. Vor allem akzeptierte er nicht, dass diese Vorstellungen etwas sind, das man vorfindet, ein Kanon des moralischen Geschmacks, der sich im Konsens unter Kulturmenschen herausgebildet hat. Kohls anti-konventioneller Habitus machte die «Bild»-Zeitung zu seinem natürlichen Verbündeten.

Sah Kohl in Diekmann einen Ziehsohn? Bei der Hochzeit vertrat der Journalist, der drei Jahre zuvor die Welt höchstpersönlich unter der klassischen «Bild»-Schlagzeile «Helmut Kohl – Neues Glück!» über die Existenz von Maike Richter informiert hatte, die Söhne, die nicht eingeladen waren. Den Bruch in der Familie, der sich in dieser Abwesenheit ankündigte, machten Walter und Peter Kohl 2011 öffentlich, im Jahr des zehnten Todestags ihrer Mutter. Walter Kohl schrieb ein Buch über sein Verhältnis zum Vater, seine Versuche, den Vater dazu zu bewegen, in ein Verhältnis zu ihm einzutreten, sozusagen seine Vaterschaft anzuerkennen. Aus einer Jahr um Jahr fortgesetzten und vertagten Debatte berichtet der Sohn, in der er immer wieder dasselbe Argument vorgebracht habe: «Ein Vater habe als Vater beurteilt zu werden und nicht als Bundeskanzler. Dies war die Stelle, an der unsere Diskussion regelmäßig zum rhetorischen Schlagabtausch verkam.»

Das Buch, das in einem auf Lebenshilfe spezialisierten Verlag des Bertelsmann-Konzerns erschien, bietet eine Fallstudie zur Ethik der Anerkennung, die in Anknüpfung an Hegels Dialektik von Herr und Knecht ein großes Thema in der politischen Philosophie der Epoche nach dem Ende des Kalten Krieges war: eine Studie über das Thema in der pathologischen Variante, einen Fall, in dem Anerkennung verweigert wurde. Um den Sohn als eigenständige Person gelten zu lassen, hätte der Vater zugeben müssen, dass er nicht in der Funktion des Bundeskanzlers aufging: Wer unter Gleichen agiert, als einer von vielen, weiß, dass die eigene Person viele Rollen einschließt. Verweigerung der Emanzipation der Familienmitglieder und Überschätzung der Ungebundenheit des Familienoberhaupts steigerten einander: Diese negative Dialektik bestimmte laut der Theorie des Sohnes die Familiendynamik im Hause Kohl. Die Autorität des Paterfamilias war erpresste, anachronistische Souveränität.

Durch ein Telegramm hatte Walter Kohl von der Wiederverheiratung des Vaters erfahren. Die Absenderabgabe auf dem Umschlag erübrigte das Öffnen und Lesen der Drahtbotschaft: Helmut Kohl und Maike Kohl-Richter. Der Empfänger hatte gar nicht gewusst, dass es Telegramme überhaupt noch gab. Kohl bescherte seinen Söhnen eine böse Überraschung und sorgte mit der Wahl des Kommunikationsmittels für den maximalen Verblüffungseffekt. Im väterlichen Rückgriff auf das aus der Zeit gefallene Medium steckte in Walter Kohls Lesart «eine Feinheit, die ich sehr wohl verstand – und offenbar auch als solche verstehen sollte»: Helmut Kohl ließ seine Söhne wissen, dass sie nun für ihn Vergangenheit waren.

Der Telegraph war wie Dampfschiff und Lokomotive Zeichen und Instrument der Beschleunigung des Lebens in der modernen Welt; Telegramme wie Bismarcks Emser Depesche vom 13. Juli 1870 hatten ihren Platz in den Kettenreaktionen, die die modernen Kriege auslösten, typischerweise nicht wegen ihres Mitteilungswerts, sondern wegen ihres Signalcharakters. Die Aufhebung der räumlichen Distanz durch das globale Drahtnetz begünstigte in den Augen Jacob Burckhardts eine geistfeindliche Vereinseitigung der Lebensführung. Sogar in der stolzen Basler Kaufmannschaft beobachtete er, wie er in einem zehn Tage vor der Emser Depesche verschickten Brief festhielt, «diese ewige Hatz, dies beständige Paratstehen zum Telegraphieren, diese Unmöglichkeit, auch nur Abends die Bude zu schließen». Kulturoptimistisch glaubte Burckhardt daran, dass der Politiker wie in der griechischen Polis Muße brauche und finde: Erwerbsgeschäfte «konsumieren den Menschen völlig und verhärten ihn gegen alles Übrige», Amtsgeschäfte nicht. Mit dem Berufspolitiker hat sich dieser Unterschied abgeschliffen, den Burckhardt als so «scharf» empfand. Helmut Kohl schloss seine Bude nicht, wenn er abends die Mainzer Staatskanzlei oder die Bonner Parteizentrale verließ, sondern schlug sie daheim wieder auf. Sein Sohn Walter erlebte ihn als Gast im eigenen Haus. «Er hatte so viel zu tun, dass er kaum bei uns zu Hause sein konnte. Und wenn, vergrub er sich nach den Mahlzeiten meist in seinem kleinen Arbeitszimmer.»

Auch hinter den Oggersheimer Mauern war Paratsitzen seine Existenzform: «Dauernd klingelte das Telefon.»

Wer anrufen könnte und stattdessen ein Telegramm aufgibt, macht aus der schnellen Unterrichtung, die der Telegraph im Vergleich mit der Briefpost versprach, eine Fiktion. Mit der Heidelberger Depesche gaben die Jüngstvermählten den Söhnen des Bräutigams zu verstehen, dass jeder Einspruch und jede Nachfrage zu spät kam. Von seiner jungen Stiefmutter berichtete Walter Kohl, sie habe ihm einmal ganz ausdrücklich eröffnet, dass sie seinen Vater «am liebsten für sich ganz allein haben wollte». Im Juli 2009 wurden Walter und Peter Kohl ins Kuratorium der Hannelore-Kohl-Stiftung berufen, die die Arbeit ihrer Mutter zum Wohle von hirnverletzten Unfallopfern fortsetzt. Sie nahmen dort den Platz ihres Vaters ein. Helmut Kohl hatte seinen Rückzug mit einer «unerfreulichen Übernahme» der Stiftung durch Personen begründet, «die in keiner Beziehung zu meiner verstorbenen Frau standen». Am zehnten Todestag von Hannelore Kohl wurde in der Dreifaltigkeitskirche in Speyer ein Gottesdienst gefeiert. Ohne Helmut Kohl. Er hatte nicht geöffnet, als seine Söhne in Oggersheim an der Haustür des einstigen Heims der Familie Sturm geklingelt hatten, um ihn zur Teilnahme zu bewegen. Indem er sich entzog, musste er mitspielen: Dass Kohl die Hauptfigur eines in aller Öffentlichkeit aufgeführten Familiendramas wurde, hatte er sich nach dem unsentimentalen Urteil seines Biographen Schwarz selbst zuzuschreiben: Er habe «selbst der unguten Vermischung von Politischem und Privatem Vorschub geleistet», habe zu oft «im Ton der Gewissheit erklärt, was im Privatleben richtig sei, müsse auch im Verhältnis zwischen den Staatsmännern praktiziert werden».

Kohls Freund Mitterrand hatte eine zweite Familie unterhalten. Eine solche systematische Untreue durch Aufbau von Parallelstrukturen warf Walter Kohl seinem Vater vor. «Seine wahre Familie heißt CDU, nicht Kohl. Er fühlte sich in einem archaischen Sinne als Clanchef eines Stammes, der sich CDU nennt.» Das war allerdings ein offenes Geheimnis. Kühl resümiert Schwarz: «Die Vermischung der Sphären hat ihren Preis.» Zu ergänzen ist, dass Kohl lange vor dem Tod Hannelore Kohls eine spekulative Berichterstattung über sein Familienleben hatte erdulden müssen: den Preis dafür, dass seine Politik Familienpolitik war, insofern sie alle Beziehungen zu Nahverhältnissen umdefinierte. Walter Kohls Innenansichten aus der Oggersheimer Festung waren eine publizistische Sensation, aber das Buch blieb bei näherem Hinsehen Enthüllungen schuldig: Man hatte sich Kohls Familienverhältnisse mehr oder weniger so vorgestellt. Die Dialoge klangen nur zu authentisch. «Auf meine direkte Frage: ‹Willst du die Trennung?›, antwortete er mir knapp mit ‹Ja!›» Mit demselben Lakonismus hatte sich Kohl 1989 von Geißler und zwölf Jahre später von Schäuble losgesagt. Aus Walter Kohls Buch ergab sich, dass Helmut Kohl auch seine echte Familie wie eine aufmüpfige Untergliederung seiner Ersatzfamilie behandelte.

Das Buch schildert dem Untertitel zufolge «Schritte auf dem Weg zur Versöhnung». Nicht die Versöhnung mit dem Vater ist gemeint. Das letzte Kapitel trägt den Titel «Versöhnung mit dem ‹Sohn vom Kohl›». Der Autor akzeptiert die Unversöhnlichkeit des Vaters und versöhnt sich stattdessen mit dem Schicksal, in der Öffentlichkeit als Sohn seines Vaters identifiziert zu werden. Die vom Sohn mit der Frage an den Vater provozierte förmliche Trennung deutet Walter Kohl als cäsarischen Akt: «Die Würfel waren gefallen.» Helmut Kohl hatte politisch gehandelt, gemäß der Frage, die er laut Walter Kohl allen Menschen, mit denen er in Kontakt kam, stellte, ohne sie aussprechen zu müssen: «Bist du für mich – oder bist du gegen mich?» Der Sohn entzieht sich am Ende dieser Freund-Feind-Unterscheidung, erarbeitet sich einen Standpunkt der Indifferenz. Er kämpft nicht mehr gegen den Vater, sondern erkennt dessen Übermacht an.

«Goethe filius» steht auf dem Grabstein August von Goethes auf dem protestantischen Friedhof in Rom. So bleibt dem Sohn von Kohl das Familienschicksal aufgeprägt. Geradezu unheimlich ist die äußere Ähnlichkeit von Vater und Sohn in

Physiognomie und Statur. Die Familienlebensphilosophie, mit deren Weisheiten Helmut Kohl seine Wahlkämpfe führte, schreibt Walter Kohl fort, im väterlichen Stil der unverdrossenen Verallgemeinerung. Den Merksprüchen einer Ideologie des Harmoniestrebens, die Helmut Kohl als Dicta seiner Mutter ausgab, antwortet eine Gegenüberlieferung bitterer Lebenserfahrungssätze. Es bleibt das Gefühl, dass sich im kleinen Raum einer vierköpfigen Familie wie in den Familiengeschichten der olympischen Götter in Gustav Schwabs Sagenschatz des klassischen Altertums alles über die große Welt lernen lässt, über Glück und Unglück, Gewalt und Gerechtigkeit. Im ersten Band der Erinnerungen von Helmut Kohl heißt es über die Herkunftswelt des Verfassers: «Leben und leben lassen, lautet das pfälzische Toleranzprinzip.» Der Titel von Walter Kohls Buch überschreibt den fröhlichen Sinnspruch in einer Geste pathetischen Trotzes: «Leben oder gelebt werden».

*Ein geborener Mittelpunkt*

Dass der Mensch die Wahl hat, die Verhältnisse zu gestalten oder sich von ihnen formen zu lassen, ist eine fixe Idee des von der idealistischen Philosophie inspirierten Geschichtsdenkens. Das zweite von Goethes «koptischen Liedern» aus dem Umkreis seines durch die Halsbandaffäre der Königin Marie-Antoinette angeregten Lustspiels «Der Groß-Kophta» richtet an einen jungen Mann einen Rat zum rechten Zeitgebrauch: «Du musst steigen oder sinken, / Du musst herrschen und gewinnen / Oder dienen und verlieren, / Leiden oder triumphieren, / Amboss oder Hammer sein.» Koptisch heißt: für Eingeweihte, Geheimnisträger, Politiker. Dass die aktive Existenz dem passiven Dasein vorzuziehen ist, setzt Bismarcks Wort aus dem August 1866 voraus: «Soll Revolution sein, so wollen wir sie lieber machen als erleiden.» Wie Reinhart Koselleck in einem Aufsatz von 1977 gezeigt hat, teilte der schmiedeeiserne Kanzler mit Marx, dem Philosophen der Weltrevolution, die

Vorstellung eines umfassenden Bedingungszusammenhangs, der Handlungsdruck erzeugt. Genannt: die Geschichte. Erst der Sohn des zweiten Kanzlers der Einheit, nach Helmut Kohls Abschied vom Kanzleramt zeitweise «Assistent» des Vaters wie Herbert von Bismarck im Auswärtigen Amt, trieb die Logik der kophtischen Lektion auf die Spitze. Walter Kohl sah sich genötigt, die in den Sentenzen vom Entscheidungszwang konservierte Totalitätserfahrung auch in der sprachlichen Form nachzubilden. Er tat der Sprache Gewalt an: Was das Leben mit ihm angestellt hatte, ließ er dem Wort «leben» angedeihen, indem er die Passivform bildete, die es in der deutschen Grammatik bei intransitiven Verben nicht gibt.

«Die vorgezogene Bundestagswahl von 1983 wurde zu Helmut Kohls persönlichem Triumph.» Für Walter Kohl, der das 28 Jahre später festhielt, wurde sie dem Buch zufolge zum Auslöser eines Versuchs der Selbstbefreiung nach historischem Vorbild, der Emanzipation durch Emigration in das Land, das sich in seiner Nationalhymne als «land of the free» bezeichnet. Anders als die «politischen Auguren», die seinen Vater auch nach dem Triumph weiter unterschätzt hätten, will er vorausgesehen haben, dass der neue Kanzler «sich auf Dauer im höchsten Amt des Landes halten» werde. (Wie selbstverständlich sortierte Kohls Sohn die Staatsämter nach der tatsächlichen Macht, nicht nach dem protokollarischen Rang.) Für ihn sei daher «sonnenklar» gewesen: «Mit jedem weiteren Jahr seiner Amtszeit würde mein Weg aus seinem Schatten länger und härter werden.» Walter Kohl wurde 1983 zwanzig Jahre alt. Den Entschluss, sein Glück auf der anderen Seite des Atlantiks zu suchen, datiert er auf den Moment nach seinem einundzwanzigsten Geburtstag. Sein Vater gehörte noch zu den Deutschen, die erst mit 21 Jahren volljährig geworden waren. Was der einundzwanzigjährige Walter Kohl von sich erwartete, formulierte er im Rückblick so: «Ich bin eine eigenständige, wertvolle Person. Ich bin ein Mensch, der nicht nur einfach da ist, quasi als Laune des Schicksals, sondern ich selbst bin es, der im Mittelpunkt meines Lebens steht.» Das war schon positives Denken, wie es in Amerika gelehrt wird. Zunächst blieb aber der Effekt aus. «Mich selbst in den Mittelpunkt meines Lebens zu rücken und dafür die volle Verantwortung zu übernehmen, das vermochte ich damals noch nicht.» Den Mittelpunkt von Walter Kohls Leben okkupierte immer noch ein anderer.

Die Berichte zur Lage, die Kohl dem Bundesvorstand der CDU in den sechzehn Jahren seiner Kanzlerschaft vortrug, füllen in den «Forschungen und Quellen zur Zeitgeschichte» der Konrad-Adenauer-Stiftung 1964 eng bedruckte Seiten. Kohls Vorgänger Barzel beklagte in seinen Memoiren, dass selbst Adenauer die Redezeit nicht so sehr monopolisiert habe. «Kohl führte nicht, er herrschte.» Sitzungsprotokolle, wie sie für die Vorstandsberatungen unter den Vorsitzenden von Adenauer bis Barzel vorliegen, wurden nicht mehr angefertigt, wie Kurt Biedenkopf 1996 in seinem Tagebuch vermerkte. Nach dem Ende der Sitzungen gingen die Monologe im kleinen Kreis weiter. Wolfgang Schäuble erklärte nach seinem Bruch mit Kohl einer Journalistin, warum sich in den Bonner Oppositionsjahren fast allabendlich erwachsene Menschen um den Partei- und Fraktionsvorsitzenden scharten, der von ihnen nur Stichworte hören wollte, um immer wieder dieselben Geschichten zu erzählen. «Uns hat seine Mittelpunktsucht nicht gestört, wir kamen ja vom Politischen. Da fanden wir: Toll, wir sind dabei.» Im Privaten wären solche endlos neu abgespielten Monologe nicht so toll gewesen, da hätte sich davongestohlen, wer nicht hätte dabeibleiben müssen. Im Politischen irritieren eine Persönlichkeitsstruktur und ein Sozialverhalten nicht, die anderswo als pathologisch bewertet würden. Der Politiker muss danach streben, das Zentrum der Kausalketten zu bilden, denn er will handeln und alles für das Wohl der Allgemeinheit tun. Seine Egozentrik wird hingenommen, weil jeder seiner Mitstreiter und Zuarbeiter an seine Stelle treten kann. In der Demokratie wird die Ersetzung sogar zur Spielregel erhoben.

In Friedrich Hebbels Tagebüchern des Jahres 1840 steht die Sentenz: «Das Genie ist ein geborener Mittelpunkt.» Scheinbar ein antidemokratischer Satz, in dem der Aristokratismus der Genietheorien zum Monarchismus gesteigert ist. Ein halbes Jahr später notierte Hebbel freilich: «Wenn der Mensch überhaupt dauert, so dauert er als Individuum. Denn er ist ein geborener Mittelpunkt.» Demnach ist jeder Mensch zum Genie geboren. Es gibt auch Genies der Politik, völlig normale Ausnahmemenschen.

Helmut Kohl äußerte sich «eher skeptisch», als sein älterer Sohn ihm eröffnete, dass er sich um einen Studienplatz an einer Universität in den Vereinigten Staaten bewerben wollte. Es fiel das Wort von den «Extrawürsten», die seinen Kindern nicht gebraten werden sollten. Walter Kohl erhielt eine Zusage aus Harvard. Wie feierte er seinen Unabhängigkeitstag? «Es war mir ein Bedürfnis, zum Speyerer Dom zu fahren. Dort befindet sich einer meiner wichtigsten Kraftplätze.»

Auf dem Höhepunkt der Aufregung um die geheim gehaltenen Spendernamen, am 18. März 2000, dem zehnten Jahrestag der letzten Volkskammerwahl, hatte Helmut Kohl einen öffentlichen Auftritt im Kreis von Mitgliedern der CDU-Fraktion des einzigen frei gewählten Parlaments der DDR. Wochenlang hatte es vorher Spekulationen darüber gegeben, ob Kohl an der Bundestagssitzung aus demselben Jubiläumsanlass teilnehmen würde. In der Gesellschaft der Parteifreunde, die ihre damals errungenen Mandate ganz wesentlich ihm zu verdanken hatten, bewies er eine Begabung, die man ihm kaum zugetraut hatte. Er erzählte nicht einfach von seinen Taten, wie schon so oft, so lang und so breit, sondern betrachtete sich wirklich historisch, sprach von sich wie Caesar in der dritten Person, mit begrifflicher Prägnanz und objektiver Ironie. Lothar de Maizière sprach vorsichtig die Widerstände an, die es in der West-CDU gegen die Vereinigung mit der Ost-CDU gegeben hatte. Kohl kürzte ab: Man müsse um die Sache nicht herumreden, aber am Ende habe es ja doch geklappt. Es sei eben «einer der Vorteile des Systems Kohl gewesen, dass man was durchsetzen konnte». Johannes Leithäuser wies in der F.A.Z. darauf hin, dass Kohl an dieser Stelle die Vergangenheitsform benutzte.

In London stehen auf dem Parliament Square, dem Platz vor dem Palast von Westminster, Statuen von sieben britischen Premierministern: George Canning, Robert Peel, Lord Palmerston, Lord Derby, Benjamin Disraeli, David Lloyd George und Winston Churchill. Wer vor dem Reichstagsgebäude in Berlin steht und das Denkmal Helmut Kohls sucht, braucht sich nur umzudrehen. Das Bundeskanzleramt, errichtet nach einem Entwurf von Axel Schultes, ist ein Monument der Amtsauffassung des Kanzlers, der am 4. Februar 2007 den ersten Spatenstich tat, und des Geschichtsbildes, das Kohls Auffassung von allen seinen Ämtern formte und trug. Kohl wählte den Architekten persönlich aus, weil sich die Jury des europaweit ausgeschriebenen Wettbewerbs zwischen zwei ersten Preisträgern nicht entscheiden konnte. In den Augen Kohls war es keine Panne, dass er die Entscheidung an sich ziehen musste. Wie er Heinrich Wefing einige Monate vor der Einweihung des Gebäudes durch seinen Nachfolger Gerhard Schröder erzählte, sah er sich in seiner früh gewonnenen Erkenntnis bestätigt, dass bei der Planung von Bauvorhaben «einer den Kopf hinhalten» müsse. «Zu Entscheidungen über Kunst und Architektur sind parlamentarische Gremien ziemlich ungeeignet.» Den Grund für den in der Staatsrepräsentationspolitik latent fortexistierenden Monarchismus sah Kohl darin, dass Beschlüsse zur Errichtung öffentlicher Gebäude die Voraussetzung der positivistischen Regelproduktion in der Demokratie nicht erfüllen: Sie sind unwiderruflich, jedenfalls solange die Staatsgewalt konstruktiv handeln will und ein Abriss als Verschwendung von Steuergeldern gelten wird. Die Entscheidung über die Höhe eines Steuertarifs dagegen «lässt sich auch wieder ändern». Kohl, der Gründungsvater des Deutschen Historischen Museums, gewann ohne Hilfe einer Fachjury Ieoh Ming Pei, den Baumeister der Louvre-Pyramide und des Neubaus der National Gallery of Art in Washington, für den Anbau des Zeughauses. Er verwarf den Siegerentwurf des ersten Wettbewerbs für das Denkmal für die ermordeten Juden Europas und verfügte die Aufstellung der vergrößerten Kopie der «Mutter mit totem Sohn» von Käthe Kollwitz in der Neuen Wache. Bei der Neugestaltung des durch alle Regimewechsel hindurch genutzten preußischen Ehrenmals fragte er «natürlich viele Menschen um Rat, aber am Ende war es meine persönliche Entscheidung».

Anders als Willy Brandt beim Bau des Bonner Kanzleramts führte Kohl persönlich die Aufsicht über die Planungen im Spreebogen. Wefing, der Historiker der Parlamentsarchitektur von Bonner und Berliner Republik, erfuhr von Kohl, dass er in Bonn Marmor, Säulen und Freitreppen, den traditionellen Dekor der Macht, nicht vermisst hatte. So legte er auch keinen Wert auf das alltäglichste Dekorationsmoment der im Kanzleramt verrichteten Arbeit, die Schmuckfarbe im Aktenumlauf. Er schrieb seine Marginalien nicht mit der grünen Tinte des Chefs, verzichtete wie Augustus, der Kaiser ohne Kaisertitel, auf überflüssige Herrschaftszeichen. Weder Bonn noch Berlin hat Kohl marmorn zurückgelassen. Aber das Kanzleramt von Schultes hat zwei große Freitreppen, und auf dem Ehrenhof stehen vier Betonsäulen. Diese tragen allerdings nicht das Gebälk eines Vordachs, sondern Bäumchen. So lösen sich die Elemente der Monumentalarchitektur aus ihrem von der Tradition vorgegebenen Zusammenhang, um in individualistischer Lockerheit neu zusammenzutreten. Die Schaufassade ist keine Wand, sondern stellt sich in Wefings Beschreibung als Staffelung von «Übergangszonen» dar, «in denen sich ein beinahe manieristisches Wechselspiel von Massivität und Transparenz entfaltet». Trotz der Dimensionen des Baus dominiert der Eindruck von Bewegtheit und Lebendigkeit. Einen solchen Entwurf hatte Kohl schon vor dem Auftrag an Schultes im Kopf, vielleicht schon vor der Hauptstadtentscheidung. «Das Kanzleramt, so war schon immer meine Vorstellung, repräsentiert die Bundesrepublik: Ein Land mit einer weiten Perspektive, mit einem natürlichen Geschichtsbewusstsein und mit einer Vision für die Zukunft. Das alles sollte das neugebaute Amt ausdrücken.» Wefing bewertete den expressiven Überschuss des Schultes-Baus kritisch: «Vergeblich sucht das Auge die Grenze zwischen drinnen und draußen.» Sie gibt es in Kohls Welt nicht.

*Krise ohne Alternative*

Helmut Kohls letzte Lebensjahre fielen zusammen mit einer Krise der Europäischen Union. Jacob Burckhardt hat in seinem Kolleg über das Studium der Geschichte den «geschichtlichen Krisen» ein eigenes Kapitel gewidmet, das vorletzte, vor der abschließenden Betrachtung über die historische Größe. Der «enorm komplexe Zustand des Lebens» in der modernen Welt, gekennzeichnet durch die Autonomie einerseits und die Verflechtung andererseits der Potenzen oder Systeme von Politik, Religion und Wirtschaft oder Kultur, bringt es mit sich, dass das Verhältnis dieser Kräfte von Zeit zu Zeit neu justiert werden muss. Der Rhythmus der administrativ regulierten Normalität wird gestört, die Dinge überschlagen sich. «Der Weltprozess gerät plötzlich in furchtbare Schnelligkeit; Entwicklungen, die sonst Jahrhunderte brauchen, scheinen in Monaten und Wochen wie flüchtige Phantome vorüberzugehen und damit erledigt zu sein.»

Bankenzusammenbrüche in den Vereinigten Staaten lösten im Jahr 2008 Ereignisketten aus, die sogleich als Weltwirtschaftskrise bezeichnet wurden. An diesen Namen war die Erinnerung an das Jahr 1929 geknüpft und an die wirtschaftlichen Turbulenzen, die in Deutschland den Sieg des Nationalsozialismus begünstigten. Wiederholungsgefahr war im Verzug: Notenbanken und Regierungen ergriffen Maßnahmen zur Stabilisierung der Währungen. An der Reaktionsschnelligkeit haperte es nicht, nur ging die Beschleunigung der Entwicklung anders als in Burckhardts Szenario nicht in die Erledigung der Probleme über. Aus Burckhardts Krisenbegriff hört man den altgriechischen Ursprung heraus, den das Wort mit der Kritik teilt. In der Krise treiben die Dinge der Entscheidung zu. Aber wie in der Geschichte der griechischen Stadtstaaten selbst der peloponnesische Krieg «nicht die Stelle einer großen nationalen Krisis» einnahm, «welche hier nur im Übergang zu einem Großstaat hätte liegen können», führte die sogenannte Finanzkrise keine neuen Organisationsformen herauf, weder unter den Institutionen supranationaler Weltwirtschaftspolitik noch bei den Einheitswährungshütern in Europa. Die Schnelligkeit nahm die Gestalt der Hektik an, die Krise wurde zum Dauerzustand.

In Kohls ersten Regierungsjahren wurde ihm die Strategie zugeschrieben, innenpolitische Krisen durch geduldiges Warten vorübergehen zu lassen, wofür sogar ein seitdem mit seinem Namen verbundenes neues Wort gefunden wurde: Aussitzen. Für die Serie von Staatshaushaltsnotständen in den Euro-Ländern war das kein Rezept. Regierungskonferenzen fanden in rascherer Folge statt als in der Zeit der vorbeugenden Unterdrückung der nationalen Freiheitsbestrebungen durch die Mächte der Heiligen Allianz. Angela Merkel hatte 2005 das Kanzleramt für die Union zurückerobert, nachdem die 2002 bestätigte Regierung Schröder wie die 1980 bestätigte Regierung Schmidt keine volle Legislaturperiode durchgehalten hatte. Frau Merkel regierte anders als Kohl mit wechselnden Koalitionen; spätestens seit ihrer zweiten Wiederwahl schien sie unersetzlich wie früher Kohl. Zu diesem Eindruck trug ihr Wirken auf europäischer Bühne bei, ihre unerschütterlich sachdienliche Wahrnehmung der Deutschland zufallenden Führungsrolle im Dauerkrisenmanagement. Wolfgang Schäuble, dem Kohl mit seinem Kalkül der Kollateralschadensmaximierung in der Spendenkrise den Weg zur Kanzlerschaft verbaut hatte, agierte als ewiger Finanzminister jenseits der Pensionsgrenze mit der Selbständigkeit eines britischen Schatzkanzlers und zugleich als loyaler Chefdiplomat wie einst im Prozess der Wiedervereinigung, einer Krise im echten Burckhardtschen Sinne, als auf dem Weg zurück zum leicht geschrumpften Großstaat Föderationspläne und Zollverein wie flüchtige Phantome vorübergingen.

An der deutschen Politik der Staatsbankrottverhinderung im Euro-Raum schieden sich die Geister. Sie wurde von zwei Seiten attackiert. Die Geretteten an der Peripherie der Union beklagten ein Diktat der Austerität, die Zwangsverabreichung bitterer Pillen made in Germany an Völker mit ganz anderen

Wirtschaftssitten. Im eigenen Land gab es Proteste dagegen, dass die sparsamen Deutschen für Völker mit ganz anderen Wirtschaftssitten haften sollten. Steuerte die Europäische Zentralbank mit Sitz in Frankfurt den Geldkreislauf nach den Vorgaben der Bundesbank? Oder verhinderten die europäischen Verträge in der von Deutschland mitgetragenen Auslegung, dass die EZB sich die Unabhängigkeit der Bundesbank zum Vorbild nahm? Gegen diesen Verdacht des Ausverkaufs einer besonderen bundesdeutschen Tradition der Gewaltenteilung musste sich die Bundesregierung vor dem Bundesverfassungsgericht verteidigen. Wo Politik rechtlicher Aufsicht unterworfen wird, schwindet der Spielraum schöpferischer Neuerungen, die es in Burckhardts Theorie der geistigen Evolution nur «sprung- und stoßweise» gibt. Wenn Burckhardt die Krise einen «Entwicklungsknoten» nennt, meint er den gordischen. In politikwissenschaftlichen Planspielen waren die Revolutionen von oben, die zur Gründung des Deutschen Reiches und des Königreichs Italien führten, oft mit der europäischen Vereinigung verglichen worden. Aber als es ernst wurde, trat unter den Intellektuellen, Beamten, Politikern und Managern keine europäische Bewegung nach dem Muster der preußischen Bewegung im deutschen Bildungs- und Wirtschaftsbürgertum auf den Plan. Die Improvisationen nahmen kein Ende; eine institutionelle Reform wagte man nicht.

Brendan Simms, ein in Cambridge lehrender irischer Historiker, leitete aus seinen Studien der Mechanik des europäischen Mächtesystems die Notwendigkeit eines Einigungsschubs ab. Er gewann Wolfgang Schäuble dafür, sein Buch, das die von deutschen Historikern entwickelte Lehre des Primats der Außenpolitik fortschrieb, in Berlin der Presse vorzustellen. Aber auch Schäuble war nicht der Staatsmann, der zu dem Versuch bereit gewesen wäre, den Hebel umzulegen.

Wenige Wochen vor seiner Wahl zum Bundeskanzler rezensierte Helmut Kohl die von Wolf Jobst Siedler verlegte Caesar-Biographie von Christian Meier. Zwei Jahrzehnte nach seiner Abwahl erlebte Kohl noch, wie die Europäische Union im Stadium ihrer größten Ausdehnung in den Zustand eintrat, den Meier mit seinem Talent für paradoxe Diagnosen an der späten römischen Republik beschrieben hatte: eine Krise ohne Alternative. Der Verfassungspatriotismus der hauptstädtischen Führungsschicht verhinderte in Rom den offenen Übergang zur Alleinherrschaft, den auch ein Mann des liberalen Rechtsstaats wie Theodor Mommsen vor dem Hintergrund der Expansion des Reiches für ein Gebot der Rationalität hielt. Ein analoger Traditionalismus, der eine Hochburg in Karlsruhe hatte, hielt sechzig Jahre nach den Römischen Verträgen am klassischen Verständnis der nationalen Souveränität fest.

In der Krise ohne Ende wandten sich die Blicke von selbst den Anfängen zu, den Bauplänen der Union von Maastricht und Lissabon, und den Baumeistern, unter denen Helmut Kohl herausragte. War es ein Fehler gewesen, die politische Union hinauszuschieben und eine Wirtschafts- und Währungsunion ohne gemeinschaftliche Steuer- und Sozialpolitik zu gründen? In Großbritannien siegte Kohls alte Gegenspielerin Margaret Thatcher 2016 postum in der Volksabstimmung über eine Frage, die sie dem Volk zu Lebzeiten nie vorzulegen gewagt hatte. Die Regierung von Frau Thatchers Nachfolger John Major hatte zunächst einen Beitritt zum Euro erwogen. Die Briten fassten auch deshalb den Entschluss, sich ganz aus der Gemeinschaft zurückzuziehen, weil das Euro-System als halbe Sache das abschreckende Schauspiel einer Vergemeinschaftung der Risiken bot. Helmut Kohl war 61 Jahre alt, als er am 7. Februar 1992 seine Unterschrift unter den Vertrag von Maastricht setzte. Er durfte glauben, die Aufbauarbeit einer Generation zum Abschluss gebracht zu haben. Nie wieder Krieg: Die Nachkriegsjugend hatte ihr Gelöbnis erfüllt und durch Errichtung suprastaatlicher Strukturen dauerhaft abgesichert. Dieser Enthusiasmus hatte sich als stärker erwiesen als die Kritik des bürokratischen Zentralismus, welche die europäischen Gemeinschaften von Anfang an begleitete. Lag in der friedenspolitischen, fast antipolitischen Mission eine Überforderung einer Interessengemeinschaft, die jeden einzelnen Vereinigungsschritt zum Zweck der Erleichterung von Erwerb und Tausch gemacht hatte? Angela Merkel musste 2010 die Erfahrung machen, dass finanzpolitische Maßnahmen auf Dauer nicht mit dem Argument durchzusetzen sind, fiskalischer Egoismus gefährde den Frieden. Die Aufrichtung der Drohkulisse der Kriegsgefahr muss Ultima ratio bleiben.

In der ersten gesamtdeutschen Bundestagswahl trat gegen Helmut Kohl im Dezember 1990 ein sozialdemokratischer Kandidat an, der als Ministerpräsident des Saarlands im Bundesrat im Juni gegen den Staatsvertrag über die Wirtschafts-, Währungs- und Sozialunion gestimmt hatte. Die Deutschen hatten die Wahl zwischen deutschlandpolitischen Gegenpositionen. Von diesem Gegensatz ist nichts geblieben. Bismarck hatte die Kritiker seiner Gründung zu Reichsfeinden erklärt, um durch Polarisierung Zusammenhalt zu stiften. Die innere Nachgeschichte der zweiten Vereinigung verlief anders. Auch die Nachfolgepartei der SED schloss Frieden mit dem in den Osten exportierten System, und das System schloss Frieden mit der Partei. Dass einer der größten Schriftsteller deutscher Zunge vor einem neuen Auschwitz gewarnt hatte, dass dem Lehrer Deutschlands im Fach der streitbaren Verständigung die Parole des «D-Mark-Nationalismus» eingefallen war, wirkte schon aus der Perspektive der späten Jahre der Kohl-Regierung nur noch bizarr.

Die Historiker verschiedener Schulen haben im Zuge der Selbstvergewisserung der Bundesrepublik, die der unverhofften Wiedervereinigung vorausging, der Reichsgründung Bismarcks die Aura der Unvermeidlichkeit genommen. Wegen der moralischen Kosten des Nationalismus nimmt sich das Bismarckreich heute auch in den Büchern der wissenschaftlichen Erben der nationalliberalen Geschichtsschreiber als durch und durch problematische Schöpfung aus. An den Methoden von Kohls Wiedervereinigungspolitik war nichts, das auf längere Sicht eine Spaltung der Gesellschaft hätte befördern können. Die Rote-Socken-Kampagne seines Generalsekretärs Hintze kassierte die Dividende für den Sieger des Kalten Krieges ein. Die Kritik an der Losung von den «blühenden Landschaften» erschöpfte sich im Spott über einen allzu wirkungsvollen Werbetrick. Der hartnäckige Protest gegen die Anerkennung der Bodenreform konnte zwar sogar Gorbatschow als Zeugen für die These aufbieten, dass es die angebliche Bedingung der Sowjets für die Wiedervereinigung nicht gegeben habe, fiel aber im Vergleich mit dem altkonservativen und katholischen Widerspruch gegen Bismarcks Annexionen und deren machiavellistische Rechtfertigung politisch nicht ins Gewicht.

So konnte sich Kohl allgemeiner und uneingeschränkter Anerkennung seines entscheidenden Verdiensts um die deutsche Einheit erfreuen. Kohls Bemühungen um die europäische Vereinigung wurden von der sich allmählich zur Nachwelt wandelnden Mitwelt nicht mit demselben einhelligen Wohlwollen gesehen. In diesem Punkt hat sich die Stimmung geradezu im entgegengesetzten Sinne entwickelt: Kohls Europapolitik war lange unkontrovers gewesen, weil die europäische Bestimmung Deutschlands zur Staatsräson der Bundesrepublik gehörte. Für Kohl bildeten, wie er nicht müde wurde zu versichern, deutsche und europäische Einheit zwei Seiten derselben Herzenssache und Pflichtaufgabe. In der geschichtspolitischen Bewertung durch seine Landsleute hat sich dieses Junktim aufgelöst. Gegner des deutschen Nationalstaats gibt es außerhalb des Linksradikalismus nicht mehr. Hingegen scheint nicht unmöglich, dass die Europäische Union, jedenfalls die von Kohl und Kollegen auf das Gleis der Staatswerdung gesetzte, eine Episode der Weltgeschichte bleiben wird.

Deutschland- und Europapolitik Kohls werden je für sich beurteilt. So konnte auch die Frage aufkommen, ob der Verzicht auf die D-Mark eine Konzession für die Zustimmung der Alliierten zur Wiedervereinigung war und eine unnötige zudem. Kohl kleidete seine europapolitische Programmatik in eine Rhetorik der organischen Entwicklung, deren Leitwörter er der familiären Erfahrungswelt zu entnehmen vorgab. Dieser für Kohls Reden so ungemein charakteristische Naturalismus hat beim Thema Europa seine legitimierende Kraft verloren: Die Grenzen des Zusammenwachstums sind erreicht.

«Es ist ein dynamischer Prozess eingeleitet worden, den wir in dieser Form in der modernen Geschichte noch nie hatten.» So charakterisierte Kohl am 13. Dezember 1991 vor dem Bundestag die Beschlüsse des Europäischen Rates in Maastricht. Prozess und Dynamik charakterisieren die moderne Geschichte, wie Reinhart Koselleck sie auf den Begriff gebracht hat. Mit der Absicht, durch die Wirtschafts- und Währungsunion die Bildung einer politischen Union in Gang zu setzen, hatten sich die in Maastricht versammelten Staats- und Regierungschefs dem Projekt einer Selbstüberbietung der historischen Entwicklung Europas verschrieben. Im Rückblick scheint auf der Hand zu liegen, dass Kohls Versprechen kontinuierlicher Beschleunigung des Vereinigungsprozesses eher früher als später enttäuscht werden musste. Mit Dynamik sind die Verhandlungen der nach den Bestimmungen der Vertragswerke von Maastricht, Amsterdam, Nizza und Lissabon arbeitenden Institutionen schon länger nicht mehr assoziiert worden. Kohl hatte in der Regierungserklärung prophezeit: «Vieles von dem, was in Amtsstuben in ganz Europa heute noch gedacht wird – ich denke an die Widerstände und Überlegungen, dass etwas, was noch nie dagewesen war, deswegen auch nicht kommen könne –, wird durch die Entwicklung hinweggefegt werden.»

Den Skeptikern, die Kohl immerhin überall in Europa ausmachte und in seiner eigenen Sphäre, bei den Regierenden und deren beamteten Beratern, schrieb der deutsche Kanzler eine vormoderne Denkungsart zu, wie sie Koselleck in seinem Aufsatz über die Denkfigur «Historia magistra vitae» bestimmt hatte. Die Geschichte, so die These dieser 1967 für die Festschrift von Karl Löwith verfassten Abhandlung, wird solange als Lehrmeisterin in Anspruch genommen, wie man annimmt, dass die Dinge sich wiederholen, also alles schon einmal dagewesen ist. Im Zuge der «neuzeitlich bewegten Geschichte» verflüchtigte sich laut Koselleck diese Überzeugung: Wenn alles sich permanent ändert, kann man aus der Geschichte nichts Bestimmtes mehr lernen. Kosellecks genialer Aufsatz erfasste einen Wesensunterschied von alteuropäischem und modernem Geschichtsdenken durch Überspitzung; er übertrieb der Lektion zuliebe die Dynamik der neuesten Geschichte. Das belegt das Wirken eines Staatsmanns wie Kohl, der keineswegs nur in Festreden, sondern auch bei der Arbeit, im vertraulichen Gespräch mit ausländischen Kollegen, geschichtliche Beispiele anzuführen liebte, um durch Vergleich mit der Gegenwart einen Pfad der Klugheit zu finden. So forderte er im Mai 1991 beim Besuch im Weißen Haus Präsident Bush auf, die Amerikaner sollten dem bedrängten sowjetischen Präsidenten Gorbatschow helfen und aus dem Schicksal der Weimarer Republik lernen, die nicht genug Unterstützung aus dem Westen bekommen habe. Den früheren britischen Außenminister David Owen, der ihn 1993 als Sonderbevollmächtigter von Vereinten Nationen und Europäischer Union für Bosnien aufsuchte, beeindruckte Kohl, indem er seine Analyse des Zerfalls Jugoslawiens «mit einer Menge von Beobachtungen zur einschlägigen Geschichte Europas» anreicherte. Dieser praktische Gebrauch historischen Wissens trug bei zu der «neo-bismarckischen» Qualität, die Owen an Kohl wahrnahm.

Im Text der Regierungserklärung zur Konferenz von Maastricht erinnert an Bismarck die durchaus unbekümmerte Adaption einer revolutionären Metaphorik. Ein Sturm soll durch die Amtsstuben fegen und dort Tabula scriptoria rasa machen. Das Bild ist ebenso drastisch wie präzis: Die Widerstände und Überlegungen sind allesamt nur Papier. Der Unumkehrbarkeit des Einigungsprozesses, die Kohl in der Sache postulierte, entsprach die Unbeirrbarkeit seiner persönlichen Haltung. Nicht nur von historischen Einwänden, Verweisen auf die Kleinräumigkeit als funktionale Erklärung des europäischen Genius der Pluralität, wollte er nichts hören. In seinen «Erinnerungen» berichtet er, dass ihn die kritischen Stellungnahmen von Ökonomen zu den währungspolitischen Konzessionen, mit denen Deutschland im September 1992 einen positiven Ausgang des französischen Maastricht-Referendums wahrscheinlicher machen wollte, «völlig kalt» ließen. Kohl übersah, dass die Personen, die an den Schreibtischen die Bedenken formulierten, auf demselben Weg in die Amtsstuben gelangt waren wie er auf den Stuhl des Bundeskanzlers: direkt oder indirekt durch Volkswahl. So einfach fügten sich die Völker einem Prozess nicht, wie er angeblich noch nie dagewesen war. Denn sie waren schon da. Als die CDU sich 1994 ein neues Grundsatzprogramm gab, stimmte Kohl der Abwendung vom Ziel eines europäischen Bundesstaates zu – wobei er zu Protokoll gab, seine «Liebe» hänge noch an dem nach Jahrzehnten gestrichenen Satz, aber «die Vernunft» habe ihn eines Besseren belehrt. Da das vom Hamburger Parteitag beschlossene Programm die Kompromissformel enthielt, dass die Europäische Union «föderal, subsidiär und bundesstaatlich gestaltet werden» müsse, wurde die Zielvorgabe ins Ungefähre verschoben und damit in jene semantische Sphäre, in der sich Kohl in seinem Gestaltungsdrang seit jeher zuhause gefühlt hatte. Er sagte voraus, dass es 2004 «ein europäisches FBI» geben werde. Der geschichtliche Morgennebel war und blieb Kohls liebstes Wetterphänomen.

Helmut Kohls Doktorvater Walther Peter Fuchs stellte sein Organisationstalent in den Dienst der Publikation des schwer lesbaren handschriftlichen Nachlasses von Leopold von Ranke. Die von «kritischen» Historikern verbreitete Rankelegende sagt ihm abergläubische Verehrung der großen Individuen nach. Dabei hat Ranke in seinem bedeutendsten Werk, der Geschichte der Päpste, gerade die Überschätzung der Handlungsmacht von Einzelnen als zeittypische optische Täuschung ausgewiesen, typisch, wie man ergänzen darf, für das Zeitalter des Liberalismus: «Heutzutage gibt man oft nur all zu viel auf die Beabsichtigung und den Einfluss hochgestellter Personen, der Fürsten, der Regierungen; ihr Andenken muss nicht selten büßen, was die Gesamtheit verschuldete.» Erfolg hatten in Rankes Weltbild die Regierenden, die Ideen aufnahmen, deren Zeit gekommen war. Die Persönlichkeit solcher Personen, selbst von Individuen vom Schlage Cromwells oder Ludwigs XIV., verschwand sozusagen in der historischen Tat. Dahinter stand bei

Ranke ein Glaube an die göttliche Vorsehung, der die Arbeit seiner heutigen Nachfolger nicht mehr strukturiert.

Die Geschichte, wie Helmut Kohl mit glücklicher Hand die Wiedervereinigung Deutschlands herbeiführte, hätte auch Ranke schreiben können, als Ergänzung und Revision seiner «Deutschen Geschichte im Zeitalter der Reformation», in der die gemeinsame Kultur den Deutschen am Ende den gemeinsamen Staat ersetzt. Was Kohl für Europa tat, verhalf dagegen nicht einfach der Tendenz der Geschichte zum Durchbruch. Das bedeutet aber, dass in der Krise Europas viel deutlicher hervortrat, wie viel Wille und Kalkül Kohls in der Europapolitik im Spiel war, wie oft er den Dingen eine Richtung gab, die sie von selbst nicht genommen hätten. Jean-Claude Juncker, von 1995 bis 2013 Premierminister von Luxemburg, den Kohl angeblich, wäre er kein Luxemburger gewesen, gerne als seinen Nachfolger im Amt des Bundeskanzlers gesehen hätte, sagte 2005 zu Kohls fünfundsiebzigstem Geburtstag, dass der Euro nicht eingeführt worden wäre, «wenn es Kohl in dem Moment nicht gegeben hätte». Der Akteur Kohl wird gerade in den Handlungen greifbar, die im Rückblick nicht unproblematisch wirken. Er legt sozusagen den Mantel der Geschichte ab, steht in der Arbeitskleidung des Staatsmanns vor uns, im Anzug am Rednerpult, hemdsärmelig im Hinterzimmer.

*Kanzler der Zwietracht*

Als der Bundesvorstand der CDU am 29. November 1966 beschloss, eine Regierung der Großen Koalition mit der SPD zu bilden, gab Kohl die einzige Neinstimme ab. Das Vorhaben des Systemwechsels im Wahlrecht, auf das sich die Unterhändler beider Seiten geeinigt hatten, kritisierte er als den Plan, eine von den Wählern legitimierte Partei «durch ein Wahlgesetz abzuschaffen». Obgleich er auf verlorenem Posten stand, wählte er äußerst drastische Ausdrücke: Man sinne auf die «Ermordung» der FDP – die moralische Schärfe dieses Urteils ist ebenso bemerkenswert wie die hier zum Vorschein kommende Vorstellung, dass eine Partei etwas Lebendiges ist. Die Wählerbewegung hatte in Kohls Augen eine schöpferische Vitalität, war ein Faktisches von einer normativen Kraft, welche die ins Auge gefasste Verfahrensänderung riskanterweise ignorierte. Die Aussicht auf eine Regierungsmehrheit von mehr als 90 Prozent der Sitze im Bundestag bot für Kohl das Schreckbild «völliger Gleichschaltung der Politik». Er scheute den Vergleich mit 1933 nicht, mit dem er den Unmut der Kollegen erregte. Der junge Mann im Vorstand argumentierte noch einmal wie die Gründergeneration der Bundesrepublik: Aus dem Triumph des Nationalsozialismus musste man für den zweiten Versuch mit der parlamentarischen Regierungsform lernen.

1969 verlor die Union aus CDU und CSU die Regierungsmacht. Einen Monat nach der Kanzlerwahl Willy Brandts bestätigte der Bundesparteitag der CDU in Mainz den abgewählten Bundeskanzler Kurt Georg Kiesinger im Amt des Bundesvorsitzenden. Die Union war auf die Opposition nicht vorbereitet. Im Bund war sie ja noch nie in der Opposition gewesen. Sie hatte so lange regiert, dass sie drei Kanzler nacheinander hatte stellen können. Auf der Tagesordnung der sechsten Sitzung des CDU-Bundesvorstands nach der verlorenen Wahl am 13. März 1970 stand eine Aussprache über die «Strategie der Opposition». Der Fraktionsvorsitzende Barzel äußerte sich frustriert über die Schwierigkeiten der Koordination von Fraktion und Partei, Bundes-CDU und Landesverbänden. Unter Verweis auf seine Erfahrungen als Seeflieger im Zweiten Weltkrieg erklärte er, dass er den Unterschied von Strategie und Taktik nie verstanden habe. Ein solches Bekenntnis war nicht geeignet, das Vertrauen verzagter Kameraden in seine Führungsfähigkeiten zu vermehren. Ohne Barzel zu widersprechen, bestimmte ein anderer Redner die Linie der Diskussion: Helmut Kohl.

Er war damals noch keine vierzig Jahre alt, nur sechs Jahre jünger als der 1924 geborene Barzel – aber dieser Unterschied bezeichnete den Graben zwischen zwei Erfahrungswelten. Kohl hatte nicht mehr in den Krieg ziehen müssen. Er war 1969 gerade erst zum Ministerpräsidenten gewählt worden und dann auch zum stellvertretenden Bundesvorsitzenden. Trotzdem galt er scharfsichtigen Beobachtern schon als der Mann, an dem in der CDU kein Weg mehr vorbeiführte. Als Gastgeber hatte er dem Mainzer Parteitag präsidieren dürfen. Vor dem Zusammentritt der Geschlagenen prophezeite Paul Mikat, früherer Kultusminister von Nordrhein-Westfalen und Professor für Kirchenrecht: «Mainz ist die Rache, spricht der Herr, und Kohl sollt Ihr essen bis ans Ende Eurer Tage.»

Im Bundesvorstand vier Monate später gab Kohl die Losung aus: «Das Wichtigste ist, dass jetzt deutlich wird, dass die CDU/CSU nicht durch viele Stimmen spricht – dass das Wollen da ist, dass wir die aus dem Sattel werfen, dass wir siegen wollen und dass wir uns nicht in einen personellen Knatsch hineinbringen lassen.» Der Verlierer will siegen, will Revanche: Das ist die Essenz des parlamentarischen Regierungssystems. Der Verlierer muss diesen Siegeswillen auch zeigen, ist geschlagen, aber darf sich nicht geschlagen geben. Für die Lage von 1970 bedeutete das: Die Opposition musste sich auf den Zerfall der mit knapper Mehrheit regierenden Regierung Brandt einstellen, und das hieß ihre Mittel auf den Versuch einstellen, diesen Zerfall zu befördern. Insofern gab es wirklich keinen Unterschied von Strategie und Taktik. Aber indem Barzel über die Mühseligkeit der taktischen Feinabstimmung Klage führte, beschwerte er sich über das, was sein Job war. In diesem Sinne war eine an Barzel adressierte Wortmeldung Kohls zu verstehen: «Wir können nur glaubwürdig Politik machen, wenn der Durchschnittsbürger wirklich weiß und alle unsere Taten darauf abgestellt sind, dass wir wirklich bereit sind, wenn es geht, die Regierung morgen abzulösen.» Morgen. Nicht übermorgen und nicht erst am nächsten Wahltag.

Der FDP-Vorsitzende Walter Scheel hatte vor der Wahl in der «Bild»-Zeitung die Ansicht geäußert, dass es für den Staat «am besten wäre, wenn die CDU einmal in der Opposition die

Gelegenheit erhielte, sich zu modernisieren». Kohl war damals der Sprecher der Modernisierer. Aber er begriff, dass der Durchschnittsbürger es nicht honorieren würde, wenn sich die CDU zum Zweck ihrer Neusortierung eine Denkpause genehmigte und die Regierung erst einmal regieren ließe. Das war schon deshalb ausgeschlossen, weil Parteiführer keine Honoratioren mehr sind, sondern Berufspolitiker. Charles James Fox konnte als aristokratischer Lebenskünstler die englische Opposition in der Zeit der Französischen Revolution vom Spieltisch aus führen: Die Abwesenheit im Parlament war demonstrativer Protest gegen die Anti-Terror-Gesetze der Regierung Pitt. Ein Politiker wie der Jurist Barzel dagegen, seit 1956 Angestellter seiner Partei, muss jederzeit mitregieren wollen, und der Konkurrenzdruck, der die Auswahl des Personals in den Parteien reguliert, soll auch auf die Regierung wirken: Ausgeschlossen ist, was in der Zeit von Pitt und Fox vorkam, dass eine Regierung nur deshalb weiter amtiert, weil keine andere zu finden ist.

Opposition ist Regierung im Wartestand, ja, auf Abruf: Niemand verstand dieses Grundgesetz der parlamentarischen Demokratie so gut wie Kohl, der deshalb die folgenreichste Entscheidung seines politischen Lebens treffen konnte. 1976 ging er als Oppositionsführer nach Bonn. Als Fraktionsvorsitzender war er der geborene Anwärter auf die Kanzlerschaft. Sechs Jahre später war die Situation da. 1976 hatte Kohl mit 48,6 Prozent der Wählerstimmen Kiesingers Ergebnis überboten und ebenso sämtliche Ergebnisse Konrad Adenauers außer den 50,2 Prozent von 1957. Ein Land kann gegen den Willen von 48,6 Prozent der mitredenden Bürger regiert werden: Das ist das Wunder der parlamentarischen Verfassung. Möglich ist es, weil die knapp Unterlegenen sofort alles daransetzen, die Verhältnisse umzukehren.

Nach Kohls Tod schwelgte das Land in der dankbaren Erinnerung an den Kanzler der Einheit. Einstige Gegner überboten sich in sentimentalen Reminiszenzen und verspäteten Zugeständnissen. Die Republik hatte aber in der Zeit einer neuen, nicht mehr ganz so großen Großen Koalition allen

Grund, auch Kohls Verdienste um die parlamentarische Regierungsform im Gedächtnis zu behalten, um die Gewöhnung an den Rollentausch von Regierung und Opposition. Das hieß aber, Kohl als Kanzler der Zwietracht zu würdigen. Denn die Rhetorik der Polarisierung, die seinen Stil wie den seines Rivalen Franz Josef Strauß prägte und für die er zusätzlich Spezialisten in seiner Mannschaft hatte, von Alfred Dregger bis Heiner Geißler, diente der Markierung des Unterschieds zum Gegner und der Mobilisierung der eigenen Anhänger. Damit die Wähler eine Alternative haben, muss im Außenverhältnis der Parteien Streit herrschen und im Innenverhältnis Disziplin.

Kohl erregte Anstoß, wenn er innerparteiliche Kritiker als Verräter beschimpfte. Aber moderne Parteien, die nicht durch Klasseninteressen oder kirchliche Weisungen zusammengehalten werden, sondern dadurch, dass sie Wahlen gewinnen wollen, sind in besonderem Maße auf Loyalität angewiesen und müssen sie selbst produzieren. Richard von Weizsäcker, erst Kohls Schützling und später sein Gegenspieler, bezichtigte ihn, dem Parteivorteil das Gemeinwohl zu opfern. Im Einzelnen war vieles an diesem Tadel berechtigt. Aufs Ganze gesehen aber muss man sagen: Weizsäcker, der Mann des vornehm inklusiven Worts, gab einer hässlichen Tradition der Parteienverachtung Auftrieb. Ungehobelt redete Helmut Kohl sein Leben lang von den «Sozen», wie er es im Straßenwahlkampf in der Arbeiterstadt Ludwigshafen gelernt hatte. Was das Gemeinwohl heißen soll, das wird in der Demokratie im organisierten Konflikt ermittelt.

Der «Spiegel» zitierte in der Titelgeschichte seines dritten Heftes von 1979, Schlagzeile: «Kohl kaputt», Kurt Biedenkopf, den Vorsitzenden des CDU-Landesverbands Westfalen-Lippe und früheren Generalsekretär, der vor Parteifreunden angeblich gesagt hatte, Kohls größter Fehler sei es, «daß er sich ausschließlich darauf fixiert, Kanzler zu werden». Diese fixe Idee beschrieb allerdings die Aufgabe des Oppositionsführers im parlamentarischen Regierungssystem.

*Ein europäischer Staatsakt*

Als Helmut Kohl am Morgen des 16. Juni 2017 starb, war Angela Merkel seit siebzehn Jahren Bundesvorsitzende der CDU und seit fast zwölf Jahren Bundeskanzlerin. Sie schickte sich an, im Herbst die vierte Bundestagswahl in Folge zu gewinnen. Zwei Tage nach Kohls Tod fand die zweite Runde der Parlamentswahlen in Frankreich statt. Die Zerstörung des Parteiensystems der Fünften Republik wurde besiegelt. Auch in den Niederlanden, Italien und Spanien waren die Parteien verschwunden oder stark geschrumpft, die in Kohls Epoche Regierungschefs und Oppositionsführer gestellt hatten. In 68 Jahren Geschichte der Bonner und Berliner Republik besetzte die CDU 48 Jahre lang das Amt des Bundeskanzlers. Die Stabilität des Parteiensystems gehört zu den Lebensvoraussetzungen einer neuzeitlichen Demokratie, die in der glücklichen Bundesrepublik unterschätzt werden.

Die «Bild»-Zeitung gab Kohls Tod am Nachmittag des Sterbetages bekannt. Ein Staatsakt, wie ihn der jeweilige Bundespräsident bislang für jeden der verstorbenen früheren Bundeskanzler und Bundespräsidenten der Bundesrepublik Deutschland angeordnet hatte, fand zu Ehren des sechsten Bundeskanzlers nicht statt. Die Ansetzung einer solchen offiziellen Abschiedszeremonie setzt das Einvernehmen der Hinterbliebenen voraus. Jean-Claude Juncker, seit 2014 Präsident der Europäischen Kommission, lud zu einer Trauerfeier nach Straßburg ein, deren Zeremoniell den Üblichkeiten eines nationalen Staatsakts nachgebildet war. Wie vor ihm nur Jean Monnet und nach ihm nur Jacques Delors war Kohl vom Europäischen Rat, der Versammlung der Staats- und Regierungschefs, im Jahr seines Ausscheidens aus diesem Kreis zum Ehrenbürger Europas ausgerufen worden.

Am 1. Juli 2017 wurde Kohls Sarg im Europäischen Parlament aufgebahrt. Staatsmänner aus der ganzen Welt hielten Trauerreden. Auch Bundeskanzlerin Angela Merkel sprach.

Nach der Ankündigung Junckers war zunächst von einem europäischen Staatsakt die Rede gewesen. Das sorgte für Aufsehen, denn Europa war kein Staat. Die Europäische Union war zu Lebzeiten Kohls nicht zu dem Bundesstaat geworden, den er hatte entstehen sehen wollen, seit er als Schüler der Europa-Union beigetreten war. Die «Neue Wirklichkeit» von 1946 war 71 Jahre später immer noch nicht verwirklicht. Dass die Wörter «europäisch» und «Staatsakt» nicht zusammengehörten, aber im Fall von Helmut Kohl zusammenpassten, verwies indes auf den möglichen Sinn dieses von Juncker improvisierten und dann umso sorgfältiger geplanten Ereignisses. Gustav Seibt legte diesen Sinn in der «Süddeutschen Zeitung» auseinander und schlug eine politische Übersetzung des singulären expressiven Aktes vor, der sich der uralten Zeichensprache des staatlichen, ursprünglich höfischen und kirchlichen Protokolls bediente. Wenn ein europäischer Staatsakt abgehalten wurde, obwohl ein europäischer Staat nicht existierte, konnte man die feierliche Handlung als den Gründungsakt dieses Staates verstehen. Dieser bezwingende Gedanke war nicht in dem magischen Sinne gemeint, dass die Staats- und Regierungschefs am Tag nach der Trauerfeier zusammentreten würden, um plötzlich doch noch den Vertrag über die politische Union zu schließen. Seibt, als Mediävist ausgebildet, hatte eher die Möglichkeit im Auge, dass ein europäischer Staat in der Zukunft einmal auf den Abschied von Kohl als seinen Gründungsakt zurückblicken würde. Um die Grabstätten von Märtyrern, aber auch von heiligen Königen bildete sich im Mittelalter oft ein Kult, der als liturgisches Totengedenken begann, aber gemeinschaftsstiftende Bedeutung erlangte. In Aachen, wo Kohl gemeinsam mit Mitterrand schon 1988 den Karlspreis entgegengenommen hatte, lebt ein solcher Kult bis heute fort.

Das Protokoll ist eine konservative Ordnung, fast jede einzelne seiner Vorschriften wirkt in den Augen der Betrachter notwendig anachronistisch. Gerade deshalb können Erfindungen, Weiterentwicklungen und Rekombinationen der überlieferten Gesten und Requisiten einen revolutionären Effekt haben.

Napoleons Selbstkrönung zum Kaiser im Jahre 1804 war ein solcher kreativer Akt. Aber auch die Geschichte des von Napoleon abgelösten Kaisertums des Heiligen römischen Reiches deutscher Nation durchziehen zeremonielle Innovationen, deren Pointe die Demonstration der Unabhängigkeit des Kaisers von den Hoheitsansprüchen des Papstes war. Man kann bis zu Karl dem Großen zurückgehen, der sich in seinen Urkunden als Kaiser bezeichnen ließ, der das römische Reich steuert («imperator Romanum gubernans imperium»), um eine Traditionspolitik zu illustrieren, die aus Versatzstücken des ererbten Symbolschatzes etwas Neues montiert. Konrad II., der erste Kaiser und König aus dem Haus der Salier, soll die Bürger von Pavia bestraft haben, weil sie nach dem Tod seines Vorgängers die kaiserliche Pfalz in ihrer Stadt zerstört hatten. Er belehrte sie: «Wenn der König gestorben ist, so ist doch das Königreich geblieben, wie das Schiff bleibt, dessen Steuermann fällt.» Mit Helmut Kohl war eine Art König gestorben, der Europa eine Zeitlang gelenkt hatte, als wäre es ein einziges Schiff und kein Flottenverband mit Ausreißern und Nachzüglern. Mit dem Tod dieses Quasi-Königs mochte sich die Frage stellen, ob nicht doch etwas wie ein Reich zurückgeblieben war.

In der Trauer um Helmut Kohl wurde die Existenz eines europäischen Staates vorstellbar. Konrad II. ließ den Dom von Speyer erbauen, in dem er begraben liegt, ebenso wie sein Sohn, sein Enkel und sein Urenkel, alle mit Namen Heinrich, die nach ihm die Kaiserwürde trugen. Im Dom von Speyer wurde sechzehn Jahre nach der Totenmesse für Hannelore Kohl auch das Requiem für Helmut Kohl zelebriert. Anton Schlembach, von 1983 bis 2007 Bischof von Speyer, berichtete vor Kohls Beisetzung, dass dieser bei seinen Besuchen im Dom stets mit besonderer Andacht in der Afra-Kapelle verweilt habe, der zeitweiligen Grabstätte Heinrichs IV. Der abgesetzte und gebannte Kaiser war 1106 im Exil in Lüttich gestorben, unversöhnt mit dem Sohn und Nachfolger. Heinrich V. ließ den außerhalb von Lüttich auf ungeweihter Erde bestatteten Leichnam des Vaters ausgraben und nach Speyer überführen. Der damalige Vorgänger Schlembachs gestattete lediglich die Aufstellung des Sarges in einer ungeweihten Nebenkapelle an der Nordseite des Doms, was die Bevölkerung empörte. 1111, nach der Aufhebung des Banns durch den Papst, wurde Heinrich IV. in die Herrscherfamiliengruft umgebettet. Der Göttinger Historiker Hermann Heimpel charakterisiert Heinrich IV. in seiner Fragment gebliebenen, nach symbolischen Hauptorten gegliederten Deutschen Geschichte, von der vier Kapitel 1960 gedruckt wurden, im Canossa-Kapitel als «unerschöpflich im Sichherausziehen aus verzweifelten Lagen, so unverwüstlich, wie der bloß Schlaue nicht sein kann».

Am Nachmittag des 1. Juli 2017 wurde der Sarg Kohls von Straßburg nach Speyer überführt, zunächst mit dem Hubschrauber und dann über die letzten zwanzig Kilometer von Ludwigshafen aus mit dem Schiff auf dem Rhein. Der Sarg wurde rheinabwärts per Schiff getragen, wie der Sarg Adenauers fünfzig Jahre zuvor per Schiff rheinaufwärts gebracht worden war, vom Kölner Dom nach Bad Honnef. Kohl hatte den Dom zuletzt im Advent 2016 besucht. Jahre vorher hatte er sondieren lassen, ob es denkbar war, dass ihm eine Grabstätte im Dom zugeteilt wurde. Seit 1817 ist der Dom Bischofskirche und auch Grabeskirche der Bischöfe. Nach dem Kirchenrecht dürfen andere Personen dort nicht mehr bestattet werden. Auch für den allertreuesten Laien wurde keine Ausnahme gemacht. So blieb Kohl die postume Gleichstellung mit den Kaisern verwehrt.

Stattdessen wurde ihm ein anderes Privileg eingeräumt: die Bestattung auf dem Friedhof des Domkapitels. Adenauer fand die letzte Ruhe im Familiengrab auf dem kommunalen Waldfriedhof von Rhöndorf. Es wäre niemandem in den Sinn gekommen, für ihn einen Grabplatz auf dem Kölner Domherrenfriedhof hinter dem Chor vorzuschlagen, weil eine solche Überschreitung der Standesgrenzen damals noch als Sakrileg empfunden worden wäre. Anders wäre es im alten Reich gewesen: Der Kaiser galt nicht als Laie wie jeder andere und wurde im Zeremoniell vielfach wie ein Kleriker behandelt. So durfte er in der Weihnachtsmesse das Evangelium singen, weil dort der Satz vom Kaiser Augustus vorkommt. In Köln war der deutsche König geborenes Mitglied des Domkapitels, ebenso in Bamberg. Der Bonner Historiker Aloys Schulte widmete diesem eigentümlichen Rechtsinstitut einer Zeit, deren Ideal noch nicht die vollständige Entflechtung von Staat und Kirche war, 1934 eine Abhandlung: «Deutsche Könige, Kaiser, Päpste als Kanoniker an deutschen und römischen Kirchen». Den Bamberger Reiter deutet Schulte als «König-Kanonikus, wie er heranreitet, um die Domkirche zu betreten, ohne Zepter und Schwert, die Krone auf dem Haupte». Er wendet den Kopf nach rechts. «Ob zu der Geistlichkeit, die ihn an der Kirchenpforte empfangen will, oder zu dem Volke, das ihn jubelnd umgibt?» Schulte beschreibt den Reiter als jungen Mann, vor dem «noch eine glänzende Zukunft» liegt. «Ihn belastet noch nicht eine kampfvolle Vergangenheit, wie sie keinem deutschen Könige erspart blieb.» Auch für Speyer sind zwei König-Kanoniker belegt, die Staufer Konrad III. und Friedrich Barbarossa. Dass Kohl im Tod sozusagen zum Domherrn honoris causa gemacht wurde, ist eine würdige Vorstellung. Das Domkapitel ist der Hausherr im Dom, nicht der Bischof. Kein einsames, weithin sichtbares Heldengrab wurde für Kohl errichtet. Er trat noch einmal in einen Personenverband ein, in dem er einer unter Gleichen ist.

Dafür bleibt der Platz an der Seite seiner ersten Frau Hannelore im Familiengrab in Ludwigshafen-Friesenheim leer. Mit seinen Söhnen hatte sich Kohl nicht mehr versöhnt. Im Fernsehen war einige Tage nach seinem Tod zu sehen, wie Walter Kohl mit zwei Enkeln Helmut Kohls an der Tür seines Elternhauses in Oggersheim abgewiesen wurde, in dem sein Vater aufgebahrt lag. Die Polizei vollstreckte ein von der Witwe Maike Kohl-Richter verhängtes Hausverbot. Über die Wünsche, die von der Witwe in Sachen der Gestaltung der Trauerfeierlichkeiten gegenüber den deutschen und europäischen Instanzen artikuliert wurden, gingen Gerüchte um. Sie wurden teilweise dementiert, unter Berufung auf Eingeweihte, und konnten der Natur der Sache nach nicht verifiziert werden.

Hatte Kohl eine tätige Mitwirkung just der beiden Personen ausschließen wollen, die im Sommer 2017 die beiden höchsten Ämter im deutschen Staat innehatten? Dass diese unchristliche Vorstellung einer Rachsucht von jenseits des Grabes zu dem Bild passte, das die Welt sich von Kohl gebildet hatte, war nicht zu ändern. Für ihn sprach seine Witwe. Das war normal. Sie hatte schon seit Jahren für ihn gesprochen, für ihn sprechen müssen. Maike Kohl-Richter hatte dabei immer seinen Platz in der Geschichte vor Augen. So war Helmut Kohl schon zu Lebzeiten in der historischen Person dieses Namens verschwunden. Der Preis für diesen sanften Übergang vom Leben ins Nachleben war die Zerstörung der Familie.

Politikergräber in Kirchen oder auch nur im Schatten von Kirchen sind in Deutschland unüblich. Dem öffentlichen Amt entspricht der öffentliche Friedhof. Außerhalb Deutschlands fanden zwei als Gründerväter Europas apostrophierte katholische Politiker vergleichbare Gräber wie Kohl in Speyer. Alcide De Gasperi, der Christdemokrat aus dem Trentino, wurde 1954 in Rom in der Eingangshalle der im fünften Jahrhundert geweihten päpstlichen Basilika San Lorenzo fuori le mure beigesetzt. Und der Franzose Robert Schuman wurde im lothringischen Scy-Chazelles in der mittelalterlichen Wehrkirche Saint Quentin begraben. Bei De Gasperi und Schuman sind Seligsprechungsverfahren anhängig.

*Die Weisheit der Mutter*

Über Galba findet sich bei Tacitus das böse Wort, nach allgemeiner Ansicht wäre er zur Herrschaft fähig gewesen, wenn er nur nicht geherrscht hätte: *omnium consensu capax imperii, nisi imperasset.* Bei Kohl liegen die Dinge genau andersherum. Ihm hätte niemand ein Talent zur Regierung zugetraut, wenn er nicht wirklich regiert hätte. Wo Galbas Unfähigkeit sich laut Tacitus enthüllte, sobald seine Tugenden sich in der Praxis bewähren mussten, da zeigten sich Kohls Fähigkeiten erst im

Umgang mit den Dingen. Auf dem Höhepunkt seiner Laufbahn, zwischen dem Vollzug der Wiedervereinigung und der ersten gesamtdeutschen Wahl, erklärte Kohl mit stolzem Behagen, er sei mehr als dreißig Jahre lang gut damit ausgekommen, unterschätzt zu werden. Alkibiades wurde sein Ruhm zum Verderben; eine so hohe Meinung hatte man von seiner Kühnheit und Geisteskraft, dass, wenn etwas misslang, sogleich der Verdacht laut wurde, er habe sich nicht angestrengt. Für Kohl war seine Ruhmlosigkeit ein Glück; er konnte seine Mitbürger nur positiv überraschen. Der Erste im Land wurde er, weil seine Widersacher sich nicht die Mühe machten, ihm den Weg zu verlegen. An ihnen bewährte sich die Lektion, die Plutarch dem Schicksal der Gegner Caesars abgewinnt. «Erst als seine Machtstellung unerschütterlich geworden war, erkannten sie – zu spät! –, dass man in keiner Sache den Anfang gering achten darf. Denn was man dauern lässt, ist bald groß geworden, gerade weil man es verachtet und deshalb nicht verhindert.» Die Techniken der Anpassung und Steuerung, die Kohls Stärke waren, werden erst wirksam, wenn die Zeit läuft; einer auf ewige Werte fixierten Moralphilosophie sind sie daher suspekt. Nur in der Geschichte war Kohl bei sich.

Man hat gelegentlich bezweifelt, ob Kohl wirklich so viele historische Bücher las, wie er es gern von sich behauptete, etwa wenn er erklärte, er sei «im Gegensatz zu dem, was öffentlich erzählt wird, eine ausgesprochene Leseratte». Aber wer ihn kennenlernte, wurde sofort gefragt, wo er herkam, und merkte, dass Kohl über die Geschichte der Heimatregion seines Gegenübers mindestens ebenso viel wusste wie über die dortigen Ortsverbände der CDU. Jacob Burckhardts Ansicht, dass die Historie nicht klug für ein andermal mache, wird Kohl nicht auf Anhieb überzeugt haben. Warum sollte man sie denn dann studieren? Der Historiker Taylor Branch, Biograph Martin Luther Kings, suchte während der Präsidentschaft von Bill Clinton den Präsidenten neunundsiebzig Mal im Weißen Haus auf, um eine mündliche Geschichte der Regierungszeit Clintons sozusagen in Echtzeit aufzuzeichnen. In den fast hundertsechzig Stunden dieses auf Band diktierten Tagebuchs lobte Clinton einen einzigen Politiker mehrfach als «smart»: Helmut Kohl. Er machte sich klug für ein andermal. Und ein andermal. Und ein andermal. Womöglich ohne sich Rechenschaft darüber abzulegen, wird er in diesem eifrigen Fortscheiten Burckhardts Lektion schließlich doch verinnerlicht haben. Wenn alles immer in Bewegung ist, kann man aus der Geschichte nur lernen, wie man auf der Welle des Stroms der Zeit reitet.

Der Historiker Eberhard Jäckel vermisste in Kohls Denken die «langfristige Perspektive», doch Kohl durfte mit Cromwell glauben, dass derjenige am weitesten komme, der nicht wisse, wohin er gehe. Als unruhige Geister unter den europäischen Staatsmännern schon Anfang des Jahres 1989 die Ahnung artikulierten, dass die Wiedervereinigung in der Luft lag, wollte Kohl davon noch nichts wissen. Den französischen Präsidenten Mitterrand beschied er: «Sie sind der Prophet, ich bin der Bundeskanzler.» Das Erlebnis, dass die Wiedervereinigung sehr schnell kam und er sie sich zurechnen durfte, als hätte er nach der französischen Maxime «Nie davon sprechen, immer daran denken» gehandelt, dürfte ihn dazu verleitet haben, von der europäischen Vereinigung dann doch wie ein Prophet zu reden. Unter dem unmittelbaren Eindruck der deutschen Vereinigung gab er sich in den frühen neunziger Jahren einer ausgesprochenen Naherwartung des Endes der europäischen Zersplitterung hin. Dem indischen Ministerpräsidenten Narasimha Rao kündigte er 1991 an, dass «die Vollendung der europäischen Einheit», also die politische Union, nach spätestens fünf Jahren erreicht sein werde.

Wer sich mit der Geschichte verbündet, führt eine Art allgemeines Leben. Nüchterner Opportunismus wird von ihm gefordert, die Schnapsideen eines Sonderlings kann er sich nicht leisten. Ranke teilt in seiner Weltgeschichte von den größten Persönlichkeiten fast nichts Persönliches mit. Das Leben Konstantins oder Karls des Großen war vollständig mit dem historischen Prozess verschmolzen; deshalb ließen sie sich aus der Geschichte nicht wegdenken und trugen den Ehrentitel des

Großen zu Recht. Ihre Leistung war die denkbar umfassende und unspezifische, die Welt aus der Vergangenheit in die Zukunft geführt zu haben. Diese Arbeit wollte Kohl schon 1971 auf sich nehmen. «Die CDU muss ihre Aufgabe darin sehen, Geschichte und Tradition sorgsam zu wägen und zu prüfen, was für die Zukunft vernünftig und tragfähig ist, um es zu erhalten. Sie muss aber ebenso offen sein, wenn es gilt, neue Wege in jenen Bereichen zu gehen, in denen die bisherigen Grundlagen nicht ausreichen.»

Selbst wenn Kohl von Persönlichem sprach, wurde er ganz allgemein. Bei den «Spruchweisheiten meiner Mutter», die er zu zitieren liebte, handelte es sich um Lebensregeln, die er bisweilen auch dem Volk in den Mund legte. «Bei uns zu Hause in der Pfalz gibt es einen Spruch: Wer früh totgesagt wird, hat ein langes Leben.» In der Version der Mutter lautet diese Grundregel der Überlebenskunst: «Über dessen baldigen Tod man redet, der lebt sehr lange.» Mutter und Volk waren austauschbar, weil diese Sprüche gegen die Trennung von öffentlicher und privater Moral den Traum des ungeteilten Lebens setzten. «Was im privaten Leben gut ist», soll Cäcilie Kohl gesagt haben, «ist auch in der Politik gut.» Es ist der Preis des Heldenlebens, dass es nichts Privates hat, weil alles, was der Held tut, historisch ist.

Kohl richtete sich deshalb in der Macht gemütlich ein. Manchen Besucher des Bundeskanzleramts befremdete es, dass ihn der Hausherr in Freizeitkleidung und Bequemschuhen begrüßte. Bei den Verhandlungen über die Nato-Mitgliedschaft des vereinten Deutschland im Juli 1990 erzielten Kohl und Gorbatschow schon in Moskau Einigkeit. Für das Wahlvolk und die Geschichtsbücher inszenierten sie das Wunder vom Kaukasus. In der Stunde, da Kohl die Freiheit des welthistorischen Individuums genoss, dem die Erde zu Füßen lag, musste er zwanglos gekleidet sein. Als das von ihm in Bonn gegründete Haus der Geschichte der Bundesrepublik Deutschland ihm die Bitte unterbreitete, er möge das wollene Souvenir für die Sammlung stiften, da lehnte er, wie seine Schwester erzählte, zunächst ab. «Was wollt ihr mit meiner Strickjacke? Die behalte ich.» Sein Sträuben war vergeblich, denn er hatte dem Volk alles versprochen. Wer es auf die Koinzidenz seines Egoismus mit dem gemeinen Nutzen anlegt, veräußert sich selbst. Kohl verzweifelte nicht, wenn er sich zur Stimme des Volkes und zum Organ des Zeitgeists machte, weil er glaubte, seinen innersten Impulsen zu folgen. «Ich habe immer versucht, Prinzipien des privaten Lebens auch in die Politik zu übertragen.» Die Entgrenzung des Selbstgefühls, dem die Welt keinen Widerstand entgegensetzte, war eine rauschhafte Erfahrung. Beim geselligen Abend des Parteitags in Hannover 1996 sagte Kohl, es sei gut, dass er «schon manche Besäufnisse» mitgemacht habe. «Wer das nicht kann, versteht nichts vom Leben, und wer nichts vom Leben versteht, versteht nichts von der Politik.» Kohls Leben war nichts als Politik und sollte doch die Politik zum Verschwinden bringen. Seine heroische Praxis war das Opfer, das er einem unheroischen Ideal brachte.

1994 gab Kohl seine Antwort auf die Frage, was historische Größe sei. «Dass man versucht hat, einen Beitrag zu leisten zur Menschlichkeit zu seiner Zeit, und dass man dabei die Chance wahrgenommen hat, vielen Menschen zu persönlichem Glück zu verhelfen.» Als Franz Josef Strauß im letzten Jahr seines Lebens seine Erinnerungen diktierte, suchte er eine Erklärung dafür, dass die Regierung Kohl seinen außenpolitischen Rat nicht gebraucht hatte. Bitter stellte er fest, dass die Härte des klassischen Begriffs der Staatsräson sich mit dem sanften Lebensgefühl der Zeit nicht vertrug. «Jedenfalls sind wir weit fortgeschritten auf dem Wege einer Abwendung von Kernthemen unserer staatlichen, politischen und nationalen Existenz hin zu einer Einstellung, in der persönliches Wohlergehen über alles gestellt wird.» Die Weltgeschichte sei nicht der Boden des Glücks, hatte Hegel seinen Berliner Studenten vorgetragen, die Perioden des Glücks seien leere Blätter in ihr. Eine oder zwei dieser leeren Seiten im Buch der Geschichte wollte Helmut Kohl beschreiben.

# Nachwort

Die erste Ausgabe dieses Buches erschien unter dem Titel «Im Mantel der Geschichte. Helmut Kohl oder Die Unersetzlichkeit» im Frühjahr 1998, vor der fünften Bundestagswahl, der Kohl sich als Bundeskanzler stellte. Weithin wurde mit einer Niederlage gerechnet, und das Buch sollte Kohls Mitbürger mit der Frage konfrontieren, ob sie ihn wirklich ersetzen wollten. Jedenfalls war es an der Zeit, nach Kohls historischer Leistung und geschichtlicher Rolle zu fragen. Kohl selbst, der Geschichte studiert hatte, sprach seit jeher viel von Geschichte. Lange hatte man das belächelt, als hätte er sich im Maßstab für die Beurteilung seiner Handlungen vergriffen. Es war sogar üblich, seinen pfälzischen Tonfall nachzuahmen, wenn man seine einschlägigen Äußerungen zitierte, und das Wort Geschichte mit zwei Ch-Lauten auszusprechen. Die Wiedervereinigung veränderte alles. Schnell gewöhnte man sich daran, dass Kohl wirklich Geschichte gemacht hatte. Seine Gegner hatten das längst anerkannt, als sie 1998 kurz davor standen, ihn endlich aus dem Amt zu drängen. Doch was hatte Kohls Selbstbild mit seinen Taten zu tun? Hatte er nicht einfach Glück gehabt, als er die Gelegenheit der Einheit ergriff? Aber das Stichwort der Fortune begleitete schon seinen Aufstieg, seinen Weg von Ludwigshafen über Mainz nach Bonn.

Von Geschichte als solcher kann man erst in der modernen Welt reden, seit etwa 1800. Vorher schrieb man immer die Geschichte eines Landes, einer Kirche, eines Mannes. Der Hauptinhalt des modernen Begriffs von Geschichte ist die Vorstellung einer unwiderstehlichen Bewegung. Man muss mit der Geschichte mitgehen, man kann sich ihr nicht entziehen. Die Geschichte betrifft und verändert daher auch das Verhältnis von Individuum und Gesamtheit, die Wechselwirkung zwischen dem Besonderen der Traditionen und Institutionen und dem Allgemeinen der Tendenzen und Sachzwänge. Es gibt, was in Deutschland, wo die Historiker konservativ waren, lange nicht gesehen wurde, eine Verbindung zwischen der so verstandenen Geschichte und der Demokratie. Kohl machte die Politik zu seinem Beruf, und er konnte das machen, weil die moderne Demokratie eine Parteiendemokratie ist. Laut dem Grundgesetz wirken die Parteien an der Willensbildung des Volkes mit. Aber diese Mitwirkung erfordert einen solchen Aufwand, dass die Parteien professionelles Personal benötigen. Kohl machte seine Partei, von ihm definiert als moderne Volkspartei, zu seinem Instrument, und er war damit so erfolgreich wie sein Vorbild Konrad Adenauer. Stabilität war für die Bundesrepublik Deutschland die Folge, eine im europäischen Vergleich bemerkenswerte Stabilität, und das unter Bedingungen der Instabilität: Denn in der Demokratie kann und soll das Volk den Regierenden seine Gunst ja regelmäßig entziehen. Die Figur Kohls ist aus seiner politischen Praxis zu verstehen, die zuerst und zuletzt parteipolitische Praxis war. Dass die Funktionärswirtschaft des Parteienbetriebs mit ihrem permanenten Zwang zur Abstimmung im zweifachen Sinne einen Staatsmann hervorbringt, von dem man doch die Fähigkeit zu einsamen Entschlüssen erwartet, scheint paradox. Das Buch will diesen Anschein auflösen. Mein Kollege Gustav Seibt brachte in seiner generösen Rezension im «Merkur» den Gedanken auf den Punkt. Jacob Burckhardt bestimmte die historische Größe als das, was wir nicht sind; «Größe heute ist, was *wir* sind».

Wir haben uns daran gewöhnt, von der Geschichte ständige Überraschungen zu erwarten. Um Distanz zu gewinnen, macht das Buch die Probe, ob sich der Gestalt Kohls nach dem Verfahren der älteren, aus der Antike kommenden Geschichtsschreibung Kontur geben lässt, durch Vergleiche mit ähnlich markanten Personen in ähnlich schwierigen Situationen.

Die Idee, dass ich ein Buch über Helmut Kohl schreiben könnte, kam von Alexander Fest, der sich in der neuen Gründerzeit der Berliner Republik gerade als Verleger selbständig gemacht hatte. Das Buch erschien dann nicht im Alexander Fest Verlag, sondern, lektoriert von Frank Trümper, im Verlag von Wolf Jobst Siedler, dessen verblüffende Ratschläge mich verlegerische Erfahrung bewundern lehrten. Diese erste Fassung des Buches schrieb ich in der Zeit vor dem Internet. Meine wichtigste Quelle waren Zeitungsartikel, welche die Archivare der «Frankfurter Allgemeinen Zeitung» ausgeschnitten, auf Papier aufgeklebt und in Aktenordnern abgeheftet hatten. Mich beeindruckte die Hellsicht, mit der die für das Gedächtnis der Zeitung zuständigen Kollegen entdeckt hatten, wie viel von den Aktionen und Worten schon des rheinland-pfälzischen Landespolitikers aufgehoben zu werden verdiente, obwohl doch zunächst nur er selbst wusste, dass er einmal Bundeskanzler werden würde.

Über Kohl ist sehr viel geschrieben worden. In der Kohl-Literatur fand ich für meine Deutungen seines Charakters reiches Material. Zwei Biographen möchte ich hervorheben: Klaus Dreher und Hans-Peter Schwarz. Klaus Dreher, ein Jahr älter als Kohl und ein Jahr vor ihm verstorben, war Parlamentskorrespondent der «Süddeutschen Zeitung», und seine Biographie «Helmut Kohl. Leben mit Macht», die Anfang 1998 herauskam, lebt von den Tugenden dieses Spezialberufsstands. Wissen aus erster Hand, von einem Menschenkenner ausgewählt: Wir dürfen glauben, wir seien dabei gewesen, Zeugen einer Fülle charakteristischer Begebenheiten. «Helmut Kohl. Eine politische Biographie» von Hans-Peter Schwarz, erschienen 2012, ist eine große Summe, die schon Kohls ganzes Leben umfasst. Schwarz ist am 14. Juni 2017 verstorben, zwei Tage vor Kohl, weshalb in den Zeitungen der Nachruf auf den Bonner Emeritus der Politischen Wissenschaft am gleichen Tag stand wie die Nekrologe auf den Kanzler der Einheit. Doch das war ein chronologischer Zufall der Sorte, die nichts bedeutet. Obwohl Schwarz in zwei Bänden das Leben Konrad Adenauers geschrieben hat, seinen konservativen Standpunkt nicht verhehlte und in Gremien zur wissenschaftlichen Erschließung der Geschichte der CDU mitwirkte, war er kein Parteihistoriker. Seine Kohl-Biographie kommt zu einer kritischen Bewertung der Europapolitik, worin ein grundsätzlicher Dissens sichtbar wird. Schwarz hat eine große Zahl von Weggefährten Kohls dazu bewegen können, ihm unverbrauchte Erinnerungen und freimütige Urteile anzuvertrauen. Fast alle haben mit ihm gesprochen. Die Ausnahme: Wolfgang Schäuble.

1998 ersetzten die Wähler Helmut Kohl durch Gerhard Schröder. Ein Jahr später kam die Spendenaffäre. Kohl hatte schon mehrere Spendenaffären überstanden; diese wird mit dem bestimmten Artikel bezeichnet, weil sie dem Ansehen Kohls einen Schaden zufügte, den er nur noch begrenzen, nicht mehr beseitigen konnte. An Kohls Verhalten traten Züge wie sein Missverhältnis zu Form und Recht hervor, die ich im Buch auch deshalb besonders betont hatte, weil ich in ihnen unbürgerliche Charakterzüge sehen wollte. So entstand der Gedanke, das Buch um eine Darstellung der Spendenaffäre zu erweitern und Kohls letzte Lebensjahre in den Rückblick einzubeziehen, die notgedrungen gezeichnet waren von der Sorge um sein Bild in der Geschichte. Die Schilderung seiner Karriere bis zur Abwahl 1998 habe ich im Lichte der seither erschienenen Literatur umgearbeitet und ergänzt.

Ich bin Detlef Felken, dem Cheflektor des Verlags C.H.Beck, sehr dankbar dafür, dass er sich auf meine Idee eingelassen hat. Mit unserem akademischen Lehrer Klaus Hildebrand teilen wir das Interesse an der Eigengesetzlichkeit des politischen Handelns. Von Kollegen aus der politischen Redaktion der «Frankfurter Allgemeinen Zeitung» habe ich viel gelernt, durch Lesen ihrer Artikel, durch Gespräche, durch Zuhören in Konferenzen. Stellvertretend nenne ich Friedrich Karl Fromme und Karl Feldmeyer, die beide schon verstorben sind, und Georg Paul Hefty. Den stärksten Einfluss hatte auf mich beim Thema Kohl und nicht nur bei diesem der unvergleichlich lebendige, aus republikanischer Staatsräson polemische Geist von Wilhelm

Hennis. Einige seiner scharf mit Kohl abrechnenden Artikel aus der Zeit der Spendenaffäre habe ich als Redakteur betreut. Als ich zu der von Andreas Anter herausgegebenen Gedenkschrift für Hennis einen Aufsatz beisteuerte, ging mir auf, dass in der Schärfe eine große Enttäuschung steckte, fast eine Art verletzter Liebe: Der energische Oppositionsführer Kohl, der nach der ganzen Macht in der Partei strebte, um sich auf die Regierungsmacht vorzubereiten, hatte einmal die Hoffnungen von Hennis auf eine durchgreifende Parlamentarisierung des deutschen Regierungssystems nach dem Vorbild von Westminster verkörpert.

Meiner Agentin Barbara Wenner danke ich für ihren jederzeit offenherzigen Rat. Den größten Anteil daran, dass aus meiner Beschäftigung mit Kohl noch einmal ein Buch geworden ist, hat meine liebe Frau Teresa Löwe-Bahners. Meine Mutter ist 2006 verstorben. Meinem Vater kann ich auch die zweite Ausgabe übergeben.

München, den 2. Juli 2017
Patrick Bahners

Aus dem Verlagsprogramm

*Patrick Bahners bei C.H.Beck*

Patrick Bahners
*Die Panikmacher*
Die deutsche Angst vor dem Islam
Eine Streitschrift
2. Auflage. 2017. 320 Seiten. Gebunden

«Ein Meisterwerk der Aufklärung:
Patrick Bahners und seine Streitschrift wider die Islamkritik.»
*Thomas Steinfeld, Süddeutsche Zeitung*

«*Die Panikmacher* ist ein kluges, waches, religionsfreundliches,
gut recherchiertes Anti-Sarrazin-Buch, das auch mit anderen
Islamkritikern hart ins Gericht geht. Zu Recht.»
*Der Tagesspiegel*

PaTrick Bahners
*Entenhausen*
Die ganze Wahrheit
2016. 208 Seiten mit 115 Abbildungen und 1 Karte. Broschiert
Beck Paperback Band 6218

«PaTrick Bahners trägt in *Entenhausen. Die ganze Wahrheit* zusammen,
was wir über Entenhausen wissen, und zeigt, was wir von den
Entenhausenern lernen können. Seine kleine Schule des Donaldismus
ist ein Lesevergngen für Liebhaber, Fortgeschrittene und Süchtige.»
*Der Neue Tag*

«Die Tragweite des Donaldismus, der einerseits als Wissenschaftssatire
fungiert, zugleich aber differenzierte Analysen eines populärkulturellen
Phänomen produziert hat, lässt sich in einem ebenso amsanten wie
erhellenden Buch von Patrick Bahners nachlesen.»
*Wieland Schwanbeck, literaturkritik.de*

Verlag C.H.Beck München